"十二五"职业教育国家规划教材
经全国职业教育教材审定委员会审定

21世纪高职高专精品教材·公共课系列

经济数学

（第二版）

Economic
Mathematics

主编 / 侯风波

$$MR\Big|_{q=q_0} = R'(q_0) = \lim_{\Delta q \to 0} \frac{R(q_0 + \Delta q) - R(q_0)}{\Delta q} = \frac{\mathrm{d}R}{\mathrm{d}q}\Big|_{q=q_0}$$

中国人民大学出版社
·北京·

内容提要

本书特别注意培养学生用数学概念、思想及方法消化吸收经济概念、经济原理的能力，把实际问题转化为数学模型的能力，利用计算机求解数学模型的能力，以及借助于数学知识载体训练学生思维的能力.

本书特色如下：任务驱动，突出其实际背景，有利于激发学生的学习兴趣；淡化理论推导，强调几何描述，便于理解；简明扼要、概念准确、语言流畅、通俗易懂、可读性强；淡化运算技巧，强化数学软件，有利于培养学生借助数学软件、应用数学方法解决实际问题的能力；知识点、例题、练习题相呼应，且由浅入深，循序渐进，便于知识点的掌握；对每节后的习题及每章后的练习题都按照“基础”与“提高”分 A、B 两个难度编排，方便教师按因材施教的教学原则组织教学.

本书每章都增加了一节“用数学软件进行××运算”，其中又分了两个专题：“用数学软件 Mathematica 进行××运算”和“用数学软件 MATLAB 进行××运算”，以方便读者选用.

本书每章开篇都配备了一个学习任务，采用任务驱动阐明学习本章新知识的实际需要，并在本章末给出了该学习任务的详细解答，以使学生获得解决问题的成就感，进一步增强学习动力.

本书内容包括数学软件简介、函数、极限、导数与微分、导数应用、不定积分、定积分及其应用、偏导数及其应用、行列式与矩阵、线性方程组、概率论、数理统计共 12 章．书后附有概率分布表、部分练习题答案与提示.

本书配备了电子教案（PPT）和《经济数学练习册》，供教师备课及布置课后作业使用.

本书适用于高职院校及成人高等院校经管类各专业经济数学课程教学，也可作为经济管理类专业人员自学用书.

前　言

本书为“十二五”职业教育国家规划教材《经济数学》的第二版，也是国家级精品资源共享课“高等数学”课程的配套教材.

《经济数学》自2014年出版至今已有6年，其间得到了许多使用该书的师生提出的许多好的建议，为了适应我国高等职业教育经济管理类专业的快速发展，在认真总结全国高职院校高等数学课程教学改革经验的基础上，根据当前高职院校学生实际情况及可持续发展的需要，满足高等数学课程信息化教学需要，现对《经济数学》的教学内容做了进一步优化，适度降低了难度，精心安排了例题和习题，以便学生对有关知识点理解、掌握与巩固.

本书特别注意培养学生用数学概念、思想及方法消化吸收经济概念、经济原理的能力，把实际问题转化为数学模型的能力，利用计算机求解数学模型的能力，以及借助于数学知识载体训练学生思维的能力.

本书特色如下：任务驱动，突出其实际背景，有利于激发学生的学习兴趣；淡化理论推导，强调几何描述，便于理解；简明扼要，概念准确，语言流畅，通俗易懂，可读性强；淡化运算技巧，强化数学软件，有利于培养学生借助数学软件、应用数学方法解决实际问题的能力；知识点、例题、练习题相呼应，且由浅入深，循序渐进，便于对知识点的掌握；对每节后的习题及每章后的练习题都按照基础类与提高类分A、B两个难度编排，方便教师按因材施教的教学原则组织教学.

为提高学生“学数学，用数学”的能力，在第0章数学软件简介中，简要介绍了数学软件Mathematica和数学软件MATLAB的基本用法；在每章都增加了一节“用数学软件进行××运算”，其中又分了两个专题：“用数学软件Mathematica进行××运算”和“用数学软件MATLAB进行××运算”，以方便读者选用.

为激发学生学习的积极性，本书每章开篇都配备了一个学习任务，采用任务驱动阐明学习本章新知识的实际需要，并在本章末给出了该学习任务的详细解答，以使学生学后获得解决问题的成就感，进一步增强学习动力.

本书还配备了电子教案（PPT）、适合头脑风暴的思考题以及课上练习题及其答案等丰富的教学资料.

本书内容包括12章：数学软件简介、函数、极限、导数与微分、导数应用、不定积分、定积分及其应用、偏导数及其应用、行列式与矩阵、线性方程组、概率论、数理统计. 书后附有概率分布表、复习题答案.

本书配有《经济数学练习册》，供教师布置课后作业使用.

全书框架结构、编写、统稿、定稿由侯风波教授完成.

本书适用于高职院校及成人高等院校经管类各专业经济数学课程的教学，也可作为经济管理类人员自学用书.

本书的编写和出版得到了中国人民大学出版社有关领导的重视，并给予了大力支持与帮助，本书的编辑付出了辛勤的劳动，并提出了许多好的建议，在此一并致以最诚挚的谢意. 特别感谢使用本书作为经济数学课程教材的师生对本次修改提出的许多很好的建议. 非常欢迎使用本书的师生继续给予批评指导，以便在下一次修订中使之进一步完善.

侯风波

2020 年 6 月

目　录

第0章

数学软件简介

通常把利用计算机进行数值计算、符号计算、数学规划、统计运算、工程运算以及绘制数学图形或制作数学动画的软件统称为数学软件.

为了帮助读者提高借助于数学软件解决实际问题的能力,本书结合教学内容简单介绍数学软件 Mathematica 和 MATLAB 的基本使用方法.

0.1 数学软件 Mathematica 的基本用法

数学软件 Mathematica 是由美国伊利诺伊大学复杂系统研究中心主任、物理学家、数学家、计算机科学家史蒂芬·沃尔弗拉姆(Stephen Wolfram)教授负责研制的. 该系统具有简单易学的交互式操作方式、强大的数值计算功能及符号计算功能、人工智能列表处理功能以及像C语言那样的结构化程序设计功能. 该系统所用的编程语言也称为 Wolfram 语言.

在此仅介绍 Mathematica 12.0 简体中文版的基本用法, 在后面的章节中,将结合数学知识逐步介绍如何利用该软件进行函数、极限、导数、积分、常微分方程、多元函数微分、矩阵、线性方程组、概率、数理统计等有关运算.

0.1.1 启动与笔记本文档

如果你已经安装了数学软件 Mathematica,双击 Mathematica 图标,启动 Mathematica 系统,计算机屏幕会出现 Mathematica 的工作窗口,如图 0.1.1 所示,单击新文档即可进入 Mathematica 的工作窗口,如图 0.1.2 所示,称该窗口为 Wolfram 笔记本.

Wolfram 笔记本成功地把文字、图形、界面等与计算融合在一起:

笔记本是按单元组织的,并由右边的方括号指定.

双击单元方括号打开或关闭单元组.

在两个单元之间点击,就可以获取水平插入条,以便创建一个新的单元.

在 Wolfram 笔记本中,只需输入内容,然后按 Shift + Enter 组合键进行计算.

图 0.1.1

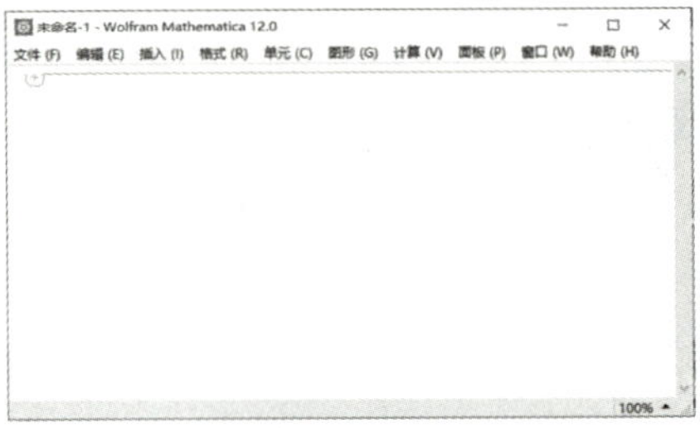

图 0.1.2

例 0.1.1 求 $3+12\div6+5^2\times2$ 的值.

解:

In[1]:=3+12/6+5^2×2(*这里 In[1]:=是系统给出的,In[1]是第 1 个输入语句的行号,3+12/6+5^2×2 输入 $3+12\div6+5^2\times2$ 后,再按 Shift+Enter 组合键*)

Out[1]=55(*这里的 55 是系统给出的运算结果,Out[1]是第 1 个输出语句的行号*)

由上例不难看出,+、-、*、/、^分别为 Mathematica 系统中的加、减、乘、除及乘方的运算符号,其运算规律与初等数学中的规定是一致的. 用(* *)括起来的内容为注释内容,在执行计算命令时其内容不运行.

0.1.2 精确数和近似数

1. 输入的是精确数,输出的也是精确数

当输入的数为整数或分数时,Wolfram 语言假定它是精确的,并给出精确的运算结果.

例 0.1.2 求 $\frac{1}{3}+2$ 的值.

解:

In[1]:= $\frac{1}{3}+2$(*先输入分子 1,按住 Ctrl 键,再按\键后,再输入分母 3,即完成了 $\frac{1}{3}$ 的输入,紧接着输入+2,完成表达式 $\frac{1}{3}+2$ 的输入,再按 Shift+Enter 组合键*)

Out[1]= $\frac{7}{3}$ (*这里的 $\frac{7}{3}$ 是系统给出的运算结果*)

例 0.1.3 求 $\frac{1}{3}+\sqrt{2}$ 的值.

解:

In[1]:= $\frac{1}{3}+\sqrt{2}$(* $\frac{1}{3}+\sqrt{2}$ 表达式可以通过导航栏中的“面板”及其下拉菜单中的“数学助手”完成对表达式 $\frac{1}{3}+2$ 的输入,再按 Shift+Enter 组合键*)

Out[1]= $\frac{1}{3}+\sqrt{2}$ (*这里的 $\frac{1}{3}+\sqrt{2}$ 是系统给出的运算结果*)

在本例中，对应于输入语句 In[1]，输出语句 Out[1]并没有给出表达式$\frac{1}{3}+\sqrt{2}$的“近似数值结果”，好像系统什么都没有做，事实上，系统判断出了参与运算的数全是精确数，所以，系统输出的也是精确数. 这是由 Wolfram 语言“对于只含准确数的输入表达式也只进行完全准确的运算并输出相应的准确结果”之特性所决定的.

当表达式中参加运算的数中含有带小数点的数值时，Wolfram 语言就产生近似数值结果.

例 0.1.4　求$\frac{1}{3}+\sqrt{2.}$的值.

解：

In[2]:= $\frac{1}{3}+\sqrt{2.}$ (* 键入表达式$\frac{1}{3}+\sqrt{2.}$，再按 Shift + Enter 组合键，注意 2. 代表 2.0，系统视其为近似数 *)

Out[2] =1.747 55　(* 这里的 1.747 55 是系统给出的运算结果 *)

2. 求近似值

用 exp//N 得到表达式 exp 的运算结果的近似值.

例 0.1.5　求$\frac{1}{3}+\sqrt{2}$的近似值.

解：

In[3]:= $\frac{1}{3}+\sqrt{2}$//N (* 用//N 表示对表达式$\frac{1}{3}+\sqrt{2}$求 6 位有效数字的近似值 *)

Out[3] =1.747 55　(* 这里的 1.747 55 是系统给出的运算结果 *)

更一般地，用 N [exp, n]得到表达式具有 n 位有效数字的数值结果.

例 0.1.6　求$\frac{1}{3}+\sqrt{2}$的具 10 位有效数字的近似值.

解：

In[4]:= N[$\frac{1}{3}+\sqrt{2}$,10]

Out[4] =1.747 546 896　(* 这里的 1.747 546 896 是系统给出的运算结果，它具有 10 个有效数字 *)

3. 圆周率 π 和自然常数 e

圆周率 π 和自然常数 e 是两个重要的常数.

例 0.1.7　求出具有 16 位有效数字的圆周率 π 的近似值.

解：

In[6]:=N[Pi,16](* 用 Pi 表示圆周率 π *)

Out[6] =3. 141 592 653 589 793　(* 这里的 3. 141 592 653 589 793 是由系统给出的运算结果，它具有 16 位有效数字 *)

例 0.1.8　求出具有 16 位有效数字的自然常数 e 的近似值.

解：

In[7]:=N[E,16] (* 用 E 表示自然常数 e *)

Out[7] =2.718 281 828 459 045

(* 这是由系统给出的运算结果,它具有 16 个有效数字 *)

0.1.3 变量

1. 变量的名

在 Wolfram 系统中,为了方便计算或保存中间计算结果,常常需要引进变量.变量不仅可以代表一个数值,而且可以作为一个纯粹的符号来使用.变量名通常以小写字母开头,后跟字母或数字,变量名字符的长度不限.例如,abcdefghijk,x3 都是合法的变量名;而 u v(u 与 v 之间有一个空格)不能作为变量名.英文字母的大小写意义是不同的,因此 A 与 a 表示两个不同的变量.

变量即取即用.在 Mathematica 中,变量不仅可存放一个整数或复数,还可存放一个多项式或复杂的算式.

数值有类型,变量也有类型.通常,在运算中不需要对变量进行类型说明,系统根据对变量所赋的值会作出正确的处理.在定义函数和进行程序设计时,也可以对变量进行类型说明.

2. 变量的全局赋值

在 Wolfram 系统中,运算符号" = "或": = "都起赋值作用,一般形式为:

变量 = 表达式

或

变量 1: = 表达式

其执行步骤为:先计算赋值号右边的表达式,再将计算结果送到变量中.

在使用" = "给变量赋值时,右边的表达式立即被求值,而在使用": = " 给变量赋值时,右边的表达式不进行求值运算,直到被调用时才被求值.

因此,": = "被称为延迟赋值号," = "被称为立即赋值号.

例 0.1.9 设 $a=6, b=5$,求 $(a+b)^2+ab+7$.

解:

In[1]: = Clear[a,b] (* Clear[a,b]表示使变量 a 和 b 的赋值保持未赋值状态,即清空变量 a 和 b 的赋值 *)

a =6; (* 表示给变量 a 赋值 6,分号表示不显示该行的运算结果 *)

b =5; (* 表示给变量 b 赋值 5,分号表示不显示该行的运算结果 *)

(a + b)^2 + a * b +7(* 输入表达式 $(a+b)^2+ab+7$ *)

Out[3] =5

Out[4] =158

3. 变量的临时赋值

变量的临时赋值格式为: exp/. x - > a,其表示给表达式 exp 中的变量 x 临时赋以数值 a.注意 x - > a 中的箭头" - > "是由键盘上的减号及大于号组成的.

注意:用临时赋值语句给变量赋的值,只在该语句中有效.

例 0.1.10　用临时赋值的方法求多项式 $x^2+2x+10$ 在 $x=2$ 时的值.

解:

```
In[1]:=Clear[x]
In[2]:=x^2+2x+10/.x->2
Out[2]=18
```

0.1.4　表

1. 表的生成

系统将表定义为有关联的元素组成的一个整体. 用表可以表示数学中的集合、向量矩阵,也可以表示数据库中的一组记录.

一维表的表示形式是用花括号括起来的且中间用逗号分开的若干元素. 如:

{1,2,100,6,7}

表示由 1,2,100,6,7 这 5 个元素组成的一维表.

二维表的表示形式是用花括号括起来的且中间用逗号分开的若干个一维表,如:

{{1,2,5},{2,4,4},{3,6,8}}, {{a,b},{1,2}}

均是二维表,二维表就是"表中表".

2. 表的运算

设表 b_1,b_2 是结构完全相同的两个表. 表 b_1 与 b_2 的和、差、积、商等于其对应元素间的相应运算(分母不能为零).

例 0.1.11　设 $b_1=\{1,2,3,4\}$, $b_2=\{2,4,6,8\}$, 求 b_1+b_2, b_1-b_2.

解:

```
In[1]:=b1 = {1,2,3,4};
       b2 = {2,4,6,8};
       b1 + b2
       b1 - b2
Out[3] = {3,6,9,12}
Out[4] = { -1, -2, -3, -4}
```

3. 表的元素

对于一维表 b 用 b[[i]] 表示它的第 i 个元素;对于二维表 c 用 c [[i,j]] 表示它的第 i 个分表中第 j 个元素,用 c [[i]] 表示二维表 c 中第 i 个分表(分量).

例 0.1.12　设 $b_1=\{1,2,3,4\}$, $b_2=\{2,4,6,8\}$, 求 b_1 的第 3 个元素与 b_2 第 4 个元素之和.

解:

```
In[1]:=b1 = {1,2,3,4};
       b2 = {2,4,6,8};
       b1[[3]]+b2[[2]]
Out[3]=7
```

0.1.5 解方程

Solve 是解方程或方程组的函数,其形式为 Solve[eqns, vars],其中 eqns 可以是单个方程也可以是方程组,单个方程用 exp = =0(其中 exp 为关于未知元的表达式)的形式;方程组写成用大括号括起来的中间用逗号分隔的若干个单个方程的表,如由两个方程组成的方程组需写成{exp1 = =0,exp2 = =0};vars 为未知元表,其形式为{x1,x2,…xn}.

此外,还可以用 FindRoot[exp = =0,{x,x0}]求非线性方程 exp = =0 在 $x=x_0$ 附近的根.

例 0.1.13 解方程 $x^2-1=0$.

解:

In[1]:=Solve[x^2 - 1 = =0,x] (*解方程 $x^2-1=0$*)

Out[1] = {{x - > -1}, {x - >1}} (*方程 $x^2-1=0$ 的两个解*)

例 0.1.14 解方程组 $\begin{cases}2x+y=4,\\x+y=3.\end{cases}$

解:

In[2]:=Solve[{2x + y = =4,x + y = =3},{x,y}](*解方程组 $\begin{cases}2x+y=4\\x+y=3\end{cases}$ *)

Out[2] = {{x - > 1, y - > 2}}(*输出方程组 $\begin{cases}2x+y=4\\x+y=3\end{cases}$ 的两个解*)

值得注意的是 Solve 语句把所求方程的根先赋给未知元后再连同未知元及赋值号 - >用花括弧括起来作为表的一个元素放在表中,如 Out[1] = {{x - > -1},{x - > 1}}.若想在运算过程中直接引用 Solve 的输出结果,可按变量替换形式(f[x]/. x - >a)把所需要的根赋给某一变元.

In[3]:= j=% (* 将 Out[2]赋给变量 j*)

Out[3] = {{x - >1, y - >2}}

In[4]:=x1 =x/. j[[1,1]] (*(j[[1,1]]等价于 x - >1*)

Out[4] =1 (输出变量 x_1 的值)

In[5]:=x2 =y/. j[[1,2]] (*(j[[1,2]] 等价于 x - >2*)

Out[5] =2 (输出变量 x_2 的值)

例 0.1.15 求方程 $\sin x=0$ 在 $x=3$ 附近的一个根.

解:

In[1]:=FindRoot[Sin[x] = =0,{x,3}]

Out [1] ={x - >3.14159}

0.1.6 Print 语句

Print 为输出命令,其形式为 Print[表达式 1, 表达式 2,…]

执行 Print 语句,依次输出表达式 1,表达式 2,…等表达式的计算结果,两表达式之间不留空格,输出完成后换行.通常 Print 语句先计算出表达式的值,再将表达式的值输出.

若想原样输出某个表达式或字符,需要对其加双引号,参见下例中的 Print 语句.

例 0.1.16　输入 $a=6,b=5$,用 Print 语句输出“a + b = 11”的字样.

解:

```
In[1]:=Clear[a,b]
a=5
b=6
Print["a+b","=",a+b]
Out[2]=5
Out[3]=6
a+b = 11
```

0.1.7　平面图形

在 Mathematica 系统中,用 Plot 绘制平面曲线图形,其格式为:

Plot[f(x),{x,xmin,xmax}]

例 0.1.17　画出正弦曲线 $y=\sin x$ 在$[0,6\pi]$上的图形.

解:

```
In[1]:=Clear[x]
In[2]:=Plot[Sin[x],{0,6Pi}]
Out[2]= 略
```

0.1.8　Which 语句

Which 语句的一般形式为:

Which[条件 1, 表达式 1, 条件 2, 表达式 2,…,条件 n, 表达式 n]

Which 语句的执行过程:从计算条件 1 开始,依次计算条件 i ($i=1,\cdots,n$),直至计算出第一个条件为真时为止,并将该条件所对应的表达式的值作为 Which 语句的值. 用 Which 语句可以方便地定义分段函数.

0.2 数学软件 MATLAB 的基本用法

MATLAB (Matrix Laboratory)是由总部位于美国马萨诸塞州内迪克的 MathWorks 公司研制的数学计算软件,是一种用于算法开发、数据可视化、数据分析以及数值计算的科学计算语言和编程环境. 公司还针对数据分析和图形处理等特殊任务推出近 100 项其他产品. 本书采用的是 MATLAB R2019b.

本节仅介绍该软件在经济数学上的基本用法. 在后面的章节中,将结合数学知识逐步介绍如何利用该软件进行函数、极限、导数、积分、常微分方程、多元函数微分、矩阵、线性方程组、概率、数理统计等有关运算.

0.2.1 启动

在装有数学软件 MATLAB 的计算机上,单击 MATLAB 的图标,即可运行 MATLAB 的程序,并弹出图 0.2.1 所示窗口.

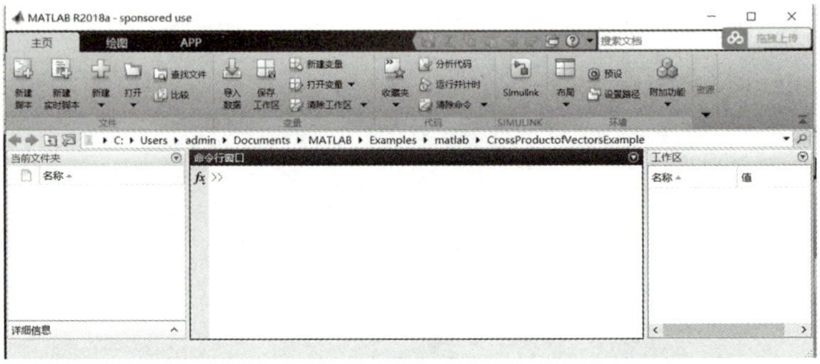

图 0.2.1

在图 0.2.1 窗口中,中间窗口称为命令窗口,在其左上角有一个提示符 f_x > >,在该提示符下,你可以输入要计算的表达式,按 Enter 键即可得到该表达式的值.

例 0.2.1 用 MATLAB 软件,计算 $3+12\div6+5^2\times2$.

解:

f_x > >3 +12/6 +5^2 * 2 % 在提示符 f_x > >后面输入表达式 $3+12\div6+5^2\times2$

ans =55

在本例中,语句后面的%是注释符号,其后面的文本对该语句的性质进行注释说明,它不影响运算结果.

如果未指定输出参数,MATLAB 软件会自动创建名为 ans 的变量,寄存最近计算的答案.在本例中,3 +12/6 +5^2 * 2 为在提示符 f_x > >后面输入的表达式 $3+12\div6+5^2\times2$,ans =55 为上述表达式计算结果(注:在 MATLAB 命令窗口中,把 ans = 和所对的计算结果 55 显示在两行中.为排版的紧凑,本书把和其对应的计算结果排在同一行中).

由上例不难看出, +、-、*、/、^分别为 MATLAB 系统中的加、减、乘、除及乘方的运算符号,其运算规律与初等数学中的规定是一致的.

0.2.2 精确数和近似数

1. 近似值

在 MATLAB 命令窗口,在运算表达式中参加运算的数,无论是整数还是分数,只要没要特别说明, MATLAB 语言都假定参加运算的数都是近似值,所以,其运算结果也用近似值表示.

例 0.2.2 求$\frac{1}{3}+\sqrt{2}$的值.

解:

> > clear

```
>> 1/3 + sqrt(2)
ans = 1.747 5
```

该段程序一开始的 clear 从当前工作区中删除所有变量,并将它们从系统内存中释放.

更一般地,用 vpa(exp,n)得到表达式 exp 具有 n 位有效数字的近似值. 例如,vpa(pi,3)给出具有 n 位有效数字的运算结果 ans = 3.14.

例 0.2.3　求$\frac{1}{3}+\sqrt{2}$的具有 10 位有效数字的近似值.

解:

```
>> clear
vpa(1/3 + sqrt(2),10) % 输入表达式1/3 + √2
ans = 1.747 546 896
```

2. 输入的是精确数,输出的也是精确数

为了保持精确运算,必须事先对参加运算的数用 sym 给予说明. 在 MATLAB 中,sym 用于创建符号数字、符号变量、符号对象. 符号变量的优点是,使用符号变量运算得到的只是一个解析解,例如,在符号变量运算过程中 π 就用 pi 表示,而不是具体的近似数值 3.141 59.

使用符号变量进行运算能最大限度减少运算过程中因舍入造成的误差,符号变量也便于进行运算过程的演示.

例 0.2.4　求$\frac{1}{3}+2$ 的值.

解:

```
>> clear
P1 = sym('1/3');% 将 1/3 定义为符号数字
P2 = sym('2');
>> P1 + P2
ans = 7/3
```

注意:如果一句末尾用分号(;)结尾,则表示不输出该语句的运行结果.

3. 圆周率 π 和自然常数 e

圆周率 π 和自然常数 e 是两个重要的常数.

例 0.2.5　求具有 16 位有效数字的圆周率 π 的近似值.

解:

```
vpa(pi,16)
ans = 3.141 592 653 589 793
```

例 0.2.6　求具有 16 位有效数字的自然常数 e 的近似值.

解:

```
>> vpa(exp(sym( 1)),16)
```

```
ans =2.718 281 828 459 045
```

注:在 MATLAB 中,用 exp(1)表示自然常数 e,exp(sym(1))中的 sym(1)指定了 1 为符号数.

0.2.3 变量

在 MATLAB 系统中,变量可以用 sym 或者 syms 定义. MATLAB 中变量名以字母开头,后接字母、数字或下划线,最多 63 个字符;区分大小写;关键字和函数名不能作为变量名.

例 0.2.7 设 $a=6, b=5$,求 $(a+b)^2+ab+7$.

解:

```
>>clear
syms a b
a=6;b=5;
(a+b)^2+a*b+7
ans =158
```

MATLAB 7.0 以后的版本提供了一种称为匿名函数的表达式定义方法. 通过匿名函数对表达式求值,变量的赋值只对本次调用有效,所以,这种赋值为变量的临时赋值.

定义一个匿名函数很简单,语法是 fhandle = @(vars) exp,其中 fhandle 就是调用该函数的函数句柄(function handle),exp 是表达式,vars 是表达式 exp 中所涉及的变量(或参数)列表,多个变量使用逗号分隔.

例 0.2.8 用临时赋值的方法求多项式 $x^2+2x+10$ 在 $x=2$ 处的值.

解:

```
>> clear
syms x
f=@(x)x^2+2*x+10;%定义匿名函数f(x)=x^2+2x+10
f(2) %求表达式x^2+2x+10在处的值
ans =18
```

注意:在本例中的 f(2)通过给变量 x 赋值 2,来计算表达式 $x^2+2x+10$ 在 $x=2$ 处的值. 变量 x 所赋的值 2 只在本次调用中有效.

0.2.4 矩阵

1. 矩阵的定义

MATLAB 是矩阵实验室(Matrix Laboratory)的简称,MATLAB 系统最强大的功能是矩阵(由 $m\times n$ 个元素构成的具有 m 行 n 列的矩阵)运算. 这里我们只探讨一维行矩阵,即行向量.

在 MATLAB 系统中,一维行矩阵的表示形式是用方括号括起来的且中间用逗号(或空格)分开的若干元素,如:

$$[1,2,100,6,7]$$

表示由 1,2,100,6,7 这 5 个元素组成的一维行矩阵.

2. 矩阵的元素

对于一维行矩阵 b 用 $b(i)$ 表示它的第 i 个元素(分量). 例如,下面的程序给出了表示一维行矩阵 $b=[3,6,9,11,15]$ 的第 4 个元素 11.

解:

```
>> clear
syms b
b=[3,6,9,11,15];
b(4)
ans=11
```

3. 一维行矩阵的运算

设 b_1,b_2 是结构完全相同的两个一维行矩阵, b_1 与 b_2 的和、差等于其对应元素间的相应运算.

例 0.2.9　设 $b_1=\{1,2,3,4\}$, $b_2=\{2,4,6,8\}$, 求 b_1+b_2, b_1-b_2.

解:

```
>>clear
syms b1 b2
b1=[1 2 3 4];b2=[2 4 6 8];
b1+b2,b1-b2
ans=      3      6      9      12
ans=     -1     -2     -3     -4
```

0.2.5　解方程

solve 是解方程或方程组的函数,其形式为 solve(eqns,vars),其中 eqns 可以是单个方程也可以是方程组,单个方程用 exp = =0(其中 exp 为关于未知元的表达式) 的形式; 方程组写成用方括号括起来的中间用逗号分隔的若干个单个方程的集合,如由两个方程组成的方程组应写成[exp1 = =0, exp2 = =0];vars 为未知元表,其形式为[x1,x2,x3,…].

此外,还可以用 fzero (exp, x0)求非线性方程 exp = =0 在 $x=x_0$ 附近的根.

例 0.2.10　解方程 $x^2-1=0$.

解:

```
>>syms x
eqn = x^2-1==0;
solx = solve(eqn,x)
solx =
-1
 1
```

上面给出了方程 $x^2-1=0$ 两个根: -1 和 1.

例 0.2.11 解方程组$\begin{cases}2x+y=4,\\ x+y=3.\end{cases}$

解:

```
>> clear
syms x y
eqns = [2*x+y==4, x+y==3];
vars = [x y];
[solx, soly] = solve(eqns, vars)
solx =1
soly =2
```

例 0.2.12 求方程 $\sin x=0$ 在 $x=3$ 附近的一个根.

解:

```
clear
>> syms x
f = @(x) sin(x);% 定义表达式 f = sin x
fzero(f,3)% 求 sin x =0 在 x =3 附近的根
ans = 3.1416
```

0.2.6 fprintf 语句

fprintf 为输出命令,其格式为:fprintf('text format',val),

其中,text 为需要输出的文本内容,val 为需要输出的变量值,format 是对变量值 val 的显示格式说明.说明 val 的值为整数时用%d;说明 val 的值为以科学记数法显示时用%e;说明 val 的值以浮点数显示时用%f,如果该语句的输出完成后需要换行的话用\n 说明.

例 0.2.13 输入 $a=6,b=5$,用 fprintf 语句输出"$a+b=11$"的字样.

解:

```
clear
syms a b
a =5;b =6;
fprintf('a + b = %d\n',a + b)
a + b =11
```

0.2.7 平面图形

在 MATLB 系统中,用 plot(x,y)绘制平面曲线 $y=f(x)$ 的图形,其中 x 是自变量的取值范围;y 是对应于自变量 x 函数值.

自变量 x 的取值常用如下两种形式给出:

(1)x = a:d:b,表示自变量 x 从 a 开始,以 d 为间距,在闭区间$[a,b]$上的 n 个点所构成的一维行矩阵(包含点 a,不一定包含点 b).

(2) x = linspace(x1,x2,n)，表示在闭区间$[x_1,x_2]$上的 n 个点所构成的一维行矩阵(包含区间点端点 x_1,x_2)，这些点的间距为$(x_2-x_1)/(n-1)$.

例 0.2.14　画出正弦曲线 $y=\sin x$ 在$[0,6\pi]$上的图形.

解：

```
clear
syms x y
x = 0: pi/100: 6 * pi;% 表示自变量 x 从 0 开始，以 π/100 为间隔，取闭区间[0,6π]上的点
y = sin(x);
plot(x,y)
```

注：图形略，请读者上机实验.

0.2.8　if 语句

和其他高级语言一样，MATLAB 语言中也有描述分支结构的条件语句，即 if 语句，其格式如下：

```
if 条件表达式
    程序模块
    end
或
if 条件表达式
    程序模块 1
    else
    程序模块 2
    End
```

第1章

函　数

1.0 学习任务1　等额本金还款法还房贷

等额本金还款法是在还款期内把贷款总额按还款期数（贷款分几次还清就是几期）均分，每期偿还同等数额的本金和剩余贷款在该期所产生的利息.

若贷款总额为 b，银行月利率（年利率的$\frac{1}{12}$）为 r，每月一期，总还款期数为 n，第 k 期的还款额记为 $f(k)$，请完成如下任务：

1. 给出计算等额本金还款法第 k 期的还款额 $f(k)$ 的表达式.

2. 若某人购房贷款10万，年利率5%，还款年限5年，请根据等额本金还款法，计算出其每月还款额.

对于如上任务，首先需要建立函数模型 $f(k)$，为此，我们先复习下函数.

函数是微积分研究的对象. 本章我们将从分析日常生活和经济现象中常见的变量出发，引入函数的一般定义，并着重介绍经济现象中常用的几个简单函数，研究建立函数模型的方法，为学习微积分打下基础.

1.1 函数及其性质

本节我们将在中学数学知识的基础上进一步介绍函数的概念及性质.

1.1.1　函数的概念

现实世界中各种变化着的量不是孤立的，而是相互联系和相互制约的. 这种变量间的相依关系反映到数学上就是函数，它描述了自然现象中量的变化规律.

例 1.1.1　圆的面积公式为

$$S = \pi r^2.$$

式中，r 是圆的半径，半径 r 不同，圆面积 S 也就不同，而圆周率 π 在圆的面积计算中是不变的，因此，在这个给定的问题中，π 是常量，r 和 S 都是变量. 当 r 在 $(0,+\infty)$ 内取定某一数值时，S 也随之有一个确定的数值与之对应，如当 $r=1$ m 时，$S=3.14$ m^2. 我们称圆

面积 S 是半径 r 的函数,记为 $S(r)=\pi r^2$.

例 1.1.2 设某厂每日最多能生产某种产品 100 t,且每日的固定成本为 3 000 元,每生产该产品 1 t 成本增加 120 元,则该厂每日的总成本 C 与产量 q 的关系为

$$C = 120q + 3\ 000.$$

当产量 q 在生产能力允许的范围[0,100]内取定某一数值时,总成本也随之有一个确定的数值与之对应. 我们称 C 是产量 q 的函数,记为 $C=C(q)$. 例如,当产量 $q=80$ t 时,总成本

$$C = 120\times 80 + 3\ 000 = 12\ 600(\text{元}).$$

例 1.1.3 据 2020 年 2 月 28 日国家统计局发布的《2019 年国民经济和社会发展统计公报》可知,从 2014 年到 2019 年末,全国贫困人口分别为 7 017,5 575,4 335,3 046,1 660,551 万人,根据这些数据画出图 1.1.1,观察图 1.1.1,一方面可以看出,全国贫困人口数量直线下降,精准扶贫成效显著;另一方面,给定一个具体日期,就得到一个具体的全国贫困人口数,可见图 1.1.1 反映了全国贫困人口数是日期的函数.

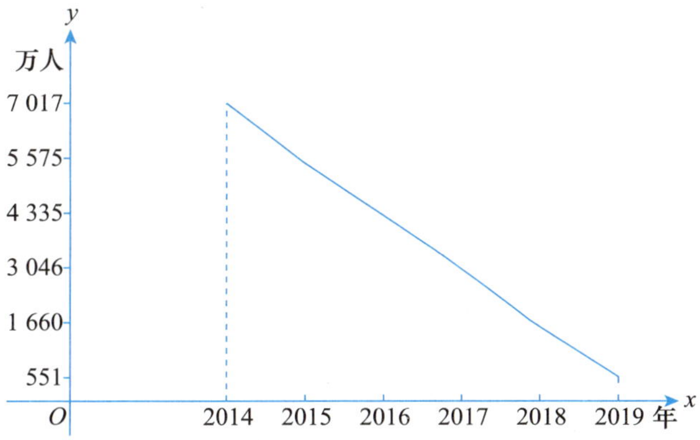

图 1.1.1

例 1.1.4 某种品牌收音机,当单价为 230 元时每月可销售 1 500 台,如果单价每降低 10 元可多销售 25 台,且单价不得低于 160 元,则销量 q 与单价 p 的关系见表 1.1.1.

表 1.1.1

p/元	230	220	210	200	190	180	170	160
q/台	1 500	1 525	1 550	1 575	1 600	1 625	1 650	1 675

当 p 在允许的降价范围内变化时,销售量 q 也随之有一个确定的数值与之对应,我们称销售量 q 是价格 p 的函数.

上述各例,有几何的、经济的,抛开各自的具体含义,可抽象出函数的一般概念.

定义 1.1.1

设有两个变量 x 和 y 以及非空数集 D,如果当变量 x 在数集 D 中任意取定一个数值时,变量 y 按照一定的规律 f 总有唯一确定的数值与之对应,则称 y 是 x 的函数,记作

$$y = f(x),\quad x\in D,$$

称变量 x 是自变量,变量 y 是函数(或因变量),数集 D 是函数的定义域,表示对应规律的 f 是函数的符号.

若对于确定的 $x_0\in D$,通过对应规律 f,函数 y 有唯一确定的值 y_0 与之对应,则称 y_0 为 $y=f(x)$ 在 x_0 处的函数值,记作

$$y_0 = y|_{x=x_0} = f(x_0).$$

函数值的集合，称为函数的值域，记作 M.

为了深入理解函数定义，再说明以下几点：

（1）在函数定义中，仅要求对自变量 $x \in D$，都有确定的 $y \in M$ 与之对应，因此，常量 $y = C$ 也符合函数的定义. 因为当 $x \in \mathbf{R}$ 时，所对应的 y 值都是确定的常数 C，一般称 $y = C$ 为常函数.

（2）若函数在某个区间上的每一点都有定义，则称这个函数在该区间上有定义.

（3）函数通常有 3 种表示法：公式法（如，例 1.1.1 中的圆面积函数，例 1.1.2 中的总成本函数）、图形法（例 1.1.3 中图 1.1.1 所表示的全国贫困人口数）、列表法（例 1.1.4 中表 1.1.1 所表示的函数）.

（4）函数的定义中涉及定义域 D、对应规律 f 和值域 M 三个因素. 显然，给定定义域 D 和对应规律 f，那么值域 M 就被相应地确定了，所以定义域 D 和对应规律 f 是决定一个函数的两个要素. 两个函数相等的充要条件是定义域和对应规律分别相同，例如 $y = x^2$，$u = r^2$ 是同一个函数. 需要注意的是，同一问题中涉及多个函数时，则应取不同的符号分别表示它们各自的对应规律.

（5）由解析式表达函数的定义域要注意以下几种情况：

①分母不能为零.

②偶次根号下非负.

③对数的底大于零而且不等于 1，真数大于零.

④三角函数和反三角函数要符合其定义.

⑤如果函数的表达式由若干项组合而成，则它的定义域是各项定义域的公共部分.

例 1.1.5 设 $y = f(x) = 2x^2 - x + 1$，求 $f(0)$，$f(1)$，$f(x_0)$.

解： $y|_{x=0} = f(0) = 2 \times 0^2 - 0 + 1 = 1$，

$y|_{x=1} = f(1) = 2 \times 1^2 - 1 + 1 = 2$，

$y|_{x=x_0} = f(x_0) = 2x_0^2 - x_0 + 1$.

例 1.1.6 设 $f(x+1) = x^2 - 3x$，求 $f(x)$.

解： 令 $x + 1 = t$，则 $x = t - 1$，所以

$$f(t) = (t-1)^2 - 3(t-1) = t^2 - 5t + 4,$$

即

$$f(x) = x^2 - 5x + 4.$$

例 1.1.7 确定下列函数的定义域.

（1）$y = \dfrac{1}{1-x}$；　　（2）$y = \dfrac{1}{4-x^2} + \sqrt{x+2}$.

解：（1）为使函数 $y = \dfrac{1}{1-x}$ 有意义，必须有 $1 - x \neq 0$，即 $x \neq 1$，因此，该函数定义域为除 $x = 1$ 之外的全体实数，可记作

$$D = (-\infty, 1) \cup (1, +\infty),$$

或

$$D=\{x \mid x \neq 1, x \in \mathbf{R}\}.$$

(2)为使函数 $y=\dfrac{1}{4-x^2}+\sqrt{x+2}$ 有意义，必须有 $4-x^2 \neq 0$，且 $x+2 \geq 0$，为此，解不等式组 $\begin{cases}4-x^2 \neq 0 \\ x+2 \geq 0\end{cases}$ 得 $x \neq \pm 2$ 且 $x \geq -2$，因此，该函数的定义域 $D=(-2,2) \cup (2,+\infty)$.

1.1.2 分段函数

例 1.1.8 某商品共有 1 000 t 可供销售，每吨定价 80 元，若销售量 q 在 800 t 以内，按原定价格出售；若销售量 q 超过 800 t，则超过部分按 9 折价格优惠出售，试求收益函数 $R(q)$.

解： 由于在不同的销售量范围内销售价格不同，因此，讨论收益函数 $R(q)$ 必须对销售量 q 分段来考虑.

当 $0 \leq q \leq 800$ 时，价格 $p=80$(元/t)，所以

$$R(q)=80q.$$

当 $800<q \leq 1\ 000$ 时，800 t 的价格为 $p=80$(元/t)，超过部分 $(q-800)$ 的价格为

$$p=80 \times 90\%=72(\text{元/t}).$$

所以

$$\begin{aligned}R(q)&=80 \times 800+72 \times (q-800)\\&=72q+6\ 400.\end{aligned}$$

合起来，可表示为

$$R(q)=\begin{cases}80q, & 0 \leq q \leq 800,\\ 72q+6\ 400, & 800<q \leq 1\ 000,\end{cases}$$

其定义域为闭区间 $[0,1\ 000]$.

定义 1.1.2

如果一个函数在自变量的不同范围内，其函数值是分别表示的，则称该函数为分段函数.

分段函数是定义域上的一个函数，不要理解为多个函数，它的定义域是各部分的自变量取值集合的并集. 求分段函数的函数值 $f(x_0)$ 时，要根据 x_0 所在的范围选用相应的解析式，其图形要在同一坐标系中分段作出.

例 1.1.9 设函数 $f(x)=\begin{cases}x^2, & -2 \leq x<0,\\ 2, & x=0,\\ 1+x, & 0<x \leq 3,\end{cases}$

(1)求函数的定义域；

(2)求 $f(-1)$，$f(0)$，$f(1)$；

(3)作出函数的图形.

解： (1)函数的定义域是 $[-2,3]$.

(2)由于 $x \in [-2,0)$ 时，$f(x)=x^2$，所以 $f(-1)=(-1)^2=1$. 同理，$f(0)=2$，$f(1)=1+1=2$.

(3)利用描点法,分段作出各部分函数图形,如图 1.1.2 所示.

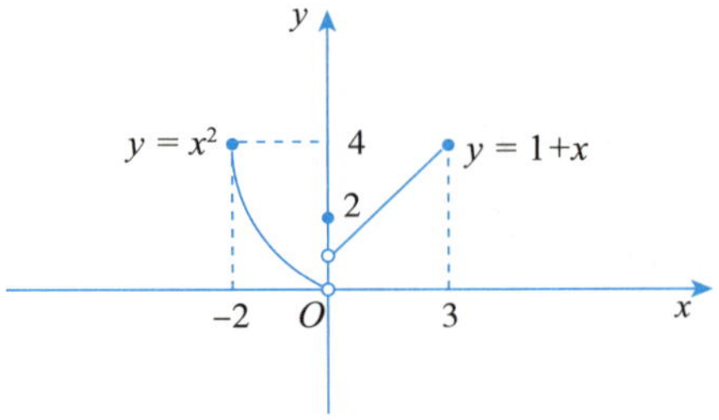

图 1.1.2

1.1.3 反函数

定义 1.1.3

设函数 $y=f(x)$ 的定义域为 D,值域为 A,如果对于每一个 $y\in A$,由方程 $y=f(x)$ 都能解出唯一的 $x\in D$,这样就得到一个以 y 为自变量,x 为因变量的函数 $x=\varphi(y)$,称 $x=\varphi(y)$ 为 $y=f(x)$ 的反函数. 通常把 $y=f(x)$ 称为直接函数. $y=f(x)$ 的反函数有时也记为 $x=f^{-1}(y)$.

例 1.1.10 求 $y=1+2x$ 的反函数.

解: 由 $y=1+2x$,可得 $x=\frac{1}{2}(y-1)$,因此,$y=1+2x$ 的反函数为 $x=\frac{1}{2}(y-1)$.

1.1.4 函数的几种特性

1. 函数的奇偶性

定义 1.1.4

设函数 $y=f(x)$ 的定义域 D 关于原点对称(即若 $x\in D$,则必有 $-x\in D$),若对任意 $x\in D$,有,

(1) $f(-x)=f(x)$,则称 $f(x)$ 为偶函数;

(2) $f(-x)=-f(x)$,则称 $f(x)$ 为奇函数.

奇函数的图形关于坐标原点对称;偶函数的图形关于 y 轴对称.

例 1.1.11 函数 $f(x)=x^2$ 是偶函数,如图 1.1.3 所示;$f(x)=x^3$ 是奇函数,如图 1.1.4 所示.

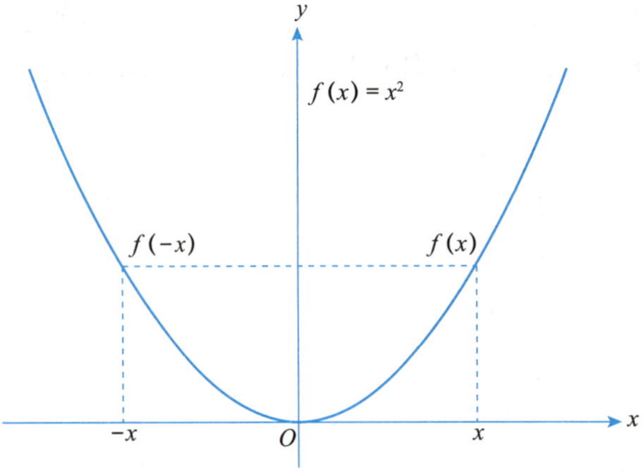

图 1.1.3

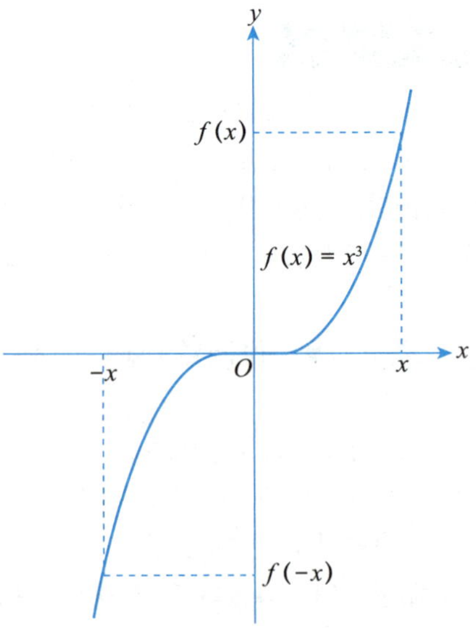

图 1.1.4

2. 函数的单调性

定义 1.1.5

设函数 $f(x)$ 在数集 D 上有定义，对于区间内任意两点 x_1 和 x_2，当 $x_1 < x_2$ 时，

(1) 如果有 $f(x_1) < f(x_2)$，则称函数 $f(x)$ 在 D 上单调增加，如图 1.1.5 所示；

(2) 如果有 $f(x_1) > f(x_2)$，则称函数 $f(x)$ 在 D 上单调减少，如图 1.1.6 所示.

单调增加或单调减少的函数统称为单调函数. 若 $f(x)$ 在区间 I 上是单调函数，则称该区间是函数的单调区间.

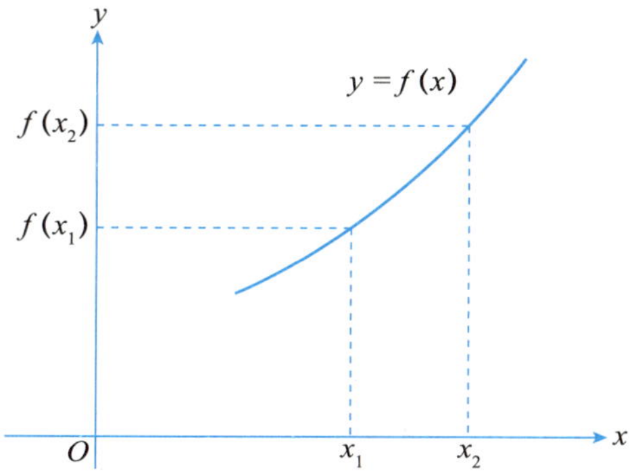

图 1.1.5

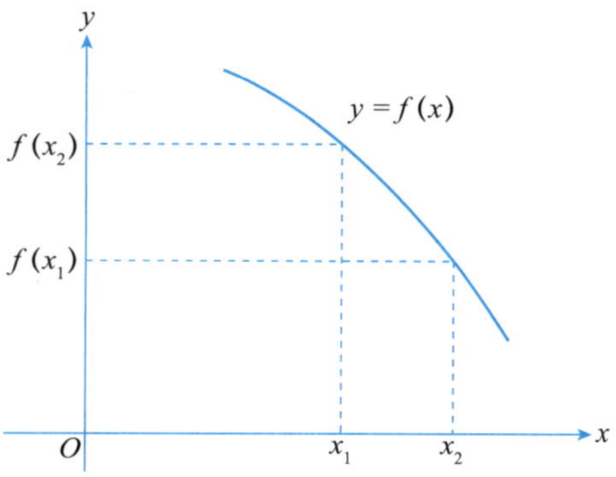

图 1.1.6

3. 函数的周期性

定义 1.1.6

设函数 $f(x)$ 的定义域为 D，如果存在一个非零常数 T，对于任意 $x \in D(x+T \in D)$，恒有

$$f(x+T) = f(x) \quad (x+T \in D)$$

成立，则称 $f(x)$ 是周期函数，称 T 是 $f(x)$ 的一个周期. 通常我们所说的函数 $f(x)$ 的周期是指 $f(x)$ 的最小正周期.

例如，正弦函数 $y = \sin x$ 是以 2π 为周期的周期函数，如图 1.1.7 所示；正切函数 $y = \tan x$ 是以 π 为周期的周期函数，如图 1.1.8 所示.

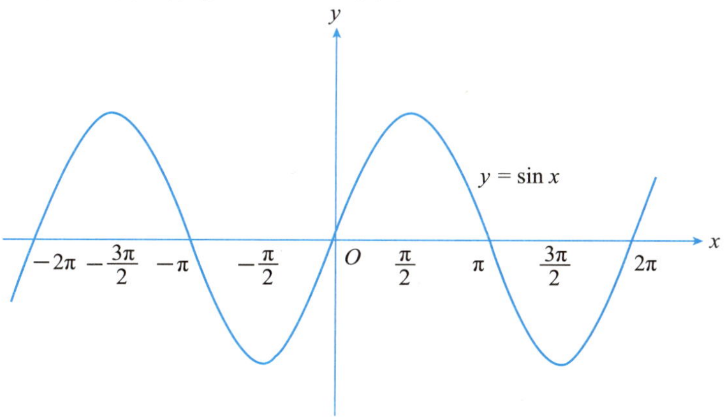

图 1.1.7

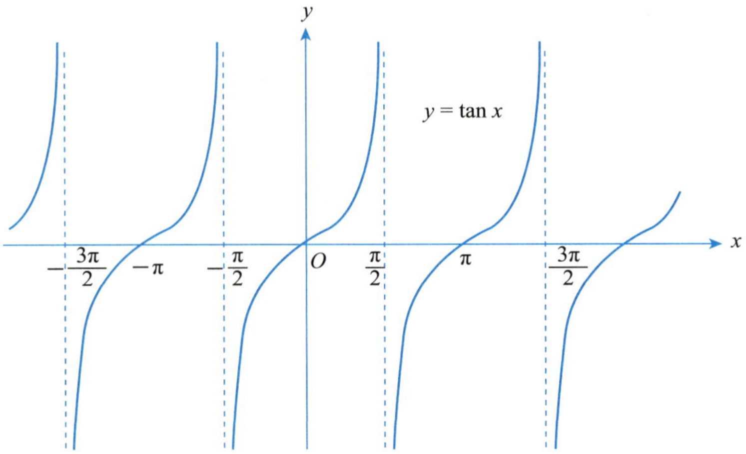

图 1.1.8

4. 函数的有界性

定义 1.1.7

设函数 $f(x)$ 在非空数集 D 上有定义,若存在正数 M,使得对任意 $x\in D$,有

$$|f(x)|\leqslant M,$$

则称 $f(x)$ 在非空数集 D 上是有界函数.若这样的 M 不存在,就称 $f(x)$ 在 D 内是无界函数.

例 1.1.12 $y=\frac{1}{x}$ 是区间(0.2,1)上的有界函数,如图 1.1.9 所示;$y=\frac{1}{x}$ 是区间(0,1)上的无界函数,如图 1.1.10 所示.

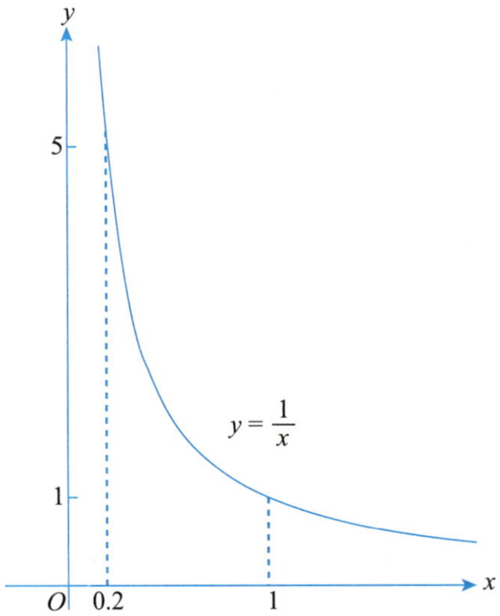

图 1.1.9

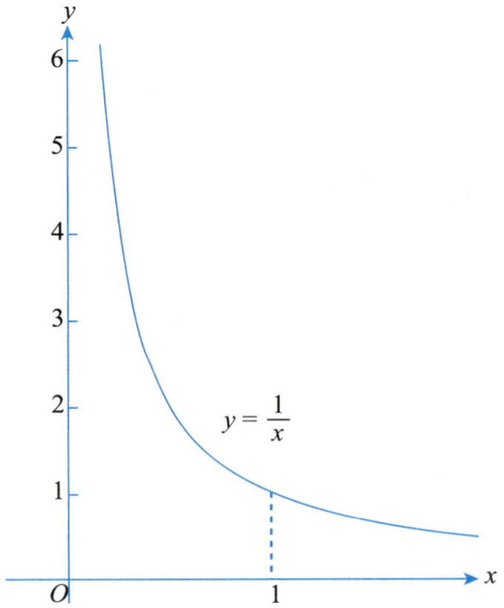

图 1.1.10

思考题 1.1

1. 两个函数相等的充要条件是什么？

2. $y=\frac{x^2-1}{x-1}$与 $y=x+1$ 是同一函数吗？为什么？

练习题 1.1A

1. 根据例 1.1.1、例 1.1.2 中的圆面积函数 $S(r)$ 及总成本函数 $C(q)$，分别求 $S(5)$ 和 $C(50)$ 的值.

2. 根据例 1.1.4 中表 1.1.1 所给出的销量 q 与价格 p 的函数关系 $q(p)$，查出 $q(200)$.

3. 根据例 1.1.3 中图 1.1.1 给出的全国贫困人口数目与日期间的函数关系，估计一下 2016 年 6 月末全国总人口大致是多少？

4. 设函数 $y=\frac{1}{x}$，(1) 写出其定义域；(2) 写出其单调区间；(3) 说明其不是单调函数.

练习题 1.1B

1. 求下列函数的定义域：

(1) $y=\frac{2}{x^2-3x+2}$；　　(2) $y=\sqrt{2+x}+\frac{1}{\lg(1+x)}$.

2. 求下列函数值：

(1) 已知 $f(x)=2x^2-3x+1$，求 $f(1)$，$f(-2)$，$f(a+1)$.

(2) 已知 $f(x)=\begin{cases}1+x, & x\leqslant 0,\\ 2, & x>0,\end{cases}$ 求 $f(0)$，$f(\frac{1}{2})$，$f(-1)$.

3. 设函数 $f(x)=\begin{cases}\frac{1}{x}, & x<0,\\ 2x, & 0\leqslant x<1,\\ 1, & 1\leqslant x\leqslant 2,\end{cases}$

(1) 求 $f(x)$ 的定义域；　　(2) 作出 $f(x)$ 的图形.

1.2 初等函数

1.2.1　基本初等函数

通常将常函数、幂函数、指数函数、对数函数、三角函数和反三角函数这 6 种函数统称为基本初等函数. 它们的性质、图形在中学已经学过，下面进行简要复习.

1. 常函数

$y=C$(C 为常数)称为常函数,其定义域为$(-\infty,+\infty)$.常函数是有界函数、偶函数(特别的,$y=0$ 也是奇函数),其图像通过点$(0,C)$且平行于 x 轴.

例 1.2.1 常函数 $y=2$ 的图像通过点$(0,2)$且平行于 x 轴,如图 1.2.1 所示.

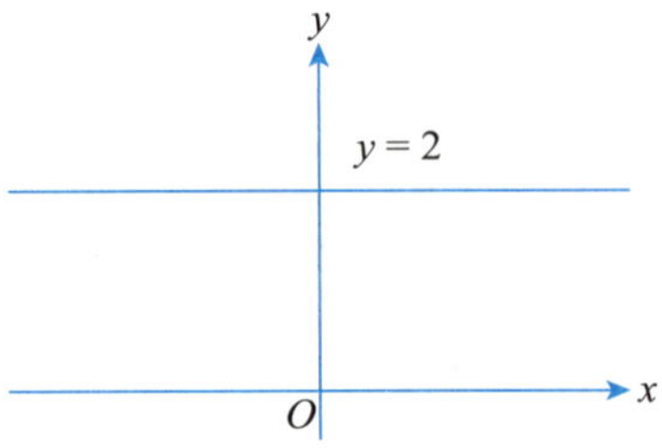

图 1.2.1

2. 幂函数

$y=x^{\alpha}$(α 为实数)称为幂函数,其定义域、单调性、奇偶性都与指数 α 有关.

例 1.2.2 幂函数 $y=x^{\frac{1}{2}}$的定义域为$[0,+\infty)$,如图 1.2.2 所示;幂函数 $y=x^{-\frac{1}{2}}$的定义域为$(0,+\infty)$,如图 1.2.3 所示.

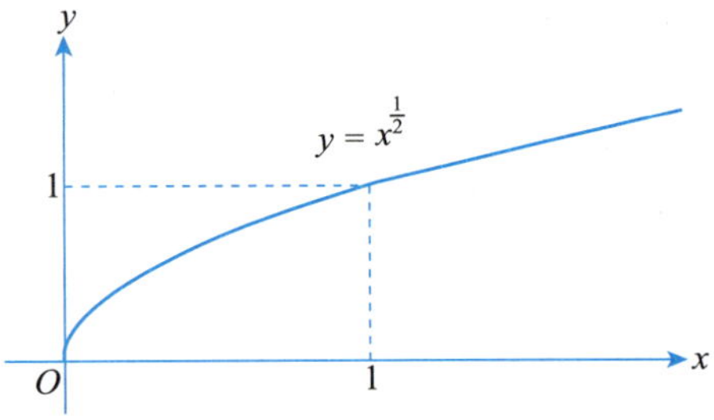

图 1.2.2

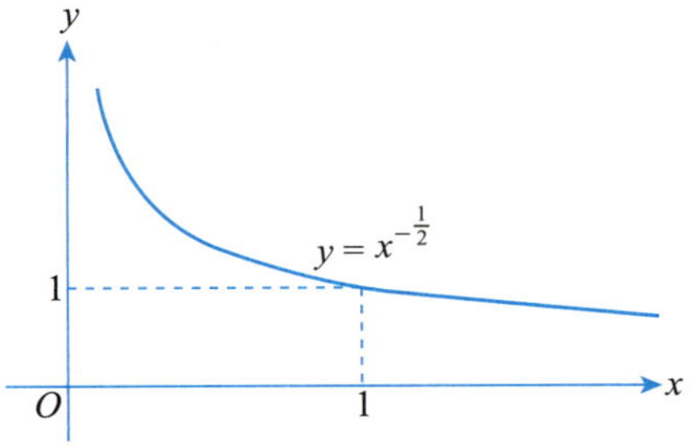

图 1.2.3

注意 1: 在第一象限内,当 $\alpha>0$ 时,$y=x^{\alpha}$ 为单调递增函数;当 $\alpha<0$ 时,$y=x^{\alpha}$ 为单调递减函数.

例 1.2.3 幂函数 $y=x^4$,如图 1.2.4 所示,以及幂函数 $y=x^5$,如图 1.2.5 所示,其定义域均为$(-\infty,+\infty)$.

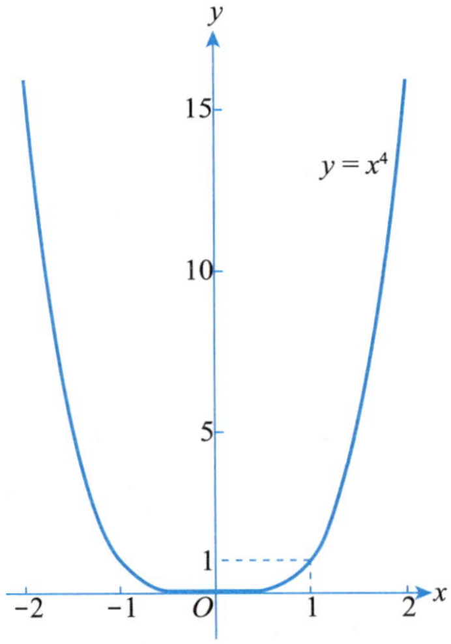

图 1.2.4

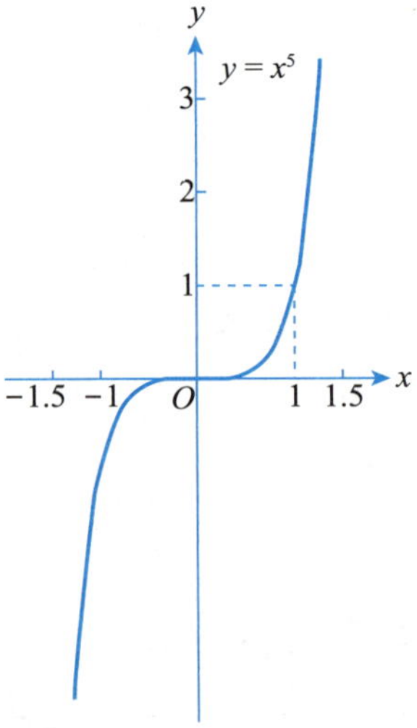

图 1.2.5

注意2:当 α = 偶数时,$y=x^{\alpha}$ 为偶函数;当 α = 奇数时,$y=x^{\alpha}$ 为奇函数.

注意3:不论 α 为何数,幂函数 $y=x^{\alpha}$ 都在 $(0,+\infty)$ 内都有定义,且其图像都经过点 $(1,1)$.

3. 指数函数

$y=a^x(a>0,a\neq1,a$ 为常数)称为指数函数,其定义域为 $(-\infty,+\infty)$,值域为 $(0,+\infty)$.

例1.2.4 指数函数 $y=\left(\frac{1}{2}\right)^x$,如图1.2.6所示,以及指数函数 $y=2^x$,如图1.2.7所示,其定义域均为 $(-\infty,+\infty)$,值域均为 $(0,+\infty)$.

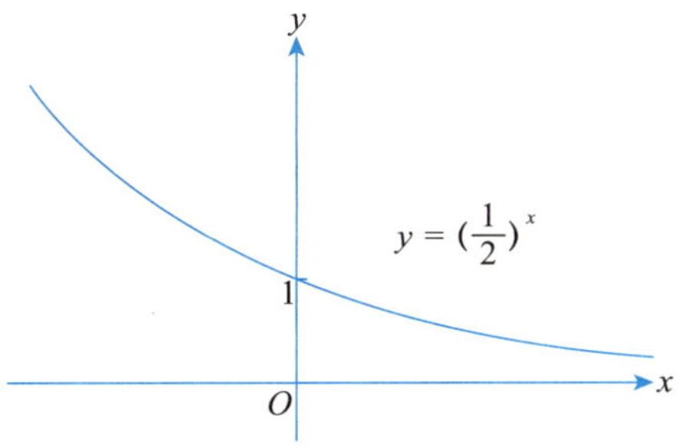

图1.2.6

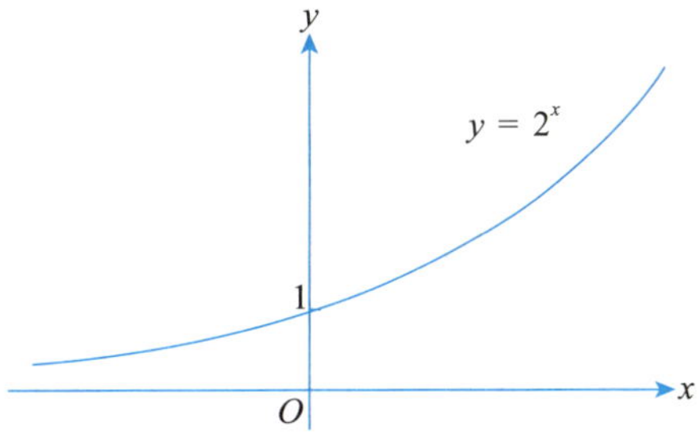

图1.2.7

注意4:当 $0<a<1$ 时,指数函数 $y=a^x$ 单调递减;当 $a>1$ 时,指数函数 $y=a^x$ 单调递增.

4. 对数函数

$y=\log_a x(a>0,a\neq1,a$ 为常数)称为指数函数,其定义域均为 $(0,+\infty)$,值域均为 $(-\infty,+\infty)$.

例1.2.5 对数函数 $y=\log_{0.5}x$,如图1.2.8所示,以及对数函数 $y=\log_2 x$,如图1.2.9所示,其定义域均为 $(-\infty,+\infty)$,值域均为 $(0,+\infty)$.

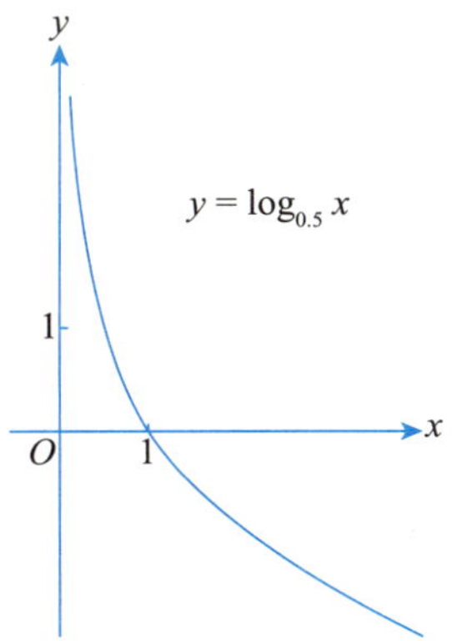

图1.2.8

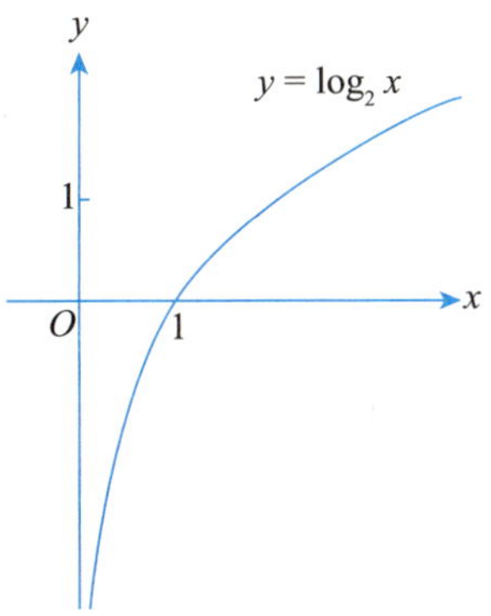

图1.2.9

注意 5: 当 $0<a<1$ 时,对数函数 $y=\log_a x$ 单调递减;当 $a>1$ 时,$y=\log_a x$ 单调递增.

注意 6: $y=\log_a x$ 与 $x=a^y$ 等价,即对数函数 $y=\log_a x$ 与指数函数 $x=a^y$ 互为反函数.

5. 三角函数

正弦函数 $y=\sin x$,余弦函数 $y=\cos x$,正切函数 $y=\tan x$,余切函数 $y=\cot x$ 统称为三角函数. 其性质见表 1.2.1;其图像分别如图 1.2.10 ~ 图 1.2.13 所示.

表 1.2.1

	$y=\sin x$	$y=\cos x$	$y=\tan x$	$y=\cot x$
定义域	$(-\infty,+\infty)$	$(-\infty,+\infty)$	$x\neq k\pi+\pi/2$	$x\neq k\pi$
值域	$[-1,1]$	$[-1,1]$	$(-\infty,+\infty)$	$(-\infty,+\infty)$
有界性	定义域上有界	定义域上有界	定义域上无界	定义域上无界
周期性	$T=2\pi$	$T=2\pi$	$T=\pi$	$T=\pi$
1 个周期内的单调性	单增区间$\left[-\frac{\pi}{2},\frac{\pi}{2}\right]$ 单减区间$\left[\frac{\pi}{2},\frac{3\pi}{2}\right]$	单增区间$[-\pi,0]$ 单减区间$[0,\pi]$	单增区间$\left(-\frac{\pi}{2},\frac{\pi}{2}\right)$	单减区间$(0,\pi)$
奇偶性	奇函数	偶函数	奇函数	奇函数
图像	图 1.2.10	图 1.2.11	图 1.2.12	图 1.2.13

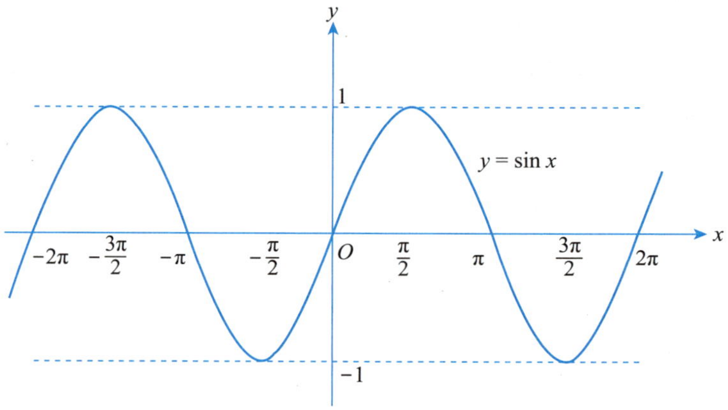

图 1.2.10

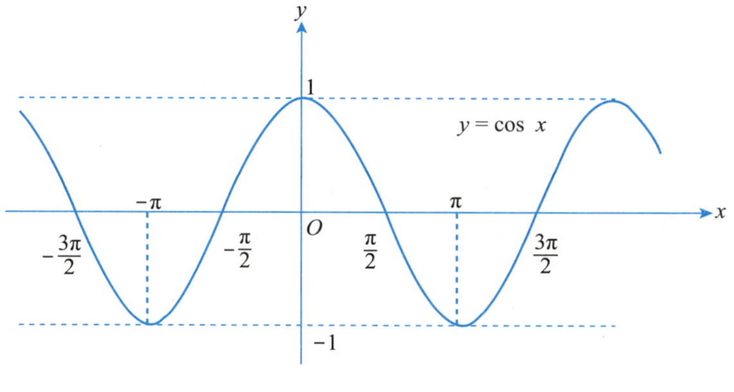

图 1.2.11

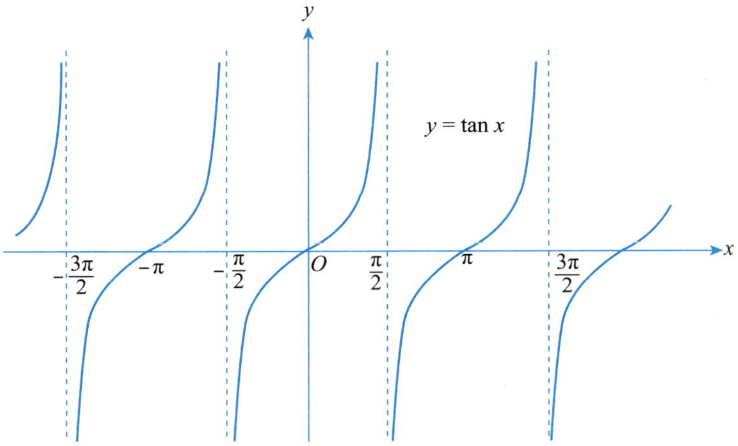

图 1.2.12

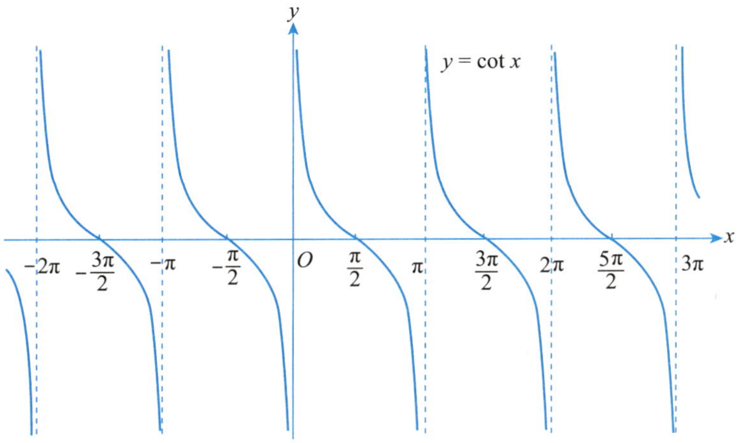

图 1.2.13

6. 反三角函数

反正弦函数 $y=\arcsin x$，反余弦函数 $y=\arccos x$，反正切函数 $y=\arctan x$，反余切函数 $y=\cot x$ 统称为反三角函数. 其性质见表 1.2.2；其图像分别如图 1.2.14 ~ 图 1.2.17 所示.

表 1.2.2

	$y=\arcsin x$	$y=\arccos x$	$y=\arctan x$	$y=\operatorname{arccot} x$
定义域	$[-1,1]$	$[-1,1]$	$(-\infty,+\infty)$	$(-\infty,+\infty)$
值域	$\left[-\frac{\pi}{2},\frac{\pi}{2}\right]$	$[0,\pi]$	$\left(-\frac{\pi}{2},\frac{\pi}{2}\right)$	$(0,\pi)$
有界性	定义域上有界	定义域上有界	定义域上有界	定义域上有界
单调性	单增区间 $[-1,1]$	单减区间 $[-1,1]$	单增区间 $(-\infty,+\infty)$	单减区间 $(-\infty,+\infty)$
奇偶性	奇函数	非奇非偶函数	奇函数	非奇非偶函数
图像	图 1.2.14	图 1.2.15	图 1.2.16	图 1.2.17

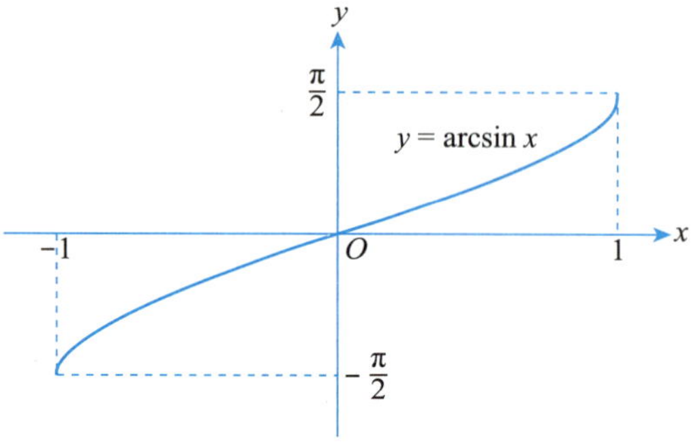

图 1.2.14

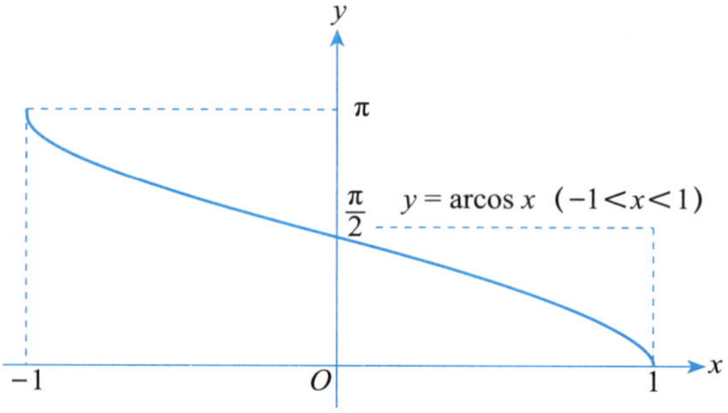

图 1.2.15

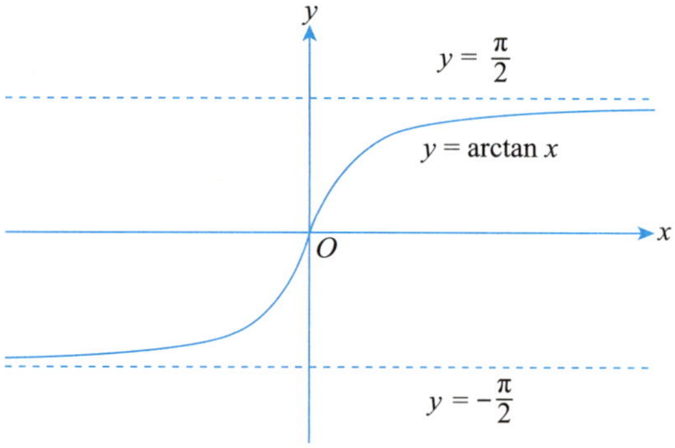

图 1.2.16

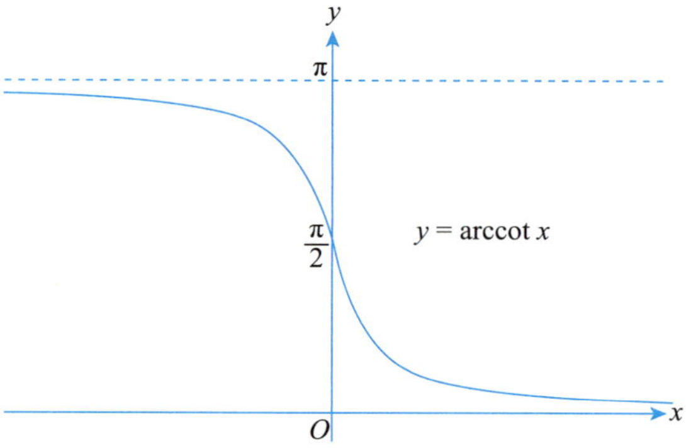

图 1.2.17

注意 7:正弦函数 $y=\sin x$ 与反正弦函数 $x=\arcsin y$ 等价,即 $y=\sin x$ 与 $x=\arcsin y$ 互为反函数.

注意 8:余弦函数 $y=\cos x$ 与反余弦函数 $x=\arccos y$ 等价,即 $y=\cos x$ 与 $x=\arccos y$ 互为反函数.

注意 9:正切函数 $y=\tan x$ 与反正切函数 $x=\arctan y$ 等价,即 $y=\tan x$ 与 $x=\arctan y$ 互为反函数.

注意 10:余切函数 $y=\cot x$ 与反余切函数 $x=\text{arccot}\, y$ 等价,即 $y=\cot x$ 与 $x=a^y$ 互为反函数.

1.2.2 复合函数

定义 1.2.1

设 $y=f(u)$ 是 u 的函数,$u=\varphi(x)$ 是 x 的函数,如果将 $u=\varphi(x)$ 代入 $f(u)$ 所得到的 $f[\varphi(x)]$ 有意义,则把 y 称为 x 的复合函数,记作 $y=f[\varphi(x)]$. 称 u 为中间变量,$f(u)$ 为外层函数,$\varphi(x)$ 为内层函数.

例 1.2.6 指出下列复合函数的复合过程:

(1) $y=\sin^2 x$; (2) $y=\sin(\ln x)$.

解: (1) $y=\sin^2 x$ 是由 $y=u^2$ 和 $u=\sin x$ 复合而成的.

(2) $y=\sin(\ln x)$ 是由 $y=\sin u$ 和 $u=\ln x$ 复合而成的.

1.2.3 初等函数

定义 1.2.2

由基本初等函数经过有限次四则运算和有限次复合运算所得到的,并且可以由一个式子表示的函数,称为初等函数.

例如,$y=\sin\sqrt{1-x^2}$,$y=a^{x^2-1}$,$y=\ln(\sin x^2)$,$y=\mathrm{e}^{-x}$等都是初等函数.

思考题 1.2

1. $y=\sqrt{1-u}$,$u=x^2+2$ 能否复合成一个函数?为什么?
2. 基本初等函数的特点是什么?

练习题 1.2A

1. 已知 $y=\mathrm{e}^x$,求 x.
2. 已知 $y=\ln 2x$,求 x.
3. 设$f(x)=\sin x+\cos x$,求 $f(\frac{\pi}{6})$.
4. 设$f(x)=\sqrt{x}$,$g(x)=\sqrt{-x}$,问$f(x)+g(x)=0$是否正确?

练习题 1.2B

指出下列初等函数是由哪些基本初等函数复合而成的:

(1)$y=\sin(\ln x)$; (2)$y=\sqrt{\cos x^2}$.

1.3 几种常见的经济函数

经济分析中,常常要用数学方法来分析经济变量间的关系,即先建立变量间的函数关系,然后用微积分等知识分析这些经济函数的特征. 本节介绍几个常见的经济函数.

1.3.1 需求函数与价格函数

1. 需求函数

消费者对某种商品的需求量,与消费者人数、消费者的收入、人们的习性或嗜好、季节以及该商品的价格等诸多因素有关. 为简化问题的分析,现在我们假定其他因素暂时保持某种状态不变,只考虑商品的价格对需求量的影响. 为此,我们可建立商品的需求量 Q 与该商品

价格 p 的函数关系,称其为需求函数,记为 $Q=Q(p)$. 这里,价格 p 是自变量,取非负值.

一般地,需求量随价格上涨而减少. 因此,通常需求函数是价格的单调减少函数. 需求函数的图像称为需求曲线,如图 1.3.1 所示.

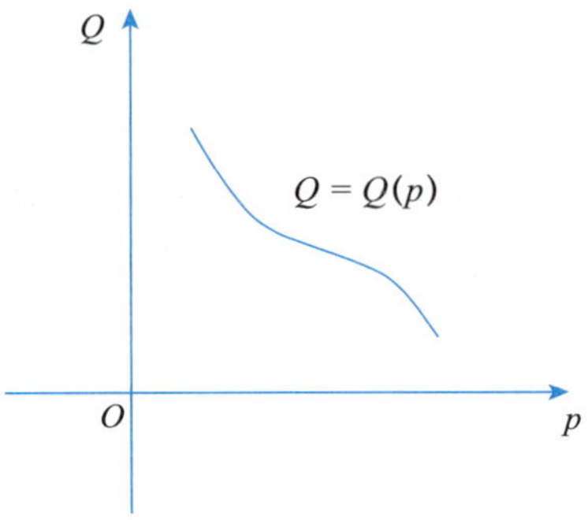

图 1.3.1

在企业管理和经济学中常见的需求函数有:

线性需求函数:$Q=a-bp$,其中 $a\geqslant 0,b\geqslant 0$,均为常数;

二次曲线需求函数:$Q=a-bp-cp^2$,其中 $a\geqslant 0,b\geqslant 0,c\geqslant 0$ 均为常数;

指数需求函数:$Q=ae^{-bp}$,其中 $a\geqslant 0,b\geqslant 0$ 均为常数.

2. 价格函数

需求函数 $Q=Q(p)$ 的反函数就是价格函数,记作 $p=p(Q)$. 价格函数也反映商品的需求与价格的关系.

1.3.2 供给函数

在市场经济规律作用下,市场上某种商品的供应量(称为商品供给量)的大小依赖于该商品的价格高低. 影响商品供给量的重要因素是商品价格. 记商品供给量为 S,p 为商品的价格,则商品供给量 S 是价格 p 的函数,称为供给函数,记作

$$S=S(p).$$

一般地,商品供给量随商品价格的上涨而增加,因此商品供给函数 S 是商品价格 p 的单调增加函数.

常见的供给函数有线性函数、二次函数、幂函数、指数函数等.

需求函数与供给函数可以帮助我们分析市场规律,二者密切相关. 若把需求曲线和供给曲线(供给函数的图像)画在同一坐标系中,如图 1.3.2 所示,则由于需求函数 Q 是单调减少函数,供给函数 S 是单调增加函数,所以它们将相交于一点 $(\overline{P},\overline{Q})$. 这里的 $\overline{P}$ 就是供、需平衡的价格,称为均衡价格,$\overline{Q}$ 就是均衡数量.

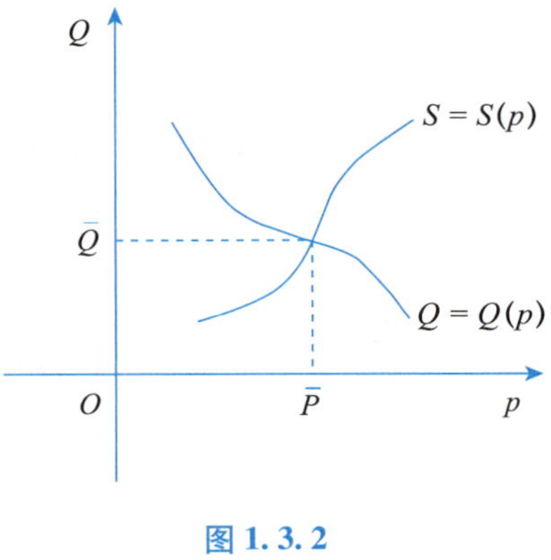

图 1.3.2

例 1.3.1 已知某商品的供给函数 $S=\frac{2}{3}p-4$,需求函数 $Q=50-\frac{4}{3}p$,试求该商品处于市场平衡状态下的均衡价格和均衡数量.

解: 设 $\overline{P}$ 为均衡价格,$\overline{Q}$ 为相应的均衡数量,当 $p=\overline{P}$ 时,有 $S=Q=\overline{Q}$,解方程组

$$\begin{cases}\overline{Q}=\dfrac{2}{3}\overline{P}-4,\\ \overline{Q}=50-\dfrac{4}{3}\overline{P},\end{cases}$$

得均衡价格 $\overline{P}=27$,均衡数量 $\overline{Q}=14$.

1.3.3 总成本函数

从事产品的生产需要有场地(厂房)、机器设备、劳动力、能源、原材料等投入,我们称之为生产成本.成本投入大体可分为两大部分,其一是在短时间内不发生变化或变化很小或不明显地随产品数量增加而变化的,如厂房、设备等,称为固定成本,常用 C_1 表示;其二是随产品数量的变化而直接变化的部分,如原材料、能源等,称为可变成本,常用 C_2 表示,它是产品数量 q 的函数,即 $C_2=C_2(q)$.

生产 q 个单位某种产品时的可变成本 C_2 与固定成本 C_1 之和,称为总成本函数,记作 C,即

$$C=C(q)=C_1+C_2(q).$$

一般情况下,总成本函数是一个单调增加函数,常见的成本函数有线性函数、二次函数、三次函数等.

只给出总成本不能说明企业生产的好坏,经济分析中,常用到平均成本这个概念,即生产 q 个单位产品时,单位产品的成本,记作 $A(q)$,即

$$A(q)=\frac{C(q)}{q}=\frac{\text{固定成本}+\text{可变成本}}{\text{产量}}.$$

一般情况下,总成本、平均成本都是产量的函数.

例 1.3.2 生产某种商品的总成本(单位:元)是 $C(q)=500+4q$,求生产 50 件这种商品时的总成本和平均成本.

解: 生产 50 件这种商品的总成本为

$$C(50)=500+4\times 50=700(\text{元}),$$

平均成本为

$$A(50)=\left.\frac{C(q)}{q}\right|_{q=50}=\frac{700}{50}=14(\text{元/件}).$$

1.3.4 收入函数与利润函数

1. 收入函数

收入是指销售某种商品所获得的收入,又可分为总收入和平均收入.总收入是销售者售出一定数量商品所得的全部收入,常用 R 表示.平均收入是售出一定数量的商品时,平均每售出一个单位商品的收入,也就是销售一定数量商品时的单位商品的销售价格,常用 $\overline{R}$ 表示.总收入和平均收入都是售出商品数量的函数.

设 $P(q)$ 为商品价格函数,q 为商品的销售量,则有

$$R=R(q)=qP(q),$$

$$\overline{R}=\frac{R(q)}{q}=P(q),$$

其中,$P(q)$ 是商品的价格函数.

例 1.3.3 设某商品的价格函数是 $P=50-\frac{1}{5}q$,求该商品的收入函数,并求出销售 10 件该商品时的总收入和平均收入.

解: 收入函数为 $$R=Pq=50q-\frac{1}{5}q^2,$$

平均收入为 $$\overline{R}=\frac{R}{q}=P=50-\frac{1}{5}q,$$

由此得到销售 10 件该商品时的总收入和平均收入分别为

$$R(10)=50\times10-\frac{1}{5}\times10^2=480,$$

$$\overline{R}(10)=50-\frac{1}{5}\times10=48.$$

2. 利润函数

生产一定数量产品的总收入与总成本之差就是它的总利润,记作 L,即

$$L=L(q)=R(q)-C(q),$$

其中,q 是产品数量,它的平均利润记作 $\overline{L}$,即

$$\overline{L}=\overline{L}(q)=\frac{L(q)}{q}.$$

总利润 L 和平均利润 $\overline{L}$ 都是产量 q 的函数.

例 1.3.4 已知生产某种商品 q 件时的总成本(单位:万元)为

$$C(q)=10+6q+0.1q^2,$$

如果该商品的销售单价为 9 万元,试求:

(1)该商品的利润函数;

(2)生产 10 件该商品时的总利润和平均利润;

(3)生产 30 件该商品时的总利润.

解: (1)该商品的收入函数为

$$R(q)=9q,$$

从而利润函数为

$$L(q)=R(q)-C(q)=3q-10-0.1q^2.$$

(2)生产 10 件该商品时的总利润为

$$L(10)=3\times10-10-0.1\times10^2=10(\text{万元}).$$

此时的平均利润为

$$\overline{L}=\frac{L(10)}{10}=\frac{10}{10}=1(\text{万元/件}).$$

(3)生产 30 件该商品时的总利润为

$$L(30)=3\times30-10-0.1\times30^2=-10(\text{万元}).$$

我们知道,一般情况下,收入随着销售量的增加而增加,而由例 1.3.4 可以看出,利润并不总是随着销售量的增加而增加.

生产某种产品的总成本总是产量 q 的增加函数. 但是,产品的需求量 q 由于受到价格及社会诸多因素的影响,往往不总是增加的. 也就是说,对某种商品而言,销售的总收入 $R(q)$ 有时增加显著,有时增长很缓慢,可能达到顶点后继续销售,利润反而下降. 因此,利润函数 $L(q)$ 出现了 3 种情形:

(1) $L(q)=R(q)-C(q)>0$，此时称为有盈余生产，即生产处于有利润状态；

(2) $L(q)=R(q)-C(q)<0$，此时称为亏损生产，即生产处于亏损状态，利润为负；

(3) $L(q)=0$，此时称为无盈亏生产，我们把无盈亏生产时的产量记为 q_0，称为无盈亏点，也称为盈亏平衡点（或称为保本点）. 企业（经营）管理和经济领域中分析各种定价和生产决算时，经常应用无盈亏分析.

例 1.3.5　已知某商品的成本函数为 $C=12+3q+q^2$，若销售单价定为 11 元/件，试求：

(1) 该商品经营活动时的无盈亏点；

(2) 若每天销售 10 件该商品，为了不亏本，销售单价应定为多少才合适？

解：　(1) 利润函数

$$\begin{aligned}L(q)&=R(q)-C(q)\\&=11q-(12+3q+q^2)\\&=8q-12-q^2.\end{aligned}$$

由 $L(q)=0$，即 $8q-12-q^2=0$，解得两个无盈亏点 $q_1=2$ 和 $q_2=6$.

由 $L(q)=(q-2)(6-q)$ 可以看出，当 $q<2$ 或 $q>6$ 时，都有 $L(q)<0$，这时生产经营是亏损的；当 $2<q<6$ 时，$L(q)>0$，生产经营是盈利的，因此，$q=2$（件）和 $q=6$（件）分别是盈利的最低产量和最高产量.

(2) 设定价为 p 元/件，则利润函数 $L(q)=R(q)-C(q)=pq-(12+3q+q^2)$，为使生产经营不亏本，须有 $L(10)\geqslant 0$，即 $10p-142\geqslant 0$，也就是 $p\geqslant 14.2$. 所以，为了不亏本，销售单价应不低于 14.2 元/件.

1.3.5　单利模型与复利模型

1. 单利模型

在金融业务中，若某笔存款每期末的利息不作为本金在下期计算利息，该笔存款的总利息就等于计息期满后各期存款所获利息之和，这种利息称为单利.

设 p 是本金，r 是每期的计息利率，c 是 1 个计息期满后应付的利息，n 是计息期数，I 是 n 个计息期满后应付的单利，A 是本利和，求本利和 A 与计息期数 n 的函数模型.

解：　计息期的利率 $r=\dfrac{1\text{ 个计息期后付的利息}}{\text{本金}}=\dfrac{c}{p}$，即 $r=\dfrac{c}{p}$. 由此得

$$c=pr.$$

n 个计息期应付的单利（各期利息之和）I 为

$$I=cn.$$

所以

$$I=prn.$$

本利和为

$$A=p+I,$$

即

$$A=p+prn.$$

可得本利和与计息期数的函数关系，即单利模型

$$A = p(1 + rn).$$

目前,银行的存款大多按单利模型计算本利和.

例 1.3.6 某人把 10 万元人民币按 5 年定期存到了某银行,假定该银行的 5 年定期利率为年利率 3%,如果该银行按单利计息,问 5 年末本利和是多少.

解: 因为本金 $p=10$,每年为一期,且年利率 $r=3\%$,计息期数为 5 年,即 $n=5$,则 5 年末的本利和

$$A = p(1 + rn) = 10\left(1 + \frac{3}{100} \times 5\right) = 11.5,$$

即按单利计息,5 年末本利和为 11.5 万元.

2. 复利模型

所谓复利,也称利上加利,即“利生利”“利滚利”,是指一笔存款或者投资获得回报之后,再连本带利进行新一轮投资的方法. 复利计算的特点是:把上期末的本利和作为下一期的本金,因此,在计算利息时每一期本金的数额是不同的.

复利现值是指在计算复利的情况下,要达到未来某一特定的资金金额,现在必须投入的本金.

复利终值是指一定量的本金按照复利计算,到约定期末的本金之和.

下面推导复利计算公式.

情形一:设本金为 p,年利率为 r,每期一年,按复利(即上一期的利息作为下一期的本金计算利息)计算该笔存款到第 n 年末的本利和 A.

第 1 年末,本利和为 $p+pr=p(1+r)$;

第 2 年末,本利和为 $p(1+r)+p(1+r)r=p(1+r)^2$;

第 3 年末,本利和为 $p(1+r)^2+p(1+r)^2=p(1+r)^3$;

$\vdots$

第 n 年末,本利和为 $p(1+r)^n$.

故得,本金为 p,每期利率为 r,按复利计算,该笔存款到第 n 期末的本利和 A 的复利模型为

$$A = p(1 + r)^n.$$

例 1.3.7 某人把 10 万元人民币按 5 年定期存到了某银行,假定该银行的 5 年定期利率为年利率 3%,如果该银行按每年一期的复利计息(即上一年的利息作为下一年的本金),问 5 年末本利和是多少.

解: 因为本金 $p=10$,每年为一期,且年利率 $r=3\%$,计息期数为 5 年,即 $n=5$,按复利计算,则到 5 年末的本利和

$$A = p(1 + r)^n = 10\left(1 + \frac{3}{100}\right)^5 \approx 11.592\,7(\text{万元}),$$

即按复利计息,到 5 年末的本利和约为 11.592 7 万元.

例 1.3.8 某人既想用钱方便,又想获得较高的利息,因此,他把 10 万元人民币存到了某货币基金公司,假定该货币基金公司的年利率为 6%(注意这里的利率是假定),如果每天计息,且将当日的利息作为本金在次日继续计息,问 5 年末本利和是多少.

解： 因为本金 $p=10$，每天为一期，且年利率为6%，每期的利率为 $r=\frac{1}{365}\times 6\%$，5年的计息期数共计 $5\times 365=1\ 825$ 期，即 $n=1\ 825$，按复利计算，则5年末的本利和

$$A=p(1+r)^{n}=10\left(1+\frac{1}{365}\times\frac{6}{100}\right)^{1\ 825}\approx 13.498\ 3(\text{万元}),$$

即5年末的本利和约为13.498 3万元.

情形二：设本金为 p，年利率为 r，每年分为 x 期，按复利(即上一期的利息作为下一期的本金计算利息)计算该笔存款到第 n 年末的本利和 A.

这里每年分为 x 期，每期的利率为 $\frac{r}{x}$，n 年共有 nx 期，于是，由情形一得，该笔存款到第 n 年末的本利和

$$A=p\left(1+\frac{r}{x}\right)^{nx}.$$

这就是情形二下的复利模型.

思考题 1.3

1. 市场经济中，需求函数总是价格的单调减少函数吗？客观现实中是否存在需求函数是价格的单调增加函数的情形？

2. 市场经济中，供给函数总是价格的单调增加函数吗？客观现实中是否存在供给函数是价格的单调减少函数的情形？

3. 什么是均衡价格？如何求均衡价格？

练习题 1.3A

1. 如果本金为 p，每期利率为 r，按复利计算，请写出该笔存款到第 n 期末的本利和 A 复利模型.

2. 某人把5万元人民币按5年定期存到了某银行，假定该银行的5年定期年利率为4%，如果该银行按单利计息，问5年末本利和是多少.

3. 某人把5万元人民币按5年定期存到了某银行，假定该银行的5年定期年利率为4%，如果该银行按每年一期的复利计息，问5年末本利和是多少.

练习题 1.3B

1. 设生产某种商品 x 件时的总成本为

$$C(x)=100+3x+x^{2}(\text{万元}),$$

若每售出1件该商品的收入是43万元，求生产30件时的总利润和平均利润.

2. (1) 求上题中经济活动的保本点；

(2) 若每天至少销售50件该产品，为了不亏本，单价应定为多少？

3. 已知某种产品的总成本函数为

$$C(q) = 1\,000 + \frac{q^2}{10},$$

求当生产 100 件该产品时的总成本和平均成本.

1.4 用数学软件进行函数运算

1.4.1 用数学软件 Mathematica 进行函数运算

1. 常用函数

在 Wolfram 语言中,已经定义好了许多常用函数,称其为内部函数(或内置函数). 就大多数内部函数而言,其名字通常是英文单词的全写,但对有些常用函数,也采用缩写,下面给出些常用函数的函数名. 需要特别注意的是,内部函数的第一个字母必须是大写字母.

Exp[z]	自然常数 e 为底的指数函数
Log[z]	自然常数 e 为底的对数函数
Log[b,z]	以常数 b 为底的对数函数
Sin[z],Cos[z]	正弦函数与余弦函数
Tan[z],Cot[z]	正切与余切函数
Sec[z],Csc[z]	正割与余割函数
ArcSin[z],ArcCos[z]	反正弦函数与反余弦函数
ArcTan[z],ArcCot[z]	反正切与反余切函数
ArcSec[z],ArcCsc[z]	反正割与反余割函数

如上三角函数与反三角函数中的参量以弧度为单位.

Sqrt[z]	求 z 的 2 次方根
z^(1/n)	求 z 的 n 次方根

当 $z>0$ 时,如上两个函数均有唯一的值;当 $z<0$ 时,函数值不唯一(属复变函数范畴).

例 1.4.1 求表达式 lg 2 + ln 3 的值.

解:

```
In[1]:=N[Log[10,2]+Log[3],10]
Out[1]=1.399 642 284
```

在本例中,注意 Log[10,2] 表示以 10 为底 2 的对数 lg 2;Log[3]表示以自然数 e 为底 3 的对数 ln 3.

2. 自定义函数

在 Wolfram 语言中, 用户可以根据需要定义函数,称其为自定义函数. 自定义函数的函数名应该符合变量的命名规则,并确保使用的名称不以大写字母开头,以避免与 Wolfram 语言中的内部函数混淆. 用户还应当在同一进程当中,不使用前面已用过的名称. 自定义函数的格式如下：

在 Mathematica 中，所有的输入都是表达式，所有的操作都是调用转化规则对表达式求值. 一个函数就是一条规则，定义一个函数就是定义一条规则. 定义一个一元函数的规则是 f[x_]:= 或 f[x_] = 的后面紧跟一个以 x 为变量的表达式，其中 x_称为形式参数.

调用自定义函数 f[x_]时，只需用实际参数(变量或数值等)代替 f[x_]中的形式参数 x_即可.

在运行中，可用"f[x_]:=."清除函数 f[x_]的定义，用 Clear[f]清除所有以 f 为函数名的函数定义.

例 1.4.2 定义函数 $f(x)=x^2+\sqrt{x}+\cos x$，先分别求 $x=1, 3.1, \pi/2$ 时 $f(x)$ 的函数值，再求 $f(x^2)$.

解：

```
In[1]:= Clear[x,f]
        f[x_]:=x^2+Sqrt[x]+Cos[x]
        Print["f[1]=",f[1.]]
        Print["f[3.1]=",f[3.1]]
        Print["f[Pi/2]]=",f[Pi/2.]]
        Print["f[x^2]]=",f[x^2]](*如上为输入语句,系统省略了输入行号标志*)
        f[1]= 2.5403(*如下为输出语句,系统省略了输出行号标志*)
        f[3.1]=10.3715
        f[Pi/2]]=3.72072
```

Out[6] $= x^4+\sqrt{x^2}+\text{Cos}[x^2]$

在 Out[6]中，由于系统不知道变量 x 的符号，所以没有对 $\sqrt{x^2}$ 进行开方运算.

1.4.2 用数学软件 MATLAB 进行函数运算

1. 常用函数

在 MATLAB 语言中，为了更方便地解决数学问题，已经定义好了许多常用函数，称其为内部函数(或内置函数). 就大多数内部函数而言，其名字通常是英文单词的缩写. 下面给出些常用函数的函数名. 内部函数的第一个字母必须是小写字母.

exp(z)	自然常数 e 为底的指数函数
log(z)	自然常数 e 为底的对数函数
log10(z)	以 10 为底的对数函数
sin(z),cos(z)	正弦函数与余弦函数
tan(z),cot(z)	正切与余切函数
sec(z),csc(z)	正割与余割函数
asin(z),acos(z)	反正弦函数与反余弦函数
atan(z),acot(z)	反正切与反余切函数
asec(z),acsc(z)	反正割与反余割函数

如上三角函数与反三角函数中的参量为弧度.

sqrt(z)　　　　　　　　　　求 z 的 2 次方根

例 1.4.3　求表达式 lg 2 + ln 3 的值.

解:

```
>>clear
log10(2) + log(3)
ans = 1.3996
```

在本例中,注意 log10(2)表示以 10 为底 2 的对数 lg 2;log(3)表示以自然数 e 为底 3 的对数 ln3.

2. 自定义函数

在 MATLAB 语言中,用户可以根据需要定义函数,称其为自定义函数. 自定义函数的函数名应该符合变量的命名规则,还应当在同一进程当中,不使用前面已用过的名称.

(1)在命令窗口中用 syms 创建函数

在命令窗口中,先用 syms 创建符号变量 x 和函数 $f(x)$,格式为:symsx f(x),然后,另起一行,用“f(x) = 表达式”的形式定义函数 $f(x)$.

例 1.4.4　定义函数 $f(x)=x^2+\sqrt{x}+\cos x$,先分别求 $x=1, 3.1, \pi/2$ 时 $f(x)$ 的函数值,再求 $f(x^2)$.

解:

```
>> clear
syms x f(x)
f(x) = x^2 + sqrt(x) + cos(x)
f(1), f(3.1),f(pi/2),f(x^2)
f(x)  = cos(x) + x^2 + x^(1/2)
ans  = cos(1) + 2
ans  =  cos(31/10) + (10^(1/2) * 31^(1/2))/10 + 961/100
ans  = (pi/2)^(1/2) + pi^2/4
ans  = cos(x^2) + (x^2)^(1/2) + x^4
```

(2)在编辑器中用 function 自定义函数

首先建立 M 文件或直接点击(File/New/Function)建立函数文件,其中函数文件的格式是:

```
functiony  =  myfun(x)
函数体
end
```

说明:function y = myfun(x) 声明了函数名为 myfun 的函数,该函数接受输入 x 并返回输出变量 y 的值. 此声明语句必须是函数的第一个可执行代码行. 有效的函数名称以字母字符开头,并且可以包含字母、数字或下划线. 为避免混淆,对函数文件名及函数文件内的第一个函数尽可能使用相同名称,因为在 MATLAB 的命令窗口中是通过所定义的函数的文件名(而不是函数名称)调用函数的.

例1.4.5 定义函数$f(x)=x^2+\sqrt{x}+\cos x$,先分别求 $x=1,3.1,\pi/2$ 时$f(x)$的函数值,再求$f(x^2)$.

解: (1)在编辑器中定义输出变量为f,输入变量为x,函数名为 hou1 的函数$f(x)=x^2+\sqrt{x}+\cos x$,即:

```
function[f] = hou1(x)
f = x^2 + sqrt(x) + cos(x);
end
```

并将该函数存为名为 hou1 的 m 文件,如图 1.4.1 所示.

图 1.4.1

(2)在命令窗口中,在提示符f_x> >下,通过 hou1(1), hou1(3.1), hou1(pi/2)调用函数 hou1 来计算函数$f(x)=x^2+\sqrt{x}+\cos x$ 分别在 $x=1,3.1,\pi/2$ 处的函数值,即:

```
> >clear
> > hou1(1), hou1(3.1), hou1(pi/2)
ans = 2.5403
ans = 10.3715
ans = 3.7207
```

(3)在命令窗口中,在提示符f_x> >下,通过输入如下命令,求得$f(x^2)$:

```
> > clear
> > syms x;hou1(x^2)
ans = cos(x^2) + (x^2)^(1/2) + x^4
```

1.5 学习任务1解答 等额本金还贷法还房贷

解:

1. 等额本金还款法第 k 期的还款额$f(k)$.

因为,贷款总额为 b ,总还款期数为 n, 每期偿还同等数额的本金,所以,每期应还本金为$\frac{b}{n}$,前$(k-1)$期已还本金为$(k-1)\frac{b}{n}$,第 k 期还占用的本金为 $b-(k-1)\frac{b}{n}$;

又因为,银行月利率(年利率的$\frac{1}{12}$)为 r,每月一期,所以,第 k 期应还利息为$\left[b-(k-1)\frac{b}{n}\right]\times r$;

因此,第 k 期的还款额$f(k)=\frac{b}{n}+\left[b-(k-1)\frac{b}{n}\right]\times r\ (k=1,2,\cdots n)$.

2. 若某人购房贷款 10 万,年利率 5%,还款年限 5 年,请根据等额本金还款法,计算出其每月还款额.

因为贷款本金 $b=10$ 万,总还款期数 $n=12\times5=60$,月利率 $r=\frac{5}{100}\times\frac{1}{12}=\frac{1}{240}$,

所以,第 k 期应还款额为

$$f(k)=\frac{100\,000}{60}+\left[10-(k-1)\frac{1000\,000}{60}\right]\times\frac{1}{240}(\text{元})(k=1,2,\cdots60).$$

其计算结果见表 1.5.1.

表 1.5.1

	第 1 年	第 2 年	第 3 年	第 4 年	第 5 年
1 月	2 083.33	2 000	1 916.67	1 833.33	1 750
2 月	2 076.39	1 993.06	1 909.72	1 826.39	1 743.06
3 月	2 069.44	1 986.11	1 902.78	1 819.44	1 736.11
4 月	2 062.5	1 979.17	1 895.83	1 812.5	1 729.17
5 月	2 055.56	1 972.22	1 888.89	1 805.56	1 722.22
6 月	2 048.61	1 965.28	1 881.94	1 798.61	1 715.28
7 月	2 041.67	1 965.28	1 875	1 791.67	1 708.33
8 月	2 034.72	1 951.39	1 868.06	1 784.72	1 701.39
9 月	2 027.78	1 944.44	1 861.11	1 777.78	1 694.44
10 月	2 020.83	1 937.5	1 854.17	1 770.83	1 687.5
11 月	2 013.89	1 930.56	1 847.22	1 763.89	1 680.56
12 月	2 006.94	1 923.61	1 840.28	1 756.94	1 673.61

复习题 1

A 级

1. 求下列函数的定义域:

(1) $y=\frac{1}{\sqrt{x+4}}+\frac{1}{9-x^2}$;　　(2) $y=\lg(x-1)+\frac{\sin x}{\sqrt{x+1}}$.

2. 设 $f(x)=\frac{1+x^2}{x-2}$,

(1) 求 $f(1)$, $f(0)$, $f(a)$;

(2) $f(2)$ 是否有意义,为什么?

3. 设 $f(x)=\begin{cases}3x, & -2<x\leqslant1,\\ x^2+1, & 1<x<3,\\ 2^x, & 3\leqslant x\leqslant5,\end{cases}$

(1)求$f(x)$的定义域；

(2)求$f(-1)$,$f(1)$,$f(2)$,$f(3)$.

4. 试判断下列各对函数是否为相同函数,为什么?

(1)$f(x)=\ln x^2$,$g(x)=2\ln x$；　　(2)$f(x)=1$,$g(x)=\sin^2 x+\cos^2 x$.

5. 已知$f(2x-1)=x^2$,求$f(x)$,$f(0)$,$f(-1)$,$f(1)$.

B 级

6. 设$f(x)=a^x$,证明$f(x)\cdot f(y)=f(x+y)$,$\dfrac{f(x)}{f(y)}=f(x-y)$.

7. 设$y=f(x)=\dfrac{1-x}{1+x}$,求$f[f(x)]$.

8. 设$f(x)=10^x$,$g(x)=\ln x$,求:

(1)$f[g(x)]$,$g[f(x)]$；　　(2)$f[g(100)]$,$g[f(3)]$.

9. 判断下列函数的奇偶性:

(1)$y=\dfrac{1-x^2}{1+x^2}$；　　(2)$y=|\sin x|$.

10. 证明:

(1)两偶函数的和仍是偶函数；

(2)奇函数和偶函数的积仍是奇函数.

11. 下列函数是由哪些函数复合而成的:

(1)$y=a^{2\sqrt{x}}$；　　(2)$y=\ln(x+\sqrt{x^2-1})$.

12. 设一矩形面积为S,试将周长L表示为宽x的函数,并求其定义域.

13. 某商店出售电视机,零售价为每台2 400元,若一次购买超过10台,可减价5%；若一次购买超过15台,可减价10%. 试建立收款额与台数的数学模型.

14. 回答下列问题:

(1)某人将200元钱存入银行,年利率为9%,按单利计算,那么5年后得到的本利和为多少?

(2)若按复利计算,200元钱在10年后得到的本利和为500元,那么年利率是多少?

15. 某企业生产某产品的固定成本是200万元/年,企业的生产能力是5 000 t/年. 若以1 750元/t的单价出售,所生产的产品能全部卖出,产品的可变成本是500元/t,全年的利润为多少? 盈亏平衡的产量为多少?

第2章

极　限

2.0 学习任务2 由圆内接正 n 边形的面积推导圆面积

已知半径为 R 的圆内接正 n 边形，如图2.0.1所示，其面积 $S_n=\frac{1}{2}nR^2\sin\frac{2\pi}{n}$，请完成如下任务：

1. 求出半径为 R 的圆内接正12边形的面积 S_{12}；
2. 求出半径为 R 的圆的面积；
3. 问圆的面积是其半径的连续函数吗？

容易看出，圆内接正多边形的边数越多，即 n 越大，圆内接正多边形的面积越接近于圆的面积，进而，当圆内接正多边形的边数无限多时，即 n 趋于无穷时，圆内接正多边形的面积就无限接近于圆的面积.

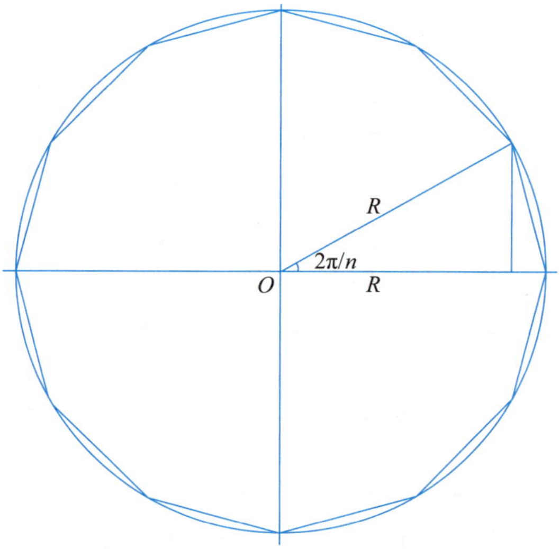

图2.0.1

解决此问题需要运用到极限的知识.

用微积分研究经济问题，必须掌握极限的概念、性质和计算，本章在引入极限概念的基础上，着重介绍求极限的方法.

2.1 极　限

研究函数的极限，就是研究自变量在无限变化的状态下函数的变化趋势. 本节介绍函数极限的概念及性质.

2.1.1 数列的极限

按正整数顺序排列的无穷多个数

$$y_1, y_2, y_3, \cdots, y_n, \cdots$$

称为数列,简记作$\{y_n\}$. 其中y_n称为数列的通项或一般项.

数列也可以看作是定义在正整数集合上的函数

$$y_n = f(n), \qquad n \in \mathbf{N}^+.$$

以正整数n为自变量的函数称为整标函数,数列就是整标函数.

例 2.1.1 数列举例:

(1) $\left\{\frac{1}{n}\right\}: 1, \frac{1}{2}, \frac{1}{3}, \cdots, \frac{1}{n} \cdots;$

(2) $\left\{\frac{n}{n+1}\right\}: \frac{1}{2}, \frac{2}{3}, \frac{3}{4}, \cdots, \frac{n}{n+1}, \cdots;$

(3) $\{2^n\}: 2, 2^2, 2^3, \cdots, 2^n, \cdots;$

(4) $\left\{(-1)^{n-1}\frac{1}{n}\right\}: 1, -\frac{1}{2}, \frac{1}{3}, -\frac{1}{4}, \cdots, (-1)^{n-1}\frac{1}{n}, \cdots.$

以上都是数列.

观察如上 4 个数列在n无限增大时的变化趋势,可以看到数列$\left\{\frac{1}{n}\right\}$和$\left\{(-1)^{n-1}\frac{1}{n}\right\}$无限接近于 0,数列$\left\{\frac{n}{n+1}\right\}$无限接近于常数 1,而数列$\{2^n\}$随着$n$的增大,数列中的项也越来越大,不会靠近一个确定的常数,由此我们给出数列极限的定义.

定义 2.1.1

设有数列$\{y_n\}$,若当n无限增大时,y_n无限接近于一个确定的常数A,则称A为数列$\{y_n\}$的极限,记作

$$\lim_{n\to\infty} y_n = A \quad \text{或} \quad y_n \to A \qquad (n\to\infty),$$

亦称数列$\{y_n\}$收敛于A. 其中,"$n\to\infty$"读作"n趋于无穷".

有极限的数列称为收敛数列,没有极限的数列称为发散数列.

按上述定义,例 2.1.1 中数列(1),(2),(4)的极限分别为

$$\lim_{n\to\infty}\frac{1}{n} = 0,$$

$$\lim_{n\to\infty}\frac{n}{n+1} = 1,$$

$$\lim_{n\to\infty}(-1)^{n-1}\frac{1}{n} = 0.$$

2.1.2 函数的极限

(1) $x\to\infty$时函数的极限.

定义 2.1.2

设函数 $f(x)$ 在 x 的绝对值任意大时都有定义,如果当 x 的绝对值无限增大时,函数 $f(x)$ 无限接近于一个确定的常数 A,则称 x 趋于无穷(记作 $x\to\infty$)时,函数 $f(x)$ 以 A 为极限,记作

$$\lim_{x\to\infty} f(x) = A \quad 或 \quad f(x)\to A \qquad (x\to\infty).$$

如果 $x>0$ 且 x 无限增大(记作 $x\to+\infty$)时,函数 $f(x)$ 无限接近于一个确定的常数 A,则称当 x 趋于正无穷时,函数 $f(x)$ 以 A 为极限,记作

$$\lim_{x\to+\infty} f(x) = A \quad 或 \quad f(x)\to A \qquad (x\to+\infty).$$

如果 $x<0$ 且 $|x|$ 无限增大(记作 $x\to-\infty$)时,函数 $f(x)$ 无限接近于一个确定的常数 A,则称当 x 趋于负无穷时,函数 $f(x)$ 以 A 为极限,记作

$$\lim_{x\to-\infty} f(x) = A \quad 或 \quad f(x)\to A \qquad (x\to-\infty).$$

定理 2.1.1 $\lim\limits_{x\to\infty} f(x) = A$ 的充要条件是

$$\lim_{x\to+\infty} f(x) = \lim_{x\to-\infty} f(x) = A.$$

例 2.1.2 考查当 x 趋于无穷时函数 $y=\frac{1}{x}$ 的极限.

解: 由图 2.1.1 可知 $\lim\limits_{x\to+\infty}\frac{1}{x}=0$, $\lim\limits_{x\to-\infty}\frac{1}{x}=0$,所以

$$\lim_{x\to\infty}\frac{1}{x} = 0.$$

由图 2.1.1 可以看出,$y=0$ 为曲线 $y=\frac{1}{x}$ 的水平渐近线,一般地,若 $\lim\limits_{x\to\infty} f(x)=A$,则曲线 $y=f(x)$ 有水平渐近线 $y=A$.

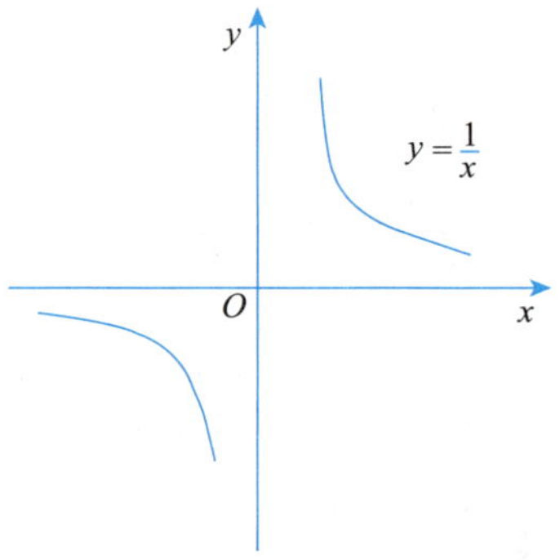

图 2.1.1

例 2.1.3 讨论当 $x\to\infty$ 时,函数 $y=\arctan x$ 的极限.

解: 由图 1.2.16 可以看出, $\lim\limits_{x\to+\infty}\arctan x = \frac{\pi}{2}$, $\lim\limits_{x\to-\infty}\arctan x = -\frac{\pi}{2}$,所以 $\lim\limits_{x\to\infty}\arctan x$ 不存在.

(2) $x\to x_0$ 时函数的极限.

首先,介绍邻域的概念.

把实数集 $\{x|x_0-\delta<x<x_0+\delta,\delta>0\}$ 称为点 x_0 的 δ 邻域,记作 $U(x_0,\delta)$,即

$$U(x_0,\delta) = \{x \mid x_0-\delta < x < x_0+\delta\},$$

其中,点 x_0 称为邻域的中心,δ 称为邻域的半径.

在几何上,邻域 $U(x_0,\delta)$ 表示以点 x_0 为中心,长为 2δ 的开区间 $(x_0-\delta,x_0+\delta)$,如图 2.1.2 所示.

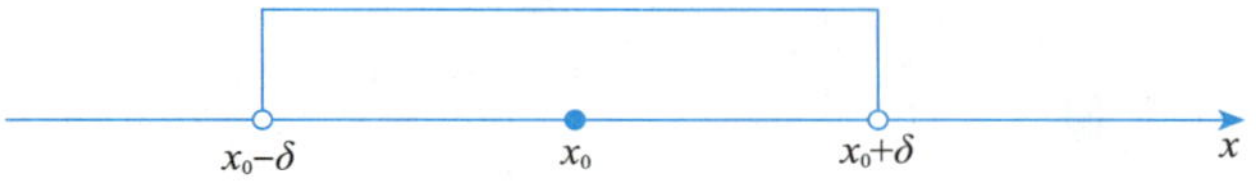

图 2.1.2

记 $\mathring{U}(x_0,\delta)=(x_0-\delta,x_0+\delta)/\{x_0\}$，称 $\mathring{U}(x_0,\delta)$ 为点 x_0 的 δ 去心邻域.

定义 2.1.3

设函数 $f(x)$ 在点 x_0 的某个 δ 去心邻域 $\mathring{U}(x_0,\delta)$ 内有定义，如果当 x 无限趋近于 x_0 时，函数 $f(x)$ 无限接近于一个确定的常数 A，则称当 x 趋于 x_0 时，函数 $f(x)$ 以 A 为极限，记作

$$\lim_{x\to x_0}f(x)=A \quad 或 \quad f(x)\to A \quad (x\to x_0).$$

由图 2.1.3 可以看出，$\lim\limits_{x\to 1}\dfrac{x^2-1}{x-1}=2$.

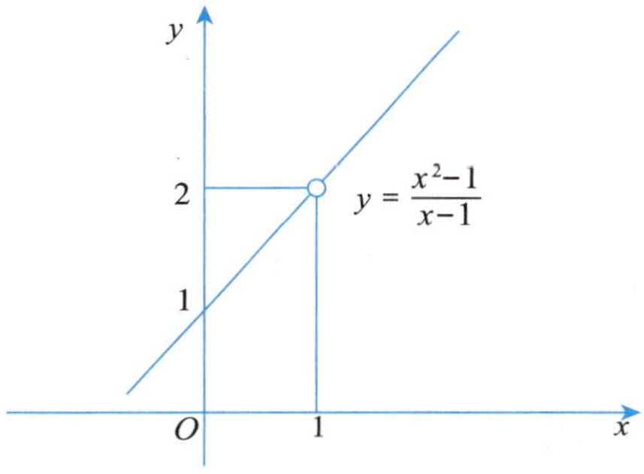

图 2.1.3

(3) 左极限与右极限。

在很多情况下，需要 x 仅在 x_0 的左侧（见图 2.1.4），或右侧（见图 2.1.5）趋于 x_0 来考查函数 $f(x)$ 的变化趋势，这种情况称为单侧极限.

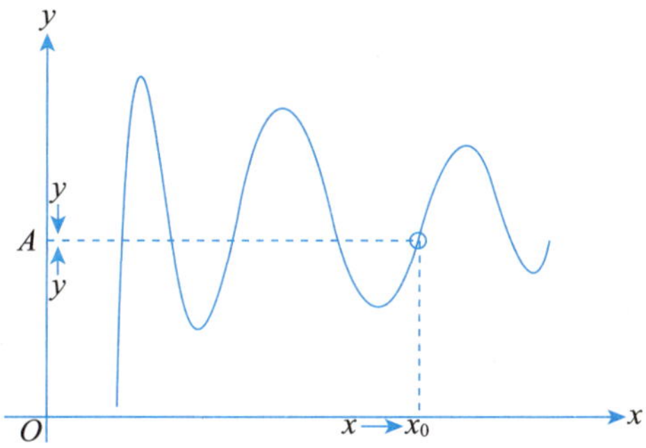

图 2.1.4

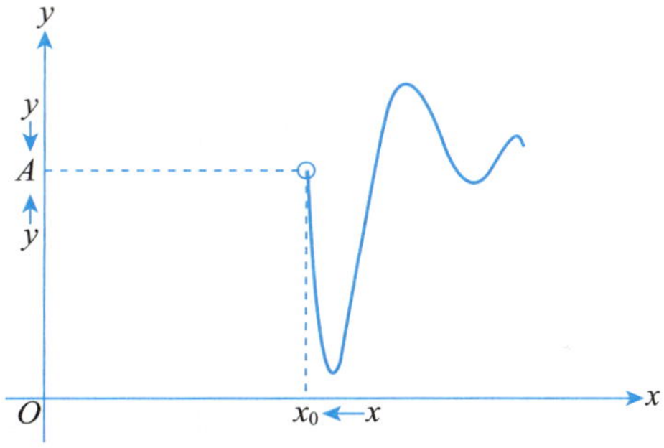

图 2.1.5

定义 2.1.4

设函数 $f(x)$ 在点 x_0 的左半邻域 $(x_0-\delta,x_0)$ 内有定义，如果当自变量 x 由 x_0 的左侧无限接近于 x_0 时，函数 $f(x)$ 无限接近于常数 A，则称 A 为函数 $f(x)$ 在 x_0 点的左极限，记作

$$\lim_{x\to x_0^-}f(x)=A \text{ 或 } f(x)\to A \quad (x\to x_0^-) \text{ 或 } f(x_0^-)=A.$$

设函数 $f(x)$ 在点 x_0 的右半邻域 $(x_0,x_0+\delta)$ 内有定义，当自变量 x 由 x_0 的右侧无限接近于 x_0 时，函数 $f(x)$ 无限接近于常数 A，则称 A 为函数 $f(x)$ 在 x_0 点的右极限，记作

$$\lim_{x\to x_0^+}f(x)=A \text{ 或 } f(x)\to A \quad (x\to x_0^+) \text{ 或 } f(x_0^+)=A.$$

左、右极限统称为单侧极限.

例 2.1.4 设函数 $f(x)=\begin{cases}-x, & x\leqslant 0,\\ 1, & x>0,\end{cases}$ 求 $x\to 0$ 时的左极限 $f(x_0^-)$ 和右极限 $f(x_0^+)$.

解: 这是一个分段函数,由图 2.1.6 可直观看到

$$f(x_0^-)=\lim_{x\to 0^-}f(x)=\lim_{x\to 0^-}(-x)=0,$$

$$f(x_0^+)=\lim_{x\to 0^+}f(x)=\lim_{x\to 0^+}1=1.$$

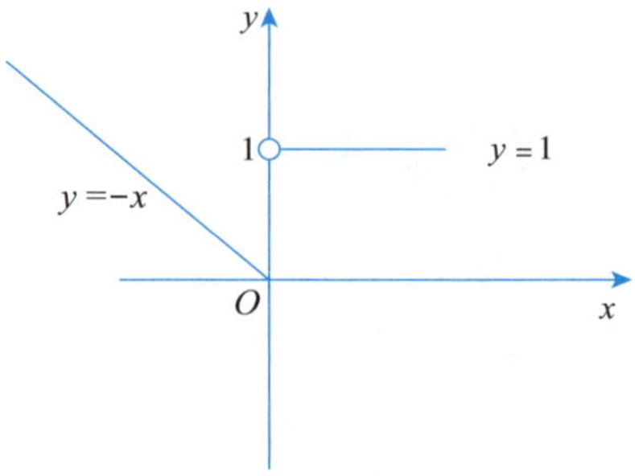

图 2.1.6

定理 2.1.2 $\lim\limits_{x\to x_0}f(x)=A$ 的充要条件是

$$\lim_{x\to x_0^-}f(x)=\lim_{x\to x_0^+}f(x)=A.$$

2.1.3 无穷小量

1. 无穷小量的定义

定义 2.1.5

极限为零的变量称为无穷小量,简称无穷小,记为 α.

例如 $\lim\limits_{x\to\infty}\dfrac{1}{x}=0$,所以函数 $\dfrac{1}{x}$ 当 $x\to\infty$ 时是无穷小;又如 $\lim\limits_{x\to 1}(x-1)=0$,所以函数 $(x-1)$ 当 $x\to 1$ 时是无穷小.

应当注意,无穷小是一个变量,是在变化过程中绝对值越来越小,并且无限地趋于零的变量,绝不能将其与很小的常量相混淆. 零是唯一可作为无穷小的常数,因为 $\lim 0=0$(这里省略了自变量的变化趋势,一般情况下,这种省略意味着该极限对自变量的任何变化过程都成立).

由于无穷小表达的是量的变化状态,因此说一个函数 $f(x)$ 是无穷小时,必须指明自变量 x 的变化趋向,比如当 $x\to 1$ 时 $(x-1)$ 为无穷小,而当 $x\to 2$ 时,$(x-1)$ 就不是无穷小.

例 2.1.5 自变量 x 在怎样的变化过程中,下列函数为无穷小:

(1) $y=\dfrac{1}{x-1}$; (2) $y=2x-1$; (3) $y=2^x$; (4) $y=\left(\dfrac{1}{4}\right)^x$.

解: (1) 因 $\lim\limits_{x\to\infty}\dfrac{1}{x-1}=0$,故当 $x\to\infty$ 时,$\dfrac{1}{x-1}$ 为无穷小.

(2) 因 $\lim\limits_{x\to\frac{1}{2}}(2x-1)=0$,故当 $x\to\dfrac{1}{2}$ 时,$(2x-1)$ 为无穷小.

(3) 因 $\lim\limits_{x\to-\infty}2^x=0$,故当 $x\to-\infty$ 时,2^x 为无穷小.

(4) 因 $\lim\limits_{x\to+\infty}\left(\dfrac{1}{4}\right)^x=0$,故当 $x\to+\infty$ 时,$\left(\dfrac{1}{4}\right)^x$ 为无穷小.

观察图 2.1.7,可直观感受上述结论的正确性.

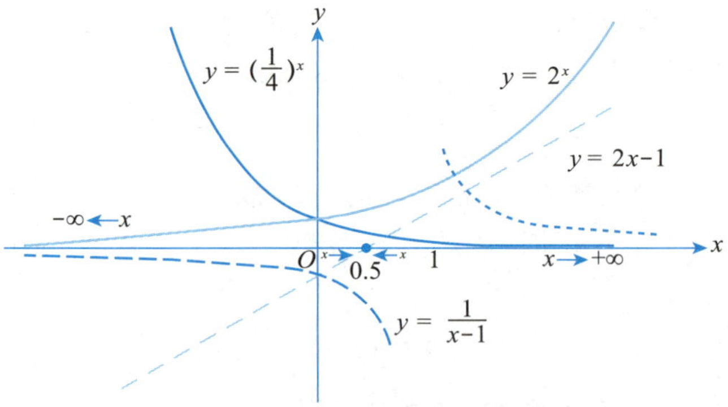

图 2.1.7

2. 极限与无穷小的关系

关于极限与无穷小的关系,有下列定理.

定理 2.1.3 $\lim f(x)=A$ 的充要条件是 $f(x)=A+\alpha$,其中 α 是无穷小(证明略).

这就是说,如果 $f(x)$ 的极限是 A,则函数 $f(x)$ 可以表示成极限值 A 与无穷小 α 之和的形式. 反之,若函数 $f(x)$ 等于常数 A 与无穷小 α 的和,则这个常数 A 一定是函数的极限.

3. 无穷小的运算性质

(1)有限个无穷小的代数和是无穷小;

(2)有限个无穷小的积是无穷小;

(3)有界函数与无穷小的积是无穷小;

(4)常数与无穷小的积是无穷小.

例 2.1.6 求 $\lim\limits_{x\to 0} x\sin\dfrac{1}{x}$.

解: 因 $\lim\limits_{x\to 0} x=0$,所以 $x\to 0$ 时,x 为无穷小. 又因为 $\left|\sin\dfrac{1}{x}\right|\leqslant 1$,所以 $\sin\dfrac{1}{x}$ 为有界函数,故由无穷小性质 $x\sin\dfrac{1}{x}$ 为 $x\to 0$ 时的无穷小,即

$$\lim_{x\to 0} x\sin\frac{1}{x}=0.$$

2.1.4 极限的性质

性质 1(唯一性) 函数若有极限,则其极限值必唯一.

性质 2(局部有界性) 若 $\lim\limits_{x\to x_0} f(x)=A$,则存在常数 $M>0$ 和 $\delta>0$,使得当 $0<|x-x_0|<\delta$ 时,有 $|f(x)|\leqslant M$(见图 2.1.8).

性质 3(保号性) 若在 $\mathring{U}(x_0,\delta)$ 内,恒有 $f(x)\geqslant 0$(或 $f(x)\leqslant 0$)且 $\lim\limits_{x\to x_0} f(x)=A$,则 $A\geqslant 0$(见图 2.1.9)或 $A\leqslant 0$(见图 2.1.10).

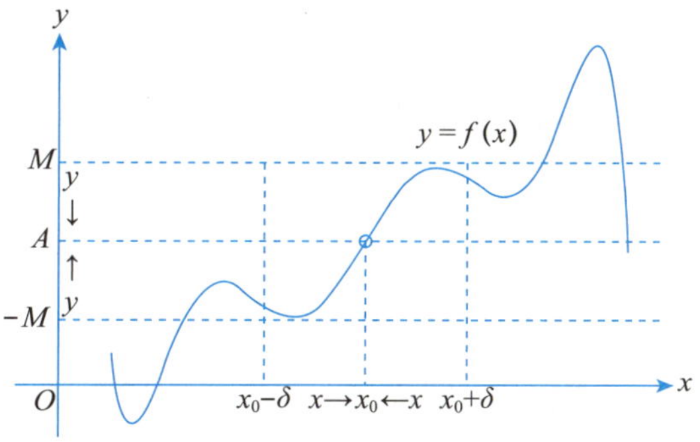

图 2.1.8

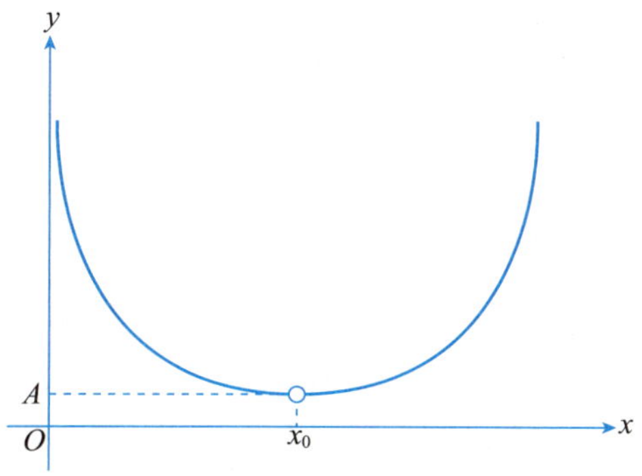

图 2.1.9

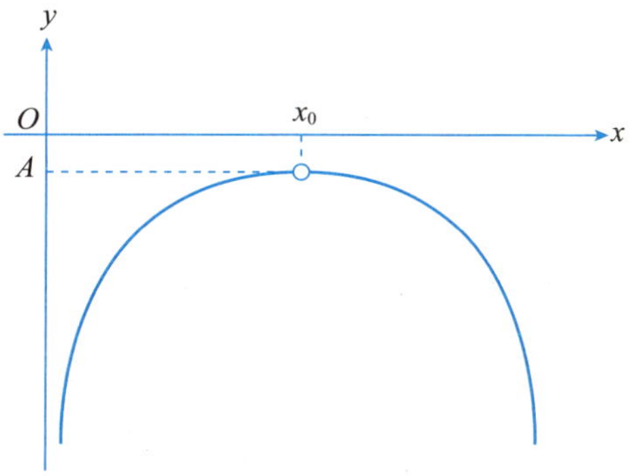

图 2.1.10

若 $\lim\limits_{x \to x_0} f(x) = A$,且 $A > 0$(或 $A < 0$),则存在一个 $\delta > 0$,使得 $x \in \mathring{U}(x_0, \delta)$ 时,恒有 $f(x) > 0$(见图 2.1.11)或 $f(x) < 0$(见图 2.1.12).

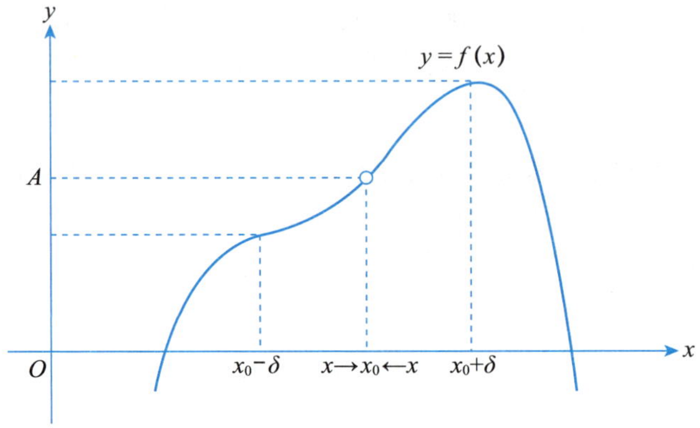

图 2.1.11

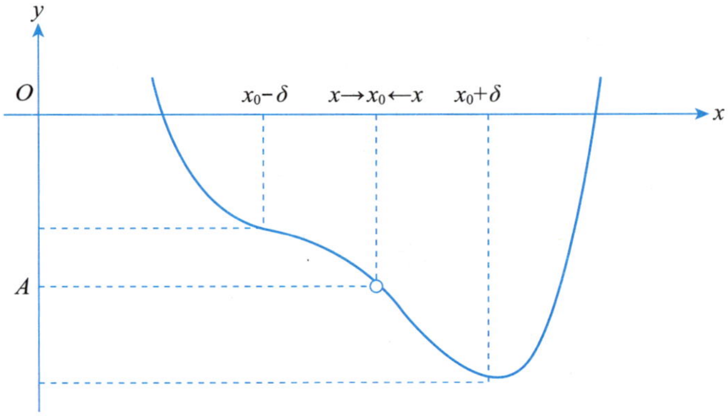

图 2.1.12

性质 4(夹逼准则) 若 $x \in \mathring{U}(x_0, \delta)$ 时,有

$$h(x) \leqslant f(x) \leqslant g(x),$$

且

$$\lim_{x \to x_0} h(x) = \lim_{x \to x_0} g(x) = A,$$

则

$$\lim_{x \to x_0} f(x) = A.$$

注:对其他形式的极限,也有完全类似的夹逼准则(见图 2.1.13).

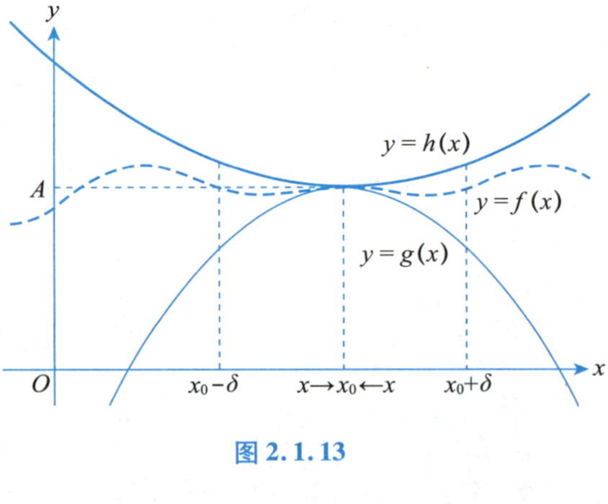

图 2.1.13

2.1.5 无穷大量

1. 无穷大量的定义

定义 2.1.6

在自变量 x 的某个变化过程中，若相应的函数值的绝对值 $|f(x)|$ 无限增大，则称 $f(x)$ 为该自变量变化过程中的无穷大量，简称无穷大，记作 $\lim f(x)=\infty$；若相应函数值取正(负)值且绝对值无限增大，则称 $f(x)$ 为该自变量变化过程中的正(负)无穷大量，记作 $\lim f(x)=\pm\infty$.

在某一变化过程中，如果变量 y 是无穷大，那么它的极限是不存在的，不过它的变化趋势是确定的，即它的绝对值无限地增大. 为了便于描述变量的这种变化趋势，我们借用极限的记法来表示它，记作 $\lim y=\infty$.

例 2.1.7 由图 2.1.14 可以看出，当 $x\to 0$ 时，$y=\dfrac{1}{x}$ 的绝对值 $\left|\dfrac{1}{x}\right|$ 无限增大，即当 $x\to 0$ 时，$\dfrac{1}{x}$ 是无穷大，记作

$$\lim_{x\to 0}\frac{1}{x}=\infty.$$

当 $x\to+\infty$ 时，$y=\ln x$ 取正值且无限增大，记作 $\lim\limits_{x\to+\infty}\ln x=+\infty$.

当 $x\to 0^+$ 时，$y=\ln x$ 取负值且其绝对值无限增大，记作 $\lim\limits_{x\to 0^+}\ln x=-\infty$.

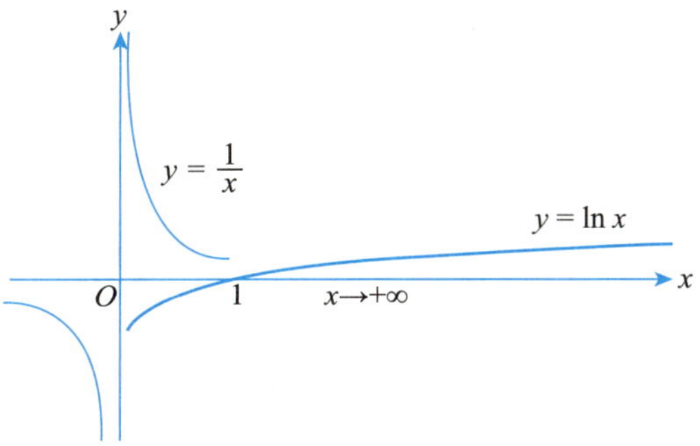

图 2.1.14

2. 无穷大的性质

无穷大具有下面的重要性质.

定理 2.1.4 在自变量的同一变化过程中：

(1) 有限个无穷大的乘积仍是无穷大；

(2) 无穷大与有界量的和仍是无穷大.

(证明略).

注意：

(1) 有限个无穷大的代数和不一定是无穷大；

(2) 无穷大与有界量的乘积也不一定是无穷大；

(3) 无穷大是变量，绝不能将其与一个很大的数相混淆.

3. 无穷小与无穷大的关系

定理 2.1.5 设 y 是 x 的函数，在 x 的同一变化过程中：

(1) 若 y 是无穷大，则 $\dfrac{1}{y}$ 是无穷小；

(2) 若 y 是无穷小，且 $y\neq 0$，则 $\dfrac{1}{y}$ 是无穷大.

例如,当 $x\to1$ 时,$y=x-1$ 是无穷小,而 $\frac{1}{y}=\frac{1}{x-1}$ 是无穷大($x\to1$).

思考题 2.1

1. 在某过程中,$f(x)$ 无限接近于 A 等价于 $f(x)$ 越来越接近 A,这种说法正确吗?为什么?

2. 试举例说明:"有界量与无穷小的积仍是无穷小量""有界量与无穷大量的积不一定是无穷大量".

3. 由 $\lim\limits_{x\to+\infty}f(x)=1$,作图说明曲线 $y=f(x)$ 的几何特征.

4. 指出函数 $f(x)=\frac{x}{\sqrt{x+1}}$ 是无穷小量或无穷大量的变化过程.

5. 若 $\lim\limits_{x\to x_0}f(x)$ 存在,则 $f(x_0)$ 必存在,对吗?

6. 为什么说 $\lim\limits_{x\to0}e^{\frac{1}{x}}=+\infty$ 是错误的?请予以验证.

练习题 2.1A

1. 已知 $y=100$,问 $\lim\limits_{x\to\infty}y=$?

2. 已知 $y=100$,问 $\lim\limits_{x\to50}y=$?

3. 已知 $y=x-1$,问 x 怎样变化,y 为无穷小?

4. 已知 $y=x-1$,问 x 怎样变化,y 为无穷大?

练习题 2.1B

1. 观察下列函数,哪些是无穷小量?哪些是无穷大量?

(1)$\frac{1+2x}{x^2}$,当 $x\to0$ 时; (2)$\frac{1+2x}{x^2}$,当 $x\to\infty$ 时;

(3)2^x-1,当 $x\to0$ 时; (4)$2^{\frac{1}{x}}$,当 $x\to0^-$ 时.

2. 观察下列函数整标 $f(n)$ 的敛散性,若收敛,则指出它的极限:

(1)$f(n)=\frac{n}{2n+1}$; (2)$f(n)=\frac{1}{2}[1-(-1)^n]$.

3. 讨论下列函数极限的存在性:

(1) $\lim\limits_{x\to0}\frac{x}{x}$; (2) $\lim\limits_{x\to0}\frac{|x|}{x}$.

4. 求下列极限:

(1) $\lim\limits_{x\to2}(2x^2-8x+1)$; (2) $\lim\limits_{x\to\infty}\frac{\sin 2x}{x^2}$.

5. 设函数$f(x)=\begin{cases}2x-1, & x<1,\\ 3, & x=1,\\ 1, & x>1,\end{cases}$作出它的图形，求当$x\to1$时，函数的左、右极限，从而说明当$x\to1$时，函数的极限是否存在.

2.2 极限的运算

用极限定义求函数的极限只适用于非常简单的情形，本节介绍极限的四则运算法则、两个重要极限以及无穷小的比较，综合利用这些方法有利于求某些较为复杂的函数极限.

2.2.1 极限的四则运算法则

在下面有关极限运算法则的描述中，为了书写简便，在极限符号下，省略了自变量的变化趋势，即用符号"lim"代表所给定的极限. 值得指出的是，在给定的法则中，自变量的变化趋势是一致的.

定理 2.2.1（四则运算法则） 如果$\lim f(x)=A,\lim g(x)=B$，则有下列运算法则成立：

(1) 函数和（差）的极限等于极限的和（差），即

$$\lim[f(x)\pm g(x)]=\lim f(x)\pm\lim g(x)=A\pm B.$$

(2) 函数积的极限等于极限的积，即

$$\lim[f(x)\cdot g(x)]=\lim f(x)\cdot\lim g(x)=A\cdot B.$$

(3) 常数可以提到极限符号外面，即

$$\lim[Cf(x)]=C\lim f(x)\qquad (C\text{ 为常数}).$$

(4) 函数幂的极限等于极限的幂，即

$$\lim[f(x)]^{\mu}=[\lim f(x)]^{\mu}\quad(\mu\in\mathbf{R}).$$

(5) 函数商的极限等于极限的商（分母的极限不为零），即

$$\lim\frac{f(x)}{g(x)}=\frac{\lim f(x)}{\lim g(x)}=\frac{A}{B}\quad(B\neq0).$$

特别地，结论(1)和(2)可以推广到有限个函数的情形，即

$$\lim[f_1(x)+f_2(x)+\cdots+f_n(x)]=\lim f_1(x)+\lim f_2(x)+\cdots+\lim f_n(x),$$

$$\lim[f_1(x)\cdot f_2(x)\cdot\cdots\cdot f_n(x)]=\lim f_1(x)\cdot\lim f_2(x)\cdot\cdots\cdot\lim f_n(x).$$

现在我们证明(2)，其他法则的证明与之类似.

证 因为$\lim f(x)=A,\lim g(x)=B$，根据无穷小与极限的关系，即定理2.1.3，有

$$f(x)=A+\alpha,\quad g(x)=B+\beta.$$

其中，α,β均为无穷小，于是

$$f(x)\cdot g(x)=(A+\alpha)(B+\beta)=AB+\alpha B+\beta A+\alpha\beta.$$

由无穷小性质，易知$\alpha B+\beta A+\alpha\beta$仍为无穷小.

再由定理2.2.1得

$$\lim[f(x)\cdot g(x)]=A\cdot B,$$

即

$$\lim[f(x)\cdot g(x)]=\lim f(x)\cdot\lim g(x)=A\cdot B.$$

由极限定义可得下述两个结论

$$\lim_{x\to x_0}x=x_0,$$

$$\lim C=C\quad(C\text{ 为常数}).$$

要特别注意:在应用上述极限运算法则时,首先要关注只有等式右端所涉及的极限都存在时,运算法则才成立.

例 2.2.1 求$\lim\limits_{x\to1}(3x^2-2x+1)$.

解: 因为当 $x\to1$ 时,函数各项的极限都存在,所以

$$\begin{aligned}\lim_{x\to1}(3x^2-2x+1)&=\lim_{x\to1}3x^2-\lim_{x\to1}2x+1\\&=3\lim_{x\to1}x^2-2\lim_{x\to1}x+1\\&=3\times1^2-2\times1+1=2.\end{aligned}$$

例 2.2.2 求$\lim\limits_{x\to3}\dfrac{x^3-27}{x^2-9}$.

解: 当 $x\to3$ 时,分母极限$\lim\limits_{x\to3}(x^2-9)=0$,不能直接运用商的极限法则求所给极限,但注意到分子的极限也为零,此时可约去分子、分母中极限为零的公因子$(x-3)$后(因子不为零,但极限为零的因子通常称为零因子)再计算极限,即

$$\lim_{x\to3}\frac{x^3-27}{x^2-9}=\lim_{x\to3}\frac{(x-3)(x^2+3x+9)}{(x+3)(x-3)}=\lim_{x\to3}\frac{x^2+3x+9}{x+3}=\frac{9}{2}.$$

例 2.2.3 求$\lim\limits_{x\to3}\dfrac{x+1}{x^2-9}$.

解: 因为$\lim\limits_{x\to3}\dfrac{x^2-9}{x+1}=\dfrac{0}{4}=0$,由定理 2.1.5(无穷大与无穷小的关系)得

$$\lim_{x\to3}\frac{x+1}{x^2-9}=\infty.$$

例 2.2.4 求$\lim\limits_{x\to\infty}\dfrac{4x^3+2x^2-1}{3x^4+1}$.

解: 用 x^4 除分子、分母,得

$$\lim_{x\to\infty}\frac{4x^3+2x^2-1}{3x^4+1}=\lim_{x\to\infty}\frac{\frac{4}{x}+\frac{2}{x^2}-\frac{1}{x^4}}{3+\frac{1}{x^4}}=\frac{\lim\limits_{x\to\infty}\left(\frac{4}{x}+\frac{2}{x^2}-\frac{1}{x^4}\right)}{\lim\limits_{x\to\infty}\left(3+\frac{1}{x^4}\right)}=0.$$

上例计算极限的方法与结果,可推广到一般情况. 设 $R(x)$是有理分式,即

$$R(x)=\frac{P_n(x)}{Q_m(x)}=\frac{a_nx^n+a_{n-1}x^{n-1}+\cdots+a_1x+a_0}{b_mx^m+b_{m-1}x^{m-1}+\cdots+b_1x+b_0}.$$

(1)若 $Q_m(x_0)\neq0$,则

$$\lim_{x\to x_0}R(x)=\frac{P_n(x_0)}{Q_m(x_0)}=R(x_0).$$

(2)若 $Q_m(x_0)=0$,而 $P_n(x_0)\neq 0$,则

$$\lim_{x\to x_0} R(x) = \infty.$$

(3)若 $Q_m(x_0)=0$,且 $P_n(x_0)=0$,则 $Q_m(x)$ 与 $P_n(x)$ 一定有公因子 $(x-x_0)$,将 $Q_m(x)$,$P_n(x)$ 因式分解,约去公因子后,再计算极限.

(4) $$\lim_{x\to\infty} R(x)=\begin{cases}0, & \text{当 } m>n \text{ 时},\\ \dfrac{a_n}{b_m}, & \text{当 } m=n \text{ 时}, \quad (a_n\neq 0, b_m\neq 0)\\ \infty, & \text{当 } m<n \text{ 时}.\end{cases}$$

例 2.2.5 求 $\lim\limits_{x\to 1}\left(\dfrac{1}{x-1}-\dfrac{2}{x^2-1}\right)$.

解: 当 $x\to 1$ 时,$\dfrac{1}{x-1}$ 与 $\dfrac{2}{x^2-1}$ 的极限都不存在,不能直接运用极限运算法则,可先通分化简后再计算极限,即

$$\lim_{x\to 1}\left(\frac{1}{x-1}-\frac{2}{x^2-1}\right)=\lim_{x\to 1}\frac{x+1-2}{x^2-1}=\lim_{x\to 1}\frac{1}{x+1}=\frac{1}{2}.$$

例 2.2.6 求 $\lim\limits_{x\to 2}\dfrac{\sqrt{x+2}-2}{x-2}$.

解: 当 $x\to 2$ 时,该分式函数分子和分母的极限都是0,不能直接运用极限运算法则,但将分子、分母同乘分子 $\sqrt{x+2}-2$ 的共轭因子后,能使分子有理化,这时再计算极限. 即

$$\begin{aligned}\lim_{x\to 2}\frac{\sqrt{x+2}-2}{x-2}&=\frac{\lim\limits_{x\to 2}(\sqrt{x+2}-2)(\sqrt{x+2}+2)}{(x-2)(\sqrt{x+2}+2)}\\&=\lim_{x\to 2}\frac{x+2-4}{(x-2)(\sqrt{x+2}+2)}\\&=\lim_{x\to 2}\frac{1}{\sqrt{x+2}+2}=\frac{1}{4}.\end{aligned}$$

例 2.2.7 求 $\lim\limits_{x\to\infty}\dfrac{\sin x}{x^2}$.

解: 当 $x\to\infty$ 时,分子、分母的极限都不存在,不能运用商的极限运算法则. 可把 $\dfrac{\sin x}{x^2}$ 看作 $\dfrac{1}{x^2}$ 与 $\sin x$ 的乘积,利用无穷小的性质,再计算极限.

因 $x\to\infty$ 时,$\dfrac{1}{x^2}\to 0$,而 $|\sin x|\leqslant 1$,由无穷小与有界函数的积仍是无穷小,得

$$\lim_{x\to\infty}\frac{\sin x}{x^2}=0.$$

例 2.2.8 设 $f(x)=\begin{cases}x^2, & x<0,\\ x, & 0\leqslant x<1,\\ 3-x, & x\geqslant 1,\end{cases}$ 求 $\lim\limits_{x\to 0}f(x)$,$\lim\limits_{x\to 1}f(x)$ 及 $\lim\limits_{x\to 2}f(x)$.

解: 因为 $\lim\limits_{x\to 0^-}f(x)=\lim\limits_{x\to 0^-}x^2=0$,$\lim\limits_{x\to 0^+}f(x)=\lim\limits_{x\to 0^+}x=0$,

所以

$$\lim_{x \to 0^-} f(x) = \lim_{x \to 0^+} f(x).$$

故由定理2.1.2(极限存在的充要条件)得

$$\lim_{x \to 0} f(x) = 0.$$

因为 $\lim\limits_{x \to 1^-} f(x) = \lim\limits_{x \to 1^-} x = 1$　　$\lim\limits_{x \to 1^+} f(x) = \lim\limits_{x \to 1^+} (3 - x) = 2$,

所以

$$\lim_{x \to 1^-} f(x) \neq \lim_{x \to 1^+} f(x).$$

故 $\lim\limits_{x \to 1} f(x)$ 不存在,而 $\lim\limits_{x \to 2} f(x) = \lim\limits_{x \to 2} (3 - x) = 1$.

2.2.2 两个重要极限

1. $\lim\limits_{x \to 0} \dfrac{\sin x}{x} = 1$(第1个重要极限)　　(2.1)

证明从略.

例2.2.9 求 $\lim\limits_{x \to 0} \dfrac{\tan x}{x}$.

解: 因为 $\tan x = \dfrac{\sin x}{\cos x}$,故$\lim\limits_{x \to 0} \dfrac{\tan x}{x} = \lim\limits_{x \to 0}\left(\dfrac{\sin x}{x} \cdot \dfrac{1}{\cos x}\right) = 1 \times 1 = 1$.

注:该极限式也可作公式使用.

例2.2.10 求 $\lim\limits_{x \to 0} \dfrac{\sin 2x}{3x}$.

解: $\lim\limits_{x \to 0} \dfrac{\sin 2x}{3x} = \lim\limits_{x \to 0}\left(\dfrac{2}{3} \cdot \dfrac{\sin 2x}{2x}\right) = \dfrac{2}{3} \lim\limits_{x \to 0} \dfrac{\sin 2x}{2x} = \dfrac{2}{3}$.

例2.2.11 求 $\lim\limits_{x \to 0} \dfrac{1 - \cos x}{x^2}$.

解: 由三角公式 $1 - \cos x = 2\sin^2 \dfrac{x}{2}$,得

$$\lim_{x \to 0} \frac{1 - \cos x}{x^2} = \lim_{x \to 0} \frac{2\sin^2 \frac{x}{2}}{x^2} = 2 \lim_{x \to 0} \frac{\sin^2 \frac{x}{2}}{4\left(\frac{x}{2}\right)^2} = \frac{1}{2}.$$

例2.2.12 求$\lim\limits_{x \to \infty}\left(x \cdot \sin \dfrac{1}{x}\right)$.

解: 将函数变形,再利用第1个重要极限1,得

$$\lim_{x \to \infty}\left(x \cdot \sin \frac{1}{x}\right) = \lim_{x \to \infty} \frac{\sin \frac{1}{x}}{\frac{1}{x}} = 1.$$

2. $\lim\limits_{x \to \infty}\left(1 + \dfrac{1}{x}\right)^x = \mathrm{e}$(第2个重要极限)

这个重要极限可由极限存在的单调有界准则和夹逼准则推证,在此略去证明. 我们可

以通过列表考查当 $x\to\infty$ 时函数的变化趋势,见表2.2.1.

表2.2.1

x	1	2	5	10	10^2	10^3	10^4	10^5	$\cdots\to+\infty$
$\left(1+\frac{1}{x}\right)^x$	2	2.25	2.49	2.59	2.705	2.717	2.718	2.718 27	$\cdots$
x	-10	-10^2	-10^3	-10^4	-10^5	-10^6	$\cdots\to-\infty$		
$\left(1+\frac{1}{x}\right)^x$	2.868	2.732	2.719	2.718 4	2.718 3	2.718 28	$\cdots$		

可以看出,当 x 越接近于 $+\infty$ 或 x 越接近于 $-\infty$ 时,函数 $\left(1+\dfrac{1}{x}\right)^x$ 的数值越来越接近一个确定的常数 $e=2.718\cdots$,可以证明当 $x\to\infty$ 时,$\left(1+\dfrac{1}{x}\right)^x$ 趋于e,即

$$\lim_{x\to\infty}\left(1+\frac{1}{x}\right)^x=e. \tag{2.2}$$

在式(2.2)中,令 $t=\dfrac{1}{x}$,则 $x\to\infty$ 时,$t\to0$. 于是有

$$\lim_{t\to0}(1+t)^{\frac{1}{t}}=e. \tag{2.3}$$

例2.2.13 求 $\lim\limits_{x\to\infty}\left(1+\dfrac{2}{x}\right)^x$.

解: $$\lim_{x\to\infty}\left(1+\frac{2}{x}\right)^x=\lim_{x\to\infty}\left(1+\frac{1}{\frac{x}{2}}\right)^{2\cdot\frac{x}{2}}=\lim_{\frac{x}{2}\to\infty}\left[\left(1+\frac{1}{\frac{x}{2}}\right)^{\frac{x}{2}}\right]^2=\left[\lim_{\frac{x}{2}\to\infty}\left(1+\frac{1}{\frac{x}{2}}\right)^{\frac{x}{2}}\right]^2=e^2.$$

2.2.3 无穷小的比较

由无穷小的性质可知,两个无穷小的和、差、积仍是无穷小,但两个无穷小的商却不一定是无穷小. 例如,当 $x\to0$ 时,$2x^2$,x^2,$\sin x$ 都是无穷小,但是

$$\lim_{x\to0}\frac{x^2}{2x}=0,\lim_{x\to0}\frac{2x}{x^2}=\infty,\lim_{x\to0}\frac{2x}{x}=2,\lim_{x\to0}\frac{\sin x}{x}=1.$$

以上不同的结果,反映了无穷小在趋近于零的过程中速度有慢有快.

定义2.2.1

设 $\alpha(\alpha\neq0)$ 和 β 是同一变化过程中的无穷小,

若 $\lim\dfrac{\beta}{\alpha}=0$,则称 β 是比 α 较高阶的无穷小,记作 $\beta=o(\alpha)$;

若 $\lim\dfrac{\beta}{\alpha}=\infty$,则称 β 是比 α 较低阶的无穷小;

若 $\lim\dfrac{\beta}{\alpha}=C$($C$ 是不为零的常数),则称 β 与 α 是同阶无穷小;

若 $\lim\dfrac{\beta}{\alpha}=1$,则称 β 与 α 是等价无穷小,记作 $\beta\sim\alpha$.

由定义 2.7 知,当 $x\to0$ 时,x^2 是比 $2x$ 高阶的无穷小,即 $x^2=o(2x)$;反之,$2x$ 是比 x^2 低阶的无穷小. 而 $2x$ 和 x 是同阶无穷小,$\sin x$ 和 x 是等价的无穷小,即 $\sin x\sim x(x\to0)$.

关于等价无穷小有一个重要的性质.

定理 2.2.2(无穷小替换定理) 设 $\alpha,\alpha',\beta,\beta'$ 均是自变量的同一变化过程中的无穷小的无穷小,若 $\alpha\sim\alpha',\beta\sim\beta'$,且 $\lim\frac{\beta'}{\alpha'}$存在,则

$$\lim\frac{\beta}{\alpha}=\lim\frac{\beta'}{\alpha'}$$

证: 因 $\alpha\sim\alpha',\beta\sim\beta'$,则

$$\lim\frac{\alpha}{\alpha'}=1,\lim\frac{\beta}{\beta'}=1$$

所以有

$$\lim\frac{\beta}{\alpha}=\lim\frac{\beta}{\beta'}\frac{\beta'}{\alpha'}\frac{\alpha'}{\alpha}=\lim\frac{\beta}{\beta'}\lim\frac{\beta'}{\alpha'}\lim\frac{\alpha'}{\alpha}=\lim\frac{\beta'}{\alpha'}.$$

推论(无穷小传递性质) 若 $\alpha\sim\gamma,\gamma\sim\beta$,则 $\alpha\sim\beta$.

证: 因 $\alpha\sim\gamma,\gamma\sim\beta$,由定理 2.2.2,则

$$\lim\frac{\beta}{\alpha}=\lim\frac{\gamma}{\gamma}=1.$$

即

$$\alpha\sim\beta.$$

在计算$\frac{0}{0}$型未定式时,利用无穷小替换和传递的性质,可使计算简化.

当 $x\to0$ 时,常用的等价无穷小有 $x\sim\sin x\sim\tan x,\ln(1+x)\sim e^x-1,1-\cos x\sim\frac{x^2}{2}$等.

例 2.2.14 求 $\lim\limits_{x\to0}\frac{\tan^2 5x}{x\sin 2x}$.

解: 当 $x\to0$ 时,$\tan 5x\sim5x,\sin 2x\sim2x$,有

$$\lim_{x\to0}\frac{\tan^2 5x}{x\sin 2x}=\lim_{x\to0}\frac{(5x)^2}{x\cdot2x}=\frac{25}{2}.$$

2.2.4 连续复利模型

在前面单利模型与复利模型的讨论中,我们曾得到如下结果:

设本金为 P,年利率为 r,若每年分 x 期,即每年计息 x 次,每次利率为$\frac{r}{x}$,t 年共计息 xt 次,由 1.3.5 中复利模型公式得第 t 年末的本利和为

$$A_{tx}=P\left(1+\frac{r}{x}\right)^{xt}. \tag{2.4}$$

这里计息的"次"是确定的时间间隔. 因为一年计息次数为有限次,所以公式(2.4)可

认为是按离散情况计算 t 年末本利和 A_{tx} 的复利公式，这就是**离散复利计算模型**.

因为资金周转过程是不断进行的，计算利息分期越细越合理，亦即结算次数越多越合理，也就是让相邻两次计息的时间间隔无限缩短，从而每年计息次数 $x\to\infty$，这样计算的利息就是**连续复利**，于是，由第2个重要极限得

$$A_t=\lim_{x\to\infty}P\left(1+\frac{r}{x}\right)^{xt}=P\lim_{x\to\infty}\left[\left(1+\frac{r}{x}\right)^{\frac{x}{r}}\right]^{rt}=Pe^{rt}.$$

因此，得本金为 P，年利率为 r，t 年末本利和的**连续复利计算模型**

$$A_t=Pe^{rt}.$$

例 2.2.15 某人将本金10万元人民币交给某理财机构理财，该理财机构承诺按年利率6%的连续复利计息，问5年末的本利和是多少？

解： 这里 $P=10$，年利率 $r=6\%$，存期 $t=5$，按连续复利得5年末的本利和 $A_5=10e^{\frac{6}{100}\times 5}=13.498\,6$（万元）.

思考题 2.2

1. 分析并指出 $\lim\limits_{x\to+\infty}\dfrac{x\cos x}{\sqrt{1+x^3}}=\lim\limits_{x\to+\infty}\dfrac{x}{\sqrt{1+x^3}}\cdot\lim\limits_{x\to+\infty}\cos x=0\cdot\lim\limits_{x\to+\infty}\cos x=0$ 的错误所在.

2. 为什么说 $\lim\limits_{x\to2}\dfrac{x^2}{2-x}=\dfrac{\lim\limits_{x\to2}x^2}{\lim\limits_{x\to2}(2-x)}=\dfrac{4}{0}=\infty$ 是错误的？请作出正确解答.

3. 若 $x\to0$ 时，$ax^2\sim\tan 3x^2$，a 为何值？

4. $\lim\limits_{x\to0}\dfrac{\sin\frac{1}{x}}{\frac{1}{x}}$ 存在吗？为什么？

练习题 2.2A

1. 已知 $\lim\limits_{x\to\infty}f(x)=3$，$\lim\limits_{x\to\infty}g(x)=4$，求 $\lim\limits_{x\to\infty}[2f(x)+g(x)]$.

2. 若 $\lim\limits_{x\to\infty}f(x)=3$，问 $\lim\limits_{x\to\infty}f(x)=$？

3. 已知 $\lim\limits_{x\to0}f(x)=3$，问 $\lim\limits_{x\to0^-}f(x)=$？

4. 设银行年利率为 r，存入银行 P 万元，写出按连续复利计算 t 年末的本利和公式.

练习题 2.2B

1. 求下列极限.

(1) $\lim\limits_{x\to1}(2x^2+3x-4)$； (2) $\lim\limits_{x\to2}\dfrac{x^2+1}{x-3}$；

(3) $\lim\limits_{x\to -3}\dfrac{x^2-9}{x^2+5x+6}$;

(4) $\lim\limits_{n\to\infty}\dfrac{5n+6}{2n^2-3n+1}$;

(5) $\lim\limits_{x\to\infty}\dfrac{n^3-2n+1}{3n^3+2n+1}$;

(6) $\lim\limits_{x\to\infty}\dfrac{3x^2+1}{2x^2+x-1}$;

(7) $\lim\limits_{x\to\infty}\dfrac{(2x-1)^2(1-3x)^8}{(3x-1)^{10}}$;

(8) $\lim\limits_{x\to 0}\dfrac{\sqrt{1-x}-1}{x}$;

(9) $\lim\limits_{x\to 1}\left(\dfrac{1}{1-x}-\dfrac{3}{1-x^3}\right)$;

(10) $\lim\limits_{x\to 1}\dfrac{\sqrt{3-x}-\sqrt{1+x}}{x^2-1}$;

(11) $\lim\limits_{x\to\infty}\dfrac{1+2^n}{3^n}$;

(12) $\lim\limits_{x\to 2}\dfrac{x^3+2x^2}{(x-2)^2}$;

(13) $\lim\limits_{x\to\frac{\pi}{2}}\dfrac{\cos x}{\dfrac{\pi}{2}-x}$;

(14) $\lim\limits_{x\to 0}\dfrac{\sin(\sin x)}{\sin x}$;

(15) $\lim\limits_{x\to 0}\dfrac{1-\cos x}{\dfrac{1}{2}x^2}$;

(16) $\lim\limits_{x\to\infty}\left(1+\dfrac{2}{x}\right)^x$;

(17) $\lim\limits_{x\to\infty}\left(1-\dfrac{3}{x}\right)^{2x}$;

(18) $\lim\limits_{x\to 0}\dfrac{\tan 4x}{x}$.

2. 设$f(x)=\begin{cases}1-x^2, & x<0,\\ 2, & x=0,\\ 3x, & x>0,\end{cases}$判断 $\lim\limits_{x\to 0}f(x)$是否存在,若存在求出其值,若不存在说明原因.

2.3 函数的连续性

现实世界中,量的变化一般有两种情况:一种是逐渐变化的,如气温的变化、水的流动、生物的生长等,这些现象反映在数学上就是函数的连续性;另一种是突然变化的,如某些季节性销售的商品,随着时间的变化就是不连续的. 连续的对立面是不连续,这种现象反映在数学上就是函数的间断.

2.3.1 函数的连续性定义

1. 函数的增量

定义 2.3.1

设函数 $y=f(x)$在点 x_0 的某一邻域内有定义,当自变量 x 从初值 x_0 变到终值 x 时,对应的函数值也由$f(x_0)$变到$f(x)$,则把自变量的终值与初值的差 $x-x_0$ 称为自变量的增量(或自变量的改变量),记为 Δx,即 $\Delta x=x-x_0$;而把函数的终值与初值之差$f(x)-f(x_0)$称为函数的增量(或函数的改变量),记为 Δy,即 $\Delta y=f(x)-f(x_0)$. 由于 $\Delta x=x-x_0$,故自变量的终值可表示为

$$x = x_0 + \Delta x.$$

函数的增量可表示为

$$\Delta y = f(x_0 + \Delta x) - f(x_0).$$

函数增量的几何意义如图 2.3.1 所示，由图可见，当自变量的增量 Δx 变化时，相应的函数的增量 Δy 一般也随之改变，且 Δx，Δy 均可正可负，如当 $x < x_0$ 时，就有 $\Delta x < 0$.

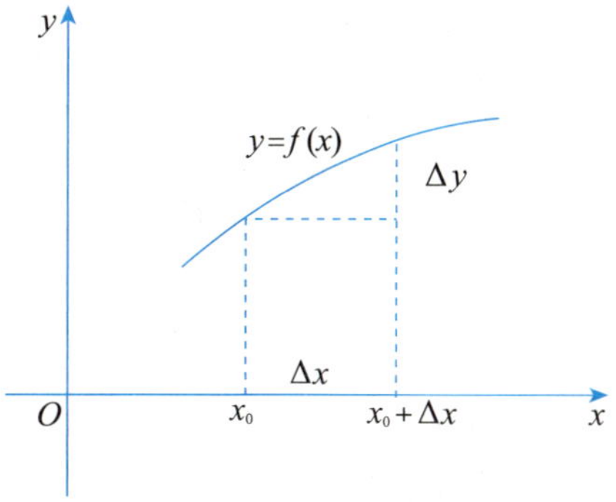

图 2.3.1

2. 连续

在几何上，一个函数是连续变化的，那么它的图形就是一条连绵不断的曲线. 在图 2.3.1 中，函数 $y = f(x)$ 在点 x_0 处是连续的. 当 x 变化经过点 x_0 时，其对应函数值是渐变的（没有突变）. 当 $\Delta x \to 0$（即 $x \to x_0$）时，$f(x) \to f(x_0)$. 如图 2.3.2 所示，函数 $y = f(x)$ 在点 x_0 是不连续的，当 x 变化经过 x_0 点时，其对应的函数值发生了跳跃式的突变（剧烈变化），当 $\Delta x \to 0$ 时，Δy 不趋于 0. 根据上面的观察和分析，我们给出函数在点 x_0 处连续的定义.

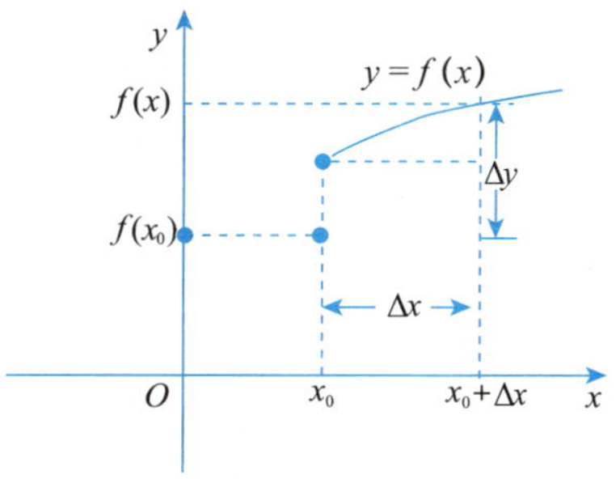

图 2.3.2

定义 2.3.2

设函数 $y = f(x)$ 在点 x_0 的某个邻域内有定义，如果自变量的增量 Δx 趋于 0 时，对应的函数增量 Δy 也趋于 0，即

$\lim\limits_{\Delta x \to 0} \Delta y = \lim\limits_{\Delta x \to 0} [f(x_0 + \Delta x) - f(x_0)] = 0$，则称函数 $y = f(x)$ 在点 x_0 处连续，称点 x_0 为函数的连续点.

由于 $\Delta x = x - x_0$，$\Delta y = f(x) - f(x_0)$，当 $\Delta x \to 0$ 时，$x \to x_0$，因此得到与定义 2.3.2 等价的定义.

定义 2.3.3

设函数 $y = f(x)$ 在点 x_0 的某个邻域内有定义，如果当 $x \to x_0$ 时，函数 $f(x)$ 的极限存在，且等于它在点 x_0 处的函数值 $f(x_0)$，即

$$\lim_{x \to x_0} f(x) = f(x_0),$$

则称函数 $y = f(x)$ 在点 x_0 处连续.

若 $\lim\limits_{x \to x_0^-} f(x) = f(x_0)$，则称函数 $y = f(x)$ 在点 x_0 处左连续；

若 $\lim\limits_{x \to x_0^+} f(x) = f(x_0)$，则称函数 $y = f(x)$ 在点 x_0 处右连续.

定理 2.3.1 函数 $y = f(x)$ 在点 x_0 处连续的充要条件是

$$\lim_{x \to x_0^-} f(x) = \lim_{x \to x_0^+} f(x) = f(x_0).$$

以上讨论的是函数在某点处连续的概念，但是，我们还常常需要了解函数在某个区间上变化的状态. 下面给出函数在区间上连续的概念.

定义 2.3.4

如果函数 $y=f(x)$ 在区间 (a,b) 内或在闭区间 $[a,b]$ 上的每一点(区间左端点右连续,区间右端点左连续)都连续,则称函数 $f(x)$ 在 (a,b) 内或 $[a,b]$ 上是连续的. 如果函数 $y=f(x)$ 在其定义域内的每一点均连续,则称函数 $f(x)$ 在其定义域内是连续的.

3. 间断

根据上述讨论可知,函数 $y=f(x)$ 在某点 x_0 处连续的条件是:

(1) $f(x_0)$ 有意义,即 $f(x_0)$ 存在;

(2) $\lim\limits_{x\to x_0}f(x)$ 存在,即 $\lim\limits_{x\to x_0^-}f(x)=\lim\limits_{x\to x_0^+}f(x)$;

(3) $\lim\limits_{x\to x_0}f(x)=f(x_0)$,即极限值等于函数值.

若以上 3 个条件同时满足,则函数 $f(x)$ 在点 x_0 处连续,若其中有任何一个不满足,则函数 $f(x)$ 在点 x_0 处就是间断的,这样的点称为函数的不连续点或间断点.

定义 2.3.5

(间断点的定义)

设 $f(x)$ 必在点 x_0 的某一去心邻域内有定义(在点 x_0 也可以有定义),若 $f(x)$ 在点 x_0 不连续,则称点 x_0 为 $f(x)$ 的间断点.

例如,函数 $f(x)=\dfrac{x^2-1}{x-1}$,由于在 $x=1$ 处没有定义,即 $f(1)$ 不存在,故这个函数在 $x=1$ 处不连续,如图 2.3.3 所示.

又如,函数 $f(x)=\begin{cases}x-1, & x<1,\\ 0, & x=1,\\ x+1, & x>1,\end{cases}$ 虽然在 $x=1$ 处有定义,但由于 $\lim\limits_{x\to 1^-}f(x)=0$,$\lim\limits_{x\to 1^+}f(x)=2$,即 $\lim\limits_{x\to 1}f(x)$ 不存在,故这个函数在 $x=1$ 处不连续,如图 2.3.4 所示.

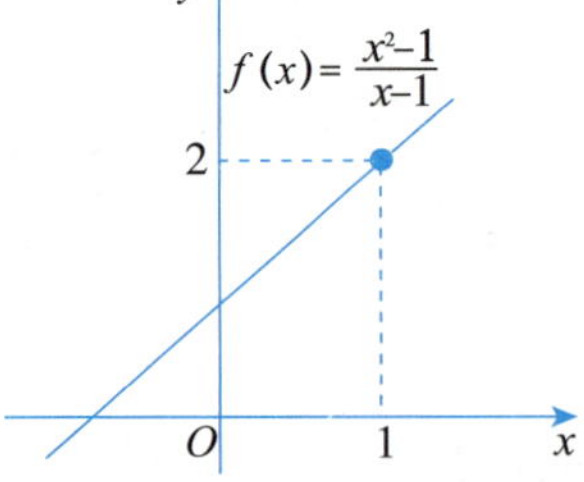

图 2.3.3

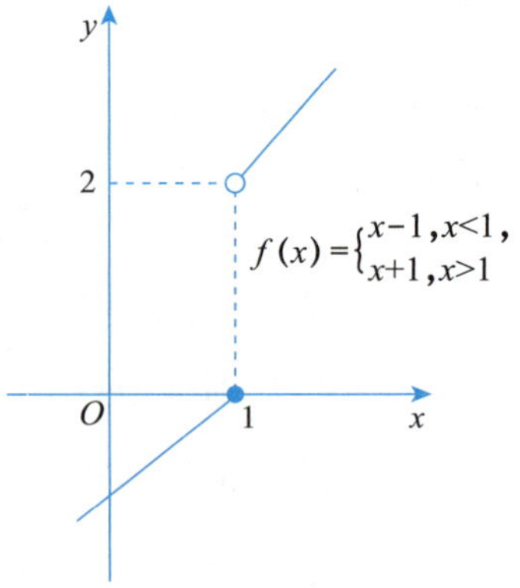

图 2.3.4

再如函数 $f(x)=\begin{cases}x+1, & x\neq 1,\\ 0, & x=1,\end{cases}$ 虽然在 $x=1$ 处有定义,且 $\lim\limits_{x\to 1}f(x)=2$ 也存在,但因为

$\lim\limits_{x\to1}f(x)=2\neq f(1)$，故这个函数在 $x=1$ 处不连续，如图 2.3.5 所示.

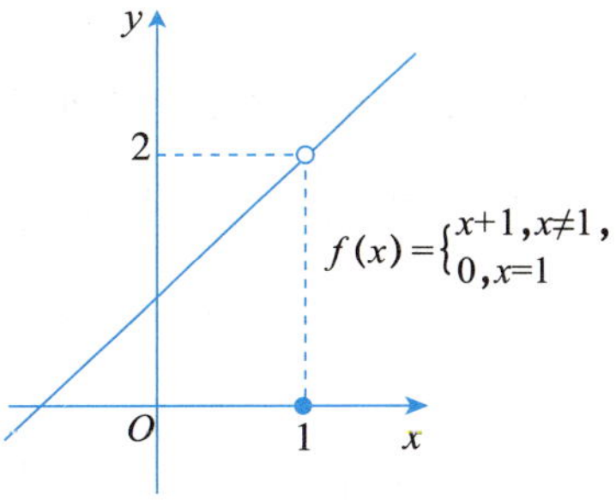

图 2.3.5

间断点通常分为两类，设 x_0 是函数 $y=f(x)$ 的间断点，若左极限 $\lim\limits_{x\to x_0^-}f(x)$ 与右极限 $\lim\limits_{x\to x_0^+}f(x)$ 都存在，则称 x_0 为第一类间断点，否则称为第二类间断点.

若 $\lim\limits_{x\to x_0}f(x)=\infty$，称 x_0 点为无穷间断点. 在第一类间断点中，若 $\lim\limits_{x\to x_0^-}f(x)\neq\lim\limits_{x\to x_0^+}f(x)$，则称这种间断点为跳跃间断点；若 $\lim\limits_{x\to x_0^-}f(x)=\lim\limits_{x\to x_0^+}f(x)$，则称这种间断点为可去间断点.

例 2.3.1 讨论函数 $y=\dfrac{1}{x^2}$ 在 $x=0$ 处的连续性.

解： 如图 2.3.6 所示，$y=\dfrac{1}{x^2}$ 在 $x=0$ 处无定义，且 $\lim\limits_{x\to0}\dfrac{1}{x^2}=\infty$，故 $x=0$ 是函数 $y=\dfrac{1}{x^2}$ 的第二类间断点，亦为无穷间断点.

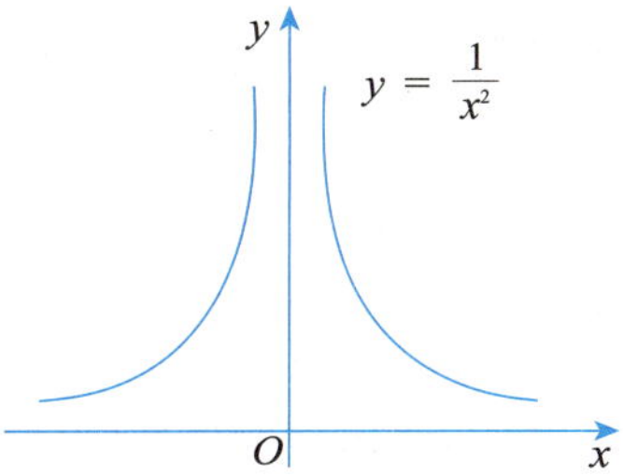

图 2.3.6

例 2.3.2 设 $f(x)=\begin{cases}x^2, & x\leqslant1,\\ x+1, & x>1,\end{cases}$ 讨论 $f(x)$ 在 $x=1$ 处的连续性.

解： 因为 $\lim\limits_{x\to x^-}f(x)=\lim\limits_{x\to1^-}x^2=1$，$\lim\limits_{x\to1^+}f(x)=\lim\limits_{x\to1^+}(x+1)=2$，由定理 2.1.2 可知，$\lim\limits_{x\to1}f(x)$ 不存在. 故 $x=1$ 是 $f(x)$ 的第一类间断点且为跳跃间断点，如图 2.3.7 所示.

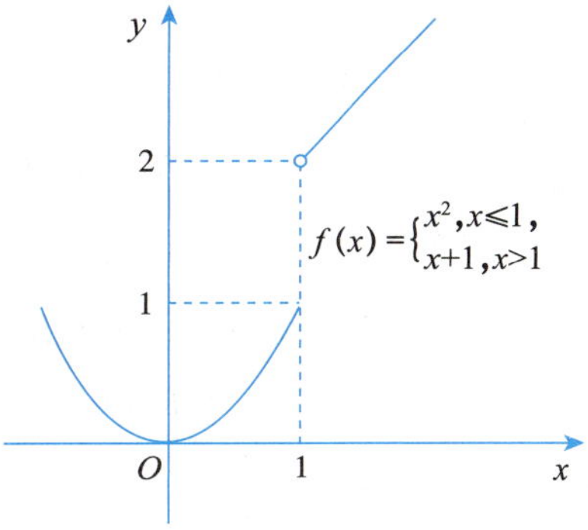

图 2.3.7

例 2.3.3 设 $f(x)=\begin{cases}\dfrac{x^4}{x}, x\neq0,\\ 1, \ x=0,\end{cases}$ 讨论 $f(x)$ 在 $x=0$ 处的连续性；能否仅改变 $f(x)$ 在 $x=0$ 处的定义，就能使新函数在 $x=0$ 处连续.

解： $f(0)=1$，$\lim\limits_{x\to0}\dfrac{x^4}{x}=0$，即 $\lim\limits_{x\to0}f(x)\neq f(0)$，故 $x=0$ 是 $f(x)$ 的第一类间断点，且为可去间断点，如图 2.3.8 所示.

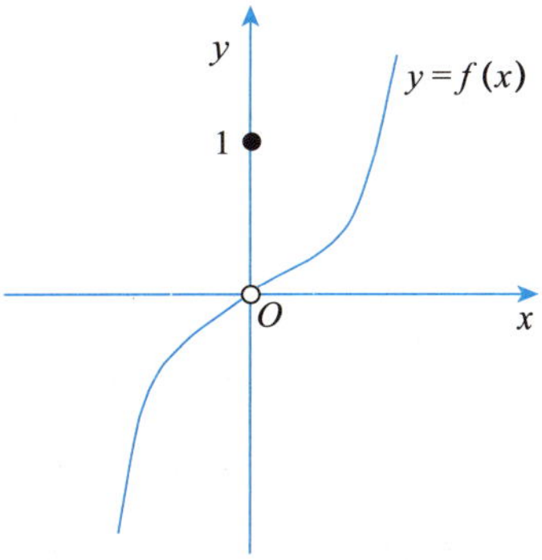

图 2.3.8

如果定义 $g(0)=0$，$g(x)=f(x)\ (x\neq0)$，则

$$g(x)=\begin{cases}\dfrac{x^4}{x}, x\neq0,\\ 0, \ x=0,\end{cases}$$

则新函数 $g(x)$ 在 $x=0$ 处就连续了，在 $x\neq0$ 时与 $f(x)$ 完全

相等.

从上述这些函数的图形都可看出,函数在间断点处,图形都是断开的.

2.3.2 初等函数的连续性

1. 初等函数的连续性定理

定理 2.3.2 连续函数经四则运算后仍是连续函数(作为商的函数除数不为零).

定理 2.3.3 连续函数构成的复合函数仍是连续函数.

定理 2.3.4 基本初等函数在其有定义区间内都是连续的.

定理 2.3.5 一切初等函数在其有定义区间内都是连续的.

以上定理证明从略.

由定理可知,如果函数$f(x)$在x_0点连续,那么,求极限$\lim\limits_{x\to x_0} f(x)$的问题就简化为计算函数值$f(x_0)$,并且极限符号与函数符号可以互相交换. 即

$$\lim_{x\to x_0} f(x) = f(x_0) = f(\lim_{x\to x_0} x).$$

例 2.3.4 求$\lim\limits_{x\to 0}\sqrt{1-x^2}$.

解: 设$f(x)=\sqrt{1-x^2}$,这是一个初等函数,它的定义域是$[-1,1]$,而点$x=0$在该区间内,故由初等函数的连续性,有

$$\lim_{x\to 0}\sqrt{1-x^2} = f(0) = \sqrt{1-0^2} = 1.$$

2. 复合函数的求极限方法

对于复合函数$y=f[\varphi(x)]$,若$\lim\limits_{x\to x_0}\varphi(x)=a$,而函数$f(u)$在$u=a$处连续,则有$\lim\limits_{x\to x_0} f[\varphi(x)]=f[\lim\limits_{x\to x_0}\varphi(x)]$. 通常,我们称该结论为复合函数求极限的方法.

例 2.3.5 求$\lim\limits_{x\to 0}\ln(1+x)^{\frac{1}{x}}$.

解: 利用复合函数求极限的方法,有

$$\lim_{x\to 0}\ln(1+x)^{\frac{1}{x}} = \ln[\lim_{x\to 0}(1+x)^{\frac{1}{x}}] = \ln \mathrm{e} = 1.$$

思考题 2.3

1. 试说明函数$f(x)$在点$x=x_0$处有定义、有极限和连续这3个概念间的区别与联系.

2. 若函数$f(x)$在点$x=a$处连续,试问当$x\to a$时,函数是否有极限;若有极限,它的值是什么?

练习题 2.3A

1. 设$f(x)=x^2$,求$f(x)$的连续区间.

2. 设$f(x)=\dfrac{1}{x}$,求$f(x)$的连续区间.

3. 设$f(x)=\dfrac{1}{x}$,(1)求$f(x)$的定义域;(2)问$f(x)$是其定义域上的连续函数吗?

4. 设$f(x)$连续区间为$[1,3]$,且$f(1)=1$ $f(2)=-1$,求$\lim\limits_{x\to 1^+}f(x)$.

练习题 2.3B

1. 求下列函数的极限:

(1)$\lim\limits_{x\to 0}\dfrac{x^3+3x^2-x-3}{x^2+x-6}$;　　(2)$\lim\limits_{x\to \frac{\pi}{4}}\dfrac{\sin 2x}{2\cos(\pi-x)}$;

(3)$\lim\limits_{x\to 0}\ln\dfrac{\sin x}{x}$;　　(4)$\lim\limits_{x\to +\infty}\ln\left(1+\dfrac{1}{x}\right)^x$.

2. 讨论下列函数的连续性:

(1)$f(x)=\begin{cases}x^2, & x\geqslant 1,\\ 2-x, & x<1;\end{cases}$　　(2)$f(x)=\begin{cases}e^x-1, & x<0,\\ 0, & x=0,\\ \ln(1+x), & x>0.\end{cases}$

3. 下列函数在指定点处间断,指出间断点类型. 若是可去间断点,则补充或改变定义使函数在该点连续:

(1)$f(x)=x\sin\dfrac{1}{x}$,$x=0$;　　(2)$f(x)=\begin{cases}x-1, & x\leqslant 1,\\ 3-x, & x>1,\end{cases}$ $x=1$.

2.4 闭区间上连续函数的性质

定义 2.4.1

若$x_1,x_2\in[a,b]$,且对该区间内的一切x,有

$$f(x_1)\leqslant f(x)\leqslant f(x_2),$$

则称$f(x_1)$,$f(x_2)$分别为函数$f(x)$在闭区间$[a,b]$上的最小值与最大值.

定理 2.4.1(最大值、最小值定理)　闭区间上的连续函数一定存在最大值和最小值(证明从略).

从几何上看,一段有限长的连续曲线上,必有一点最高,也有一点最低,如图 2.4.1 所示.

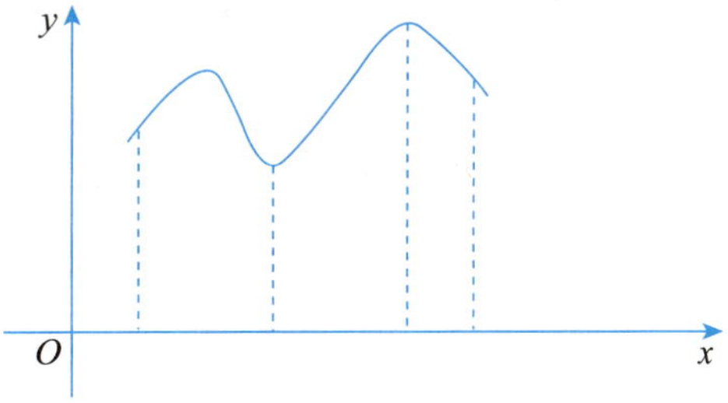

图 2.4.1

若$f(x)$在开区间内连续或在闭区间上有间断点,则$f(x)$不一定有最大值和最小值. 例如$f(x)=x$在开区间$(0,1)$内连续,但在$(0,1)$内它既没有最大值也没有最小值. 又如$f(x)=\dfrac{1}{x}$在$[-1,1]$上有一个无穷间断点$x=0$,它在

$[-1,1]$上也没有最大值和最小值.

定理 2.4.2(零点定理) 若函数$f(x)$在闭区间$[a,b]$上连续,且$f(a)$与$f(b)$异号,则在(a,b)内至少存在一点ξ,使得$f(\xi)=0$(证明从略).

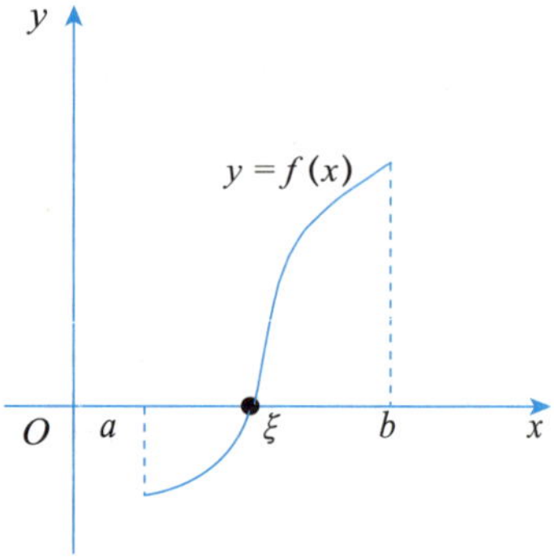

图 2.4.2

零点定理又称为根的存在定理,从几何上看,如图 2.4.2 所示,若连续曲线$f(x)$的两个端点位于x轴的不同侧,那么,这段曲线弧与x轴至少有一个交点,函数$f(x)$的零点就是方程$f(x)=0$的实根,此定理常用来判断方程$f(x)=0$在某区间是否存在实根.

定理 2.4.3(介值定理) 若函数$f(x)$在闭区间$[a,b]$上连续,且$f(a)\neq f(b)$,那么,对介于$f(a)$与$f(b)$之间的任一常数C,在开区间(a,b)内至少存在一点ξ使得$f(\xi)=C$(证明从略).

从几何上看,闭区间$[a,b]$上的连续曲线与水平直线$y=C$至少相交于一点,如图 2.4.3 所示. 表明连续函数在变化过程中必定经过一切中间值,从而反映了变化的连续性.

推论 闭区间上连续的函数必取得介于最大值M和最小值m之间的任何值.

设$m=f(x_1),M=f(x_2)\ (m\neq M)$,在闭区间$[x_1,x_2]$或$[x_2,x_1]$上应用介值定理,即得此推论.

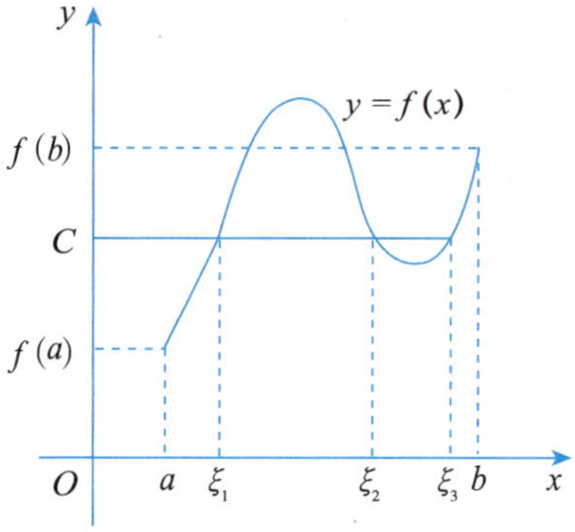

图 2.4.3

例 2.4.1 证明方程$x^2\cos x-\sin x=0$在$\left(\pi,\dfrac{3}{2}\pi\right)$内至少有一个实根.

证 设$f(x)=x^2\cos x-\sin x$,由于$f(x)$为初等函数,且在$\left[\pi,\dfrac{3}{2}\pi\right]$上有定义,故$f(x)$在$\left[\pi,\dfrac{3}{2}\pi\right]$上连续. 又$f(\pi)=-\pi^2<0$,$f\left(\dfrac{3}{2}\pi\right)=1>0$,根据零点定理可知,至少存在一点$\xi\in\left(\pi,\dfrac{3}{2}\pi\right)$,使得

$$f(\xi)=\xi^2\cos\xi-\sin\xi=0,$$

即方程$x^2\cos x-\sin x=0$在$\left(\pi,\dfrac{3}{2}\pi\right)$内至少有一个实根.

思考题 2.4

1. 试求函数$y=\sin x$在区间$\left[0,\dfrac{\pi}{2}\right]$上的最大值与最小值.
2. 在区间(a,b)上的连续函数一定存在最大值与最小值吗?

练习题 2.4A

1. 设 $f(x)$ 的最小值为 100，$f(x)$ 的最大值为 500，问：是否存在一点 x_0 使得 $f(x_0)=300$？

2. 设 $f(x)$ 连续区间为 $[1,3]$，且 $f(1)=1$，$f(2)=-1$，问：方程 $f(x)=0$ 在哪个开区间内一定有实数根？

练习题 2.4B

1. 证明：方程 $x\ln x-2=0$ 在 $(1,\mathrm{e})$ 内至少有一个实根.
2. 证明：方程 $x^3-4x^2+1=0$ 在 $(0,1)$ 内至少有一个实根.

2.5 用数学软件进行极限运算

2.5.1 用数学软件 Mathematica 进行极限运算

在 Mathematica 系统中，求极限的函数为 Limit，其形式如下

Limit[f[x],x->a]

其中，f[x]是以 x 为自变量的函数或表达式，x->a 中的箭头“->”是由键盘上的减号及大于号组成的. 求表达式的左极限和右极限时，分别用如下形式实现

Limit[f[x],x->a,Direction->1]（左极限）

Limit[f[x],x->a,Direction->-1]（右极限）

例 2.5.1 求下列极限：

(1) $\lim\limits_{x\to 0}\dfrac{e^{2x}-1}{x}$；　(2) $\lim\limits_{x\to 0^+}2^{\frac{1}{x}}$；　(3) $\lim\limits_{x\to 0^-}2^x$.

解：

In[1]:= Limit[(E^(2*x)-1)/x,x->0]　(* 计算 $\lim\limits_{x\to 0}\dfrac{e^{2x}-1}{x}$ *)

Out[1]=2

In[2]:=Limit[2^(1/x),x->0,Direction->-1]　(* 计算 $\lim\limits_{x\to 0^+}2^{\frac{1}{x}}$ *)

Out[2]=Infinity　(* Infinity 为正无穷大 *)

In[3]:=Limit[2^x,x->0,Direction->1]　(* 计算 $\lim\limits_{x\to 0^-}2^x$ *)

Out[3]=1

注意：Infinity 代表∞，读作“无穷”.

例 2.5.2 求下列极限：

(1) $\lim\limits_{x\to+\infty}\arctan x$；　(2) $\lim\limits_{x\to-\infty}\arctan x$.

解：

In[1]:= Limit[ArcTan[x],x->Infinity]　(* 计算 $\lim\limits_{x\to+\infty}\arctan x$ *)

Out[1] = $\frac{\text{Pi}}{2}$

In[2]: = Limit[ArcTan[x], x - > - Infinity]　(*计算 $\lim_{x\to-\infty}\arctan x$ *)

Out[2] = $\frac{-\text{Pi}}{2}$

2.5.2 用数学软件 MATLAB 进行极限运算

在 MATLAB 系统中,自变量 x 趋于 a 时,f 的极限用函数 limit,其形式如下

limit(f,x,a),

其中,f 是自变量 x 的函数或表达式. 求表达式 f 的左极限或右极限时,分别用如下形式实现

limit(f,x,a,'left') (左极限),

limit(f,x,a,'right') (右极限).

例 2.5.3 求下列极限:

(1) $\lim_{x\to 0}\frac{e^{2x}-1}{x}$;　(2) $\lim_{x\to 0^+}2^{\frac{1}{x}}$;　(3) $\lim_{x\to 0^-}2^x$;

(4) $\lim_{x\to+\infty}\arctan x$;　(5) $\lim_{x\to-\infty}\arctan x$.

解:

(1)

```
>> clear
>> syms x
>> limit((exp(2*x)-1)/x,x,0)
ans = 2
```

(2)

```
>> clear
syms x
limit(2^(1/x),x,0,'right')
ans = Inf
```

(3)

```
>>clear
syms x
limit(2^x,x,0,'left')
ans = 1
```

例 2.5.4 求下列极限:

(1) $\lim_{x\to+\infty}\arctan x$;　(2) $\lim_{x\to-\infty}\arctan x$.

解:

(1)

```
>> clear
syms x
```

```
limit(atan(x),x,Inf)
ans = pi/2
```

(2)

```
>>clear
syms x
limit(atan(x),x,-Inf)
ans = -pi/2
```

注意:Inf 代表 $+\infty$,读作“无穷”.

2.6 学习任务2解答　由圆内接正 n 边形的面积推导圆面积

解:

1. 因为半径为 R 的圆内接正 n 边形的面积 $S_n=\dfrac{1}{2}nR^2\sin\dfrac{2\pi}{n}$,所以,

(1) 圆内接正 12 边形的面积

$$S_{12}=\frac{1}{2}\times 12\times R^2\times\sin\frac{2\pi}{12}=6R^2\sin\frac{\pi}{6}=3R^2.$$

(2) 半径为 R 的圆的面积

$$S=\lim_{n\to\infty}S_n=\lim_{n\to\infty}\left(\frac{1}{2}nR^2\sin\frac{2\pi}{n}\right)=\pi R^2\lim_{(2\pi/n)\to 0}\frac{\sin(2\pi/n)}{2\pi/n}=\pi R^2,\text{即 } S=\pi R^2.$$

(3)因为对任意的 $R_0\in(0,+\infty)$都有 $\lim\limits_{R\to R_0}S=\lim\limits_{R\to R_0}\pi R^2=\pi R_0^{\ 2}$,即圆面积 $S=\pi R^2$ 在区间$(0,+\infty)$内每一点都连续,因此,圆面积 $S=\pi R^2$ 在其定义区间$(0,+\infty)$上是其半径 R 的连续函数.

复习题 2

A 级

1. 设函数 $f(x)=\begin{cases}x+1, & x\leqslant 0,\\ x-1, & x>0,\end{cases}$ 作出其图形,判定极限 $\lim\limits_{x\to 0^-}f(x)$,$\lim\limits_{x\to 0^+}f(x)$,$\lim\limits_{x\to 0}f(x)$是否存在.

2. 设函数 $f(x)=\begin{cases}x+2, & x>0,\\ a-e^x, & x<0,\end{cases}$ 问 $f(x)$在 $x=0$ 处是否有定义? a 为何值时,极限 $\lim\limits_{x\to 0}f(x)$存在?

3. 下列函数在自变量怎样变化时是无穷小或无穷大?

(1)$y=\dfrac{1}{x^2}$;　　　　(2)$y=\dfrac{x-2}{x+1}$;

(3) $y=\ln x$;　　(4) $y=x^2+2x-3$.

4. 求下列极限:

(1) $\lim\limits_{x\to 2}\dfrac{x^2+1}{x-3}$;　　(2) $\lim\limits_{x\to 2}(3x^2-2x+3)$;

(3) $\lim\limits_{x\to 1}\dfrac{x^2+1}{x-1}$;　　(4) $\lim\limits_{x\to 4}\dfrac{\sqrt{x}-2}{x-4}$;

(5) $\lim\limits_{h\to 0}\dfrac{\sqrt{x+h}-\sqrt{x}}{h}$;　　(6) $\lim\limits_{x\to\infty}\dfrac{x^2+3x}{x^5+5x+2}$;

(7) $\lim\limits_{x\to 0}x^2\sin\dfrac{1}{x}$.

B 级

5. 求下列极限:

(1) $\lim\limits_{x\to 0}\dfrac{\sin ax}{\sin bx}(b\neq 0)$;　　(2) $\lim\limits_{x\to 0}\dfrac{x}{3\sin 3x}$;

(3) $\lim\limits_{x\to\infty}\left(1+\dfrac{1}{2x}\right)^x$;　　(4) $\lim\limits_{x\to\infty}\left(\dfrac{x+3}{x}\right)^x$.

6. 设某年我国人口总数为 A_0,年平均增长率为 r,试求 t 年后我国人口的总数,并讨论当 $r=0.025$,$t=28$ 时我国人口的情况(提示:可借鉴连续复利模型).

7. 存入资金 $A_0=1\ 000$ 元,年利率为 6%,按单利、复利、连续复利计算,20 年后分别可得本利和是多少(可用算式表示)?

8. 某外商在我国投资,按年利率 6.5% 的连续复利计算,现投资多少元,第 16 年末可得 1 200 万元($e^{1.04}\approx 2.829\ 2$)?

9. 设函数 $f(x)=\begin{cases}(1-kx)^{\frac{1}{x}}, & x\neq 0,\\ e, & x=0,\end{cases}$ 求 k 使 $f(x)$ 在 $x=0$ 处连续.

10. 求函数 $f(x)=\begin{cases}\dfrac{x^2-1}{x^2+2x-3}, & x\neq 1,\\ 1, & x=1,\end{cases}$ 的间断点,若是可去间断点,则仅改变函数在该点的定义使新函数在该点连续.

第3章

导数与微分

3.0 学习任务3　商品降价销售，总收入一定会减少吗？

已知某公司生产的甲、乙两种商品的需求函数分别为 $Q_1=425-p^3$，$Q_2=120-p^2$，其中 p（元/kg）为价格. 请完成下列任务：

（1）求 $p=5$（元/kg）时，甲、乙两种商品的需求弹性.

（2）如果该公司计划在下一年度将甲、乙两种商品价格都在 5 元/kg 的基础上降低 10%，试问这两种商品的销售量将会增加多少？总收入怎样变化？

解决该问题要用到导数与微分知识.

导数是研究变量变化快慢的有力工具，比如，物体运动的速度、劳动生产率、国民经济增长的速度等，所有这些反映到数学上就是函数的变化率，即导数. 本章用极限的方法，从实际问题引出导数和微分的概念，然后再给出求函数导数的运算法则，从而系统地解决初等函数的求导和微分的计算问题.

3.1 导　数

导数是微分学的一个基本概念，本节我们将从物理学和经济学的两个实例出发，给出导数的定义.

3.1.1　两个实例

1. 变速直线运动的瞬时速度

对于匀速直线运动，有公式：速度 = 位移/时间. 但是，在实际问题中，运动往往是非匀速的. 要想精确地刻画出物体运动中的变化，就需要进一步讨论物体在运动过程中任一时刻的速度，即瞬时速度.

设一物体作变速直线运动,以它的运动直线为数轴,以它的运动方向为数轴正向,以它的起点为坐标原点,则在物体运动的过程中,每一时刻 t 物体的相对位置可以用数轴上的一个坐标 s 表示,即 s 与 t 之间存在函数关系 $s=s(t)$,这个函数称为位置函数. 现在我们来考查该物体在 t_0 时刻的瞬时速度.

设在 t_0 时刻物体的位置坐标为 $s(t_0)$,当时间由 t_0 变到 $t_0+\Delta t$ 时,物体在 Δt 这一段时间内所经过的路程为

$$\Delta s = s(t_0+\Delta t)-s(t_0),$$

于是这一段时间内的平均速度为

$$\bar{v}=\frac{\Delta s}{\Delta t}=\frac{s(t_0+\Delta t)-s(t_0)}{\Delta t}.$$

由于变速运动的速度通常是连续变化的,所以从整体来看,运动是变速的. 但从局部来看,在一段很短的时间 Δt 内,速度变化不大,可以近似地看作是匀速的,因此当 $|\Delta t|$ 很小时,$\bar{v}$ 可作为物体在 t_0 时刻的瞬时速度 $v(t_0)$ 的近似值,$|\Delta t|$ 越小,$\bar{v}$ 越接近于 $v(t_0)$.

很明显,$|\Delta t|$ 无限小时,平均速度 $\bar{v}$ 就无限接近于 t_0 时刻的瞬时速度 $v(t_0)$,即

$$v(t_0)=\lim_{\Delta t\to 0}\bar{v}=\lim_{\Delta t\to 0}\frac{\Delta s}{\Delta t}=\lim_{\Delta t\to 0}\frac{s(t_0+\Delta t)-s(t_0)}{\Delta t}.$$

这就是说,物体运动的瞬时速度是当时间增量趋于零时位置函数增量和时间增量之比的极限.

2. 总产量的变化率

设某产品在时间段 $[0,t]$ 内的总产量 P 是时间 t 的函数

$$P=f(t),$$

当时间由 t_0 变到 $t_0+\Delta t$ 时,总产量的改变量为

$$\Delta P=f(t_0+\Delta t)-f(t_0),$$

它在这段时间内的平均产量(即平均变化率)为

$$\frac{\Delta P}{\Delta t}=\frac{f(t_0+\Delta t)-f(t_0)}{\Delta t}.$$

如果极限

$$\lim_{\Delta t\to 0}\frac{\Delta P}{\Delta t}=\lim_{\Delta t\to 0}\frac{f(t_0+\Delta t)-f(t_0)}{\Delta t}$$

存在,则把此极限值称为 t_0 时刻的总产量的变化率,也称生产率.

3.1.2 导数的概念

上面我们研究了变速直线运动的瞬时速度和总产量的变化率,虽然它们的具体意义各不相同,但从数学结构上看,却具有完全相同的形式,即都是当自变量的改变量趋于零时,函数改变量与自变量改变量之比的极限. 在自然科学和工程技术领域内,还有许多其他的量,如电流强度、线密度等都具有这种形式,我们把这种形式的极限定义为函数的导数.

1. 导数的定义

定义 3.1.1

设函数 $y=f(x)$ 在点 x_0 的某一邻域内有定义，当自变量 x 从 x_0 变化到 $x_0+\Delta x$ 时，相应地，函数有增量 $\Delta y=f(x_0+\Delta x)-f(x_0)$，如果极限 $\lim\limits_{\Delta x\to 0}\dfrac{\Delta y}{\Delta x}=\lim\limits_{\Delta x\to 0}\dfrac{f(x_0+\Delta x)-f(x_0)}{\Delta x}$ 存在，则称函数 $y=f(x)$ 在点 x_0 处可导，并称这个极限值为函数 $y=f(x)$ 在点 x_0 处的导数（也叫微商），记作 $f'(x_0)$，也可记为

$$y'\Big|_{x=x_0},\ \frac{\mathrm{d}f(x)}{\mathrm{d}x}\Big|_{x=x_0}\quad 或\quad \frac{\mathrm{d}y}{\mathrm{d}x}\Big|_{x=x_0},$$

即

$$f'(x_0)=\lim_{\Delta x\to 0}\frac{\Delta y}{\Delta x}=\lim_{\Delta x\to 0}\frac{f(x_0+\Delta x)-f(x_0)}{\Delta x}.$$

如果极限不存在，我们说函数 $y=f(x)$ 在点 x_0 处不可导.

如果固定 x_0，则当 $\Delta x\to 0$ 时，有 $x\to x_0$，故函数在 x_0 处的导数 $f'(x_0)$ 也可表示为

$$f'(x_0)=\lim_{x\to x_0}\frac{f(x)-f(x_0)}{x-x_0}.$$

如果函数 $f(x)$ 对区间 (a,b) 内任一点 x_0 都存在导数 $f'(x_0)$，这就确定了一个新的函数，此函数称为函数 $f(x)$ 的导函数，记作 $f'(x)$，显然有

$$f'(x)\Big|_{x=x_0}=f'(x_0).$$

有了导数这个概念，前面两个问题可以重述为：

(1) 变速直线运动在时刻 t_0 的瞬时速度，就是位置函数 $s=s(t)$ 在 t_0 处对时间 t 的导数，即

$$v(t_0)=\frac{\mathrm{d}s}{\mathrm{d}t}\Big|_{t=t_0}.$$

(2) 某产品在 t_0 时刻的总产量的变化率就是该产品的总产量函数 $P=f(t)$ 在 t_0 处对时间 t 的导数，即

$$P'(t_0)=\frac{\mathrm{d}P}{\mathrm{d}t}\Big|_{t=t_0}.$$

2. 利用定义求导数

根据导数的定义，求函数 $y=f(x)$ 在任意点 x 处的导数 $f'(x)$，可分三步：

(1) 求增量：$\Delta y=f(x+\Delta x)-f(x)$；

(2) 算比值：$\dfrac{\Delta y}{\Delta x}=\dfrac{f(x+\Delta x)-f(x)}{\Delta x}$；

(3) 取极限：$y'=f'(x)=\lim\limits_{\Delta x\to 0}\dfrac{\Delta y}{\Delta x}$.

例 3.1.1　设函数 $f(x)=x^3$，求 $f'(x)$，$f'(1)$.

解：　(1) $\Delta y=f(x+\Delta x)-f(x)=(x+\Delta x)^3-x^3=3x^2\Delta x+3x(\Delta x)^2+(\Delta x)^3$.

(2) $\dfrac{\Delta y}{\Delta x}=\dfrac{3x^2\Delta x+3x(\Delta x)^2+(\Delta x)^3}{\Delta x}=3x^2+3x\Delta x+(\Delta x)^2$.

(3) $y'=f'(x)=\lim\limits_{\Delta x\to 0}\dfrac{\Delta y}{\Delta x}=\lim\limits_{\Delta x\to 0}[3x^2+3x\Delta x+(\Delta x)^2]=3x^2$.

所以 $f'(x)=(x^3)'=3x^2$, $f'(1)=f'(x)\Big|_{x=1}=3x^2\Big|_{x=1}=3\times1^2=3$.

一般地,对于幂函数 $y=x^{\alpha}$,可得出结论

$$(x^{\alpha})'=\alpha x^{\alpha-1}\qquad(\alpha\text{ 为实数}),$$

这就是幂函数的求导公式.

3. 导数的几何意义

设函数 $y=f(x)$ 的图形为曲线 L,点 $M_0(x_0,y_0)$ 为曲线 L 上的一点,设 $M(x_0+\Delta x,y_0+\Delta y)$ 为曲线上另一点,连接点 M_0 和点 M 的直线 M_0M 称为曲线的割线. 由图 3.1.1(a)可看出,$\dfrac{\Delta y}{\Delta x}$就是割线 M_0M 的斜率,即$\dfrac{\Delta y}{\Delta x}=\tan\varphi$,其中 φ 是割线 M_0M 的倾斜角.

当点 M 沿着曲线无限接近于点 M_0 时,即当 $\Delta x\to0$ 时,割线 M_0M 就无限趋近于它的极限位置 M_0T,如图 3.1.1(b)所示,直线 M_0T 就是曲线 L 在 M_0 点的切线. 因此切线的倾斜角 α 是割线的倾斜角 φ 的极限,切线的斜率 $\tan\alpha$ 是割线斜率 $\tan\varphi=\dfrac{\Delta y}{\Delta x}$的极限,即

$$\begin{aligned}\tan\alpha&=\lim_{M\to M_0}\tan\varphi\\&=\lim_{\Delta x\to0}\frac{\Delta y}{\Delta x}=y'\Big|_{x=x_0}=f'(x_0).\end{aligned}$$

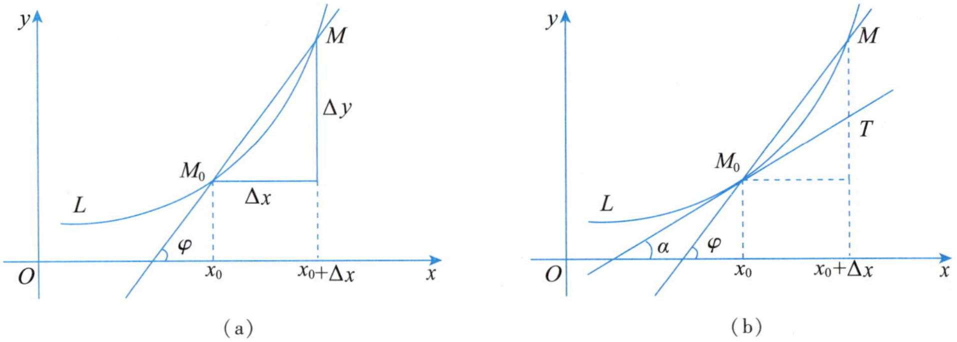

图 3.1.1

从而得出导数的几何意义:函数 $y=f(x)$ 在点 x_0 处的导数等于曲线 $y=f(x)$ 在点 $M_0(x_0,y_0)$ 处切线的斜率. 或者说,曲线 $y=f(x)$ 在点 (x_0,y_0) 处不垂直于 x 轴的切线斜率等于其纵坐标 y 对横坐标 x 在该点处的导数$\dfrac{\mathrm{d}y}{\mathrm{d}x}\Big|_{x=x_0}$.

4. 高阶导数

定义 3.1.2

如果函数 $y=f(x)$ 的导函数 $f'(x)$ 仍可导,则称 $f'(x)$ 的导数为 $f(x)$ 的二阶导数,记为 y'' 或 $f''(x)$.

类似地,可以定义三阶或更高阶导数,并称二阶以上的导数为高阶导数,用 y''',$y^{(4)}$,…,$y^{(n)}$ 分别表示 y 的三阶,四阶,…,n 阶导数.

例如,对 $y=x^3$,有 $y'=3x^2$,$y''=6x$,$y'''=6$,$y^{(4)}=0$.

例 3.1.2　求曲线 $y=f(x)=x^3$ 在点(1,1)处的切线方程,如图 3.1.2 所示.

解:　由例 3.1.1 可知

$$f'(1)=(x^3)'\Big|_{x=1}=3x^2\Big|_{x=1}=3,$$

所以,曲线 $y=x^3$ 在点(1,1) 处的切线方程斜率

$$k=3.$$

由直线的点斜式方程可知,曲线在点(1,1)处的切线方程为

$$y-1=3(x-1),$$

即 $3x-y-2=0$.

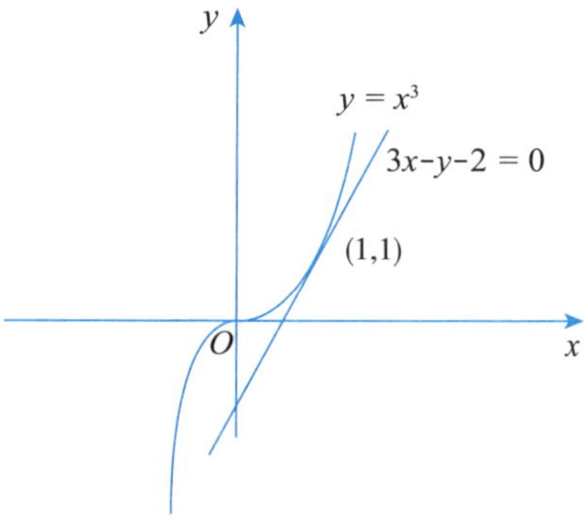

图 3.1.2

3.1.3　可导与连续

如果函数 $f(x)$ 在 x_0 处可导,即 $f'(x_0)$ 存在,则有 $\lim\limits_{x\to x_0}\dfrac{f(x)-f(x_0)}{x-x_0}=f'(x_0)$,由极限与无穷小的关系得 $\dfrac{f(x)-f(x_0)}{x-x_0}=f'(x_0)+\alpha$,其中 α 为 $x\to x_0$ 时的无穷小. 于是,$f(x)-f(x_0)=f'(x_0)(x-x_0)+\alpha\cdot(x-x_0)$,两边取极限得 $\lim\limits_{x\to x_0}f(x)=f(x_0)$,所以,$f(x)$ 在 x_0 处连续.

观察图 3.1.3.

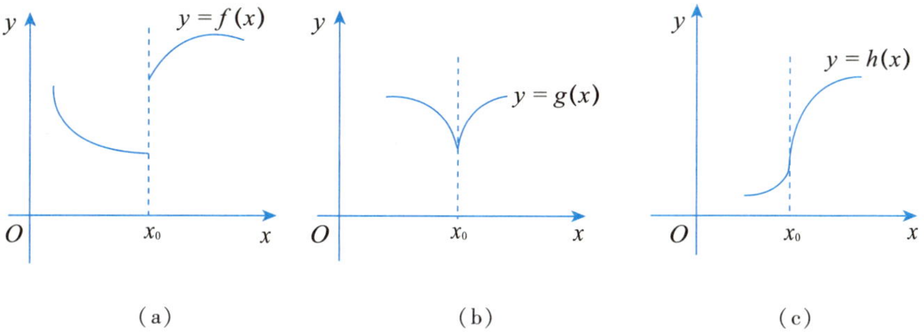

图 3.1.3

从图 3.1.3 可以看到,图 3.1.3(a)中函数 $y=f(x)$ 在 x_0 处不连续,$f'(x_0)$ 一定不存在;图 3.1.3(b)和图 3.1.3(c)在 x_0 处函数 $y=g(x)$ 与 $y=h(x)$ 是连续的,但显然不可导,由此可得:

结论 1 若 $y=f(x)$ 在点 x_0 处可导,则 $y=f(x)$ 在点 x_0 处一定连续.

结论 2 若 $y=f(x)$ 在点 x_0 处连续,则 $y=f(x)$ 在点 x_0 处不一定可导.

结论 3 若 $y=f(x)$ 在点 x_0 处不连续,则 $y=f(x)$ 在点 x_0 处一定不可导.

3.1.4 求导公式

下面我们通过具体实例,来推导一些基本初等函数的求导公式.

例 3.1.3 设 $y=C$(C 为常数),求 y'.

解: (1) $\Delta y=C-C=0$.

(2) $\dfrac{\Delta y}{\Delta x}=0$.

(3) $y'=\lim\limits_{\Delta x\to 0}\dfrac{\Delta y}{\Delta x}=\lim\limits_{\Delta x\to 0}0=0$.

即 $(C)'=0$. 这就是说,常数的导数等于零.

例 3.1.4 设 $y=\sin x$,求 y'.

解: (1) $\Delta y=\sin(x+\Delta x)-\sin x=2\cos\left(x+\dfrac{\Delta x}{2}\right)\sin\dfrac{\Delta x}{2}$.

(2) $\dfrac{\Delta y}{\Delta x}=\dfrac{2\cos\left(x+\dfrac{\Delta x}{2}\right)\sin\dfrac{\Delta x}{2}}{\Delta x}=\dfrac{\cos\left(x+\dfrac{\Delta x}{2}\right)\sin\dfrac{\Delta x}{2}}{\dfrac{\Delta x}{2}}$.

(3) $y'=\lim\limits_{\Delta x\to 0}\dfrac{\Delta y}{\Delta x}=\lim\limits_{\Delta x\to 0}\cos\left(x+\dfrac{\Delta x}{2}\right)\dfrac{\sin\dfrac{\Delta x}{2}}{\dfrac{\Delta x}{2}}=\cos x\cdot 1=\cos x$.

即 $(\sin x)'=\cos x$.

类似可证 $(\cos x)'=-\sin x$.

例 3.1.5 设 $y=\log_a x$($a>0,a\neq 1,x>0$),求 y'.

解: (1) $\Delta y=\log_a(x+\Delta x)-\log_a x=\log_a\dfrac{x+\Delta x}{x}=\log_a\left(1+\dfrac{\Delta x}{x}\right)$.

(2) $\dfrac{\Delta y}{\Delta x}=\dfrac{\log_a\left(1+\dfrac{\Delta x}{x}\right)}{\Delta x}=\log_a\left(1+\dfrac{\Delta x}{x}\right)^{\frac{1}{\Delta x}}=\dfrac{1}{x}\log_a\left(1+\dfrac{\Delta x}{x}\right)^{\frac{x}{\Delta x}}$.

(3) $y'=\lim\limits_{\Delta x\to 0}\dfrac{\Delta y}{\Delta x}=\lim\limits_{\Delta x\to 0}\dfrac{1}{x}\log_a\left(1+\dfrac{\Delta x}{x}\right)^{\frac{x}{\Delta x}}=\dfrac{1}{x}\log_a\left[\lim\limits_{\Delta x\to 0}\left(1+\dfrac{\Delta x}{x}\right)^{\frac{x}{\Delta x}}\right]$

$=\dfrac{1}{x}\log_a e=\dfrac{1}{x\ln a}$.

即 $(\log_a x)'=\dfrac{1}{x\ln a}$.

特别地，当 $a=\mathrm{e}$ 时，得自然对数的导数 $(\ln x)'=\dfrac{1}{x}$.

3.1.5　函数和、差、积、商的求导法则

下面我们介绍函数的和、差、积、商的求导法则.

定理 3.1.1　设函数 $u=u(x)$ 与 $v=v(x)$ 在点 x 处可导，则函数 $u(x)\pm v(x)$，$u(x)\cdot v(x)$，$\dfrac{u(x)}{v(x)}(v(x)\neq 0)$ 在该点也可导，且有：

(1) $[u(x)\pm v(x)]'=u'(x)\pm v'(x)$；

(2) $[u(x)\cdot v(x)]'=u'(x)v(x)+u(x)v'(x)$；

特别地，$[Cu(x)]'=Cu'(x)$（C 为常量）；

(3) $\left[\dfrac{u(x)}{v(x)}\right]'=\dfrac{u'(x)v(x)-u(x)v'(x)}{[v(x)]^2}$；

特别地，$\left[\dfrac{C}{v(x)}\right]'=-\dfrac{Cv'(x)}{v^2(x)}$，证明略.

例 3.1.6　设 $y=x^2-\dfrac{3}{x}+\sqrt{x}+\ln 2$，求 y'.

解：

$$y'=(x^2)'-\left(\frac{3}{x}\right)'+(\sqrt{x})'+(\ln 2)'=2x+\frac{3}{x^2}+\frac{1}{2\sqrt{x}}.$$

例 3.1.7　设 $y=10x^5\ln x$，求 y'.

解：

$$\begin{aligned}y'&=(10x^5\ln x)'=10(x^5\ln x)'=10\left(5x^4\ln x+x^5\cdot\frac{1}{x}\right)\\&=10x^4(5\ln x+1).\end{aligned}$$

例 3.1.8　求 $y=\tan x$，$y=\sec x$ 的导数.

解：

$$\begin{aligned}(\tan x)'&=\left(\frac{\sin x}{\cos x}\right)'=\frac{(\sin x)'\cos x-\sin x(\cos x)'}{\cos^2 x}\\&=\frac{\cos^2 x+\sin^2 x}{\cos^2 x}=\frac{1}{\cos^2 x}=\sec^2 x.\end{aligned}$$

$$(\sec x)'=\left(\frac{1}{\cos x}\right)'=-\frac{(\cos x)'}{\cos^2 x}=\frac{\sin x}{\cos^2 x}=\sec x\cdot\tan x.$$

类似可证得 $(\cot x)'=-\csc^2 x$，$(\csc x)'=-\csc x\cdot\cot x$.

思考题 3.1

1. 思考下列命题是否正确，如不正确，举出反例.

(1) 若函数 $y=f(x)$ 在点 x_0 处不可导，则在点 x_0 处一定不连续；

(2) 若曲线 $y=f(x)$ 处处有切线，则函数 $y=f(x)$ 必处处可导.

2. 问 $f'(x_0)=[f(x_0)]'$ 是否成立？试举例说明.

练习题 3.1A

1. 设函数 $f(x)=x^2$，分别求 $x=0,1,2$ 时 $f'(x)$ 的函数值.

2. 设函数 $f(x)=100$,分别求 $x=0,1,2$ 时 $f'(x)$ 的函数值.

3. 设 $f'(x)=x^2$,$g'(x)=x^3$,求 $(f(x)+g(x))'$.

练习题 3.1B

1. 求下列函数的导数:

(1)$y=\ln x+3\cos x-5x$;　　(2)$y=x\cos x\ln x$;

(3)$y=x\log_a x$;　　(4)$y=\dfrac{x\sin x}{1+\cos x}$.

2. 求下列函数在给定点处的导数:

(1)$y=x^5+3\sin x$,求 $y'\Big|_{x=0}$,$y'\Big|_{x=\frac{\pi}{2}}$;(2)$f(x)=2x^2+3x+1$,求 $f'(0)$,$f'(1)$.

3. 按定义求函数 $y=x^2$ 在 $x=1$ 处的导数,并求曲线 $y=x^2$ 在 $x=1$ 处的切线方程和法线方程(提示:法线斜率等于该点切线斜率的负倒数).

4. 抛物线 $y=x^2$ 上哪些点的切线与抛物线上横坐标为 $x_1=1$ 和 $x_2=3$ 的两点连线平行?

3.2 复合函数的求导法则

利用导数的四则运算法则和前面已推出的几个基本初等函数的求导公式,能够求一些简单函数的导数,但实际上我们常常遇到许多复合函数,如函数 $\ln\sin x$,$\sqrt{\tan x}$等的求导问题,如何求它们的导数?下面给出复合函数求导的法则.

定理 3.2.1 设函数 $y=f[\varphi(x)]$ 由 $y=f(u)$ 及 $u=\varphi(x)$ 复合而成,若函数 $u=\varphi(x)$ 在点 x 处可导,$y=f(u)$ 在对应点 u 处也可导,则复合函数 $y=f[\varphi(x)]$ 在点 x 处可导,且

$$\frac{dy}{dx}=\frac{dy}{du}\cdot\frac{du}{dx},$$

或写成

$$y'_x=y'_u\cdot u'_x \quad 或 \quad y'_x=f'(u)\cdot\varphi'(x).$$

它的含义是:复合函数的导数等于外层函数对中间变量的导数与中间变量对自变量的导数之积(证明略).

显然,以上法则也可用于多次复合的情形.

例如,设 $y=f(u)$,$u=\varphi(v)$,$v=\psi(x)$ 均可导,则

$$\frac{dy}{dx}=\frac{dy}{du}\cdot\frac{du}{dv}\cdot\frac{dv}{dx}.$$

例 3.2.1 设 $y=\sin 3x$,求$\dfrac{dy}{dx}$.

解: 将 $y=\sin 3x$ 看成由 $y=\sin u$,$u=3x$ 复合而成的函数.

由复合函数的求导法则,得

$$\frac{\mathrm{d}y}{\mathrm{d}x}=\frac{\mathrm{d}y}{\mathrm{d}u}\cdot\frac{\mathrm{d}u}{\mathrm{d}x}=\cos u\cdot 3=3\cos 3x.$$

例 3.2.2　设 $y=(3x+5)^3$，求$\frac{\mathrm{d}y}{\mathrm{d}x}$.

解：　将 $y=(3x+5)^3$ 看成 $y=u^3$ 与 $u=3x+5$ 复合而成的函数，故

$$\frac{\mathrm{d}y}{\mathrm{d}x}=(u^3)'\cdot(3x+5)'=3u^2\cdot 3=9(3x+5)^2.$$

在熟悉了复合函数求导法则之后，中间变量可不必写出来.

例 3.2.3　求幂函数 $y=x^{\alpha}$（α 为实数）的导数.

解：　因为

$$y=x^{\alpha}=\mathrm{e}^{\alpha\ln x},$$

所以

$$y'=(\mathrm{e}^{\alpha\ln x})'=\mathrm{e}^{\alpha\ln x}\cdot(\alpha\ln x)'=x^{\alpha}\cdot\alpha\cdot\frac{1}{x}=\alpha x^{\alpha-1},$$

即

$$(x^{\alpha})'=\alpha x^{\alpha-1}(\alpha\text{ 为实数}).$$

注：对于经过三次或三次以上复合而成的初等函数，可以通过重复使用复合函数的求导法则来求之，只是在使用复合函数求导法则时，外层函数总是取基本初等函数，剩下的部分作为内层函数即中间变量.

利用导数的定义和复合函数求导法则，我们已经求出了一些初等函数的导数，其他函数的导数公式不再一一推导. 为了便于记忆和使用，下面列出基本初等函数的求导公式：

(1) $(C)'=0$（C 为常数）；

(2) $(x^{\alpha})'=\alpha x^{\alpha-1}$（$\alpha$ 为任意实数）；

(3) $(\sin x)'=\cos x$；

(4) $(\cos x)'=-\sin x$；

(5) $(\tan x)'=\sec^2 x=\frac{1}{\cos^2 x}$；

(6) $(\cot x)'=-\csc^2 x=-\frac{1}{\sin^2 x}$；

(7) $(\sec x)'=\sec x\cdot\tan x$；

(8) $(\csc x)'=-\csc x\cdot\cot x$；

(9) $(a^x)'=a^x\ln a\ (a>0,a\neq 1)$；

(10) $(\mathrm{e}^x)'=\mathrm{e}^x$；

(11) $(\log_a x)'=\frac{1}{x}\log_a \mathrm{e}=\frac{1}{x\ln a}\ (a>0,a\neq 1)$；

(12) $(\ln x)'=\frac{1}{x}$.

思考题 3.2

1. 由复合函数的求导法则和基本初等函数的求导公式可以求出任一初等函数的导数吗？

2. 如何求幂指函数 x^x 的导数？

练习题 3.2A

1. 设函数 $y=f(u)$，$u=\varphi(x)$，及由其构成的复合函数 $y=f[\varphi(x)]$ 均在 $x=0$ 处可导，

已知$f'(u)=e^u$,$\varphi'(x)=3x^2$,求$\dfrac{dy}{dx}$及$\left.\dfrac{dy}{dx}\right|_{x=0}$.

2. 已知$(e^x)'=e^x$,分别求$(e^{x^2-1})'_{x^2-1}$,$(e^{x^2-1})'_x$,$(e^{x^2-1})'$.

3. 设$f(x)=(x^2-1)^3$,求$f'(x)$.

练习题 3.2B

求下列函数的导数:

(1)$y=(x^2+4x-7)^6$;

(2)$y=\ln(1+x^2)$;

(3)$y=e^{\tan x}$;

(4)$y=4\cos(3x-1)$;

(5)$y=\ln\ln x$;

(6)$y=\ln\sin\dfrac{1}{x}$.

3.3 微分及其应用

在许多实际问题中,不仅需要知道由自变量变化引起函数变化快慢程度的问题,而且还需要计算出自变量在某一点取得一个微小增量时,函数取得相应增量的大小. 一般来说,计算$f(x)$的增量Δy的精确值是较烦琐的,实际中往往只需算出它的近似值就可以了,微分概念就由此而产生.

例 3.3.1 有一个边长为x的正方形金属薄片,受热时边长增加了Δx(厚度不计),求面积大约增加了多少?

解: 设此正方形的边长为x,面积为y,则y是x的函数,即

$$y=x^2.$$

薄片受温度变化影响时,面积的改变量可以看成是当自变量x自x_0取得增量Δx时,函数y相应的增量Δy,即

$$\Delta y=(x_0+\Delta x)^2-x_0^2=2x_0\Delta x+(\Delta x)^2.$$

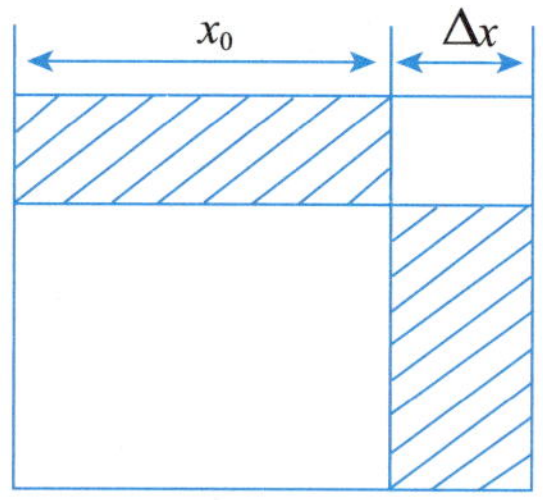

图 3.3.1

从上式可看出,Δy可分成两部分:一部分是$2x_0\Delta x$,它是Δx的线性函数,即图 3.3.1 中带有斜线的两个矩形面积之和;另一部分是$(\Delta x)^2$,在图中是小空白正方形的面积. 显然,$2x_0\Delta x$是面积增量Δy的主要部分,而$(\Delta x)^2$是次要部分. 当$|\Delta x|$很小时,$(\Delta x)^2$比$2x_0\Delta x$要小得多. 也就是说,当$|\Delta x|$很小时,面积增量Δy可以近似地用$2x_0\Delta x$表示,即

$$\Delta y\approx 2x_0\Delta x.$$

由此式作为Δy的近似值,略去的部分(Δx^2)是比Δx高阶的无穷小量. 又因为

$$y'(x_0)=\left.(x^2)'\right|_{x=x_0}=2x_0,$$

所以有

$$\Delta y \approx y'(x_0)\cdot\Delta x.$$

上述结论对于一般的函数是否也成立呢？回答是肯定的.

3.3.1 微分的概念

1. 微分的定义

定义 3.3.1

设函数 $y=f(x)$ 在点 x 处可导，则称 $f'(x)\Delta x$ 为函数 $f(x)$ 在点 x 处的微分，记为 $\mathrm{d}y$ 或 $\mathrm{d}f(x)$，即

$$\mathrm{d}y=\mathrm{d}f(x)=f'(x)\Delta x.$$

当函数 $f(x)=x$ 时，函数的微分

$$\mathrm{d}f(x)=\mathrm{d}x=x'\Delta x=1\cdot\Delta x=\Delta x,$$

即

$$\mathrm{d}x=\Delta x.$$

这样函数 $y=f(x)$ 的微分可以写成

$$\mathrm{d}y=f'(x)\Delta x=f'(x)\mathrm{d}x.$$

上式两边同除以 $\mathrm{d}x$，有

$$\frac{\mathrm{d}y}{\mathrm{d}x}=f'(x).$$

由此可见，导数等于函数的微分与自变量的微分之商，即 $f'(x)=\frac{\mathrm{d}y}{\mathrm{d}x}$，这就是导数也叫“微商”的由来.

定理 3.3.1 设 $\Delta x=x-x_0$，$\Delta y=f(x)-f(x_0)$，如果 $f'(x_0)$ 存在且不为零，则有 $\Delta y=\mathrm{d}y+o(\Delta x)$. 即当 $f'(x_0)\neq 0$，$|\Delta x|$ 很小时，有

$$\Delta y\approx \mathrm{d}y.$$

证明略.

例 3.3.2 求函数 $y=x^2$ 在 $x=2$，$\Delta x=0.01$ 时的改变量及微分.

解： $\Delta y=(x+\Delta x)^2-x^2=2.01^2-2^2=0.040\,1.$

在点 $x=2$ 处，$y'\big|_{x=2}=2x\big|_{x=2}=2\times 2=4$，所以

$$\mathrm{d}y=y'\Delta x=4\times 0.01=0.040.$$

比较 $\mathrm{d}y$ 与 Δy，小数点后前三位一致，可见当 $|\Delta x|$ 很小时，用 $\mathrm{d}y$ 替代 Δy 的近似程度很高.

2. 微分的几何意义

为了对微分有比较直观的了解，我们来说明微分的几何意义. 如图 3.3.2 所示，在曲线 $y=f(x)$ 上取一点 $M(x,y)$，给 x 以改变量 Δx，相应地，曲线的纵坐标 y 有一改变量 $\Delta y=NM_1$，点 M 处的切线也有一改变量 NT，切线的倾斜角为 $\varphi(\varphi\neq 0)$，于是 $NT=MN\tan\varphi=f'(x)\Delta x=\mathrm{d}y$. 由此得出，函数的微分 $\mathrm{d}y$ 就是曲线在点 $M(x,y)$ 处的切线的纵坐标对应于 Δx 的改变量. 因此，当 $f'(x)\neq 0$ 时，用函数的微分 $\mathrm{d}y$ 近似代替函数的增量 Δy，就是用函数曲线在点 $M(x,y)$ 处的切线纵坐标的增量 NT 近似代替曲线 $y=f(x)$ 的纵坐标的增量 NM_1，这就是所谓的“以直代曲”.

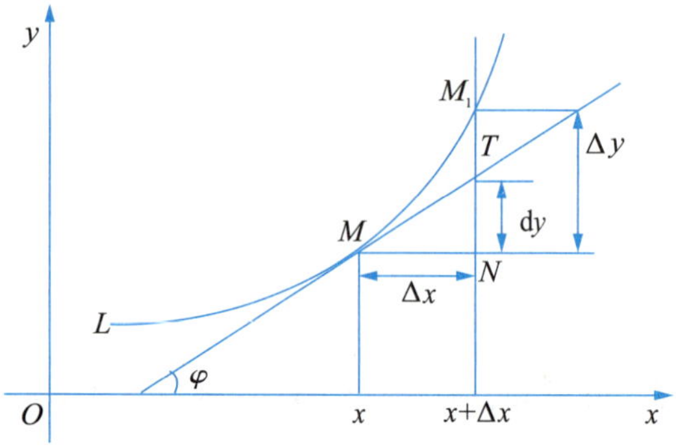

图 3.3.2

3.3.2 微分公式

从函数的微分表达式 $dy=f'(x)dx$ 可以看出,要计算函数的微分,只要计算函数的导数$f'(x)$,再乘以自变量的微分就可以了. 所以根据导数公式和导数的运算法则,就能得到相应的微分公式和微分运算法则.

1. 微分基本公式

(1) $dC=0$ (C 为常数);

(2) $dx=dx$;

(3) $dx^{\alpha}=\alpha x^{\alpha-1}dx$ (α 为实数);

(4) $d\log_a x=\dfrac{1}{x\ln a}dx$;

(5) $d\ln x=\dfrac{1}{x}dx$;

(6) $da^x=a^x\ln a\ dx$;

(7) $de^x=e^x\ dx$;

(8) $d\sin x=\cos x\ dx$;

(9) $d\cos x=-\sin x\ dx$;

(10) $d\tan x=\sec^2 x\ dx$;

(11) $d\cot x=-\csc^2 x\ dx$;

(12) $d\sec x=\sec x\tan x\ dx$;

(13) $d\csc x=-\csc x\cot x\ dx$.

2. 函数的和、差、积、商的微分运算法则

(1) $d(u\pm v)=du\pm dv$;

(2) $d(uv)=vdu+udv$;

(3) $d(Cu)=Cdu$ (C 为常数);

(4) $d\left(\dfrac{u}{v}\right)=\dfrac{vdu-udv}{v^2}$ $(v\neq 0)$;

(5) $d\dfrac{C}{v}=-\dfrac{C}{v^2}dv$ $(v\neq 0)$.

例 3.3.3 求函数 $y=2x+x^2e^x$ 的微分.

解: $dy=d(2x+x^2e^x)=(2x+x^2e^x)'dx=(2+2xe^x+x^2e^x)dx.$

例 3.3.4 设 $y=\dfrac{e^{2x}}{x}$,求 dy.

解:

$$dy=d\left(\frac{e^{2x}}{x}\right)=\left(\frac{e^{2x}}{x}\right)'dx=\frac{(e^{2x})'x-e^{2x}(x)'}{x^2}dx$$

$$=\frac{2e^{2x}x-e^{2x}\cdot 1}{x^2}dx=\frac{e^{2x}(2x-1)}{x^2}dx.$$

3.3.3　微分在近似计算中的应用

在实际问题中，经常利用微分作近似计算．由定理3.3.1知，当函数 $y=f(x)$ 在 x_0 处的导数 $f'(x_0)\neq 0$ 且 $|\Delta x|$ 很小时，有近似公式

$$\Delta y \approx \mathrm{d}y = f'(x_0)\Delta x, \tag{3.3.1}$$

即

$$f(x_0+\Delta x)-f(x_0)\approx f'(x_0)\Delta x. \tag{3.3.2}$$

所以

$$f(x_0+\Delta x)\approx f(x_0)+f'(x_0)\Delta x. \tag{3.3.3}$$

式(3.3.3)中令 $x_0+\Delta x=x$ 则

$$f(x)\approx f(x_0)+f'(x_0)(x-x_0). \tag{3.3.4}$$

特别地，当 $x_0=0$，$|x|$ 很小时，有

$$f(x)\approx f(0)+f'(0)x. \tag{3.3.5}$$

这里式(3.3.1)可用于求函数增量的近似值，而式(3.3.3)、式(3.3.4)、式(3.3.5)可用来求函数的近似值，应用式(3.3.5)可以推导一些常用的近似公式，当 $|x|$ 很小时，有

(1) $\sin x\approx x$（x 用弧度作单位）；

(2) $\tan x\approx x$（x 用弧度作单位）；

(3) $\sqrt[n]{1+x}\approx 1+\dfrac{1}{n}x$；

(4) $\ln(1+x)\approx x$；

(5) $\mathrm{e}^x\approx 1+x$.

例3.3.5　求 $\sqrt[3]{8.02}$ 的近似值.

解：　$\sqrt[3]{8.02}$ 可看作函数 $f(x)=\sqrt[3]{x}$ 在点 $x=8.02$ 处的函数值 $f(8.02)=\sqrt[3]{8.02}$.

取

$$x_0=8,\Delta x=0.02,$$

则

$$f(8)=\sqrt[3]{8}=2,\ f'(8)=\frac{1}{3}x^{-\frac{2}{3}}\bigg|_{x=8}=\frac{1}{3}\times 8^{-\frac{2}{3}}=\frac{1}{12}.$$

所以

$$\begin{aligned}f(8.02)&=f(8+0.02)\approx f(8)+f'(8)\Delta x\\&=2+\frac{1}{12}\times 0.02\approx 2.001\ 7,\end{aligned}$$

即

$$\sqrt[3]{8.02}\approx 2.001\ 7.$$

思考题3.3

1. 可导与可微的几何意义分别是什么？有何区别？

2. 设函数 $y=f(x)$ 在点 x_0 的某邻域内有定义，且 $f(x_0+\Delta x)-f(x_0)=a\Delta x+b(\Delta x)^2$，其中 a,b 为常数，判断下列命题是否正确：

(1) $f(x)$ 在点 x_0 处可导，且 $f'(x_0)=a$；

(2)$f(x)$在点 x_0 处可微，且$\mathrm{d}f(x)\big|_{x=x_0}=a\mathrm{d}x$；

(3)$f(x_0+\Delta x)\approx f(x_0)+a\Delta x$($|\Delta x|$很小时).

练习题 3.3A

1. 设函数 $y=x^2$，求 dy 及 $\mathrm{d}y\Big|_{\substack{x=2\\ \mathrm{d}x=0.01}}$.

2. 设 $f(x)=\mathrm{e}^x$，求 dy 及 $\mathrm{d}y\Big|_{\substack{x=0\\ \mathrm{d}x=0.01}}$.

练习题 3.3B

1. d(　　) = 2dx；　d(　　) = $\sec^2 x\mathrm{d}x$；　d(　　) = $\mathrm{e}^{3x}\mathrm{d}x$.

2. 求 ln 1.01 和 tan 28°的近似值.

3.4 边际与弹性

边际与弹性在经济、管理、工程、技术、科研、国防、医学、环保等许多领域都有重要应用.

3.4.1 边际

"边际"这个词在经济学中常见，微观经济学中的边际是指自变量改变 1 个单位所引起的因变量的改变量. 或者说，边际是因变量关于自变量的变化率.

1. 边际的概念

定义 3.4.1

称$f(x)$的导函数$f'(x)$为$f(x)$的边际函数，记为 Mf. 称$f'(x_0)$为$f(x)$在点 x_0 处的边际，记为$Mf\big|_{x=x_0}$，即

$$Mf\big|_{x=x_0}=\lim_{\Delta x\to 0}\frac{f(x_0+\Delta x)-f(x_0)}{\Delta x}=\frac{\mathrm{d}f}{\mathrm{d}x}\Big|_{x=x_0}.$$

例 3.4.1 $f(x)=0.1x^3+2x+100$，求$f(x)$的边际函数.

解： 因为$f(x)=0.1x^3+2x+100$，所以$f(x)$的边际函数 $Mf=f'(x)=0.3x^2+2$.

2. 边际成本

在经济学中，边际成本定义为产量增加一个单位时总成本的增量，即总成本对产量的变化率.

定义 3.4.2

称总成本函数 $C(q)$ 的导函数 $C'(q)$ 为该产品的边际成本函数，记为 MC. 称 $C'(q_0)$ 为该产品在点 q_0 处的边际成本，记为 $MC\big|_{q=q_0}$，即

$$MC\big|_{q=q_0}=C'(q_0)=\lim_{\Delta q\to 0}\frac{C(q_0+\Delta q)-C(q_0)}{\Delta q}=\frac{\mathrm{d}C}{\mathrm{d}q}\bigg|_{q=q_0}.$$

其经济意义是：$C'(q_0)$ 近似等于产量为 q_0 时再增加一个单位产品所需增加的成本，这是因为

$$C(q_0+1)-C(q_0)=\Delta C\approx C'(q_0).$$

例 3.4.2 设生产 q 件产品的总成本 $C(q)=300+2q+0.1q^2$ 元，求 $q=100$ 个单位产品时的边际成本，并解释 $C'(100)$ 的经济意义.

解： 因为总成本 $C(q)=300+2q+0.1q^2$，所以，其边际成本函数

$$MC=C'(q)=2+0.2q.$$

$q=100$ 个单位产品时的边际成本

$$MC\big|_{q=100}=C'(100)=(2+0.2q)_{q=100}=2+0.2\times 100=22.$$

其经济意义是：$C'(100)$ 近似等于产量 $q_0=100$ 个单位产品时再多生产一个单位产品所需增加的成本约为 22 元，这是因为

$$C(100+1)-C(100)=\Delta C\big|\approx C'(100)\times 1=22.$$

根据边际成本的意义和导数的概念，一般有以下结论：

(1) 边际成本仅与变动成本有关，与固定成本无关.

(2) 设某产品的单价为 p，总成本为 $C(q)$，则若 $C'(q)<p$，则企业还可继续增加产量；若 $C'(q)>p$，则应立即停止增产，要致力于改进产品质量，提高出厂价格.

3. 边际收入

在经济学中，边际收入定义为，多销售一个单位产品所导致的总收入的增量，即边际收入为总收入关于产品销售量 q 的变化率.

定义 3.4.3

称总收入函数 $R(q)$ 的导函数 $R'(q)$ 为该产品的边际收入函数，记为 MR. 称 $R'(q_0)$ 为该产品在点 q_0 处的边际收入，记为 $MR\big|_{q=q_0}$，即

$$MR\big|_{q=q_0}=R'(q_0)=\lim_{\Delta q\to 0}\frac{R(q_0+\Delta q)-R(q_0)}{\Delta q}=\frac{\mathrm{d}R}{\mathrm{d}q}\bigg|_{q=q_0}.$$

其经济意义为：$R'(q_0)$ 近似等于销售量为 q_0 时，再多销售 1 个单位产品所增加的收入，这是因为

$$R(q_0+1)-R(q_0)=\Delta R\approx R'(q_0).$$

例 3.4.3 设某产品的单价为 80 元/台，试求每月的总收入函数和边际收入函数.

解： 设每月销售该产品 q 台，由于每台售价 80 元，所以，每月的总收入函数为 $R(q)=80q$，边际收入函数 $MR=80$.

4. 边际利润

在经济学中，边际利润定义为，销售量为 q 时再多销售一个单位产品企业所增加的利

润. 也就是说,边际利润是总利润的变化率.

定义 3.4.4

称总利润函数 $L(q)$ 的导函数 $L'(q)$ 为该产品的边际利润函数,记为 ML. 称 $L'(q_0)$ 为该产品在点 q_0 处的边际利润,记为 $MR|_{q=q_0}$,即 $MR|_{q=q_0}=L'(q_0)$.

由于总利润 $L(q)$ 等于总收入 $R(q)$ 与总成本 $C(q)$ 之差,即有

$$L(q)=R(q)-C(q).$$

上式两边对 q 求导,得

$$L'(q)=R'(q)-C'(q),$$

即边际利润等于边际收入与边际成本之差.

例 3.4.4 设某厂每月生产的产品固定成本为 300 元,生产 q 个单位产品的可变成本为 $2q+0.1q^2$ 元,如果每单位产品的售价为 80 元,求边际利润.

解: 因为总成本为固定成本与可变成本之和,所以,

总成本函数 $C(q)=300+2q+0.1q^2$,

总收入函数 $R(q)=80q$,

总利润函数 $L(q)=R(q)-C(q)=80q-(300+2q+0.1q^2)=78q-0.1q^2-300$,

因此,边际利润 $L'(q)=(78q-0.1q^2-300)'=78-0.2q$.

5. 最大利润原则

定理 3.4.1 最大利润原则是指利润达到最大时的条件,即边际收益等于边际成本.

这是因为,边际收益表示每多生产一单位产品所增加的收益,边际成本表示每多生产一单位产品所增加的成本. 如果边际收益大于边际成本,表明每多生产一单位产品所增加的收益大于生产这一单位产品所消耗的成本,这时厂家增加生产是有利的;如果边际收益小于边际成本,表明每多生产一单位产品增加的收益小于生产这一单位产品所消耗的成本,这时随着产量的增加,利润将减少甚至出现亏损,厂商必然减少生产;只有在边际收益等于边际成本时,厂商的产量才达到了能够获取最大利润的水平.

例 3.4.5 设某厂每月生产的产品固定成本为 300 元,生产 q 个单位产品的可变成本为 $2q+0.1q^2$ 元,单位产品的售价为 80 元,问生产并销售多少个单位产品时利润最大.

解: 因为总成本为固定成本与可变成本之和,所以,

总成本函数 $C(q)=300+2q+0.1q^2$,

总收入函数 $R(q)=80q$,

边际成本 $MC=C'(q)=(300+2q+0.1q^2)'=2+0.2q$,

边际收入 $MR=R'(q)=(80q)'=80$.

由最大利润原则知,当 $MC=MR$ 时,即 $2+0.2q=80$,$q=390$. 因此,生产并销售 390 个单位产品时利润最大.

3.4.2 弹性

在经济学中,用弹性来定量地描述一个经济变量变动百分之一会使另一个经济变量变动百分之几.

1. 弧弹性与点弹性

(1)弧弹性.

定义 3.4.5

设函数 $f(x)$ 在点 x_0 的某邻域内有定义，$\Delta y=f(x_0+\Delta x)-f(x_0)$，称比值

$$\frac{\Delta y/f(x_0)}{\Delta x/x_0}$$

为函数 $y=f(x)$ 在点 x_0 与点 $x_0+\Delta x$ 之间的弧弹性.

例 3.4.6 某商品的单价为 10(元/件)时，每月销售量为 100 件，现在降价到 9(元/件)，销售量达到 130 件，求该商品在单价 10(元/件)与 9(元/件)间的弧弹性.

解： 因为价格 $x_0=10$(元/件)，销售量 $f(x_0)=100$(件)，价格变为 $x_0+\Delta x=9$(元/件)时，销售量变为 $f(x_0+\Delta x)=130$，所以

$$\Delta x=9-10=-1,\Delta y=f(x_0+\Delta x)-f(x_0)=130-100=30,$$

因此

$$\frac{\Delta y/f(x_0)}{\Delta x/x_0}=\frac{30/100}{-1/10}=-\frac{300}{100}=-3,$$

故所求弧弹性为 -3.

(2)点弹性与弹性函数.

定义 3.4.6

设函数 $f(x)$ 在点 x_0 的某邻域内有定义，且 $f(x_0)\neq 0$，如果极限

$$\lim_{\Delta x\to 0}\frac{\Delta y/f(x_0)}{\Delta x/x_0}$$

存在，则称此极限值为函数 $y=f(x)$ 在点 x_0 处的点弹性，记为 $\left.\frac{\mathrm{E}y}{\mathrm{E}x}\right|_{x=x_0}$.

定理 3.4.2 函数 $y=f(x)$ 在点 x_0 处的点弹性 $\left.\frac{\mathrm{E}y}{\mathrm{E}x}\right|_{x=x_0}=\left.\frac{x_0}{f(x_0)}\frac{\mathrm{d}y}{\mathrm{d}x}\right|_{x=x_0}$.

证： 由函数 $y=f(x)$ 在点 x_0 处的点弹性定义可知

$$\left.\frac{\mathrm{E}y}{\mathrm{E}x}\right|_{x=x_0}=\lim_{\Delta x\to 0}\frac{\Delta y/f(x_0)}{\Delta x/x_0}=\frac{x_0}{f(x_0)}\lim_{\Delta x\to 0}\frac{\Delta y}{\Delta x}=\frac{x_0}{f(x_0)}f'(x_0).$$

证毕.

例 3.4.7 求函数 $y=3\,000-20x$ 在 $x_0=100$ 处的点弹性.

解： 因为函数 $y=f(x)=3\,000-20x$，所以，在 $x=100$ 处的点弹性

$$\left.\frac{\mathrm{E}y}{\mathrm{E}x}\right|_{x_0=100}=\frac{x_0}{f(x_0)}f'(x_0)=\frac{100}{3\,000-20\times 100}\times(-20)=\frac{-2\,000}{1\,000}=-2.$$

2. 弹性函数

定义 3.4.7

如果函数 $y=f(x)$ 在区间 (a,b) 内可导，且 $f(x)\neq 0$，则称 $\frac{\mathrm{E}y}{\mathrm{E}x}=\frac{x}{f(x)}f'(x)$ 为函数 $y=$

$f(x)$在区间(a,b)内的点弹性函数,简称为弹性函数.

为便于理解弹性函数的经济意义,可将其写为$\frac{Ey}{Ex}=\frac{dy/y}{dx/x}$的形式. 可见,弹性$\frac{Ey}{Ex}$即是因变量变动的百分比 dy/y 与自变量变动的百分比 dx/x 之比值$\frac{dy/y}{dx/x}$.

例 3.4.8 求函数 $y=3\,000-20x$ 的弹性函数.

解: 因为函数 $y=f(x)=3\,000-20x$,所以,其弹性函数

$$\frac{Ey}{Ex}=\frac{x}{f(x)}f'(x)=\frac{x}{3\,000-20x}\times(-20)=\frac{-20x}{3\,000-20x}.$$

3. 需求的价格弹性

在经济学中,一般用需求的价格弹性来衡量的商品的需求量随价格变动而变动的情况.

定义 3.4.8

设商品的价格为 p,对应的需求函数 $Q=Q(p)$在区间(a,b)内可导,且 $Q(p)\neq 0$,则称$\frac{EQ}{Ep}=\frac{p}{Q(p)}\frac{dQ}{dp}$为该商品需求的价格弹性函数,简称为需求弹性,常记为 ε_p,即 $\varepsilon_p=\frac{p}{Q(p)}\frac{dQ}{dp}$.

例 3.4.9 设某商品的单价为 x(元/千克)时需求量为 $Q(x)=10e^{-0.2x}$(千克),求:

(1)该商品的需求价格弹性函数;

(2)求出单价 $x=1$ 时该商品的需求价格弹性,并给出其经济意义;

(3)求出单价 $x=10$ 时该商品的需求价格弹性,并给出其经济意义.

解: (1)因为函数 $Q(x)=10e^{-0.2x}$,所以,其弹性函数

$$\frac{EQ}{Ex}=\frac{x}{Q(x)}Q'(x)=\frac{x}{10e^{-0.2x}}\times(-0.2\times 10)e^{-0.2x}=-0.2x.$$

(2)在 $x=1$ 时该商品的需求价格弹性

$$\left.\frac{EQ}{Ex}\right|_{x=1}=-0.2x|_{x=1}=-0.2.$$

其经济意义为,该商品提价 1%($\Delta x=\frac{1}{100}>0$),需求量减少 0.2%;降价 1%($\Delta x=-\frac{1}{100}<0$),需求量增加 0.2%.

(3)在 $x=10$ 时该商品的需求价格弹性

$$\left.\frac{EQ}{Ex}\right|_{x=10}=-0.2x|_{x=10}=-0.2\times 10=-2.$$

其经济意义为,提价 1%($\Delta x=\frac{1}{100}>0$),需求量减少 2%;降价 1%($\Delta x=-\frac{1}{100}<0$),需求量增加 2%.

通常,当商品提价($dp>0$)时,其需求量 $Q(p)$就会减少($dQ<0$);当商品降价($dp<0$)时,其需求量 $Q(p)$就会增加($dQ>0$). 即需求价格弹性 $\varepsilon_p=\frac{EQ}{Ep}=\frac{dQ/Q}{dp/p}$是负数.

需求价格弹性 ε_p 为负值表明，当商品的价格上涨（或下跌）1% 时，其需求量将减少（或增加）约 $|\varepsilon_p|$%. 因此，在经济学中，比较商品的需求弹性大小时，常采用弹性的绝对值 $|\varepsilon_p|$. 当我们说商品的需求价格弹性大时，是指其绝对值大[注].

【注】在有些书中，为了直接使用需求价格弹性的“大小”刻画价格变化对商品需求量影响的“大小”，将需求价格弹性定义为正的，即 $\frac{EQ_d}{Ep}=-\frac{p}{Q_d(p)}\frac{dQ_d}{dp}$.

关于需求弹性的绝对值 $|\varepsilon_p|$ 大小对需求量的影响：

当 $|\varepsilon_p|=1$ 时，称为单位弹性. 此时商品需求量变动的百分比 $\frac{\Delta Q}{Q}$ 与价格变动的百分比 $\frac{\Delta p}{p}$ 绝对值相等，符号相反，即商品价格提高百分之几，商品需求量就相应降低百分之几.

当 $|\varepsilon_p|>1$ 时，称为高弹性（或富有弹性）. 此种情况下，商品需求量变动的百分比高于价格变动的百分比，即高弹性商品受价格影响大，价格稍微升高其需求量就会有较大下降，价格稍微降低其需求量就有较大增长，例如奢侈品.

当 $|\varepsilon_p|<1$ 时，称为低弹性（或缺乏弹性）. 此种情况下，商品需求量变动的百分比低于价格变动的百分比，价格变动对需求量的影响较小，例如生活必需品.

当 $|\varepsilon_p|=0$ 时，称为完全无弹性（或完全缺乏弹性）. 此种情况下，不管商品价格上升或下降，其需求量都保持不变，例如食盐.

当 $|\varepsilon_p|=+\infty$ 时，称为完全弹性（或完全富有弹性）. 此种情况下，微小的价格变动，会导致需求量无限大的变动. 这种商品在现实经济中是不存在的，但某些产品的价格弹性相当大时，可以作为完全弹性看待，比如一些替代性极强的商品，例如，假设两台机器提供相同质量的软饮料，如果一台机器软饮料的价格比另一台低，即使价格差得非常小，大家也都会从价格较低的机器中购买该种软饮料.

4. 供给的价格弹性

商品价格高低对商品的供给量有直接影响，价格高供给量大，价格低供给量小. 经济学中，用供给价格弹性来刻画供给量相对价格变化的反应程度，即某种商品价格上升或下降百分之一时，对该商品供给量增加或减少的百分比.

定义 3.4.9

设商品的价格为 p，对应的供给量 $Q=Q(p)$ 在区间 (a,b) 内可导，且 $Q(p)\neq 0$，则称 $\frac{EQ}{Ep}=\frac{p}{Q(p)}\frac{dQ}{dp}$ 为该商品供给的价格弹性函数，简称为供给价格弹性.

通常，当一种产品价格 p 上升时，供给量 $Q(p)$ 就会增加；当一种产品价格 p 下降时，供给量 $Q(p)$ 就会减少. 即若价格增量 $\Delta p>0$，则有供给增量 $Q(p)>0$；若价格增量 $\Delta p<0$，则有供给增量 $Q(p)<0$，从而有 $\frac{dQ}{dp}>0$，所以，供给价格弹性是正数.

例 3.4.10　假设某商品的供给函数 $Q=-1+3p$，求 $p=1$，$p=8$ 时供给价格弹性.

解：（1）因为供给函数 $Q=-1+3p$，所以，其供给价格弹性函数

$$\frac{EQ}{Ep}=\frac{p}{Q}\frac{dQ}{dp}=\frac{p}{-1+3p}\times(0+3)=\frac{3p}{-1+3p}.$$

(2)$p=1$ 时供给价格弹性为

$$\left.\frac{EQ}{Ep}\right|_{p=1}=\left.\frac{3p}{-1+3p}\right|_{p=1}=\frac{3}{2}.$$

(3)$p=8$ 时供给价格弹性为

$$\left.\frac{EQ}{Ep}\right|_{p=8}=\left.\frac{3p}{-1+3p}\right|_{p=8}=\frac{24}{-1+3\times8}=\frac{24}{23}.$$

5. 需求价格弹性对总收入的影响

在市场经济中,商品经营者非常关心提价或降价对总收入增量的影响.

定理 3.4.3 设商品价格为 p 时的销售量 $Q=Q(p)$ ($Q(p)\neq0$),需求价格弹性为 ε_p,如果价格 p 有微小改变量 Δp,则销售收入的增量 $\Delta R\approx(1-|\varepsilon_p|)Q\Delta p$.

证: 因为销售收入 $R=pQ$ (p 为价格,$Q=Q(p)$ 为销售量),则当价格 p 有微小改变量 Δp 时,有

$$\Delta R\approx dR=d(pQ)=Qdp+pdQ=\left(1+\frac{pdQ}{Qdp}\right)Qdp,$$

即

$$\Delta R\approx(1+\varepsilon_p)Qdp.$$

由于需求价格弹性 $\varepsilon_p<0$,即 $\varepsilon_p=-|\varepsilon_p|$,于是有

$$\Delta R\approx(1-|\varepsilon_p|)Qdp=(1-|\varepsilon_p|)Q\Delta p.$$

由定理可知:

当 $|\varepsilon_p|>1$(高弹性)时,降价($\Delta p<0$)可使总收入增加($\Delta R>0$),提价($\Delta p>0$)将使总收入减少($\Delta R<0$).

当 $|\varepsilon_p|<1$(低弹性)时,降价($\Delta p<0$)使总收入减少($\Delta R<0$),提价($\Delta p>0$)使总收入增加($\Delta R>0$).

当 $|\varepsilon_p|=1$(单位弹性)时,总收入增量近似为 0($\Delta R\approx0$),即提价或降价对总收入的增量没有明显的影响.

例 3.4.11 某公司生产某种商品的需求函数为 $Q=75-p^2$,试求 $p=4$ 时的需求弹性. 如果该公司计划在下一年度将价格提高 10%,试问这种商品的销售量将会增加多少?总收益会增加多少?

解: $$\left.\varepsilon_p\right|_{p=4}=\left.\frac{pdQ}{Qdp}\right|_{p=4}=\left.\frac{p}{75-p^2}\cdot(-2p)\right|_{p=4}\approx-0.54.$$

由 $\varepsilon_p=\frac{pdQ}{Qdp}$ 得 $\frac{dQ}{Q}=\frac{dp}{p}\varepsilon_p$,所以

$$\frac{\Delta Q}{Q}\approx\frac{\Delta p}{p}\varepsilon_p.$$

因为 $\Delta R\approx(1-|\varepsilon_p|)Q\Delta p$ 且 $R=Qp$,所以

$$\frac{\Delta R}{R}\approx\frac{(1-|\varepsilon_p|)Q\Delta p}{Qp}=(1-|\varepsilon_p|)\frac{\Delta p}{p}.$$

于是,当价格提高 10%(即 $\frac{\Delta p}{p}=0.1$),$\varepsilon_p=-0.54$ 时,有

$$\frac{\Delta Q}{Q}\approx0.1\times(-5.4)\approx-5.4\%,$$

$$\frac{\Delta R}{R}\approx(1-|-0.54|)\times 0.1\approx 4.6\%,$$

即在下一年度内将价格提高10%后,该公司这种商品的销售量会减少5.4%,总收益将增加4.6%.

思考题 3.4

1. 为什么说需求弹性一般为负值?

2. 设生产 x 个单位产品时,可变成本为 $C(x)$,固定成本为100元,问这时每单位产品的平均成本是多少?

3. 某商品价格提高了8%后,其商品需求量就相应降低了16%,问该商品是高弹性还是低弹性?

练习题 3.4A

1. 设生产 x 件某产品的固定成本 $C_0=10\,000$,生产 x 件该产品的可变成本为 $C(x)=0.01x^2+10x$,求生产 x 件该产品的总成本,并求边际成本.

2. 如果某产品的总成本函数 $C(x)=0.01x^2+100x$,若该产品单价为每件5万元,求生产 x 件该产品的总收入,并求边际收入.

3. 如果某产品的总成本函数 $C(x)=0.01x^2+100x$,若该产品单价为每件5万元,求生产 x 件该产品的总利润,并求边际利润.

4. 设某商品的单价为 x(元/千克)时需求量为 $Q(x)=10\mathrm{e}^{-0.2x}$(千克),求该商品的需求弹性函数.

练习题 3.4B

1. 设某产品生产 x 个单位时的总成本 C 为 x 的函数,$C(x)=1\,000+0.012x^2$(元),求:

(1)生产1 000件产品时的总成本和平均单位成本;

(2)生产1 000件产品时的边际成本.

2. 设某日用消费品的需求量 Q(件)与单价 p(元)的函数关系为 $Q(p)=a\left(\frac{1}{2}\right)^{\frac{p}{3}}$($a$ 是常数),求:

(1)需求弹性函数;

(2)当单价分别是4元,4.35元,5元时的需求价格弹性,并说明其经济意义.

3.5 用数学软件求导数

3.5.1 用数学软件 Mathematica 求导数

在 Mathematica 系统中,用 D[f,x]求 $f(x)$ 对 x 的一阶导数,用 D[f,{x,n}]求 $f(x)$ 对 x

的 n 阶导数.在一定范围内,也能使用微积分中的撇号(撇号为计算机键盘上的单引号)标记来定义导数,其使用方法为:若 f[x]为一元函数,则 f'[x]给出 f[x]的一阶导数,f'[x_0]给出函数 f[x]在 $x=x_0$ 处的导数值.同样 f''[x]给出 f[x]的二阶导数,f'''[x]给出 f[x]的三阶导数.

例 3.5.1 求下列函数的一阶导数:

(1) $y=x^8$;　　(2) $y=x^8\sin x$

解:

```
In[1]:=D[x^8,x]
Out[1] =8x^7
In[2]:=D[x^8 * Sin[x],x]
Out[2] =x^8Cos[x] +8x^7Sin[x]
```

例 3.5.2 求函数 $y=x^8e^{2x}$ 的二阶导数.

解 1:

```
In[3]:=D[x^8 * E^(2 * x),{x,2}](* 求函数 y=x^8e^(2x) 的二阶导数 *)
Out[3] =56 E^(2x)x^6 +32 E^(2x)x^7 +4 E^(2x)x^8
```

解 2:

```
In[1]:=Clear[x,f]
f[x_]:=x^8 * E^(2x) (* 定义函数 f(x) =x^8e^(2x) *)
f''[x](* 求函数 f(x)的二阶导数 *)
Out[3] =56 E^(2x)x^6 +32 E^(2x)x^7 +4 E^(2x)x^8
```

3.5.2 用数学软件 MATLAB 求导数

在 MATLAB 系统中,用 diff(f,x)求 f 对自变量 x 的一阶导数;用 diff(f,x,n) 求 f 对自变量 x 的 n 阶导数.

例 3.5.3 求下列函数的一阶导数:

(1) $y=x^8$;　　(2) $y=x^8\sin x$.

解:

(1)

```
>> clear
syms x
>> diff(x^8,x)
ans = 8 * x^7
```

(2)

```
>> clear
syms x
diff(x^8 * sin(x),x)
ans = x^8 * cos(x) + 8 * x^7 * sin(x)
```

例 3.5.4 求函数 $y=x^8e^{2x}$ 的二阶导数.

解:

```
>> clear
syms x
diff(x^8 * exp(2 * x),x,2)
ans =56 * x^6 * exp(2 * x) + 32 * x^7 * exp(2 * x) + 4 * x^8 * exp(2 * x)
```

3.6 学习任务 3 解答　商品降价销售，总收入一定会减少吗?

已知某公司生产的甲、乙两种商品的需求函数分别为 $Q_1=425-p^3$，$Q_2=120-p^2$，其中 p(元/kg)为价格，请完成下列任务：

(1)求 $p=5$(元/kg)时，甲、乙两种商品的需求弹性；

(2)如果该公司计划在下一年度将甲、乙两种商品价格都在 5 元/kg 的基础上降低 10%，试问这两种商品的销售量将会增加多少？总收入怎样变化？

解:

1. 设价格为 p 时商品需求量 $Q=Q(p)$，则有，

(1)因为 $\varepsilon_p=\dfrac{p}{Q}\dfrac{\mathrm{d}Q}{\mathrm{d}p}$，所以 $\dfrac{\mathrm{d}Q}{Q}=\dfrac{\mathrm{d}p}{p}\varepsilon_p$，从而有商品需求量变动的百分比

$$\frac{\Delta Q}{Q}\approx\frac{\Delta p}{p}\varepsilon_p. \tag{3.6.1}$$

(2)由于价格为 p 时，商品需求量为 Q，所以，总收入 $R=Qp$，根据定理 3.4.3 知，$\Delta R\approx(1-|\varepsilon_p|)Q\Delta p$，从而有总收入变动的百分比

$$\frac{\Delta R}{R}\approx(1-|\varepsilon_p|)\frac{\Delta p}{p}. \tag{3.6.2}$$

2. 价格 $p=5$ 时，甲种商品的销售量为 Q_1，总收入为 R_1，则有，

(1)因为商品的需求函数为 $Q_1=425-p^3$，价格 $p=5$ 时的需求弹性为

$$\varepsilon_p\big|_{p=5}=\frac{p}{Q_1}\frac{\mathrm{d}Q_1}{\mathrm{d}p}\bigg|_{p=5}=\frac{p}{425-p^3}\cdot(-3p^2)\bigg|_{p=5}==\frac{3p^3}{-425+p^3}\bigg|_{p=5}=\frac{375}{125-425}=-1.25.$$

(2)由式(3.6.1)知，$\dfrac{\Delta Q_1}{Q_1}\approx\dfrac{\Delta p}{p}\varepsilon_p$，由式(3.6.2)知，$\dfrac{\Delta R_1}{R_1}\approx(1-|\varepsilon_p|)\dfrac{\Delta p}{p}$，于是，当价格降低 10%(即 $\dfrac{\Delta p}{p}=-0.1$)，$\varepsilon_p=-1.25$ 时，有

$$\frac{\Delta Q_1}{Q_1}\approx(-0.1)\times(-1.25)=12.5\%,$$

$$\frac{\Delta R_1}{R_1}\approx(1-|-1.25|)\times(-0.1)=2.5\%.$$

即在下一年度内将价格降低 10% 后，该公司这种商品的销售量会增加 12.5%，总收入将增加 2.5%.

3. 价格 $p=5$ 时，乙种商品的销售量为 Q_2，总收入为 R_2，则有，

(1)因为商品的需求函数为 $Q_2=120-p^2$,价格 $p=5$ 时的需求弹性为

$$\varepsilon_p\big|_{p=5}=\frac{p}{Q_2}\frac{\mathrm{d}Q_2}{\mathrm{d}p}\bigg|_{p=5}=\frac{p}{120-p^2}\cdot(-2p)\bigg|_{p=5}=-\frac{50}{95}=-0.53.$$

(2)由式(3.6.1)知,因为 $\frac{\Delta Q_2}{Q_2}\approx\frac{\Delta p}{p}\varepsilon_p$,由式(3.6.2)知,$\frac{\Delta R_2}{R_2}\approx(1-|\varepsilon_p|)\frac{\Delta p}{p}$,于是,当价格降低 10%(即 $\frac{\Delta p}{p}=-0.1$),$\varepsilon_p=-0.53$ 时,有

$$\frac{\Delta Q_2}{Q_2}\approx(-0.1)\times(-0.53)=5.3\%,$$

$$\frac{\Delta R_2}{R_2}\approx(1-|-0.53|)\times(-0.1)=-4.7\%.$$

即在下一年度内将价格降低 10% 后,该公司这种商品的销售量会增加 5.3%,总收入将减少 4.7%.

复习题 3

A 级

1. 求下列函数的导数:

(1)$y=\frac{x^5+\sqrt{x}+1}{x^3}$;　　(2)$y=\frac{x^2}{2}+\frac{2}{x^2}$;

(3)$y=x^2\mathrm{e}^x$;　　(4)$y=\frac{3^x-1}{x^3+1}$.

2. 求下列函数的导数:

(1)$y=\sqrt{x^2-2x+5}$;　　(2)$y=\log_3(3+2x^2)$;

(3)$y=\sin^2x\cos 2x$;　　(4)$y=\ln\tan\frac{x}{2}$;

(5)$y=\ln(x+\sqrt{x^2-a^2})$;　　(6)$y=5^{x\ln x}$.

3. 求下列函数的微分:

(1)$y=\sqrt{2-5x^2}$;　　(2)$y=\mathrm{e}^{\cot x}$;

(3)$y=\cos^2(2x-5)$.

4. 已知 $f'(3)=2$,求 $\lim\limits_{h\to0}\frac{f(3-h)-f(3)}{2h}$ 的值.

B 级

5. 有一批半径为 1 cm 的球,为了提高球面的光洁度,要镀上一层铬,厚度定为 0.01 cm,每只球大约需用铬多少(铬的密度是 7.22 g/cm^3)?

6. 半径为 10 cm 的金属薄片,受热后半径伸长了 0.05 cm,问面积约增大了多少?

7. 求曲线 $y=\sin x$ 在点 $x=\pi$ 处的切线方程.

8. 某产品生产 x 个单位的总成本 C(元)为 x 的函数, $C(x)=1\ 125+\frac{1}{1\ 200}x^2$. 求:

(1)生产 900 个单位时的总成本和平均成本;

(2)生产 900 ~1 000 个单位时总成本的平均变化率;

(3)生产 900 个单位和 1 000 个单位时,总成本的变化率.

9. 某商店销售 x 件商品的总收入 R(元)为 x 的函数, $R(x)=200x-0.01x^2$,求销售 50 件商品时的总收入和总收入的变化率.

第4章

导数应用

4.0 学习任务4　产量多大时利润最高?

已知某工厂生产 q 台某种产品的总成本为 $C=50q+300$,通过市场调查,该产品每天需求量 $q=1\,500-10p$,其中 p 为销售价格(单位:元). 请完成如下任务:该工厂每天生产多少台该种产品,可使利润最大? 这时该产品的销售价格是多少?

学习本章内容后,你会发现利用导数解决该问题是极为方便的.

本章介绍如何用导数研究函数. 首先学习用导数研究函数的理论依据——微分中值定理,随后分别讨论利用导数求未定式极限的方法、利用导数判别函数单调性及是否取得极值的方法、判别曲线凹向及求拐点的方法、求函数最大值与最小值的方法,并着重探讨最值问题在经济中的应用.

4.1 拉格朗日中值定理与洛必达法则

微分学中有3个重要微分定理:拉格朗日中值定理、罗尔定理和柯西中值定理. 本节只介绍前两个定理的基本内容和几何意义,至于定理本身的证明问题,有兴趣的读者可查阅相关资料.

4.1.1　拉格朗日中值定理

定理4.1.1(拉格朗日中值定理)　如果函数 $f(x)$ 满足下列条件:

(1)在闭区间 $[a,b]$ 上连续;

(2)在开区间 (a,b) 内可导,则在 (a,b) 内至少有一点 ξ,使得

$$\frac{f(b)-f(a)}{(b-a)}=f'(\xi), \tag{4.1.1}$$

或

$$f(b)-f(a)=f'(\xi)(b-a).$$

式(4.1.1)也叫拉格朗日中值公式.

拉格朗日中值定理是微分学的一个基本定理,在理论和应用上都有很重要的价值.它建立了函数在一个区间上的改变量和函数在这个区间内某点处的导数之间的联系,从而使我们有可能用导数研究函数在区间上的某些形态.

拉格朗日中值定理的几何意义:如果连接 A,B 两点的连续曲线 $y=f(x)$ 上的每一点都有不垂直于 x 轴的切线,则曲线上至少有一点 $(\xi,f(\xi))$ 处的切线平行于直线 AB,如图 4.1.1 所示.

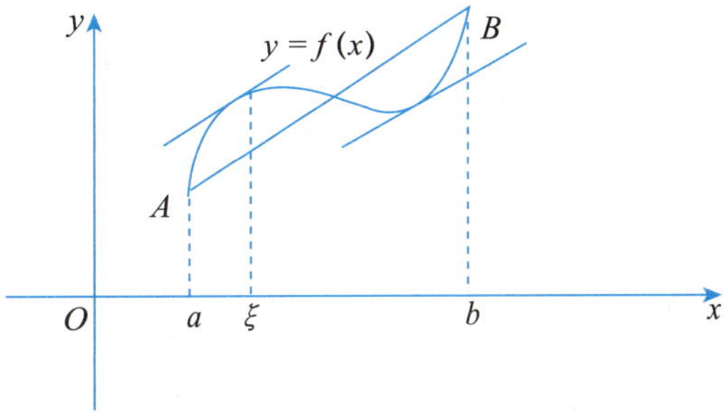

图 4.1.1

由拉格朗日中值定理可以得出积分学中有用的推论.

推论 1　若函数 $f(x)$ 在 (a,b) 内满足 $f'(x)\equiv 0$,则在 (a,b) 内,$f(x)=C$(C 为常数).

推论 2　若对 (a,b) 内任意 x,均有 $f'(x)=g'(x)$,则在 (a,b) 内 $f(x)$ 与 $g(x)$ 之间只相差一个常数,即

$$f(x)=g(x)+C \quad (C\text{ 为常数}).$$

证明从略.

如果在拉格朗日中值定理的条件中,增加函数 $f(x)$ 在区间 $[a,b]$ 两端点处的函数值相等(即 $f(a)=f(b)$)的条件,则拉格朗日中值定理就变为如下罗尔定理.

定理 4.1.2(罗尔定理)　设函数 $f(x)$ 满足下列条件:

(1)在闭区间 $[a,b]$ 上连续;

(2)在开区间 (a,b) 内可导;

(3)$f(a)=f(b)$,则在 (a,b) 内至少存在一点 ξ,使 $f'(\xi)=0$.

罗尔定理的几何意义:若在连接 A,B 两点的一条连续曲线 $y=f(x)$ 上,除端点 A,B 外,处处有不垂直于 x 轴的切线,且 A,B 两点的高度相同,则在该曲线上至少有一点 $(\xi,f(\xi))$,使过该点的切线平行于 x 轴,如图 4.1.2 所示.

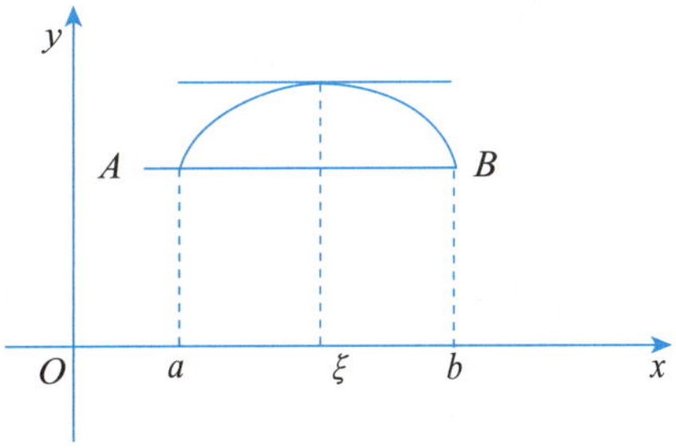

图 4.1.2

4.1.2　洛必达法则

在极限的讨论中,如果函数是分式 $\dfrac{f(x)}{g(x)}$ 的形式,而分母 $g(x)$ 和分子 $f(x)$ 同时趋向于 0,则将求 $\dfrac{f(x)}{g(x)}$ 的极限式称为"$\dfrac{0}{0}$"型未定式,类似的未定式还有"$\dfrac{\infty}{\infty}$"型等.洛必达(L'Hospital)法则就是以导数为工具求未定式极限的方法.下面我们先介绍洛必达法则,然后介

绍如何利用洛必达法则求解“$\frac{0}{0}$”型及“$\frac{\infty}{\infty}$”型的未定式,最后再对可化为“$\frac{0}{0}$”型及“$\frac{\infty}{\infty}$”型的其他类型的未定式加以讨论.

定理 4.1.3(洛必达法则) 若 $f(x)$ 和 $g(x)$ 在 x_0 的某邻域内有定义,且满足下列条件:

(1) $\lim\limits_{x\to x_0} f(x)=0$(或$\infty$),$\lim\limits_{x\to x_0} g(x)=0$(或$\infty$);

(2)在 x_0 的某一空心邻域内可导,且 $g'(x)\neq 0$;

(3) $\lim\limits_{x\to x_0}\frac{f'(x)}{g'(x)}=A$.

则有
$$\lim_{x\to x_0}\frac{f(x)}{g(x)}=\lim_{x\to x_0}\frac{f'(x)}{g'(x)}=A.$$

值得说明的是,如果把定理中的所有 x_0 换为∞,甚至换为 x_0^+,x_0^-,$-\infty$,$+\infty$ 等,只要把定理的条件(2)改为相应的邻域或 x 的相应变化范围,定理仍然成立. 关于此定理的证明,有兴趣的读者可参阅相关书籍.

运用洛必达法则求解极限问题时,需注意以下几点:

(1)将法则中的 A 均换为∞时,法则仍成立(见例 4.1.3);

(2)当 $\lim\frac{f'(x)}{g'(x)}$仍是未定式时,可继续运用洛必达法则(见例 4.1.4);

(3)当 $\lim\frac{f'(x)}{g'(x)}$不存在时,不能得出 $\lim\frac{f(x)}{g(x)}$也不存在的结论(见例 4.1.5);

(4)有的极限问题,虽属未定式,但用洛必达法则可能无法直接解出(见例 4.1.6),或即便能解出也太过烦琐,这时我们可以选择其他方法计算.

例 4.1.1 求极限 $\lim\limits_{x\to -1}\frac{x^6-1}{x^4-1}$.

解: 这是“$\frac{0}{0}$”型未定式,运用洛必达法则,有
$$\lim_{x\to-1}\frac{x^6-1}{x^4-1}=\lim_{x\to-1}\frac{(x^6-1)'}{(x^4-1)'}=\lim_{x\to-1}\frac{6x^5}{4x^3}=\frac{3}{2}.$$

例 4.1.2 求极限 $\lim\limits_{x\to+\infty}\frac{\ln x}{x^n}\quad(n>0)$.

解: 这是“$\frac{\infty}{\infty}$”型未定式,运用洛必达法则,有
$$\lim_{x\to+\infty}\frac{\ln x}{x^n}=\lim_{x\to+\infty}\frac{(\ln x)'}{(x^n)'}=\lim_{x\to+\infty}\frac{\frac{1}{x}}{nx^{n-1}}=\lim_{x\to+\infty}\frac{1}{nx^n}=0.$$

例 4.1.3 求极限 $\lim\limits_{x\to+\infty}\frac{e^x}{x}$.

解: $\lim\limits_{x\to+\infty}\frac{e^x}{x}=\lim\limits_{x\to+\infty}\frac{(e^x)'}{(x)'}=\lim\limits_{x\to+\infty}e^x=+\infty$.

例 4.1.4 求极限$\lim\limits_{x\to0}\frac{e^x-1-x}{x^2}$.

解： $\lim\limits_{x\to0}\dfrac{e^x-1-x}{x^2}=\lim\limits_{x\to0}\dfrac{(e^x-1-x)'}{(x^2)'}=\lim\limits_{x\to0}\dfrac{e^x-1}{2x}$

$$=\lim_{x\to0}\frac{(e^x-1)'}{(2x)'}=\lim_{x\to0}\frac{e^x}{2}=\frac{1}{2}.$$

例 4.1.5　可以用洛必达法则求极限$\lim\limits_{x\to\infty}\dfrac{x-\sin x}{x+\sin x}$吗？

解：　运用洛必达法则，有

$$\lim_{x\to\infty}\frac{x-\sin x}{x+\sin x}=\lim_{x\to\infty}\frac{1-\cos x}{1+\cos x}.$$

这个极限不存在，那么能够说明原极限不存在吗？实际上

$$\lim_{x\to\infty}\frac{x-\sin x}{x+\sin x}=\lim_{x\to\infty}\frac{1-\dfrac{\sin x}{x}}{1+\dfrac{\sin x}{x}}=1.$$

我们看到，这个问题运用洛必达法则得到了错误的结论，探究原因，可知这个未定式不满足洛必达法则的条件(3)，因此不能运用洛必达法则.

例 4.1.6　求极限 $\lim\limits_{x\to+\infty}\dfrac{e^x+e^{-x}}{e^x-e^{-x}}$.

解：　运用洛必达法则，得

$$\lim_{x\to+\infty}\frac{e^x+e^{-x}}{e^x-e^{-x}}=\lim_{x\to+\infty}\frac{e^x-e^{-x}}{e^x+e^{-x}}=\lim_{x\to+\infty}\frac{e^x+e^{-x}}{e^x-e^{-x}}.$$

继续做下去，势必陷入无限的循环，这是一个满足洛必达法则的 3 个条件，但无法直接利用洛必达法则计算的例子. 这个极限可求解如下

$$\lim_{x\to+\infty}\frac{e^x+e^{-x}}{e^x-e^{-x}}=\lim_{x\to+\infty}\frac{1+\dfrac{1}{e^{2x}}}{1-\dfrac{1}{e^{2x}}}=1.$$

除了“$\dfrac{0}{0}$”型和“$\dfrac{\infty}{\infty}$”型两种未定式外，我们经常遇到的未定式还有“$\infty-\infty$”“$0\cdot\infty$”“0^0”“∞^0”“1^∞”等. 这些未定式的计算通常先化为“$\dfrac{0}{0}$”型或“$\dfrac{\infty}{\infty}$”型未定式，然后再用洛必达法则求解. 下面通过例题来说明这几种未定式的处理方法.

例 4.1.7　求极限$\lim\limits_{x\to1}\left(\dfrac{x}{x-1}-\dfrac{1}{\ln x}\right)$.

解：　这是一个“$\infty-\infty$”型的未定式，先通过“通分”将它化为“$\dfrac{0}{0}$”型未定式，然后再计算. 有

$$\lim_{x\to1}\left(\frac{x}{x-1}-\frac{1}{\ln x}\right)=\lim_{x\to1}\frac{x\ln x-(x-1)}{(x-1)\ln x}=\lim_{x\to1}\frac{\ln x+x\cdot\dfrac{1}{x}-1}{\ln x+\dfrac{x-1}{x}}$$

$$=\lim_{x\to1}\frac{\ln x}{1-\dfrac{1}{x}+\ln x}=\lim_{x\to1}\frac{\dfrac{1}{x}}{\dfrac{1}{x^2}+\dfrac{1}{x}}=\frac{1}{2}.$$

例 4.1.8 求极限$\lim\limits_{x\to0^+}\sqrt{x}\ln x$.

解: 这是一个"$0\cdot\infty$"型未定式,可先将它变为分式的形式,然后再计算,即

$$\lim_{x\to0^+}\sqrt{x}\ln x=\lim_{x\to0^+}\frac{\ln x}{x^{-\frac{1}{2}}}=\lim_{x\to0^+}\frac{\frac{1}{x}}{-\frac{1}{2}x^{-\frac{3}{2}}}=\lim_{x\to0^+}(-2x^{\frac{1}{2}})=0.$$

思考题 4.1

1. 将拉格朗日中值定理的条件"$f(x)$在闭区间$[a,b]$上连续"换为"在开区间(a,b)内连续"后,定理是否成立?画图说明.

2. 罗尔定理与拉格朗日中值定理的联系与区别是什么?若将罗尔定理中条件(1)换成"在开区间(a,b)内连续",定理的结论还成立吗?画图说明.

3. 用洛必达法则求极限时应注意什么?

练习题 4.1A

用洛必达法则求下列极限:

(1)$\lim\limits_{x\to1}\dfrac{x^2-1}{x-1}$;　　(2)$\lim\limits_{x\to0}\dfrac{1-e^x}{x}$;

(3)$\lim\limits_{x\to\infty}\dfrac{3x-1}{2x-1}$;　　(4)$\lim\limits_{x\to1}\dfrac{\ln x}{x-1}$.

练习题 4.1B

1. 用洛必达法则求下列极限:

(1)$\lim\limits_{x\to0}\dfrac{e^x-1}{x^2-x}$;　　(2)$\lim\limits_{x\to0}\dfrac{1-\cos x}{x^2}$;

(3)$\lim\limits_{x\to0^+}x^x$(提示:$x^x=e^{x\ln x}$).

2. 不用求$f(x)=(x-1)(x-2)(x-3)(x-4)$的导数,说明方程$f'(x)=0$有几个实根,并指出它们所在的范围.

4.2 函数的单调性与极值

本节我们将着重讨论函数的单调性与其导数之间的关系,从而提供一种判别函数单调性的方法.

4.2.1 函数单调性的判别

设曲线$y=f(x)$在(a,b)内每一点都存在切线,且这些切线与x轴的正方向的夹角α都

是锐角，即 $\tan\alpha = f'(x) > 0$，则此时函数 $y=f(x)$ 在 (a,b) 内是单调增加的，如图 4.2.1 所示；若 α 为钝角，则函数 $y=f(x)$ 在 (a,b) 内是单调减少的，如图 4.2.2 所示.

定理 4.2.1　设函数 $f(x)$ 在闭区间 $[a,b]$ 上连续，在开区间 (a,b) 内可导：

(1) 若在 (a,b) 内 $f'(x)>0$，则 $f(x)$ 在闭区间 $[a,b]$ 上单调增加；

(2) 若在 (a,b) 内 $f'(x)<0$，则 $f(x)$ 在闭区间 $[a,b]$ 上单调减少.

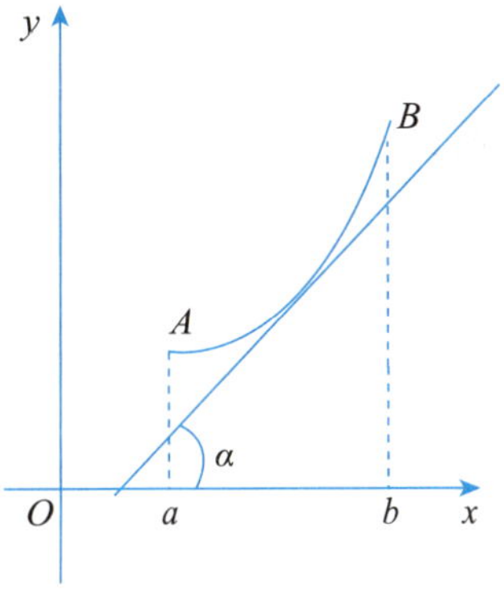

图 4.2.1

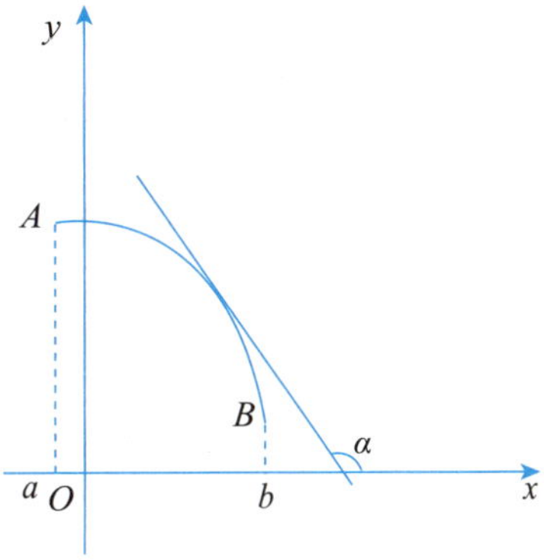

图 4.2.2

有时，函数在整个定义域上并不具有单调性，但在其各个部分区间上却具有单调性，如图 4.2.3 所示. 通过图形容易看到，可导函数 $f(x)$ 在单调区间的分界点处的导数为 0.

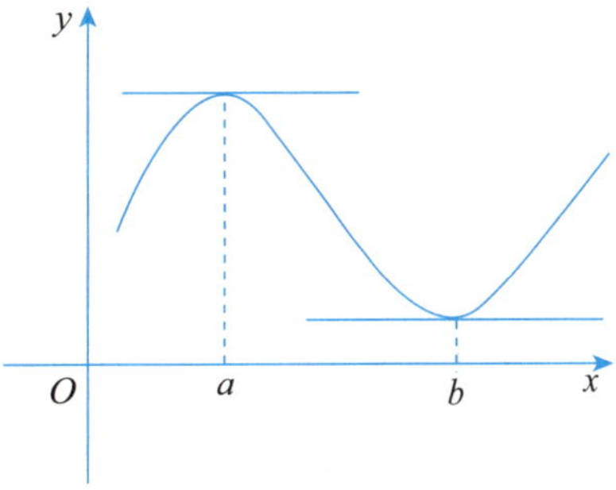

图 4.2.3

因此，要确定可导函数 $f(x)$ 的单调性，首先要求出使 $f'(x)=0$ 的点（称这样的点为驻点），然后，用驻点将定义域分成若干个子区间，再在每个子区间上用定理 4.2.1 判断函数的单调性.

一般地，当 $f'(x)$ 在某区间内的个别点处为 0，而在其余各点处都为正（或负）时，$f(x)$ 在该区间上仍是单调增加（或单调减少）的. 如 $f(x)=x^3$ 在 $(-\infty,+\infty)$ 内除 $x=0$ 外，处处有 $f'(x)=3x^2>0$，函数 $f(x)=x^3$ 在 $(-\infty,+\infty)$ 内仍是单调增加的.

例 4.2.1　利用导数判断函数 $f(x)=x^3-3x$ 的单调性.

解：　函数的定义域为 $(-\infty,+\infty)$，且

$$f'(x) = 3x^2-3 = 3(x^2-1) = 3(x+1)(x-1).$$

令 $f'(x)=0$，得 $x_1=-1$，$x_2=1$. 用 x_1，x_2 将函数的定义域 $(-\infty,+\infty)$ 分成 3 个小区间 $(-\infty,-1)$，$(-1,1)$，$(1,+\infty)$，见表 4.2.1.

表 4.2.1

x	$(-\infty,-1)$	-1	$(-1,1)$	1	$(1,+\infty)$
$f'(x)$	+	0	−	0	+
$f(x)$	↗	2	↘	−2	↗

表中↗表示函数在该区间内单调增加,↘表示函数在该区间内单调减少. 因为 $f(x)$ 在 3 个小区间 $(-\infty,-1]$, $[-1,1]$, $[1,+\infty)$ 上均连续,再由表 4.2.1 可知, $f(x)$ 在 $(-\infty,-1]$ 和 $[1,+\infty)$ 上单调增加,在 $[-1,1]$ 上单调减少,如图 4.2.4 所示.

例 4.2.2 考查函数 $f(x)=x^{\frac{2}{3}}$ 的单调性.

解: 由于 $f'(x)=\frac{2}{3}x^{-\frac{1}{3}}=\frac{2}{3\sqrt[3]{x}}$,所以,当 $x>0$ 时, $f'(x)>0$;当 $x<0$ 时, $f'(x)<0$,又因为 $f(x)$ 在 $(-\infty,+\infty)$ 内连续,所以 $f(x)$ 在 $(-\infty,0]$ 及 $[0,+\infty)$ 上也连续,因此,函数 $f(x)$ 在 $(-\infty,0]$ 上单调减少,在 $[0,+\infty)$ 上单调增加,如图 4.2.5 所示.

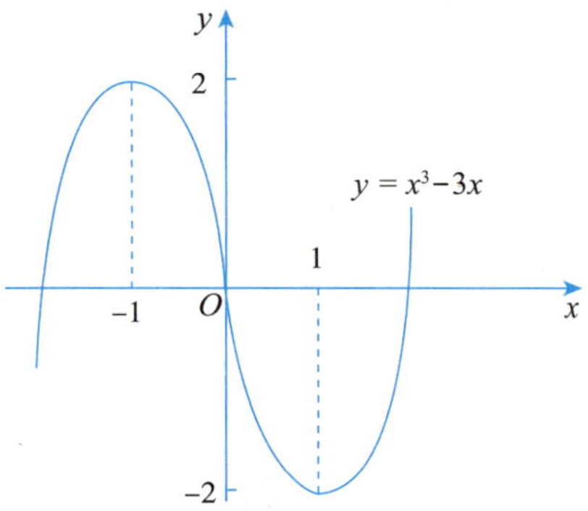

图 4.2.4

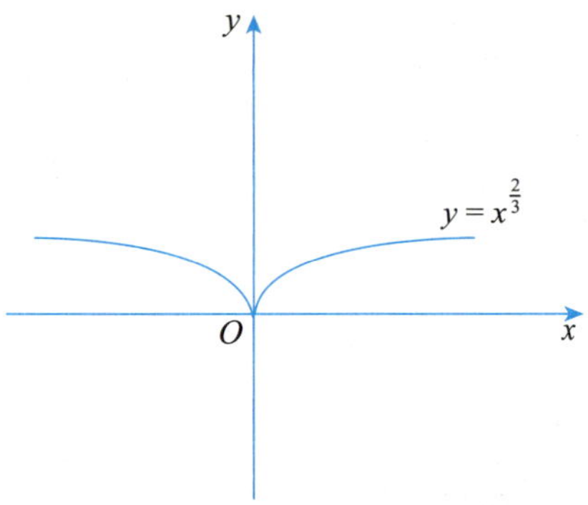

图 4.2.5

4.2.2 函数的极值

1. 函数极值的定义

由图 4.2.6 可以看出函数在 x_1 处的函数值 $f(x_1)$ 比其左右邻近函数值要大,这样的点称为极大值点,其对应的函数值 $f(x_1)$ 称为极大值;相反,点 x_2 称为函数 $f(x)$ 的极小值点, $f(x_2)$ 称为极小值.

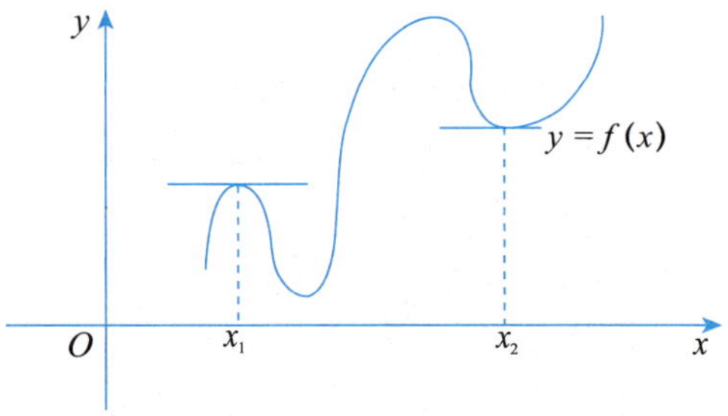

图 4.2.6

定义 4.2.1

设函数 $f(x)$ 在点 x_0 处及其邻域内有定义,若对于 x_0 邻域内的所有 $x(x\neq x_0)$ 恒有 $f(x_0)>f(x)$,则称 $f(x_0)$ 为函数 $f(x)$ 的极大值,点 x_0 称为函数 $f(x)$ 的极大值点;若对于 x_0 邻域内所有 $x(x\neq x_0)$ 有 $f(x_0)<f(x)$,则称 $f(x_0)$ 为函数 $f(x)$ 的极小值,点 x_0 称为函数 $f(x)$ 的极小值点.

极大值和极小值统称为极值,极大值点和极小值点统称为极值点.

注: 函数的极值是一个局部性的概念,它仅与极值点左右邻近的函数值的大小有关. 一个函数在其定义域内,可以有若干个极值点,有时函数的极大值比极小值还要小,见图 4.2.6, $f(x_1)$ 和 $f(x_2)$ 分别是 $f(x)$ 的极大值和极小值,但 $f(x_1)<f(x_2)$.

2. 函数极值的判别法

上面我们讨论了函数极值的概念，那么如何应用导数来判断一个函数的极值呢？

从图 4.2.6 中不难看出：函数的极大值点 x_1 对应于函数曲线凸起部分的峰顶，它是函数从增到减的分界点，对可导函数而言，也是 $f'(x)>0$ 到 $f'(x)<0$ 的分界点，恰好在极大值点处 $f'(x_1)=0$；类似地，函数的极小值点 x_2 对应于曲线凹部分的谷底，它是函数从减到增的分界点，也有 $f'(x_2)=0$.

定理 4.2.2（极值存在的必要条件）　若 $f(x)$ 在点 x_0 可导，且在点 x_0 处取得极值，那么 $f'(x_0)=0$.

注：(1) 可导函数的极值点必为驻点；反之，驻点不一定是极值点. 例如，$x=0$ 是函数 $y=x^3$ 的驻点，但它不是极值点.

(2) 函数的某些不可导点也可能是函数的极值点. 例如，$x=0$ 是函数 $y=x^{\frac{2}{3}}$ 的极小值点，但在该点处的导数不存在，见图 4.2.5.

因此，函数的驻点和不可导点都可能成为函数的极值点，我们把这两类点称之为可能极值点.

定理 4.2.3（极值存在的第一充分条件）　设函数 $f(x)$ 在 x_0 点连续，且在 x_0 附近可导（$f'(x_0)$ 可以不存在），有，

(1) 若当 $x<x_0$ 时，$f'(x)>0$，当 $x>x_0$ 时，$f'(x)<0$，则函数 $f(x)$ 在点 x_0 处取得极大值 $f(x_0)$；

(2) 若当 $x<x_0$ 时，$f'(x)<0$，当 $x>x_0$ 时，$f'(x)>0$，则函数 $f(x)$ 在点 x_0 处取得极小值 $f(x_0)$；

(3) 若当 x 在 x_0 左右两侧邻近取值时，$f'(x)$ 不改变符号，则函数在 x_0 处无极值.

例 4.2.3　求函数 $f(x)=3x^4-4x^3+1$ 的极值.

解：　函数的定义域是 $(-\infty,+\infty)$，令 $f'(x)=12x^3-12x^2=12x^2(x-1)=0$，求得函数的驻点 $x_1=0, x_2=1$，无不可导点. 列表 4.2.2 讨论如下.

表 4.2.2

x	$(-\infty,0)$	0	$(0,1)$	1	$(1,+\infty)$
y'	−	0	−	0	+
y	↘	无极值	↘	极小值	↗

从表 4.2.2 可看出，$x=1$ 是函数 $y=3x^4-4x^3+1$ 唯一的极值点，在该点函数取得极小值 $f(1)=0$. 用上述充分条件判别函数的极值，要对所有可能极值点左右两旁的导数符号进行讨论，其解题过程较为麻烦. 如果函数 $y=f(x)$ 在驻点处的二阶导数存在且不为 0，则可用以下较为方便的方法进行判断.

定理 4.2.4（极值存在的第二充分条件）　设函数 $f(x)$ 在 x_0 处的二阶导数存在，且有

$$f'(x_0)=0,\quad f''(x_0)\neq 0$$

成立，那么有，

(1)若$f''(x_0)>0$,则函数$f(x)$在点x_0处取得极小值;

(2)若$f''(x_0)<0$,则函数$f(x)$在点x_0处取得极大值.

例 4.2.4 求函数$f(x)=\cos x+\sin x$在区间$[0,2\pi]$内的极值.

解: $f'(x)=-\sin x+\cos x$, $f''(x)=-\cos x-\sin x$

令$f'(x)=0$得

$$x_1=\frac{\pi}{4},\quad x_2=\frac{5\pi}{4},$$

$$f''\left(\frac{\pi}{4}\right)=-\sin\frac{\pi}{4}-\cos\frac{\pi}{4}=-\sqrt{2}<0,$$

$$f''\left(\frac{5\pi}{4}\right)=-\sin\frac{5\pi}{4}-\cos\frac{5\pi}{4}=\sqrt{2}>0.$$

根据第二充分条件,函数$f(x)=\cos x+\sin x$分别在$x_1=\frac{\pi}{4}$,$x_2=\frac{5\pi}{4}$处取得极大值和极小值,其中,$f\left(\frac{\pi}{4}\right)=\sqrt{2}$为极大值,$f\left(\frac{5\pi}{4}\right)=-\sqrt{2}$为极小值.

显然,如果此例改用第一充分条件判定就较为麻烦些.但不难看出,第二充分条件具有较大的局限性,当被判定函数中有不可导点,或驻点的二阶导数为0时,就失去了作用.

综上所述,我们可以将求函数极值的步骤归纳如下:

(1)求函数的定义域;

(2)求函数的一阶导数或二阶导数;

(3)求函数在定义域或给定讨论区间内的全部驻点和不可导点;

(4)若函数仅存在驻点且驻点处的二阶导数不为0,则选用第二充分条件判定为宜,否则用第一充分条件进行判定.

例 4.2.5 求函数$f(x)=(x-1)x^{\frac{2}{3}}$的极值.

解: 函数的定义域为$(-\infty,+\infty)$,有

$$f'(x)=x^{\frac{2}{3}}+\frac{2}{3}(x-1)x^{-\frac{1}{3}}=\frac{5x-2}{3\sqrt[3]{x}}.$$

显然,$x_1=\frac{2}{5}$和$x_2=0$分别是$f(x)$的驻点和不可导点,见表4.2.3.

表 4.2.3

x	$(-\infty,0)$	0	$\left(0,\frac{2}{5}\right)$	$\frac{2}{5}$	$\left(\frac{2}{5},+\infty\right)$
y'	+	不存在	−	0	+
y	↗	极大值	↘	极小值	↗

因此,函数$f(x)=(x-1)x^{\frac{2}{3}}$在点$x=0$处取得极大值$f(0)=0$;在点$x=\frac{2}{5}$处取得极小值$f\left(\frac{2}{5}\right)=-\frac{3}{5}\sqrt[3]{\frac{4}{25}}$(见图4.2.7).

4.2.3　函数的最值

在日常生活、工程计算和经济管理中，许多问题都归结为最大值和最小值问题.

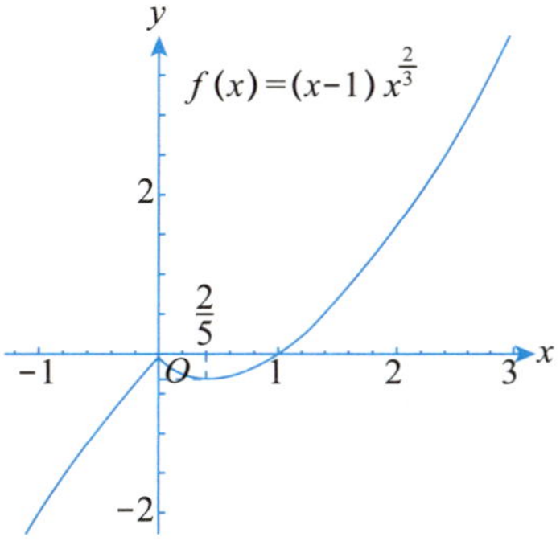

图 4.2.7

定义 4.2.2

设函数 $f(x)$ 在 $[a,b]$ 上有定义，若 $[a,b]$ 上存在一点 x_0，使得对任意的 $x\in[a,b]$ 都有 $f(x_0)\geqslant f(x)$（或 $f(x_0)\leqslant f(x)$），则称 $f(x_0)$ 为函数 $f(x)$ 在闭区间 $[a,b]$ 上的最大值（或最小值），最大值和最小值统称为最值.

由此可见，函数的极值是一个局部性的概念，而最大值和最小值则是一个全局性的概念. 我们知道，只要函数 $f(x)$ 在闭区间 $[a,b]$ 上连续，那么，函数 $f(x)$ 在此闭区间上一定有最大值和最小值，现在的问题是我们如何去确定最值. 一般情况下，闭区间上连续函数的最大值和最小值不外乎有以下 3 种情况：

(1) 函数 $f(x)$ 在闭区间 $[a,b]$ 内部取到最大值和最小值，如图 4.2.8 所示. 这时，最大值和最小值一定在 $f(x)$ 的极值点上获得.

(2) 函数 $f(x)$ 在闭区间 $[a,b]$ 的端点取到最大值和最小值，如图 4.2.9 所示.

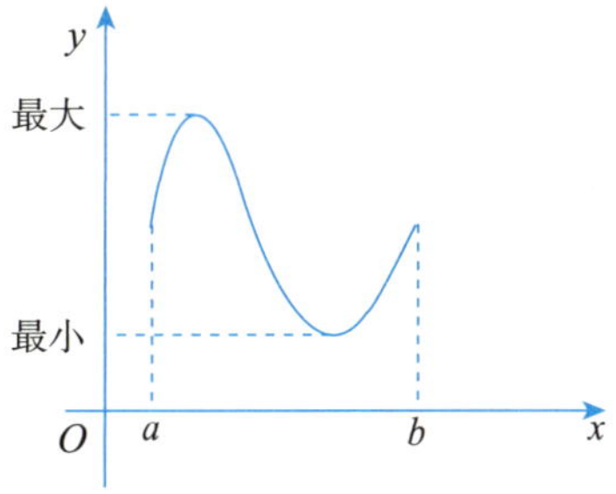

图 4.2.8

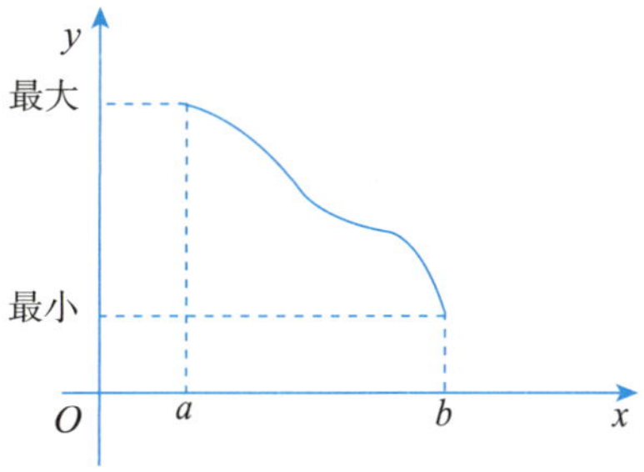

图 4.2.9

(3) 函数 $f(x)$ 的最大值（或最小值）在区间的端点上得到，而最小值（或最大值）在区间内的极值点上获得，如图 4.2.10 所示.

因此，不难得到求闭区间 $[a,b]$ 上连续函数 $f(x)$ 的最大（最小）值的一般步骤：

(1) 求出 $f(x)$ 在区间 $[a,b]$ 内部的全部驻点和不可导点；

(2) 求出两端点、全部驻点和不可导点处的函数值；

(3) 比较这些函数值的大小，最大者为最大值，最小者为最小值.

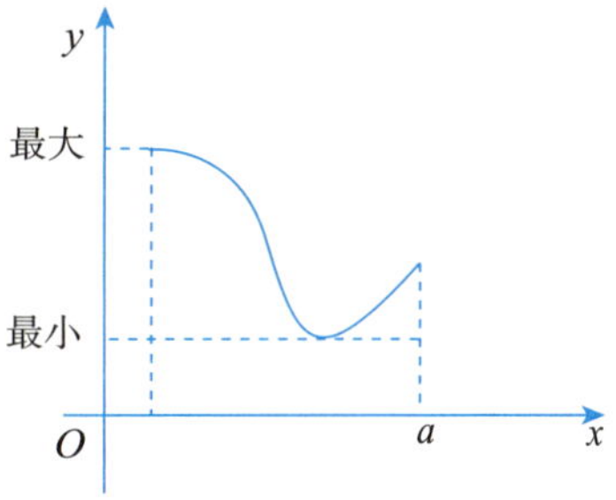

图 4.2.10

例 4.2.6　求函数 $f(x)=x^4-2x^2+4$ 在闭区间 $[-2,2]$ 上的最大值和最小值.

解： $f'(x)=4x^3-4x=4x(x+1)(x-1)$，所以，有驻点

$$x_1 = -1, x_2 = 0, x_3 = 1.$$

注意到函数$f(x)=x^4-2x^2+4$是偶函数,所以

$$f(1)=f(-1)=3, f(0)=4, f(2)=f(-2)=12.$$

因此,函数$f(x)$在闭区间$[-2,2]$上的最大值为12,最小值为3.

例 4.2.7 把边长为a cm的正方形钢皮的四个角截去面积相等的小正方形,然后折起四边,做成一个无盖的盒子,如图4.2.11所示.问应截去多少才能使无盖盒子的容积最大.

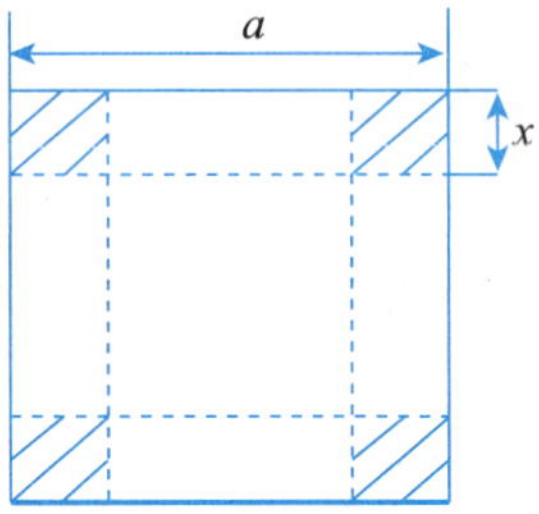

图 4.2.11

解: 设截去的小正方形的边长为x cm,钢盒的容积为V,则

$$V = x(a-2x)^2 \quad \left(0 < x < \frac{a}{2}\right),$$

$$V' = (a-2x)^2 - 4x(a-2x) = (a-2x)(a-6x).$$

令$V'=0$得

$$x_1 = \frac{a}{2}, \quad x_2 = \frac{a}{6}.$$

由于钢盒必然存在最大容积,而在区间$\left(0,\frac{a}{2}\right)$内仅有一个驻点$x_2=\frac{a}{6}$,因此,当$x=\frac{a}{6}$ cm时,钢盒有最大容积且为$\frac{2a^3}{27}$ cm^3.

注: 可以证明,若能断定实际问题一定存在最大值(或最小值),且在所论区间内部有唯一驻点,则可断言在该驻点处一定取得相应的最大值(或最小值).

思考题 4.2

1. 作图说明闭区间上连续函数$f(x)$的极值与最值之间的关系.
2. 可能极值点包含哪些点?怎样判断可能极值点是否为极值点?
3. 在定理4.2.3中,去掉"函数$f(x)$在x_0点连续"的假设后,还能保证定理正确吗?

练习题 4.2A

1. 设$f(x)=x^2\ (-2\leq x\leq 3)$,求:(1)$f(x)$的驻点;(2)$f(x)$的单调区间.

2. 设$f(x)=(x-1)^2+2\ (-2\leq x\leq 3)$,求:(1)$f(x)$的极值点与极值;(2)$f(x)$的最大值和最小值.

练习题 4.2B

1. 讨论下列函数的单调性:

(1)$f(x)=2x^3+9x^2+12x$;　　(2)$y=2x^2-\ln x$.

2. 求下列函数的极值:

(1)$y=6x^2-x^4$;　　(2)$y=3-2(x+1)^{\frac{1}{3}}$.

3. 求函数 $f(x)=2x^3-9x^2+12x-3$ 在区间 $[-2,3]$ 上的最值.

4.3 曲线的凹向与拐点

为了准确地描绘函数的图形，仅知道函数的增减性和极值、最值是不够的，还应知道它的弯曲方向以及不同弯曲方向的分界点. 本节研究曲线的凹向与拐点.

4.3.1 曲线的凹向及其判别法

1. 曲线凹向的定义

若在某区间内，曲线弧位于其上任意一点切线的上方，则称曲线在这个区间内是向上凹的（简称上凹，也称凹的）；若在某区间内，曲线弧位于其上任意一点切线的下方，则称曲线在这个区间内是向下凹的（简称下凹，也称凸的）. 如图 4.3.1 所示，可以看出，曲线在区间 (a,b) 内是向下凹的，在区间 (b,c) 内是向上凹的.

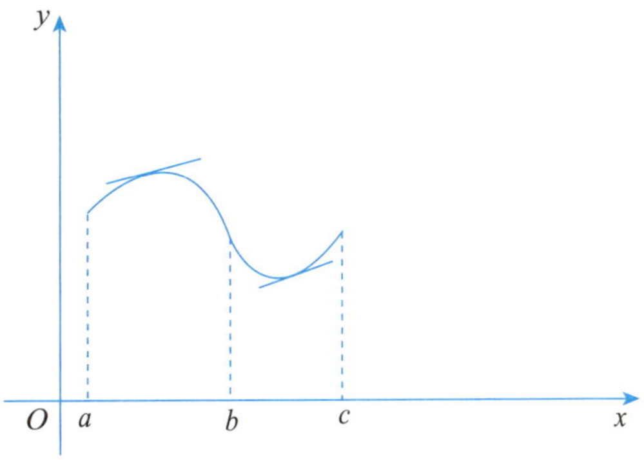

图 4.3.1

2. 曲线凹向的判别法则

定理 4.3.1 设函数 $y=f(x)$ 在区间 (a,b) 内具有二阶导数，则有，

(1) 若在区间 (a,b) 内 $f''(x)>0$，则曲线 $y=f(x)$ 在区间 (a,b) 内是向上凹的；

(2) 若在区间 (a,b) 内 $f''(x)<0$，则曲线 $y=f(x)$ 在区间 (a,b) 内是向下凹的.

若把定理 4.3.1 中的区间改为无穷区间，结论仍然成立（证明从略）.

4.3.2 曲线的拐点

1. 曲线拐点的定义

曲线的上凹部分与下凹部分的分界点称为曲线的拐点. 既然拐点是上凹部分与下凹部分的分界点，则在拐点左右两侧近旁 $f''(x)$ 必然异号，因而在拐点横坐标 x 处 $f''(x)=0$ 或 $f''(x)$ 不存在.

2. 曲线拐点的求法

设 $y=f(x)$ 在区间 (a,b) 内连续，且除个别点外 $f''(x)$ 存在，则求曲线 $y=f(x)$ 的拐点步骤如下：

(1) 先求出 $f''(x)$，找出在 (a,b) 内使 $f''(x)=0$ 的点和 $f''(x)$ 不存在的点.

(2) 用上述各点将区间 (a,b) 分成若干个小区间，再在每个小区间上考查 $f''(x)$ 的符号.

(3) 若 $f''(x)$ 在某点 x_0 两侧近旁异号，则 $(x_0,f(x_0))$ 是曲线 $y=f(x)$ 的拐点；若 $f''(x)$ 在某点 x_0 两侧近旁同号，则 $(x_0,f(x_0))$ 不是曲线 $y=f(x)$ 的拐点.

例 4.3.1 讨论曲线 $y=x^3$ 的凹向,并求拐点.

解: 因为 $y=x^3$,所以,$y'=3x^2$,$y''=6x$.

令 $y''=0$,得 $x=0$.

用点 $x=0$ 将定义区间 $(-\infty,+\infty)$ 分成两个小区间 $(-\infty,0)$ 和 $(0,+\infty)$.

在区间 $(-\infty,0)$ 内,$y''<0$,曲线是向下凹的;

在区间 $(0,+\infty)$ 内,$y''>0$,曲线是向上凹的.

所以点 $(0,0)$ 为曲线 $y=x^3$ 的拐点.

有两种特殊情形要加以注意:

(1)在点 x_0 处一阶导数存在而二阶导数不存在时,若在点 x_0 左右两侧近旁二阶导数存在且符号相反,则 $(x_0,f(x_0))$ 是拐点;若符号相同,则不是拐点.

(2)在点 x_0 处函数连续,而一、二阶导数都不存在,若在该点 x_0 的左右两侧近旁二阶导数存在且符号相反,则 $(x_0,f(x_0))$ 是拐点;若符号相同,则不是拐点.

例 4.3.2 求曲线 $y=(x-2)^{\frac{5}{3}}$ 的凹向与拐点.

解: $y'=\frac{5}{3}(x-2)^{\frac{2}{3}}$,$y''=\frac{10}{9}(x-2)^{-\frac{1}{3}}$.

当 $x=2$ 时,y'' 不存在. 列表讨论见表 4.3.1.

表 4.3.1

x	$(-\infty,2)$	2	$(2,+\infty)$
y''	$-$	不存在	$+$
y	$\cap$	有拐点	$\cup$

因此,曲线在区间 $(-\infty,2)$ 内下凹;在区间 $(2,+\infty)$ 内上凹,拐点是 $(2,0)$,如图 4.3.2 所示.

注意:在表 4.3.1 中,用符号“$\cap$”表示下凹,“$\cup$”表示上凹.

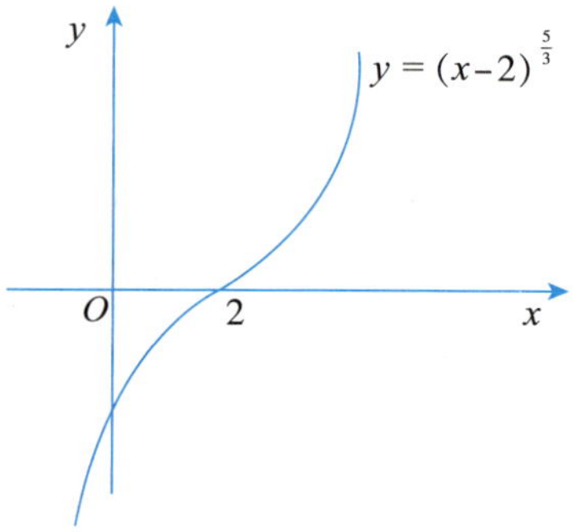

图 4.3.2

4.3.3 曲线的渐近线

1. 水平渐近线

对曲线 $y=f(x)$,若有 $\lim\limits_{x\to-\infty}f(x)=b$ 或 $\lim\limits_{x\to+\infty}f(x)=b$,则直线 $y=b$ 是该曲线的一条水平渐近线.

2. 铅垂渐近线

对曲线 $y=f(x)$,若有 $\lim\limits_{x\to c^-}f(x)=\infty$ 或 $\lim\limits_{x\to c^+}f(x)=\infty$,则直线 $x=c$ 是该曲线的一条铅垂渐近线(或叫垂直渐近线).

例 4.3.3 求曲线 $y=\frac{1}{x+1}+2$ 的渐近线.

解: 因为 $\lim\limits_{x\to\infty}\left(\frac{1}{x+1}+2\right)=2$,所以 $y=2$ 是曲线的一条水平渐近线.

又因为 $x=-1$ 是曲线的间断点,且 $\lim\limits_{x\to-1}\left(\frac{1}{x+1}+2\right)=\infty$,所以 $x=-1$ 是曲线的一条铅

垂渐近线.

4.3.4　作函数图形的一般步骤

由于曲线表达函数很直观,因而在工程技术及经济管理中得到广泛的应用,它无论是对于定性分析还是对于定量计算,都大有益处. 描绘函数图形最直接的方法是描点法,但这种方法只适用于简单的曲线,对于一般的平面曲线就不适用了. 因为我们既不能保证所取的点是曲线上的关键点(最高点或最低点),又不能保证通过取点来判定曲线的增减与凹向的准确性. 为了更准确、更全面地描绘平面曲线,我们必须确定出刻画曲线主要特征的点与线. 下面给出作函数图形的一般步骤:

(1)确定函数的定义域及值域(确定图形范围);

(2)讨论函数的奇偶性、周期性;

(3)讨论函数的单调性与极值、曲线的凹向与拐点,并列成表;

(4)考查曲线的渐近线;

(5)为了使图形描绘得更准确,需要确定曲线与坐标轴的交点,有时还得适当再多补充一些点.

最后,根据上述讨论的结果作出函数的图形.

例 4.3.4　作函数 $f(x)=e^{-x^2}$ 的图形.

解:　(1)定义域是 $(-\infty,+\infty)$.

(2)因为 $f(-x)=f(x)$,所以 $f(x)$ 是偶函数,其图形关于 y 轴对称,故只需讨论并作出 $[0,+\infty)$ 的图形,再利用对称性作全图.

(3)确定函数的单调性、极值、凹向与拐点.

因为

$$f'(x)=e^{-x^2}(-2x),$$

$$f''(x)=e^{-x^2}(4x^2)-2e^{-x^2}=4e^{-x^2}\left(x^2-\frac{1}{2}\right)$$

$$=4e^{-x^2}\left(x+\frac{1}{\sqrt{2}}\right)\left(x-\frac{1}{\sqrt{2}}\right).$$

令 $f'(x)=0$,得 $x=0$;令 $f''(x)=0$,得 $x=\frac{1}{\sqrt{2}}$ (注:$x=-\frac{1}{\sqrt{2}}$不属于区间$[0,+\infty)$).

列表讨论见表 4.3.2.

表 4.3.2

x	0	$\left(0,\frac{1}{\sqrt{2}}\right)$	$\frac{1}{\sqrt{2}}$	$\left(\frac{1}{\sqrt{2}},+\infty\right)$
$f'(x)$	0	$-$		$-$
$f''(x)$	$-$	$-$	0	$+$
$f(x)$	极大值 1	↓	拐点$\left(\frac{1}{\sqrt{2}},e^{-\frac{1}{2}}\right)$	↘

注:表中$\frac{1}{\sqrt{2}}\approx0.71$,$e^{-\frac{1}{2}}\approx0.6$. 符号"↓"表示单减下凹,"↘"表示单减上凹.

(4)求渐近线.

因为$\lim\limits_{x\to\infty} f(x)=\lim\limits_{x\to\infty}\mathrm{e}^{-x^2}=0$,所以$y=0$即$x$轴是曲线的水平渐近线.

(5)曲线与y轴的交点为(0,1),并记拐点为(0.71,0.6),作出函数的图形,如图4.3.3所示.

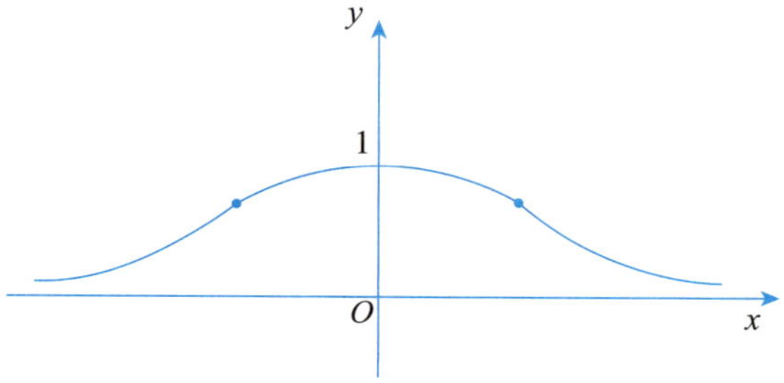

图 4.3.3

思考题 4.3

1. 根据下列条件,作曲线:

(1)作出一条曲线,使得它的一阶和二阶导数处处为正;

(2)作出一条曲线,使得它的二阶导数处处为负,但一阶导数处处为正;

(3)作出一条曲线,使得它的二阶导数处处为正,但一阶导数处处为负;

(4)作出一条曲线,使得它的一阶和二阶导数均处处为负.

2. 讨论曲线$y=\sin x(0\leqslant x\leqslant 2\pi)$的凹向,并求拐点.

练习题 4.3A

1. 设$f(x)=x^2(-2\leqslant x\leqslant 3)$,求曲线$f(x)=x^2$的凹向.

2. 求曲线$y=1+\dfrac{1}{x-1}$的渐近线.

3. 设$f(x)=(x-1)^3+2\ (-2\leqslant x\leqslant 3)$,(1)求$f(x)$的凹凸区间与拐点;(2)作出该曲线的草图.

练习题 4.3B

1. 求函数$y=\mathrm{e}^{-x}$的渐近线.

2. 作函数$y=\dfrac{4(x+1)}{x^2}-2$的图形.

4.4 用数学软件求解导数应用问题

4.4.1 用数学软件 Mathematica 求解导数应用问题

大家知道,用导数的性态来研究函数的性态,主要包括函数的单调性、凹向、极值与最值的求法以及一元函数图形的描绘. 由于对函数单调性、凹向等问题的研究,不但需要进行求导运算而且还需要进行解方程及条件判断等工作. 因此,本节在用 Mathematica 做导数应用题的过程中,经常使用 Mathematica 系统中的 Solve,Which,Print 这三个函数.

例 4.4.1　设函数 $f(x)=a\ln x+bx^2+x$ 在 $x_1=1,x_2=2$ 处都取得极值,试定出 a,b 的值,并问这时 $f(x)$ 在 $x_1=1,x_2=2$ 处是取得极大值还是极小值?

解:

In[1]:=Clear[x,f,c,a,b,e1,e2]

f[x_]:=a*Log[x]+b*x^2+x

Solve[{f'[1]==0,f'[2]==0},{a,b}]

c=%;(*将方程组的解赋给变量 c*)

a=a/.c[[1,1]](* 等价于 a=a/.a→$\left(\frac{2}{3}\right)$ *)

b=b/.c[[1,2]](* 等价于 b=b/.b→$\left(\frac{1}{6}\right)$ *)

e1=f''[1];

e2=f''[2];

Which[e1==0,Print[失效],e1>0,Print["f[1]"极小值],e1<0,Print["f[1]"极大值]](*判断 f''[1]的符号,从而决定 f[1]是极小值还是极大值*)

Which[e2==0,Print[失效],e2>0,Print["f[2]"极小值],e2<0,Print["f[2]"极大值]](*判断 f''[2]的符号,从而决定 f[2]是极小值还是极大值*)

Out[3]=$\left\{\left\{a\to-\frac{2}{3},b\to-\frac{1}{6}\right\}\right\}$

Out[5]=$-\frac{2}{3}$

Out[6]=$-\frac{1}{6}$

f[1]=0.833 为极小值

f[2]=0.871 为极大值

另外,Mathematica 系统还提供了用逐步搜索法求函数极值的函数 FindMinimum,其使用方法请读者上机练习(图 4.4.1 所示为函数 $f(x)=$

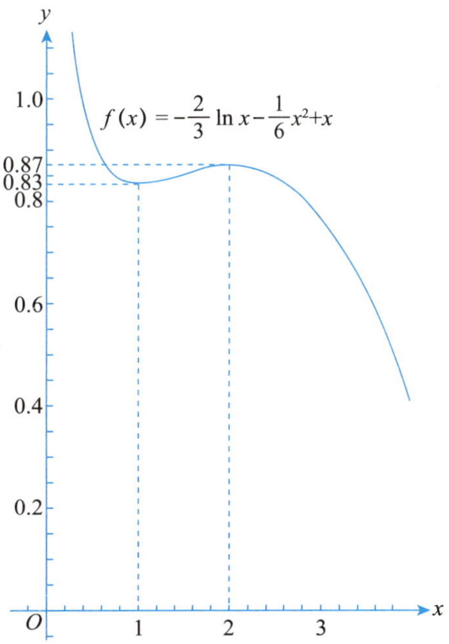

图 4.4.1

$-\frac{2}{3}\ln x-\frac{1}{6}x^2+x$ 的图形).

4.4.2 用数学软件 MATLAB 求解导数应用问题

例 4.4.2 设函数 $f(x)=a\ln x+bx^2+x$ 在 $x_1=1,x_2=2$ 处都取得极值,试定出 a,b 的值,并问这时 $f(x)$ 在 $x_1=1,x_2=2$ 处是取得极大值还是极小值?

解:

(1)先在编辑器中定义函数 $f(x)=a\ln x+bx^2+x$,并存为 m 文件:hou3. m,如图 4.4.2 所示.

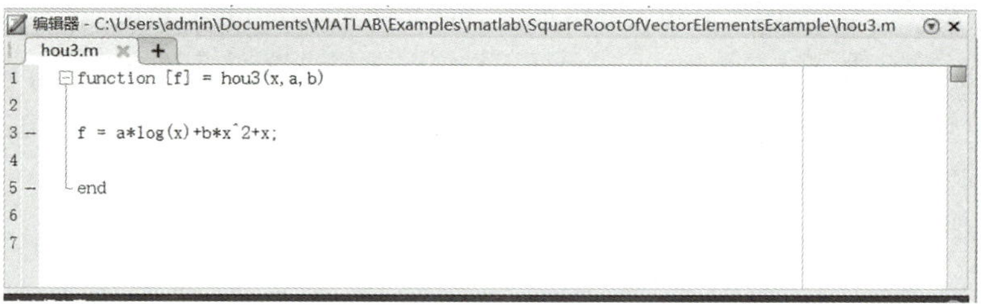

图 4.4.2

(2)在命令窗口中,调用 hou3. m,令极值点处的导数为 0,解方程求出 a,b:

```
> > clear
syms a b x
df(x,a,b) = diff( hou3( x,a,b) ,x) ;
[a,b] = solve( df(1,a,b) = =0,df(2,a,b) = =0,a,b)
a = -2/3
b = -1/6
```

(3)根据极值存在的充分条件,利用 if 语句判定在两个驻点处是取得极大值,还是取得极小值:

```
> > clear
syms a b x y
dfxx( x) = diff( hou3( x, -2/3, -1/6) ,x,2) ;
if( dfxx(1) = =0)
disp( "失效")
elseif( dfxx(1) >0)
disp( "f[1]极小值")
else
disp( "f[1]极大值")
end
f[1]极小值
> > clear
syms a b x y
```

```
dfxx(x) = diff(hou3(x, -2/3, -1/6),x,2) ;
if(dfxx(2) = =0)
disp("失效")
elseif(dfxx(2) >0)
disp("f[2]极小值")
else
disp("f[2]极大值")
end
f[2]极大值
```

4.5 学习任务 4 解答　产量多大时利润最高?

1. 解法 1

由 4.0 学习任务 4 知,每台产品的销售价格为 p,销售量 $q=1\,500-10p$,从而得销售价格 $p=\dfrac{1\,500-q}{10}=150-0.1q$,所以,销售 q 台该种产品的总收入

$$R(q)=pq=(150-0.1q)q=150q-0.1q^2.$$

又因为总成本 $C=50q+300$,所以,销售 q 台该种产品的总利润

$$L=R-C=150q-0.1q^2-(50q+300)=100q-0.1q^2-300\ (q>0).$$

从而 $L'(q)=100-0.2q$,令 $L'(q)=0$,得唯一驻点 $q=500$.

由问题的实际意义可知,最大利润必然存在,而 $L(q)$ 在 $(0,+\infty)$ 内只有一个驻点,因此,当产量 $q=500$ 时,可使利润最大,最大利润为

$$L(500)=(100q-0.1q^2-300)\big|_{q=500}=24\,700(元).$$

这时,每台产品的销售价格为

$$p=(150-0.1q)\big|_{q=500}=100(元).$$

2. 解法 2

因为销售量 $q=1\,500-10p$,从而得销售价格 $p=\dfrac{1\,500-q}{10}=150-0.1q$,所以,销售 q 台该种产品的总收入 $R(q)=pq=(150-0.1q)q=150q-0.1q^2$,销售 q 台该种产品的边际收入

$$MR=R'(q)=(150q-0.1q^2)'=150-0.2q.$$

又因为总成本 $C=50q+300$,所以,销售 q 台该种产品的边际成本

$$MC=C'(q)=(50q+300)'=50.$$

由最大利润原则知,当 $MR=MC$,即 $150-0.2q=50$,解之得 $q=500$,因此,当产量 $q=500$ 时,可使利润最大. 这时,每台产品的销售价格为

$$p=(150-0.1q)\big|_{q=500}=100(元).$$

复习题4

A 级

1. 利用洛必达法则求下列极限:

(1) $\lim\limits_{x\to 2}\dfrac{x^4-16}{x-2}$;　　(2) $\lim\limits_{x\to 0}\dfrac{x^2}{\sin^2 x}$.

2. 求函数 $f(x)=x-\dfrac{3}{2}x^{\frac{2}{3}}$ 的单调区间和极值.

B 级

3. 确定曲线 $y=\dfrac{x^3}{3}-2x^2+3x+1$ 的凹向和拐点.

4. 求函数 $f(x)=x^4-8x^2+2$ 在 $[-1,3]$ 上的最大值和最小值.

5. 某产品生产 x 个单位的总成本为 $C(x)=300+\dfrac{1}{12}x^3-5x^2+170x$,每单位产品的价格是 134 元,求使利润最大的产量.

第5章

不定积分

5.0 学习任务5　已知边际成本，求总成本

某厂每日生产 q 件产品时的边际成本为 $C'(q)=5+0.02q$，已知固定成本为 900 元，请完成如下任务：

1. 求出总成本函数 $C(q)$；

2. 日产量 $q=100$ 件时，总成本等于多少？

解决该问题，就是在已知导函数 $C'(q)$ 的条件下，求出 $C(q)$，称其为 $C'(q)$ 的原函数. 由导函数求原函数需要用不定积分的知识.

本章将介绍积分学中的第一个基本概念——不定积分，以及求不定积分的方法.

5.1 不定积分的概念及性质

本节介绍原函数、不定积分的概念及性质.

5.1.1　原函数与不定积分

定义 5.1.1

若在区间 I 上，有 $F'(x)=f(x)$，则称在该区间上 $F(x)$ 为 $f(x)$ 的一个原函数.

我们知道 x^2 是 $2x$ 的一个原函数，x^2+1 也是 $2x$ 的一个原函数，一般地，$2x$ 的全部原函数可以用 x^2+C 表示，其中 C 为任意常数.

定义 5.1.2

若在区间 I 上，$F'(x)=f(x)$，则称函数 $f(x)$ 的所有原函数 $F(x)+C$ 称为 $f(x)$ 的不定积分，记作 $\int f(x)\mathrm{d}x$，即

$$\int f(x)\mathrm{d}x = F(x) + C,$$

其中,C 称为积分常数,$f(x)\mathrm{d}x$ 称为被积式,$f(x)$ 称为被积函数,x 称为积分变量.

由不定积分的定义可知,其运算为微分法的逆运算. 因此,我们可以利用微分公式得到积分公式.

5.1.2 不定积分的性质

1. 积分与微分运算的互逆性质

(1) $\frac{\mathrm{d}}{\mathrm{d}x}\left[\int f(x)\mathrm{d}x\right] = f(x)$ 或 $\mathrm{d}\left[\int f(x)\mathrm{d}x\right] = f(x)\mathrm{d}x$;

(2) $\int F'(x)\mathrm{d}x = F(x) + C$ 或 $\int \mathrm{d}F(x) = F(x) + C$.

2. 不定积分的运算性质

(1) $\int kf(x)\mathrm{d}x = k\int f(x)\mathrm{d}x \quad (k \neq 0)$;

(2) $\int [f(x) \pm g(x)]\mathrm{d}x = \int f(x)\mathrm{d}x \pm \int g(x)\mathrm{d}x$.

5.1.3 不定积分的基本积分公式

不定积分是求导的逆运算,因此,由导数基本公式不难得到下述不定积分公式:

(1) $\int k\mathrm{d}x = kx + C \quad (k$ 为常数$)$;

(2) $\int x^{\alpha}\mathrm{d}x = \frac{1}{\alpha+1}x^{\alpha+1} + C \quad (\alpha \neq -1)$;

(3) $\int \frac{1}{x}\mathrm{d}x = \ln|x| + C$;

(4) $\int \mathrm{e}^{x}\mathrm{d}x = \mathrm{e}^{x} + C$;

(5) $\int a^{x}\mathrm{d}x = \frac{a^{x}}{\ln a} + C$;

(6) $\int \cos x\,\mathrm{d}x = \sin x + C$;

(7) $\int \sin x\,\mathrm{d}x = -\cos x + C$;

(8) $\int \tan x\,\mathrm{d}x = -\ln|\cos x| + C$;

(9) $\int \cot x\,\mathrm{d}x = \ln|\sin x| + C$;

(10) $\int \sec x\,\mathrm{d}x = \ln|\sec x + \tan x| + C$;

(11) $\int \csc x\,\mathrm{d}x = \ln|\csc x - \cot x| + C$;

(12) $\int \frac{1}{\cos^2 x}\mathrm{d}x = \int \sec^2 x\,\mathrm{d}x = \tan x + C$;

(13) $\int \frac{1}{\sin^2 x}\mathrm{d}x = \int \csc^2 x\,\mathrm{d}x = -\cot x + C$;

(14) $\int \sec x \tan x\,\mathrm{d}x = \sec x + C$;

(15) $\int \csc x \cot x\,\mathrm{d}x = -\csc x + C$.

以上公式为积分运算的基础,必须熟记.

例 5.1.1 求下列不定积分:

(1) $\int \left(\frac{1}{x^2} - x\sqrt{x} + \frac{1}{2\sqrt{x}}\right)\mathrm{d}x$;

(2) $\int \tan^2 x\,\mathrm{d}x$;

(3) $\int \frac{1}{\sin^2 x\cos^2 x}\mathrm{d}x$.

解:　(1)由积分公式及性质可得

$$\int\left(\frac{1}{x^2}-x\sqrt{x}+\frac{1}{2\sqrt{x}}\right)\mathrm{d}x=\int x^{-2}\mathrm{d}x-\int x^{\frac{3}{2}}\mathrm{d}x+\frac{1}{2}\int x^{-\frac{1}{2}}\mathrm{d}x$$

$$=\frac{1}{-2+1}x^{-2+1}-\frac{1}{\frac{3}{2}+1}x^{\frac{3}{2}+1}+\frac{1}{2}\times\frac{1}{-\frac{1}{2}+1}x^{-\frac{1}{2}+1}+C$$

$$=-\frac{1}{x}-\frac{2}{5}x^{\frac{5}{2}}+\sqrt{x}+C.$$

(2) $\int\tan^2x\,\mathrm{d}x=\int(\sec^2x-1)\mathrm{d}x=\int\sec^2x\,\mathrm{d}x-\int\mathrm{d}x$

$$=\tan x-x+C.$$

(3) $\int\frac{1}{\sin^2x\cos^2x}\mathrm{d}x=\int\frac{\sin^2x+\cos^2x}{\sin^2x\cos^2x}\mathrm{d}x=\int\left(\frac{1}{\cos^2x}+\frac{1}{\sin^2x}\right)\mathrm{d}x$

$$=\tan x-\cot x+C.$$

例 5.1.2　求 $\int(\sqrt{\sqrt{x}}+\mathrm{e}^x)\mathrm{d}x$.

解:　$\int(\sqrt{\sqrt{x}}+\mathrm{e}^x)\mathrm{d}x=\int x^{\frac{1}{4}}\mathrm{d}x+\int\mathrm{e}^x\mathrm{d}x$

$$=\frac{x^{\frac{1}{4}+1}}{\frac{1}{4}+1}+\mathrm{e}^x+C$$

$$=\frac{4}{5}x^{\frac{5}{4}}+\mathrm{e}^x+C.$$

例 5.1.3　求经过点(0,1)且斜率为 $2x$ 的曲线方程.

解:　设(x,y)为所求曲线上任一点的坐标,按题意,有

$$\frac{\mathrm{d}y}{\mathrm{d}x}=2x.$$

由幂函数求导公式知,$y=x^2+C$(其中 C 为任意常数).

因为曲线过点(0,1),故代入上式得 $1=0+C$,所以 $C=1$,于是所求曲线方程为 $y=x^2+1$.

例 5.1.4　某煤炭公司生产 q 吨煤时的边际收入为 500 元/吨,不生产时收入为零,求该煤炭公司生产 q 吨煤时的收入函数.

解:　设该煤炭公司生产 q 吨煤时收入为 $R(q)$元,按题意,有

$$R'(q)=500.$$

由幂函数求导公式知 $R(q)=\int 500\mathrm{d}q=500q+A$(其中 A 为任意常数).

因为 $R(0)=0$,故 $A=0$,于是所求收入函数

$$R(q)=500q.$$

思考题 5.1

1. 由积分的性质知 $\left[\int f(x)\mathrm{d}x\right]'=f(x)$ 和 $\int f'(x)\mathrm{d}x=f(x)+C$,比较两者有何区别,

并说明对$f(x)$进行的两种互逆(求导和积分)运算,为什么顺序不同其结果也不同?

2. 若$\int f(x)\mathrm{d}x = 5^x + \sin x + C$,问如何求出$f(x)$?

3. 若$f(x)$的一个原函数为$\cos x$,问如何计算$\int f'(x)\mathrm{d}x$?

4. 在不定积分的运算性质(1)中,为何要求$k \neq 0$?

练习题 5.1A

1. 计算下列不定积分:

(1) $\int x^5 \mathrm{d}x$;　　(2) $\int 2^x \mathrm{d}x$;

(3) $\int \mathrm{e}^{x+1} \mathrm{d}x$;　　(4) $\int (\cos x - \sin x)\mathrm{d}x$.

练习题 5.1B

1. 计算下列不定积分:

(1) $\int (3x^2 - 2x + 1)\mathrm{d}x$;　　(2) $\int (\mathrm{e}^x - \sin x)\mathrm{d}x$;

(3) $\int \left(\sqrt{x} + \frac{2}{\sqrt{x}}\right)\mathrm{d}x$;　　(4) $\int (2^x + x^2)\mathrm{d}x$.

2. 求下列不定积分:

(1) $\int \left(5 - \csc^2 x + \frac{1}{1+x^2}\right)\mathrm{d}x$;　　(2) $\int \frac{x^4}{1+x^2}\mathrm{d}x$;

(3) $\int \frac{\mathrm{e}^{2x} - 1}{1 + \mathrm{e}^x}\mathrm{d}x$;　　(4) $\int \frac{\cos 2x}{\sin^2 x \cdot \cos^2 x}\mathrm{d}x$.

5.2 不定积分的积分法

上一节介绍了利用积分的基本公式及性质计算不定积分的方法,我们称之为直接积分法. 利用直接积分法所能求出的不定积分是非常有限的,本节介绍换元积分法和分部积分法,它们是最常用的积分方法.

5.2.1 换元积分法

1. 第一换元积分法

先看下面的例子.

例 5.2.1 求不定积分$\int 2x\cos x^2 \mathrm{d}x$.

解：　我们注意到 $2x\mathrm{d}x=\mathrm{d}x^2$，因此原积分可以通过以下步骤得到解决

$$\int 2x\cos x^2\mathrm{d}x=\int\cos x^2\mathrm{d}x^2\xlongequal{\text{令 } t=x^2}\int\cos t\,\mathrm{d}t$$

$$\xlongequal{\text{求不定积分}}\sin t+C$$

$$\xlongequal{\text{变量还原}}\sin x^2+C.$$

一般地，有

$$\int f[\varphi(x)]\varphi'(x)\mathrm{d}x=\int f[\varphi(x)]\mathrm{d}\varphi(x)\xlongequal{\text{令 }\varphi(x)=t}\int f(t)\mathrm{d}t$$

$$\xlongequal{\text{求不定积分}}F(t)+C$$

$$\xlongequal{\text{变量还原}}F[\varphi(x)]+C.$$

以上这种积分方法称为第一换元积分法，又称凑微分法.

以下是常用的凑微分等式，熟记这些等式有助于提高计算不定积分的能力：

(1) $\mathrm{d}x=\frac{1}{a}\mathrm{d}(ax+b)$；　(2) $x\mathrm{d}x=\frac{1}{2}\mathrm{d}x^2$；　(3) $\frac{\mathrm{d}x}{\sqrt{x}}=2\mathrm{d}\sqrt{x}$；

(4) $\mathrm{e}^x\mathrm{d}x=\mathrm{d}\mathrm{e}^x$；　(5) $\frac{\mathrm{d}x}{x}=\mathrm{d}\ln x$；　(6) $\frac{\mathrm{d}x}{x^2}=-\mathrm{d}\frac{1}{x}$；

(7) $\sin x\,\mathrm{d}x=-\mathrm{d}\cos x$；　(8) $\cos x\,\mathrm{d}x=\mathrm{d}\sin x$；　(9) $\frac{1}{\cos^2 x}\mathrm{d}x=\mathrm{d}\tan x$；

(10) $\frac{1}{\sin^2 x}\mathrm{d}x=-\mathrm{d}\cot x$；　(11) $\frac{1}{\sqrt{1-x^2}}\mathrm{d}x=\mathrm{d}\arcsin x$；

(12) $\frac{1}{1+x^2}\mathrm{d}x=\mathrm{d}\arctan x$.

例 5.2.2　求不定积分 $\int\frac{1}{x}\ln x\,\mathrm{d}x$.

解：

$$\int\frac{1}{x}\ln x\,\mathrm{d}x\xlongequal{\text{凑微分}}\int\ln x\,\mathrm{d}\ln x\xlongequal{\text{令 } t=\ln x}\int t\mathrm{d}t$$

$$\xlongequal{\text{求不定积分}}\frac{1}{2}t^2+C$$

$$\xlongequal{\text{变量还原}}\frac{1}{2}\ln^2 x+C.$$

凑微分法运用熟练以后，可以省略换元步骤，直接写出结果.

例 5.2.3　求下列不定积分：

(1) $\int\frac{1}{x^2}\mathrm{e}^{-\frac{1}{x}}\mathrm{d}x$；　(2) $\int(2x+1)^{10}\mathrm{d}x$；　(3) $\int\sin x\cos x\,\mathrm{d}x$.

解：(1) $\int\frac{1}{x^2}\mathrm{e}^{-\frac{1}{x}}\mathrm{d}x=\int\mathrm{e}^{-\frac{1}{x}}\mathrm{d}\left(-\frac{1}{x}\right)=\mathrm{e}^{-\frac{1}{x}}+C.$

(2)

$$\int(2x+1)^{10}\mathrm{d}x=\frac{1}{2}\int(2x+1)^{10}\mathrm{d}(2x+1)=\frac{1}{2\times 11}(2x+1)^{11}+C$$

$$=\frac{1}{22}(2x+1)^{11}+C.$$

(3) $\int \sin x\cos x\,dx=\int \sin x\,d\sin x=\frac{1}{2}\sin^2 x+C.$

2. 第二换元积分法

在积分运算中经常会遇到含根式函数的积分，这类积分一般使用凑微分法是解决不了的，下面通过例题介绍第二换元积分法.

例 5.2.4 求不定积分 $\int \frac{1}{1+\sqrt{1+x}}dx$.

解： 令 $t=\sqrt{1+x}$，则 $t^2=1+x$，$2tdt=dx$ 代入上式，得

$$\begin{aligned}\int \frac{1}{1+\sqrt{1+x}}dx &\overset{\text{换元}}{=\!=} \int \frac{1}{1+t}\cdot 2tdt\\ &\overset{\text{变形}}{=\!=} 2\int\left(1-\frac{1}{1+t}\right)dt\\ &\overset{\text{求积分}}{=\!=} 2[t-\ln(1+t)]+C\\ &\overset{\text{变量还原}}{=\!=} 2[\sqrt{1+x}-\ln(1+\sqrt{1+x})]+C.\end{aligned}$$

一般地，有

$$\begin{aligned}\int f(x)dx &\overset{\text{令 } x=\varphi(t)}{=\!=\!=} \int f[\varphi(t)]\cdot\varphi'(t)dt \overset{\text{求积分}}{=\!=} F(t)+C\\ &\overset{\text{变量还原}}{=\!=} F[\varphi^{-1}(x)]+C.\end{aligned}$$

其中，$t=\varphi^{-1}(x)$ 是 $x=\varphi(t)$ 的反函数.

这种积分法称为第二换元积分法，它主要解决根式函数的积分.

5.2.2 分部积分法

分部积分法主要解决的是被积函数是两种不同类型的函数之积的积分问题，其积分公式是利用两个函数乘积的求导法则推导而得，现将分部积分公式推导如下

$$(uv)'=uv'+u'v,$$

即

$$uv'=(uv)'-u'v.$$

两边积分，得

$$\int uv'dx=\int (uv)'dx-\int u'vdx,$$

即

$$\int udv=uv-\int vdu.$$

这个公式称为分部积分公式，使用该公式的关键是如何选择 u 和 v. 一般地，如果被积函数为幂函数与三角函数或指数函数之积，则选幂函数为 u；如果被积函数是幂函数与对数函数等反函数的乘积，要尽量选反函数为 u.

例 5.2.5 求不定积分 $\int x\cos x\,dx$.

解： $\int x\cos x\,\mathrm{d}x = \int x\mathrm{d}\sin x = x\sin x - \int \sin x\,\mathrm{d}x = x\sin x + \cos x + C.$

例 5.2.6　求不定积分 $\int x\mathrm{e}^x\mathrm{d}x.$

解： $\int x\mathrm{e}^x\mathrm{d}x = \int x\mathrm{d}\mathrm{e}^x = x\mathrm{e}^x - \int \mathrm{e}^x\mathrm{d}x = x\mathrm{e}^x - \mathrm{e}^x + C.$

例 5.2.7　求不定积分 $\int \ln x\,\mathrm{d}x$.

解：
$$\begin{aligned}\int \ln x\,\mathrm{d}x &= x\ln x - \int x\,\mathrm{d}\ln x\\ &= x\ln x - \int x\cdot\frac{1}{x}\,\mathrm{d}x\\ &= x\ln x - \int \mathrm{d}x\\ &= x\ln x - x + C.\end{aligned}$$

在实际应用中，特别是在财经工作中，许多积分只需要结果，而不苛求计算的方法与过程. 为了提高工作效率，人们将一些函数的不定积分汇集成表，称为积分表. 可通过查积分表计算积分.

注：积分表虽然可以省略时间，提高工作效率，但只有掌握了基本积分方法，才能灵活使用.

思考题 5.2

1. 第一换元法与第二换元法的区别是什么？它们各解决的是哪种形式的积分？
2. 利用第一换元积分法计算形如 $\int \cos^3 x\,\mathrm{d}x$，$\int \cos^5 x\,\mathrm{d}x$ 的积分.
3. 总结分部积分法可以解决的积分类型，并说明其解题规律.

练习题 5.2A

计算下列不定积分：

(1) $\int (6x+1)^5\mathrm{d}x$；　　(2) $\int \mathrm{e}^{3x+1}\mathrm{d}x$；

(3) $\int \sin(3x+\pi)\mathrm{d}x$；　　(4) $\int 2^{3x+1}\mathrm{d}x$；

(5) $\int \sin^5 x\cos x\,\mathrm{d}x$；　　(6) $\int \cos^3 x\sin x\,\mathrm{d}x.$

练习题 5.2B

求下列不定积分：

(1) $\int \frac{1}{x\sqrt{1-\ln^2 x}}\mathrm{d}x$；　　(2) $\int \cos 3x\,\mathrm{d}x$；

(3) $\int e^x \sin e^x dx$;

(4) $\int \frac{1}{\sqrt{x}}\tan(\sqrt{x}+1)dx$;

(5) $\int (1-2x)^6 dx$;

(6) $\int \sin^2 x\cos x\, dx$;

(7) $\int x\cos x^2 dx$;

(8) $\int \frac{1}{1+e^x} dx$;

(9) $\int \frac{1}{e^x+e^{-x}} dx$;

(10) $\int \frac{\cos x}{\sqrt{\sin x}} dx$;

(11) $\int \frac{\sqrt{x-1}}{x} dx$;

(12) $\int \frac{1}{\sqrt{x}(1+\sqrt{x})} dx$;

(13) $\int x\sin x\, dx$;

(14) $\int xe^{2x} dx$;

(15) $\int x\ln x\, dx$;

(16) $\int \cos\sqrt{x}\, dx$;

(17) $\int \ln(x+1)dx$.

5.3 用数学软件进行不定积分运算

5.3.1 用数学软件 Mathematica 进行不定积分运算

在 Mathematica 系统中,用 Integrate 计算不定积分,其格式如下:

Integrate[f,x]

例 5.3.1 求不定积分 $\int x^5 dx$.

解:

In[1]:= Integrate[x^5,x] (* 计算不定积分 $\int x^5 dx$ *)

Out[1] = $\frac{x^6}{6}$

例 5.3.2 求不定积分 $\int xe^x dx$.

解:

In[1]:= Integrate[x * E^x , x] (* 计算不定积分 $\int xe^x dx$ *)

Out[1] = $E^x(-1+x)$

5.3.2 用数学软件 MATLAB 进行不定积分运算

在 MATLAB 系统中,用 int 计算不定积分,其格式与作用如下:

int(f(x),x)

其中,第 2 个参数自变量 x 可以省略.

例 5.3.3　求不定积分 $\int x^5 dx$.

解:

```
>> clear
syms x
>>int(x^5)
ans = x^6/6
```

例 5.3.4　求不定积分 $\int xe^x dx$.

解:

```
>> clear
syms x
int(x*exp(x))
ans = exp(x)*(x - 1)
```

5.4 学习任务 5 解答　已知边际成本,求总成本

解:

1. 因为总成本是边际成本 $C'(q)$ 的原函数,所以有

$C(q)=\int C'(q)dq=\int(5+0.02q)dq=5q+0.02\times\frac{q^2}{2}+A=5q+0.01q^2+A$($A$ 为任意实数),

即

$$C(q)=5q+0.01q^2+A.$$

又因为固定成本为 900 元,即 $C(0)=900$,代入上式得,$900=5\times0+0.01\times0^2+A$,解之得,$A=900$,于是得 $C(q)=5q+0.01q^2+900$,即总成本 C 与日产量 q 的函数关系为

$$C(q)=5q+0.01q^2+900.$$

2. 日产量 $q=100$(件)时,总成本

$C(100)=[(5q+0.01q^2+900)]\big|_{q=100}=5\times100+0.01\times100^2+900=1\,500$(元).

复习题 5

A 级

1. 计算下列不定积分:

(1) $\int 6x^5 dx$;　　(2) $\int(2^x+x)dx$;

(3) $\int(6x-5)^5\mathrm{d}x$;　　(4) $\int \mathrm{e}^{3x+2}\mathrm{d}x$;

(5) $\int\sin(3x+\pi)\mathrm{d}x$;　　(6) $\int \sin^9 x\cos x\,\mathrm{d}x$;

(7) $\int(\mathrm{e}^{4x}+\sqrt[3]{x})\mathrm{d}x$;　　(8) $\int\left(\frac{3}{\sin^2 x}-\frac{5}{\cos^2 x}\right)\mathrm{d}x$.

B 级

2. 求下列不定积分:

(1) $\int\left(\sin x+\frac{2}{1-x}+\pi\right)\mathrm{d}x$;　　(2) $\int(x-\tan x)\mathrm{d}x$;

(3) $\int\frac{1-x}{x\sqrt{x}}\mathrm{d}x$;　　(4) $\int\frac{\ln^3 x}{x}\mathrm{d}x$;

(5) $\int\frac{1}{\sqrt{x}}\cos(\sqrt{x}+1)\mathrm{d}x$;　　(6) $\int\sin^4 x\cdot\cos^3 x\,\mathrm{d}x$;

(7) $\int x\cos(2x^2-1)\mathrm{d}x$;　　(8) $\int\frac{x}{\sqrt{x-3}}\mathrm{d}x$;

(9) $\int \mathrm{e}^{\sqrt{x}}\mathrm{d}x$;　　(10) $\int x^2\ln x\,\mathrm{d}x$;

(11) $\int x\cos 2x\,\mathrm{d}x$;　　(12) $\int x\mathrm{e}^{-x}\mathrm{d}x$.

3. 求经过点(0,1)且斜率为 $2x$ 的曲线方程.

4. 某公司测定,生产某种产品 q 件的边际成本为 $C'(q)=0.4q^3+2q$,假定固定成本为 100 元,求总成本函数.

第6章

定积分及其应用

6.0 学习任务6　已知边际成本和边际收入,求最大总利润

设某企业生产某产品的固定成本为 1 000 万元,生产 q 百台该种产品的边际成本和边际收入分别为

$$C'(q)=100+\frac{1}{5}q(\text{万元/百台}),R'(q)=800(\text{万元/百台}),$$

请完成如下任务:

(1)产量由 4 百台增加到 6 百台时,总利润增加多少万元?

(2)产量为多少台时,总利润最大?

(3) 最大总利润是多少?

用定积分可解决该问题.

本章介绍积分学中的另一个基本概念——定积分及其计算方法. 定积分是特定和式的极限,而不定积分的运算是微分的逆运算,牛顿–莱布尼茨公式将两者联系在一起.

6.1 定积分的概念与性质

本节从两个实例出发,抽象出定积分的概念,并介绍定积分的性质及把定积分转化成不定积分计算的牛顿–莱布尼茨公式.

6.1.1　两个实例

1. 曲边梯形的面积

由曲线 $y=f(x)(f(x)\geqslant 0)$,直线 $x=a,x=b$ 和 $y=0$ 所围成的平面图形称为曲边梯形,如图 6.1.1 所示. 求此曲边梯形面积的思想方法是:先将曲边梯形分成许多细长条,每

个细长条可以近似地看成一个小矩形,那么所有这些小矩形面积的和就是曲边梯形面积的一个近似值. 长条分得越细,这个近似值就越接近于曲边梯形面积的真值,通过取极限就可以得到面积的精确值. 上述思路分成以下四个步骤:

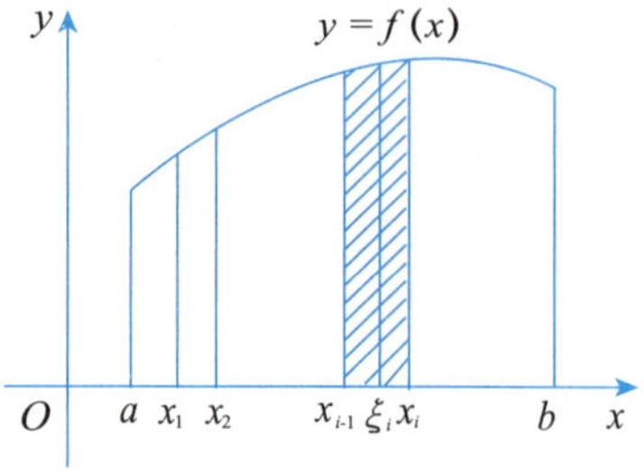

图 6.1.1

(1)分割:任取分点 $a=x_0<x_1<x_2<\cdots<x_{n-1}<x_n=b$,把底边$[a,b]$分成 n 个小区间$[x_{i-1},x_i]$$(i=1,2,\cdots,n)$,小区间长度记为

$$\Delta x_i = x_i - x_{i-1} \quad (i=1,2,\cdots,n);$$

(2)取近似:在每个小区间$[x_{i-1},x_i]$上任取一点 $\xi_i(x_{i-1}\leqslant\xi_i\leqslant x_i)$,则小曲边梯形的面积为

$$\Delta A_i \approx f(\xi_i)\Delta x_i \quad (i=1,2,\cdots,n);$$

(3)求和:把 n 个小矩形的面积相加就得到曲边梯形面积 A 的近似值,即

$$A \approx f(\xi_1)\Delta x_1 + f(\xi_2)\Delta x_2 + \cdots + f(\xi_n)\Delta x_n = \sum_{i=1}^{n} f(\xi_i)\Delta x_i;$$

(4)取极限:为保证每个 Δx_i 都无限缩小,我们要求小区间长度中的最大值 $\lambda=\max\{\Delta x_1,\Delta x_2,\cdots,\Delta x_n\}$ 趋向于零,这时和式 $\sum\limits_{i=1}^{n} f(\xi_i)\Delta x_i$ 的极限就是曲边梯形面积 A 的精确值,即

$$A = \lim_{\lambda\to 0}\sum_{i=1}^{n} f(\xi_i)\Delta x_i.$$

2. 变速直线运动的路程

设某物体作直线运动,已知速度 $v=v(t)$是时间间隔$[T_1,T_2]$上的连续函数,且$v(t)\geqslant 0$,下面计算该物体在这段时间内所走的路程.

如果是匀速直线运动,则路程 $s=v(T_2-T_1)$;如果是变速,则考虑以下方法求路程:

(1)分割:任取分点 $T_1=t_0<t_1<t_2<\cdots<t_{n-1}<t_n=T_2$,把$[T_1,T_2]$分成 n 个小区间,每个小区间长

$$\Delta t_i = t_i - t_{i-1}(i=1,2,\cdots,n);$$

(2)取近似:把每个小区间$[t_{i-1},t_i]$上的运动视为匀速运动,任取时刻 $\xi_i\in[t_{i-1},t_i]$,作乘积 $v(\xi_i)\Delta t_i$,则该物体在这小段时间内所走路程 Δs_i 可以近似表示为

$$\Delta s_i \approx v(\xi_i)\Delta t_i \quad (i=1,2,\cdots,n);$$

(3)求和:把 n 个小时间段上的路程相加,就得到总路程 s 的近似值,即

$$s \approx \sum_{i=1}^{n} v(\xi_i)\Delta t_i;$$

(4)取极限:当 $\lambda=\max\{\Delta t_1,\Delta t_2,\cdots,\Delta t_n\}$ 趋向于零时,上述和式的极限就是路程 s 的精确值,即

$$s = \lim_{\lambda\to 0}\sum_{i=1}^{n} v(\xi_i)\Delta t_i.$$

6.1.2 定积分的概念

上文所述两个具体问题的实际意义不同,但归结的数学模型却是一致的. 为此,我们

概括如下定义.

定义 6.1.1

设函数 $y=f(x)$ 在 $[a,b]$ 上有定义，任取分点 $a=x_0<x_1<x_2<\cdots<x_{n-1}<x_n=b$，将区间 $[a,b]$ 分为 n 个小区间 $[x_{i-1},x_i]$ $(i=1,2,\cdots,n)$，记

$$\Delta x_i = x_i - x_{i-1}(i = 1,2,\cdots,n),\lambda = \max\{\Delta x_1,\Delta x_2,\cdots,\Delta x_n\}.$$

在每个小区间 $[x_{i-1},x_i]$ 上任取一点 ξ_i，作乘积 $f(\xi_i)\Delta x_i$ 的和式 $\sum_{i=1}^{n} f(\xi_i)\Delta x_i$. 如果 $\lambda\to 0$ 时该和式的极限存在，则称此极限值为函数 $f(x)$ 在区间 $[a,b]$ 上的定积分（此时，也称 $f(x)$ 在 $[a,b]$ 上可积），记为

$$\int_a^b f(x)\,\mathrm{d}x = \lim_{\lambda\to 0}\sum_{i=1}^{n} f(\xi_i)\Delta x_i,$$

其中，称 $f(x)$ 为被积函数，$f(x)\mathrm{d}x$ 为被积式，x 为积分变量，$[a,b]$ 为积分区间，a 和 b 分别称为积分下限和积分上限.

根据这个定义，以上两个实际问题可用定积分分别表示为

$$\text{曲边梯形的面积 } A = \int_a^b f(x)\,\mathrm{d}x,$$

$$\text{变速运动路程 } s = \int_{T_1}^{T_2} v(t)\,\mathrm{d}t.$$

关于定积分的定义有如下说明：

(1) 如果定积分 $\int_a^b f(x)\mathrm{d}x$ 存在，则定积分值是一个确定的常数，它只与被积函数 $f(x)$ 及积分区间 $[a,b]$ 有关，与区间分法及 ξ_i 的选法无关，与积分变量用什么字母表示无关，即有

$$\int_a^b f(x)\,\mathrm{d}x = \int_a^b f(t)\,\mathrm{d}t = \int_a^b f(u)\,\mathrm{d}u.$$

(2) 在定积分中假定了 $a<b$，我们补充如下规定：

当 $a=b$ 时　$$\int_a^b f(x)\,\mathrm{d}x = \int_a^a f(x)\,\mathrm{d}x = 0;$$

当 $a > b$ 时　$$\int_a^b f(x)\,\mathrm{d}x = -\int_b^a f(x)\,\mathrm{d}x.$$

(3) 定积分的存在性：当 $f(x)$ 在 $[a,b]$ 上连续或只有有限个第一类间断点时，$f(x)$ 在 $[a,b]$ 上的定积分存在（也称可积）.

6.1.3　定积分的几何意义

设由直线 $x=a$，$x=b$，$y=0$（x 轴）以及曲线 $y=f(x)$ 所围成的曲边梯形的面积为 A.

如果 $f(x)>0$，图形在 x 轴之上，积分值为正，有

$$\int_a^b f(x)\,\mathrm{d}x = A;$$

如果 $f(x)<0$，图形在 x 轴下方，积分值为负，即

$$\int_a^b f(x)\mathrm{d}x = -A.$$

如果$f(x)$在$[a,b]$上有正有负,则积分值就等于曲线$y=f(x)$在x轴上方的部分与下方部分面积的代数和,例如,若用A_1,A_2,A_3分别表示图6.1.2中所示部分图形的面积,则有

$$\int_a^b f(x)\mathrm{d}x = A_1 - A_2 + A_3.$$

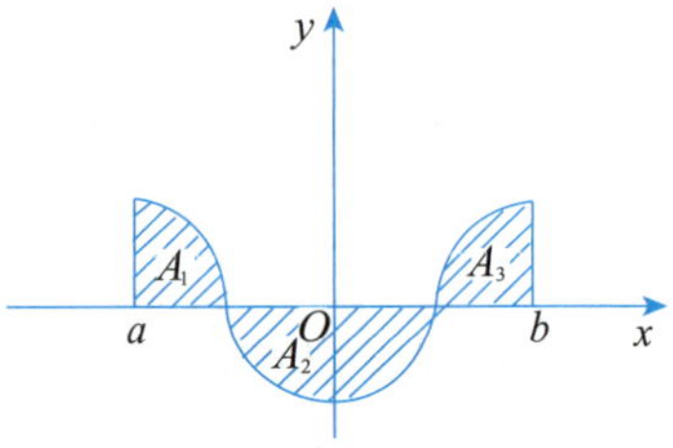

图6.1.2

由定积分的几何意义,不难得出以下结论

$$\int_{-a}^a f(x)\mathrm{d}x = \begin{cases} 0, & f(x)\text{ 为奇函数}, \\ 2\int_0^a f(x)\mathrm{d}x, & f(x)\text{ 为偶函数}. \end{cases}$$

6.1.4 定积分的性质

以下论述都假设定积分存在.

性质1 函数的代数和的积分等于各项积分的代数和,即

$$\int_a^b [f(x) \pm g(x)]\mathrm{d}x = \int_a^b f(x)\mathrm{d}x \pm \int_a^b g(x)\mathrm{d}x.$$

性质2 被积函数的常数因子可以提到积分号外面,即

$$\int_a^b kf(x)\mathrm{d}x = k\int_a^b f(x)\mathrm{d}x \quad (k\text{ 为常数}).$$

性质3(积分区间的分割性质) 不论a,b,c的相对位置如何,总有

$$\int_a^b f(x)\mathrm{d}x = \int_a^c f(x)\mathrm{d}x + \int_c^b f(x)\mathrm{d}x.$$

性质4(积分的比较性质) 在$[a,b]$上,若$f(x)\geqslant g(x)$,则

$$\int_a^b f(x)\mathrm{d}x \geqslant \int_a^b g(x)\mathrm{d}x.$$

性质5(积分估值定理) 设M和m分别是$f(x)$在$[a,b]$上的最大值与最小值,则

$$m(b-a) \leqslant \int_a^b f(x)\mathrm{d}x \leqslant M(b-a).$$

性质6(积分中值定理) 如果$f(x)$在$[a,b]$上连续,则至少存在一点$\xi\in[a,b]$,使得

$$\int_a^b f(x)\mathrm{d}x = f(\xi)(b-a).$$

证: 由性质5,得

$$m(b-a) \leqslant \int_a^b f(x)\mathrm{d}x \leqslant M(b-a).$$

不等式除以$(b-a)$,得

$$m \leqslant \frac{1}{b-a}\int_a^b f(x)\mathrm{d}x \leqslant M.$$

这表明,$\frac{1}{b-a}\int_a^b f(x)\mathrm{d}x$是介于$f(x)$的最小值$m$和最大值$M$之间的一个数,根据闭区间上连续函数的介值定理知,在$[a,b]$上至少有一点ξ,使得$f(\xi) = \frac{1}{b-a}\int_a^b f(x)\mathrm{d}x$,

即$\int_a^b f(x)\,\mathrm{d}x = f(\xi)(b-a)$.

定积分中值定理的几何意义：

对于以$[a,b]$为底边，曲线$y=f(x)\,(f(x)\geqslant 0)$为曲边的曲边梯形，至少有一个以$f(\xi)\,(a\leqslant\xi\leqslant b)$为高，$b-a$为底的矩形存在，使得它们的面积相等，如图 6.1.3 所示.

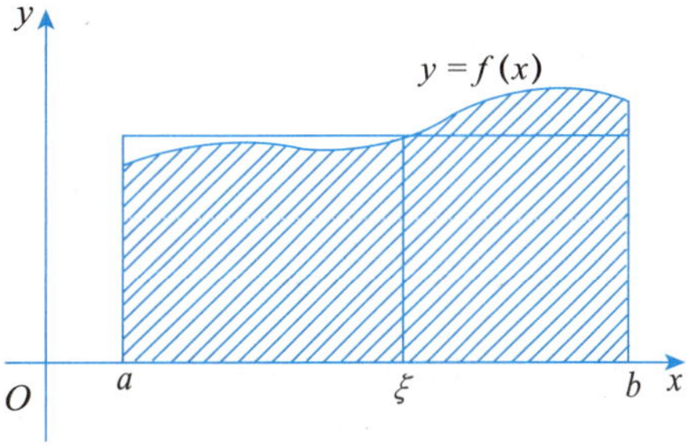

图 6.1.3

例 6.1.1　估计定积分$\int_{-1}^{1} \mathrm{e}^{-x^2}\mathrm{d}x$的值.

解：　先求$f(x)=\mathrm{e}^{-x^2}$在$[-1,1]$上的最大值和最小值.

$f'(x) = -2x\mathrm{e}^{-x^2}$，令$f'(x)=0$得驻点$x=0$，比较$f(x)$在驻点及区间端点处的函数值，$f(0)=\mathrm{e}^0=1$，$f(-1)=f(1)=\mathrm{e}^{-1}=\dfrac{1}{\mathrm{e}}$，故最大值$M=1$，最小值$m=\dfrac{1}{\mathrm{e}}$.

由估值定理得
$$\frac{2}{\mathrm{e}} \leqslant \int_{-1}^{1}\mathrm{e}^{-x^2}\mathrm{d}x \leqslant 2.$$

6.1.5　牛顿–莱布尼茨公式

由 6.1.1 中的引例及定积分的定义可知，若变速直线运动物体的速度为$v=v(t)$ $(v(t)\geqslant 0)$，则在时间间隔$[a,b]$内所经过的路程为$s=\int_a^b v(t)\,\mathrm{d}t$. 事实上，若已知变速直线运动的路程函数$s=s(t)$，则这个路程还可以表示为$s=s(b)-s(a)$，即有
$$\int_a^b v(t)\,\mathrm{d}t = s(b)-s(a), \tag{6.1.1}$$
其中，$v(t)$为$s(t)$的导数，即$s(t)$是$v(t)$的一个原函数. 那么，式(6.1.1)具有一般性吗？回答是肯定的. 也就是说，对于定积分，如果能找到被积函数的一个原函数，则定积分的值就等于原函数在积分上限的值减去其在积分下限的值. 这就是著名的牛顿–莱布尼茨公式.

定理 6.1.1　设函数$f(x)$在闭区间$[a,b]$上连续，$F(x)$是$f(x)$的任意一个原函数，则有
$$\int_a^b f(x)\,\mathrm{d}x = F(b)-F(a).$$

为书写方便，上式也常采用下面的格式
$$\int_a^b f(x)\,\mathrm{d}x = F(x)\Big|_a^b = [F(x)]_a^b = F(b)-F(a).$$

注：当a,b中有一个为无穷（或均为无穷）时，积分$\int_a^{+\infty} f(x)\,\mathrm{d}x$，$\int_{-\infty}^{b} f(x)\,\mathrm{d}x$或$\int_{-\infty}^{+\infty} f(x)\,\mathrm{d}x$称为反常积分（积分限为常数的定积分称为常义积分），其计算方法与书写格式和常义积分相同，即$\int_a^{+\infty} f(x)\,\mathrm{d}x = F(x)\Big|_a^{+\infty} = F(+\infty)-F(a)$. 只是$F(+\infty)$应理解为

极限 $\lim\limits_{x\to+\infty}F(x)$ 的值. 如果极限存在,则称反常积分收敛;否则,称反常积分发散.

例 6.1.2 计算定积分 $\int_1^2 2x\mathrm{d}x$.

解: 因为 x^2 是 $2x$ 的一个原函数,所以由牛顿–莱布尼茨公式可知

$$\int_1^2 2x\mathrm{d}x = x^2\Big|_1^2 = 2^2 - 1^2 = 3.$$

例 6.1.3 计算定积分 $\int_0^{\frac{\pi}{2}}\cos x\,\mathrm{d}x$.

解: 因为 $\sin x$ 是 $\cos x$ 的一个原函数,由牛顿–莱布尼茨公式可知

$$\int_0^{\frac{\pi}{2}}\cos x\,\mathrm{d}x = \sin x\Big|_0^{\frac{\pi}{2}} = \sin\frac{\pi}{2} - \sin 0 = 1.$$

例 6.1.4 计算反常积分 $\int_{-\infty}^0 \mathrm{e}^x\mathrm{d}x$.

解: 由反常积分的计算方法可知

$$\int_{-\infty}^0 \mathrm{e}^x\mathrm{d}x = \mathrm{e}^x\Big|_{-\infty}^0 = \mathrm{e}^0 - \mathrm{e}^{-\infty} = 1.$$

由此可见,求定积分的关键是找到被积函数的一个原函数.

例 6.1.5 计算反常积分 $\int_1^{+\infty}\frac{1}{x^2}\mathrm{d}x$.

解: $$\int_1^{+\infty}\frac{1}{x^2}\mathrm{d}x = \left(-\frac{1}{x}\right)\Big|_1^{+\infty} = \lim_{b\to+\infty}\left(-\frac{1}{b}\right) - \left(-\frac{1}{1}\right) = 0 + 1 = 1.$$

例 6.1.6 计算下列定积分:

(1) $\int_0^{\pi}(\mathrm{e}^x - \sin x)\mathrm{d}x$; (2) $\int_0^{\frac{\pi}{2}}\cos^2\frac{x}{2}\mathrm{d}x$; (3) $\int_0^2|x-1|\mathrm{d}x$.

解: (1) 根据牛顿–莱布尼茨公式,得

$$\begin{aligned}\int_0^{\pi}(\mathrm{e}^x - \sin x)\mathrm{d}x &= (\mathrm{e}^x + \cos x)\Big|_0^{\pi} = (\mathrm{e}^{\pi} + \cos\pi) - (\mathrm{e}^0 + \cos 0)\\ &= \mathrm{e}^{\pi} - 1 - 1 - 1\\ &= \mathrm{e}^{\pi} - 3\end{aligned}$$

(2) 先利用半角公式,将被积函数恒等变形,再逐项积分求原函数,最后由牛顿–莱布尼茨公式求定积分值,得

$$\begin{aligned}\int_0^{\frac{\pi}{2}}\cos^2\frac{x}{2}\mathrm{d}x &= \int_0^{\frac{\pi}{2}}\frac{1+\cos x}{2}\mathrm{d}x = \frac{1}{2}(x + \sin x)\Big|_0^{\frac{\pi}{2}}\\ &= \frac{1}{2}\left(\frac{\pi}{2} + \sin\frac{\pi}{2} - 0 - \sin 0\right)\\ &= \frac{\pi}{4} + \frac{1}{2}.\end{aligned}$$

(3) 当 $0\leqslant x\leqslant 1$ 时, $|x-1| = 1-x$;

当 $1\leqslant x\leqslant 2$ 时, $|x-1| = x-1$.

$$\int_0^2 |x-1|\,dx = \int_0^1 (1-x)\,dx + \int_1^2 (x-1)\,dx$$
$$= \left(x - \frac{1}{2}x^2\right)\Big|_0^1 + \left(\frac{1}{2}x^2 - x\right)\Big|_1^2$$
$$= \left(1-\frac{1}{2}\times 1^2\right) - \left(0 - \frac{1}{2}\times 0^2\right) + \left(\frac{1}{2}\times 2^2 - 2\right) - \left(\frac{1}{2}\times 1^2 - 1\right)$$
$$= 1.$$

思考题 6.1

1. 在定积分的定义中,能否用 $n\to+\infty$ 代替 $\lambda\to 0$?
2. 若 $f(x)$ 为 $[a,b]$ 上的分段函数,应如何计算定积分 $\int_a^b f(x)\,dx$,试举例说明.
3. 曲线 $y=e^{-x}$,直线 $x=0,y=0$ 所围图形称为开口曲边梯形,请用反常积分表示其面积.

练习题 6.1A

1. 利用定积分的几何意义,说明下列等式:

(1) $\int_{-\pi}^{\pi} \sin x\,dx = 0$;　　(2) $\int_{-\frac{\pi}{2}}^{\frac{\pi}{2}} \cos x\,dx = 2\int_0^{\frac{\pi}{2}} \cos x\,dx$.

2. 利用定积分的几何意义,计算下列定积分:

(1) $\int_{-2}^{2} \sqrt{4-x^2}\,dx$;　　(2) $\int_0^4 \sqrt{4x-x^2}\,dx$.

3. 计算下列定积分及反常积分:

(1) $\int_0^1 e^x\,dx$;　　(2) $\int_1^4 \sqrt{x}\,dx$;

(3) $\int_1^e \frac{1}{x}\,dx$;　　(4) $\int_{-2}^{2} x^3\cos 2x\,dx$;

(5) $\int_0^{\frac{\pi}{2}} \sin x\,dx$;　　(6) $\int_1^{+\infty} \frac{1}{x^2}\,dx$.

练习题 6.1B

1. 利用定积分的估值定理估计定积分 $\int_{-1}^{1} (4x^4-2x^3+5)\,dx$ 的值.
2. 计算下列定积分:

(1) $\int_1^e (e^x - x)\,dx$;　　(2) $\int_0^1 (x^3+2x^2+x+1)\,dx$;

(3) 已知 $f(x)=\begin{cases} x^2+1, & -2\leqslant x\leqslant 0, \\ x-1, & 0<x\leqslant 2, \end{cases}$ 计算 $\int_{-2}^{2} f(x)\,dx$;

(4) $\int_0^{\frac{\pi}{2}} |\sin x - \cos x|\,dx$.

6.2 定积分的积分法

6.1 节介绍了利用积分的基本公式及性质求定积分的方法. 利用直接积分法所求的定积分是非常有限的,本节介绍定积分的换元积分法和分部积分法是计算定积分的常用方法.

6.2.1 换元积分法

1. 凑微分法

例 6.2.1 计算定积分 $\int_0^{\frac{\pi}{2}} \cos^5 x\sin x\,\mathrm{d}x$.

解: 换元,令 $t=\cos x$;换积分限,$x=0$ 时 $t=1$,$x=\frac{\pi}{2}$时 $t=0$,于是

$$\int_0^{\frac{\pi}{2}} \cos^5 x\sin x\,\mathrm{d}x = -\int_0^{\frac{\pi}{2}} \cos^5 x\,\mathrm{d}\cos x = -\int_1^0 t^5\mathrm{d}t$$
$$= -\frac{1}{6}t^6\Big|_1^0 = -\frac{1}{6}(0^6-1^6) = \frac{1}{6}.$$

在上面的计算过程中,因为出现了新变量,所以换元要换积分限. 本题也可以这样求解

$$\int_0^{\frac{\pi}{2}} \cos^5 x\sin x\,\mathrm{d}x = -\int_0^{\frac{\pi}{2}} \cos^5 x\,\mathrm{d}\cos x = -\frac{\cos^6 x}{6}\Big|_0^{\frac{\pi}{2}} = \frac{1}{6}.$$

由于在上面计算过程中,没有出现新的变量,故积分上、下限不变.

一般地,用凑微分法(第一换元法)计算定积分时,如果不引入新的变量,就不用换限.

例 6.2.2 计算定积分 $\int_1^{\mathrm{e}} \frac{\ln x}{x}\mathrm{d}x$.

解: $$\int_1^{\mathrm{e}} \frac{\ln x}{x}\mathrm{d}x = \int_1^{\mathrm{e}} \ln x\,\mathrm{d}\ln x = \frac{1}{2}\ln^2 x\Big|_1^{\mathrm{e}}$$
$$= \frac{1}{2}(1^2-0^2) = \frac{1}{2}.$$

2. 第二换元法

例 6.2.3 计算$\int_0^4 \frac{1}{1+\sqrt{x}}\mathrm{d}x$.

解: 令 $t=\sqrt{x}$,则 $2t\mathrm{d}t=\mathrm{d}x$,且 $x=0$ 时,$t=0$;$x=4$ 时,$t=2$,于是

$$\int_0^4 \frac{1}{1+\sqrt{x}}\mathrm{d}x \xlongequal{令\, t=\sqrt{x}} \int_0^2 \frac{1}{1+t}\cdot 2t\mathrm{d}t = 2\int_0^2 \frac{t+1-1}{t+1}\mathrm{d}t$$
$$= 2\int_0^2\left(1-\frac{1}{1+t}\right)\mathrm{d}t.$$

$$= 2[t - \ln|1+t|]\Big|_0^2$$
$$= 2[2 - \ln(1+2) - 0 + \ln|1+0|]$$
$$= 2(2 - \ln 3).$$

一般地,有

$$\int_a^b f(x)\,dx \xlongequal{\text{令} x=\varphi(t)} \int_\alpha^\beta f[\varphi(t)]\varphi'(t)\,dt = F(t)\Big|_\alpha^\beta .$$

这里 α 与 β 分别是 t 对应于积分变量 x 的 a 与 b 的值. 另外,需注意的是对定积分的第二换元法不只要求代换的函数 $\varphi(t)$ 连续可导,而且要求 $x=\varphi(t)$ 具有反函数.

6.2.2　分部积分法

类似于不定积分的分部积分公式,有定积分的分部积分公式

$$\int_a^b u\,dv = uv\Big|_a^b - \int_a^b v\,du.$$

证明略.

例 6.2.4　计算定积分 $\int_0^1 xe^x dx$.

解:　$\int_0^1 xe^x dx = \int_0^1 x\,de^x = xe^x\Big|_0^1 - \int_0^1 e^x dx = e - e^x\Big|_0^1 = e - (e-1) = 1.$

例 6.2.5　计算定积分 $\int_1^e \ln x\,dx$.

解:　$\int_1^e \ln x\,dx = x\ln x\Big|_1^e - \int_1^e x\cdot\frac{1}{x}\,dx = e - x\Big|_1^e = 1.$

思考题 6.2

1. 定积分的第一换元法与第二换元法的区别是什么? 它们各解决哪种形式的积分?
2. 定积分的分部积分法与不定积分的分部积分法有何异同?

练习题 6.2A

计算下列定积分:

(1) $\int_1^e \frac{1}{x\sqrt{1+\ln^2 x}}\,dx$;

(2) $\int_0^\pi \cos 3x\,dx$;

(3) $\int^1 e_0{}^x \sin e^x dx$;

(4) $\int_0^1 \frac{1}{\sqrt{x}}\tan(\sqrt{x}+1)\,dx$;

(5) $\int_1^2 (1-2x)^6 dx$;

(6) $\int_\pi^{2\pi} \sin^2 x\cos x\,dx$;

(7) $\int_0^1 x\cos x^2 dx$;

(8) $\int_0^1 \frac{1}{1+e^x}\,dx$;

(9) $\int_0^1 \frac{1}{e^x + e^{-x}} dx$;　　(10) $\int_0^1 xe^{2x} dx$;

(11) $\int_1^{2e} x\ln x\, dx$.

练习题 6.2B

求下列定积分:

(1) $\int_0^2 \cos^2 x\, dx$;　　(2) $\int_1^2 \frac{1}{1+x} dx$;

(3) $\int_{\frac{1}{\pi}}^{\frac{2}{\pi}} \frac{\sin \frac{1}{t}}{t^2} dt$;　　(4) $\int_4^9 \frac{\sqrt{x}}{\sqrt{x}-1} dx$;

(5) $\int_1^2 \frac{\sqrt{x-1}}{x} dx$;　　(6) $\int_0^8 \frac{1}{1+\sqrt[3]{x}} dx$.

6.3 定积分的几何应用

1. 定积分应用的微元法

在用定积分方法求某个量时,关键是如何把所求的量用定积分表达出来,常用的方法就是微元法.

在本章引入定积分概念时,把由曲线 $y=f(x)\,(f(x)\geqslant 0)$ 和直线 $x=a, x=b$ 及 x 轴所围的曲边梯形的面积 A 表示成了定积分 $\int_a^b f(x)dx$,即 $A=\int_a^b f(x)dx=\lim\limits_{\lambda\to 0}\sum\limits_{i=1}^n f(\xi_i)\Delta x_i$. 不难发现,在和式极限 $\lim\limits_{\lambda\to 0}\sum\limits_{i=1}^n f(\xi_i)\Delta x_i$ 中,$f(\xi_i)\Delta x_i$ 为曲边梯形的面积 A 在代表性小区间 $[x_{i-1}, x_i]\,(x_i=x_{i-1}+\Delta x_i)$ 上所分布的部分面积 ΔA_i 的近似值. 因此,我们只要把 ξ_i 换为 x,Δx_i 换为 dx,则 $f(\xi_i)\Delta x_i$ 就可以写成 $f(x)dx$,这就是说 $f(x)dx$ 是曲边梯形面积 A 在代表性小区间 $[x, x+dx]$ 上所分布的部分面积 ΔA_i 的近似值,而 $f(x)dx$ 正是将曲边梯形的面积 A 表示成定积分 $\int_a^b f(x)dx$ 的被积式. 因此,今后我们可以把实际问题中的"待求量"A 通过以下两步表示成定积分:

第一步:选积分变量 $x\in[a,b]$,任取一个微小区间 $[x, x+dx]$,然后写出这个小区间上所对应的"待求量"A 的部分量 $\Delta A(x)$ 的近似值,记为 $dA(x)$,即 $dA(x)=f(x)dx$,称为 A 的微元.

第二步:将微元 $dA(x)=f(x)dx$ 在 $[a,b]$ 上积分(无限累加),即得 $A=\int_a^b f(x)dx$.

上述解决问题的方法称为微元法. 关于微元 $dA=f(x)dx$ 作以下两点说明:

(1) $f(x)dx$ 是 $\Delta A(x)$ 的近似表达式,应该足够准确. 确切地说,就是要求它们的差

$\Delta A(x)-f(x)\mathrm{d}x$ 是比 Δx 高阶的无穷小. 这样微元 $f(x)\mathrm{d}x$ 实际上是函数 $A(x)$（$A(x)$ 是定义在区间 $[a,b]$ 上的函数，且 $A(x)$ 等于量 A 分布在区间 $[a,x]$ 上的部分量，$A(a)=0$，$A(b)=A$）的微分 $\mathrm{d}A(x)$.

（2）如何求微元是解决问题的关键，要分析问题的实际意义及数量关系，一般可在局部 $[x,x+\mathrm{d}x]$ 上，按“常代变”“匀代不匀”“直代曲”的思路（局部线性化），写出所求量的近似值，即微元 $\mathrm{d}A(x)=f(x)\mathrm{d}x$.

下面，我们用微元法来讨论定积分在几何及其他方面的一些应用.

2. 用定积分求平面图形的面积

对直角坐标系下平面图形的面积分下列四种情形讨论：

（1）曲线 $y=f(x)$（$f(x)>0$），$x=a$，$x=b$ 及 x 轴所围图形（见图 6.3.1）对应于小区间 $[x,x+\mathrm{d}x]$ 的面积微元 $\mathrm{d}A(x)=f(x)\mathrm{d}x$，则面积 $A=\int_a^b f(x)\mathrm{d}x$.

（2）曲线 $y=f(x)$（有正有负），$x=a$，$x=b$ 及 x 轴所围图形（见图 6.3.2）对应于小区间 $[x,x+\mathrm{d}x]$ 的面积微元 $\mathrm{d}A(x)=|f(x)|\mathrm{d}x$，则面积 $A=\int_a^b |f(x)|\mathrm{d}x$.

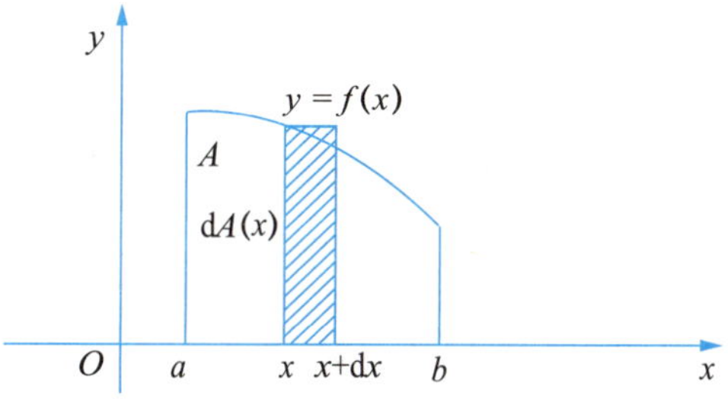

图 6.3.1

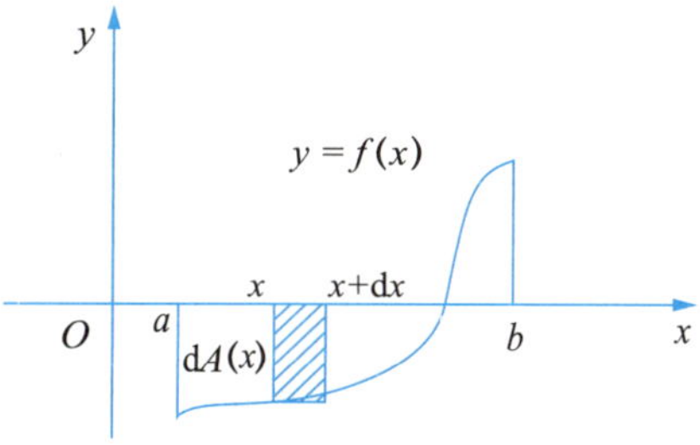

图 6.3.2

（3）由上下两条曲线 $y=f(x)$，$y=g(x)$（$f(x)\geqslant g(x)$）和 $x=a$，$x=b$ 所围图形（见图 6.3.3）对应于小区间 $[x,x+\mathrm{d}x]$ 的面积微元 $\mathrm{d}A(x)=[f(x)-g(x)]\mathrm{d}x$，则面积 $A=\int_a^b[f(x)-g(x)]\mathrm{d}x$.

（4）由左右两条曲线 $x=\psi(y)$，$x=\varphi(y)$（$\varphi(y)\geqslant\psi(y)$）及 $y=c$，$y=d$ 所围图形（见图 6.3.4）对应于小区间 $[y,y+\mathrm{d}y]$ 的面积微元 $\mathrm{d}A(y)=[\varphi(y)-\psi(y)]\mathrm{d}y$，则面积 $A=\int_c^d[\varphi(y)-\psi(y)]\mathrm{d}y$.

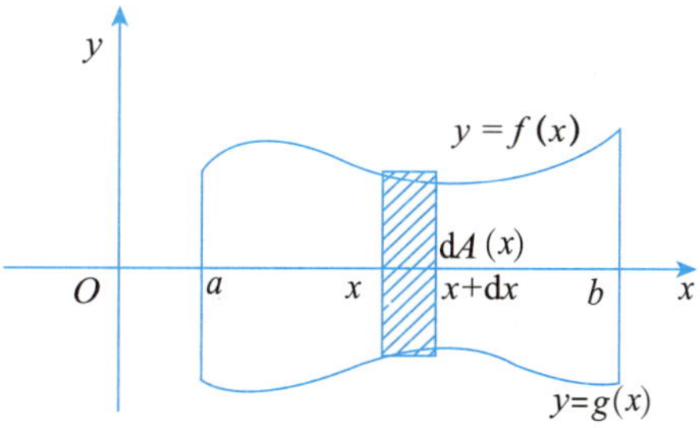

图 6.3.3

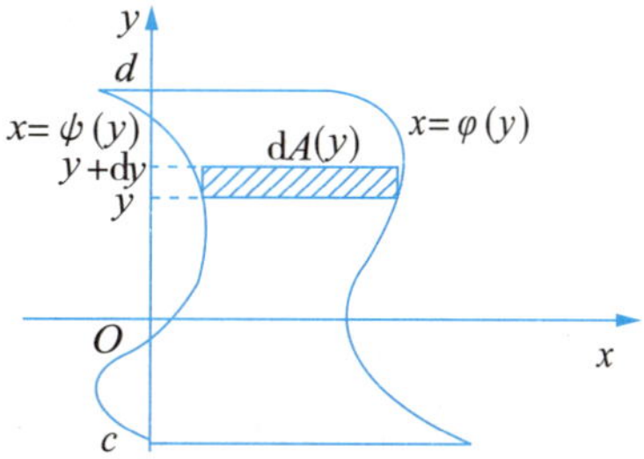

图 6.3.4

例 6.3.1 求由抛物线 $y^2=x$ 及 $y=x^2$ 所围成图形的面积.

解： 两条抛物线所围成的平面图形如图 6.3.5 所示.

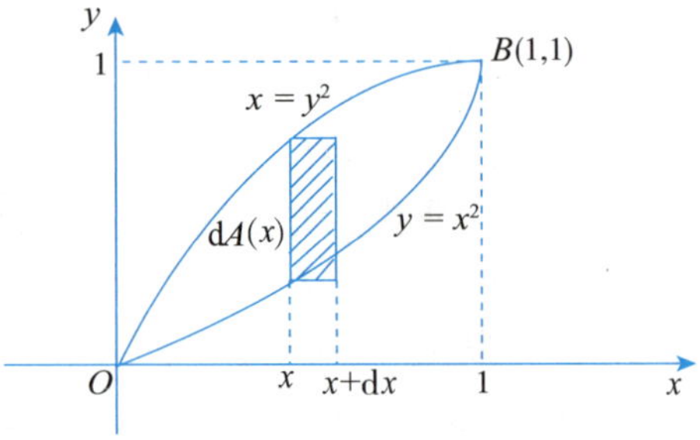

图 6.3.5

解方程组

$$\begin{cases} y^2=x, \\ y=x^2, \end{cases}$$

得交点 B 的横坐标为 $x_1=0, x_2=1$. 该图形属于情形(1),其面积微元 $dA(x)=(\sqrt{x}-x^2)dx$,故所求面积

$$S=\int_0^1(\sqrt{x}-x^2)dx=\left(\frac{2}{3}x^{\frac{3}{2}}-\frac{1}{3}x^3\right)\Big|_0^1=\frac{1}{3}.$$

思考题 6.3

1. 什么叫微元法？用微元法解决实际问题的思路及步骤如何？
2. 求平面图形的面积一般分为几步？

练习题 6.3A

1. 计算由曲线 $y=x^3$,直线 $x=1$ 及 $y=0$ 所围成平面图形的面积.
2. 计算曲线 $y^2=x+1$ 与 $y=x-1$ 所围成平面图形的面积.
3. 已知某产品总产量的变化率是时间 t(单位：年)的函数 $f(t)=2t+3$(千件/年),求五年总产量为多少.

练习题 6.3B

1. 求由曲线 $y=x^3$ 与 $y=0, x=1, x=2$ 所围成的平面图形的面积.
2. 求由曲线 $y=x^3-3$ 与 $x=-1, x=0, y=0$ 所围成的平面图形的面积.
3. 求由曲线 $y=\frac{1}{x}$ 与 $y=-x, x=1, x=2$ 所围成的平面图形的面积.

6.4 定积分在经济上的应用

在经济学中经常会遇到已知变化率求总量的问题,如已知边际成本求总成本、已知边际利润求总利润等,这些问题都是通过求定积分来解决的.

例 6.4.1 已知生产某产品的边际成本和边际收入分别为

$$C'(x)=3+\frac{1}{3}x(\text{万元/百台}),$$

$$R'(x)=7-x(\text{万元/百台}),$$

其中,$C(x)$和$R(x)$分别是总成本函数和总收入函数.

(1)若固定成本$C(0)=1$万元,求总成本函数、总收入函数和总利润函数;

(2)产量为多少时,总利润最大?最大总利润是多少?

解: (1)总成本是固定成本与可变成本之和,即

$$C(x)=C(0)+\int_0^x\left(3+\frac{1}{3}x\right)\mathrm{d}x.$$

这里x既是积分限,又是积分变量,为区别起见,改写为

$$C(x)=C(0)+\int_0^x\left(3+\frac{1}{3}t\right)\mathrm{d}t=1+3x+\frac{1}{6}x^2.$$

总收入函数为

$$R(x)=R(0)+\int_0^x(7-t)\mathrm{d}t=7x-\frac{1}{2}x^2(\text{产量为零时,收入为零,故}R(0)=0).$$

总利润是总收入与总成本之差,故总利润L为

$$L(x)=R(x)-C(x)=\left(7x-\frac{1}{2}x^2\right)-\left(1+3x+\frac{1}{6}x^2\right)=-1+4x-\frac{2}{3}x^2.$$

(2)由$L'(x)=4-\frac{4}{3}x$,令$4-\frac{4}{3}x=0$得唯一驻点$x=3$,即当$x=3$(百台)时,$L(x)$有最大值,即最大利润为

$$L(3)=-1+4\times3-\frac{2}{3}\times3^2=5(\text{万元}).$$

思考题 6.4

边际成本函数与总成本函数的关系是什么?已知其中一个,如何求另一个?

练习题 6.4A

1. 已知某产品的边际成本函数为$C'(x)=2x+36$(元/件),固定成本为 500 元,求总成本函数.

2. 已知某产品总产量的变化率是时间t(单位:年)的函数$f(t)=2t+3$(千件/年),求从开始到第 5 年末的总产量.

3. 已知某产品生产x个时,总收益R的变化率(边际收益)为

$$R'=R'(x)=200-\frac{x}{100},$$

(1)求生产了 50 个产品时的总收益;

(2)如果已经生产了 50 个产品,求再生产 20 个产品时所增加的总收益.

练习题 6.4B

1. 求由曲线 $y=x^2$ 与 $y=3-x^2$ 所围成的平面图形的面积.
2. 已知某产品总产量的变化率是时间 t 的函数 $f(t)=2t+1$,求开始 5 年的总产量.
3. 设生产某产品的固定成本为 100 万元,边际收益和边际成本分别为(单位:万元/百台)

$$R'(x)=8-x,\quad C'(x)=4+\frac{x}{4}.$$

(1)求产量由 1 百台增加到 5 百台时,总收益增加多少?
(2)求产量由 1 百台增加到 5 百台时,总成本增加多少?
(3)求产量为多少时,总利润最大?
(4)求总利润最大时的总收益、总成本和总利润.

6.5 用数学软件进行定积分运算

6.5.1 用数学软件 Mathematica 进行定积分运算

在 Mathematica 系统中,用 Integrate[f,{x,a,b}]计算定积分 $\int_a^b f(x)\mathrm{d}x$, 其中, f 是 x 的函数.

例 6.5.1 求定积分 $\int_1^2 x^5\mathrm{d}x$.

解:

In[1]:=Integrate[x^5,{x,1,2}] (* 计算不定积分 $\int_1^2 x^5\mathrm{d}x$ *)

Out[1] $=\frac{21}{2}$

例 6.5.2 计算定积分 $\int_0^1 x\mathrm{e}^x\mathrm{d}x$.

解:

In[1]:=Integrate[x*E^x,{x,0,1}](*计算不定积分 $\int_0^1 x\mathrm{e}^x\mathrm{d}x$ *)

Out[1]=1

6.5.2 用数学软件 MATLAB 进行定积分运算

在 MATLAB 系统中,用 int(f,x,a,b)计算定积分 $\int_a^b f\,\mathrm{d}x$, 其中, f 是 x 的函数.

例 6.5.3 求定积分 $\int_1^2 x^5\mathrm{d}x$.

解:

```
>> clear
```

```
syms x;
int(x^5,1,2)
ans = 21/2
```

例 6.5.4　计算定积分 $\int_0^1 xe^x\mathrm{d}x$.

解：

```
>> clear
syms x;
int(x * exp(x),0,1)
ans =1
```

6.6 学习任务 6 解答　已知边际成本和边际收入，求最大总利润

1. 解法 1

因为固定成本 $C_0=1\,000$ 万元，边际成本 $C'(q)=100+\frac{1}{5}q$，边际收入 $R'(q)=800$，所以有

总成本 $C(q)=\int_0^q C'(q)\mathrm{d}q+C(0)=\int_0^q\left(100+\frac{1}{5}q\right)\mathrm{d}q+1\,000=100q+\frac{1}{10}q^2+1\,000.$

总收入 $R(q)=\int_0^q R'(q)\mathrm{d}q=\int_0^q 800\mathrm{d}q=800q.$

总利润 $L(q)=R(q)-C(q)=800q-\left(100q+\frac{1}{10}q^2+1\,000\right)=700q-\frac{1}{10}q^2-1\,000.$

(1)产量由 4 百台增加到 6 百台时，总利润增加

$$\begin{aligned}\Delta L&=L(6)-L(4)=\left(700q-\frac{1}{10}q^2-1\,000\right)\Big|_4^6\\&=4\,200-3.6-1\,000-(2\,800-1.6-1\,000)=1\,398(\text{万元}).\end{aligned}$$

(2)产量为多少台时，总利润最大？

边际利润 $L'(q)=\left(700q-\frac{1}{10}q^2-1\,000\right)'=700-\frac{1}{5}q$，令 $L'(q)=0$，即 $700-\frac{1}{5}q=0$，解之得 $q=3\,500$(百台)，又因为 $L''(q)=\left(700-\frac{1}{5}q\right)'=-\frac{1}{5}<0$，即 $L''(3\,500)<0$，所以，$q=3\,500$(百台)总利润最大.

(3) 最大总利润　　$L(3\,500)=\left(700q-\frac{1}{10}q^2-1\,000\right)\Big|_{q=3\,500}=1\,224\,000(\text{万元}).$

因此，产量由 4 百台增加到 6 百台时，总利润增加 1 398 万元，产量为 3 500 百台时，总利润最大，最大总利润为 1 224 000 万元.

2. 解法 2

因为边际成本 $C'(q)=100+\frac{1}{5}q$,边际收入 $R'(q)=800$,所以,边际利润

$$L'(q)=800-(100+\frac{1}{5}q)=700-\frac{1}{5}q.$$

(1)产量由 4 百台增加到 6 百台时,总利润增加量

$$\Delta L=\int_4^6 L'(q)\mathrm{d}q=\int_4^6\left(700-\frac{1}{5}q\right)\mathrm{d}q=\left(700q-\frac{1}{10}q^2\right)_4^6=1\ 398\ (\text{万元}).$$

(2)产量为多少台时,总利润最大?

由最大利润原则知,边际收入 = 边际成本时,总利润最大,令 $R'(q)=C'(q)$,即 $100+\frac{1}{5}q=800$,解得 $q=3\ 500$(百台),所以,$q=3\ 500$(百台)总利润最大.

(3) 最大总利润是多少?

因为固定成本 $C_0=1\ 000$ 万元,所以,最大总利润

$$L(3\ 500)=\int_0^{3\ 500}L'(q)\mathrm{d}q-C_0=\int_0^{3\ 500}\left(700-\frac{1}{5}q\right)\mathrm{d}q-1\ 000$$

$$=\left(700q-\frac{1}{10}q^2\right)_0^{3\ 500}-1\ 000=1\ 224\ 000(\text{万元}).$$

因此,产量由 4 百台增加到 6 百台时,总利润增加1 398 万元,产量为 3 500 百台时,总利润最大,最大总利润为 1 224 000 万元.

复习题 6

A 级

1. 计算下列定积分:

(1) $\int_{-1}^{1}(x^2+3x+\sin x\cos x)\mathrm{d}x$;

(2) $\int_0^2\frac{x}{1+x^2}\mathrm{d}x$;

(3) $\int_0^{\frac{\pi}{2}}\cos^5 x\sin x\,\mathrm{d}x$;

(4) $\int_0^{\pi}|\cos x|\,\mathrm{d}x$;

(5) $\int_0^{\pi}x\cos 2x\,\mathrm{d}x$;

(6) $\int_1^2\frac{1}{1+\sqrt{x-1}}\mathrm{d}x$;

(7) $\int_1^{+\infty}\frac{1}{x^3}\mathrm{d}x$.

B 级

2. 求下列各题中平面图形的面积:

(1)由抛物线 $y=x^2$ 与直线 $y=2x$ 所围成的平面图形;

(2)由抛物线 $y^2=2x$ 与直线 $y=x-4$ 所围成的平面图形;

(3)由曲线 $y=\frac{1}{x}$与直线 $y=x,y=2$ 所围成的平面图形.

3. 设某产品的边际成本及边际收入(单位:万元/t)都是产量 x 的函数,即

$$C'(x) = 4 + 0.25x,$$

$$R'(x) = 80 - x.$$

(1)求产量由 10 t 增加到 50 t 时,总成本与总收入各增加多少?

(2)设固定成本为 $C(0) = 10$(万元),求总成本函数和总收入函数.

第7章

偏导数及其应用

7.0 学习任务7　两种产品的产量各为多少时总利润最大?

某工厂生产 A,B 两种产品,其销售单价分别为 $p_A=100$ 元/件,$p_B=200$ 元/件. 总成本 C(单位:元)是两种产品产量 x 和 y(单位:件)的函数

$$C(x,y)=1\ 000+2x^2-xy+2y^2.$$

请完成如下任务:当两种产品的产量各为多少时,可获利润最大? 最大利润是多少?

该问题为多元函数的最值问题,解决此问题需要用到多元函数的偏导数.

在工程技术和经济管理的许多问题中,常常遇到依赖于多个自变量的函数,这种函数统称为多元函数. 本章将介绍多元函数微分学的相关内容,重点介绍二元函数的偏导数、全微分及其简单应用.

7.1 多元函数的极限与连续

本节先介绍多元函数的概念,随后讨论二元函数的极限和二元函数的连续性.

7.1.1　多元函数

先看下列例子.

例 7.1.1　矩形面积 S 与它的长 x,宽 y 满足

$$S=x\cdot y(x>0,y>0),$$

其中,长 x 和宽 y 是两个独立的变量,在它们的变化范围内,当 x,y 的值取定以后,面积 S 有唯一的值与之对应.

例 7.1.2　某企业生产某种产品的产量 Q 与投入的劳动力 L 和资金 K 有下列关系

$$Q=AL^{\alpha}K^{\beta},$$

其中,A,α,β 都是正常数,当 L 和 K 的值取定后,产量 Q 有唯一确定的值与之对应.

由上述不同领域的实例可抽象出多元函数的概念.

1. 二元函数的定义

定义 7.1.1

设 D 是平面上的一个非空点集，f 是一个对应法则，如果对于每个点 $(x,y)\in D$，都可通过对应法则 f 得到唯一的实数 z 与之对应，则称 z 是变量 x,y 的二元函数，记为

$$z=f(x,y),$$

其中，x,y 称为自变量；z 称为因变量；D 称为函数 $f(x,y)$ 的定义域，它所对应的函数值的集合称为函数 $f(x,y)$ 的值域.

二元函数的定义域通常是由平面上一条或几条光滑曲线所围成的平面区域，围成区域的曲线称为区域的边界，包括边界在内的区域称为闭区域，否则称为开区域.

常见的区域有

矩形区域 $\{(x,y)\mid a<x<b,c<y<d,a,b,c,d$ 为实数$\}$，

圆形区域 $\{(x,y)\mid (x-x_0)^2+(y-y_0)^2<\delta^2,\delta>0\}$.

一般，也称上述圆形区域为以点 (x_0,y_0) 中心，以 δ 为半径的邻域，简称点 (x_0,y_0) 的邻域.

求二元函数的定义域，就是找使函数有意义的自变量的取值范围，这与一元函数定义域的求法类似，但作图一般要复杂一些.

例 7.1.3　求二元函数 $z=\sqrt{4-x^2-y^2}$ 的定义域.

解：　要使函数 z 有意义，需要

$$4-x^2-y^2\geqslant 0,$$

即

$$x^2+y^2\leqslant 4.$$

于是所求定义域为

$$D=\{(x,y)\mid x^2+y^2\leqslant 4\}.$$

这是一个以原点为圆心，以 2 为半径的圆形区域，且为有界闭区域，如图 7.1.1 所示.

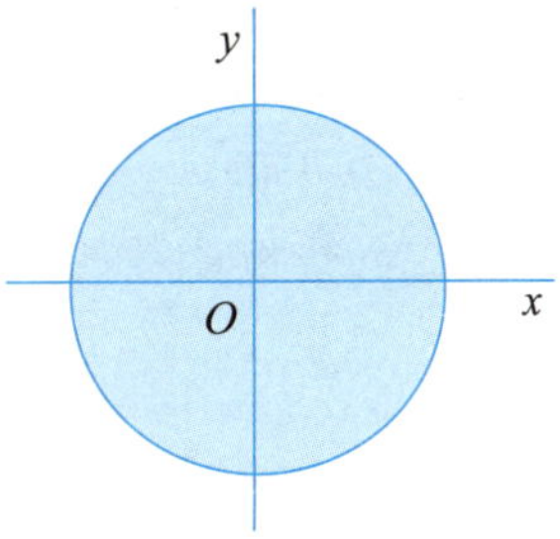

图 7.1.1

例 7.1.4　求函数 $z=\dfrac{\sqrt{y-x^2}}{\ln(1-x^2-y^2)}$ 的定义域.

解：　要使函数 z 有意义，需满足 $\begin{cases}y-x^2\geqslant 0,\\1-x^2-y^2>0,\\1-x^2-y^2\neq 1,\end{cases}$ 即

$$\begin{cases}y\geqslant x^2,\\x^2+y^2<1,\\x\neq 0,y\neq 0.\end{cases}$$

于是所求定义域，如图 7.1.2 所示，为

$$D=\{(x,y)\mid y\geqslant x^2,x^2+y^2<1,x\neq 0,y\neq 0\}.$$

注意：坐标原点处为“空心”.

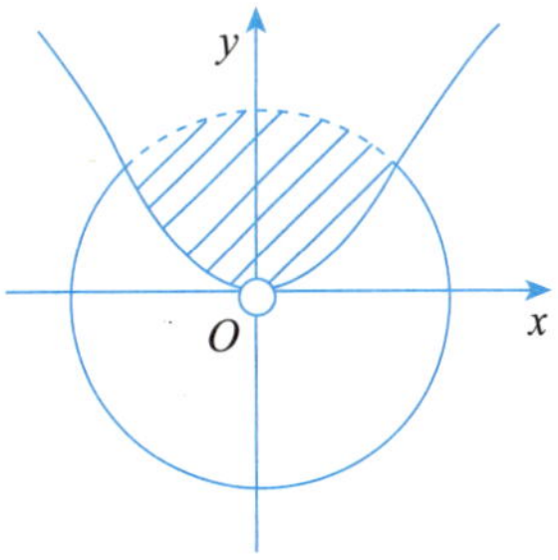

图 7.1.2

2. 多元函数的定义

类似于二元函数，可以定义三元函数 $u=f(x,y,z)$，四元函数 $u=f(x_1,x_2,x_3,x_4)$ 等.

二元及二元以上的函数统称为多元函数.

7.1.2 二元函数的极限与连续

定义 7.1.2

如果函数 $z=f(x,y)$ 在点 (x_0,y_0) 的某一邻域内有定义(在点 (x_0,y_0) 处可以没有定义),当点 (x,y) 沿任何路径趋近于点 (x_0,y_0) 时,对应的函数值 $f(x,y)$ 都无限接近于同一个定数 A,则称当 (x,y) 趋于 (x_0,y_0) 时,函数 $z=f(x,y)$ 以 A 为极限,记作

$$\lim_{(x,y)\to(x_0,y_0)} f(x,y) = A \text{ 或} \lim_{\substack{x\to x_0\\ y\to y_0}} f(x,y) = A.$$

二元函数极限的四则运算与一元函数类似.

注意:在坐标面 xOy 上,(x,y) 趋向 (x_0,y_0) 的方式多种多样,因此二元函数的极限要比一元函数复杂得多,这里不再深入研究.

定义 7.1.3

设函数 $z=f(x,y)$ 在点 (x_0,y_0) 的某一邻域内有定义,如果

$$\lim_{\substack{x\to x_0\\ y\to y_0}} f(x,y) = f(x_0,y_0),$$

则称函数 $z=f(x,y)$ 在点 (x_0,y_0) 处连续;否则,称函数 $z=f(x,y)$ 在点 (x_0,y_0) 处不连续(或间断),并把点 (x_0,y_0) 称为间断点.

如果 $f(x,y)$ 在区域 D 内的每一点都连续,则称 $f(x,y)$ 在区域 D 上连续,或称 $f(x,y)$ 为区域 D 上的连续函数.

二元连续函数的和、差、积、商(分母不为零)及复合函数仍为连续函数.

思考题 7.1

1. 任意两个二元函数相加都仍为二元函数吗?
2. 二元函数与一元函数的极限和连续的概念有何异同?

练习题 7.1A

1. 设 $f(x,y)=x+y^2$,求 $f(2,1)$.
2. 求二元函数 $z=\sqrt{1-x^2-y^2}$ 的定义域,并作出定义域的图形.

练习题 7.1B

1. 求下列函数的定义域:

(1) $z=\sqrt{1-x^2}+\sqrt{1-y^2}$;　　(2) $z=\sqrt{1-\dfrac{x^2}{a^2}-\dfrac{y^2}{b^2}}$;

(3) $z=e^{-(x^2+y^2)}$;　　(4) $z=\ln(x-y)+\ln x$.

2. 设 $f(x,y)=x^2+y^2$，求 $f(2x+y,3y)$.

7.2 偏导数

在研究一元函数时，通过讨论函数变化率引入了导数的概念. 对于多元函数也同样需要讨论变化率问题，但多元函数的自变量不止一个，为此我们先研究其中一个自变量变化、而其余自变量不变的情形. 以下我们借助二元函数来讨论偏导数.

7.2.1 偏导数的定义

1. 偏增量与全增量

设函数 $z=f(x,y)$ 在点 (x_0,y_0) 的某一邻域内有定义，当自变量 x 在 x_0 处取得改变量 $\Delta x(\Delta x\neq 0)$，而自变量 $y=y_0$ 保持不变时，函数相应的改变量

$$\Delta_x z=f(x_0+\Delta x,y_0)-f(x_0,y_0)$$

称为函数 $z=f(x,y)$ 关于 x 的偏增量. 类似地，有函数 $z=f(x,y)$ 关于 y 的偏增量为

$$\Delta_y z=f(x_0,y_0+\Delta y)-f(x_0,y_0).$$

当自变量 x,y 分别在 x_0,y_0 取得改变量 $\Delta x,\Delta y$ 时，函数 $z=f(x,y)$ 相应的改变量

$$\Delta z=f(x_0+\Delta x,y_0+\Delta y)-f(x_0,y_0)$$

称为函数 $z=f(x,y)$ 的全增量.

2. 偏导数

定义 7.2.1

设函数 $z=f(x,y)$ 在点 (x_0,y_0) 的某一邻域内有定义，如果极限

$$\lim_{\Delta x\to 0}\frac{\Delta_x z}{\Delta x}=\lim_{\Delta x\to 0}\frac{f(x_0+\Delta x,y_0)-f(x_0,y_0)}{\Delta x}$$

存在，则称此极限值为函数 $f(x,y)$ 在点 (x_0,y_0) 处对 x 的偏导数，记作

$$\left.\frac{\partial z}{\partial x}\right|_{\substack{x=x_0\\y=y_0}},\quad \left.\frac{\partial f}{\partial x}\right|_{\substack{x=x_0\\y=y_0}},\quad \left.z_x\right|_{\substack{x=x_0\\y=y_0}}\text{或}f_x(x_0,y_0).$$

类似地，如果极限

$$\lim_{\Delta y\to 0}\frac{\Delta_y z}{\Delta y}=\lim_{\Delta y\to 0}\frac{f(x_0,y_0+\Delta y)-f(x_0,y_0)}{\Delta y}$$

存在，则称此极限值为函数 $f(x,y)$ 在点 (x_0,y_0) 处对 y 的偏导数，记作

$$\left.\frac{\partial z}{\partial y}\right|_{\substack{x=x_0\\y=y_0}},\quad \left.\frac{\partial f}{\partial y}\right|_{\substack{x=x_0\\y=y_0}},\quad \left.z_y\right|_{\substack{x=x_0\\y=y_0}}\text{或}f_y(x_0,y_0).$$

如果函数 $z=f(x,y)$ 在平面区域 D 内的每一点 (x,y) 处都存在对 x 的偏导数，则称函数 $f(x,y)$ 在 D 内存在对 x 的偏导函数，简称偏导数，记作

$$\frac{\partial z}{\partial x},\quad \frac{\partial f}{\partial x},\quad z_x\text{或}f_x(x,y).$$

类似地，可以定义函数 $f(x,y)$ 在 D 内存在对 y 的偏导数，记作

$$\frac{\partial z}{\partial y}, \quad \frac{\partial f}{\partial y}, \quad z_y \text{ 或} f_y(x,y).$$

由偏导数的定义可以看出,二元函数偏导数的实质就是把一个自变量固定,而将二元函数 $z=f(x,y)$ 看成是关于另一个自变量的一元函数的导数. 因此,求二元函数的偏导数时,只需将一个自变量暂时看作常量,直接利用一元函数的求导方法对另一个自变量进行求导即可.

求某点处的偏导数值时,可先求偏导函数,然后代入该点坐标即可.

例 7.2.1 求 $z=x^3\sin y$ 的偏导数$\frac{\partial z}{\partial x}$和$\frac{\partial z}{\partial y}$.

解: 把 y 看作常量对 x 求导数,得

$$\frac{\partial z}{\partial x}=3x^2\sin y.$$

把 x 看作常量对 y 求导数,得

$$\frac{\partial z}{\partial y}=x^3\cos y.$$

例 7.2.2 求 $z=x^y$ 的偏导数.

解: 把 y 看作常量对 x 求偏导数,得

$$\frac{\partial z}{\partial x}=yx^{y-1}.$$

把 x 看作常量对 y 求导数,得

$$\frac{\partial z}{\partial y}=x^y\ln x.$$

例 7.2.3 求函数 $f(x,y)=1+\ln(x^2+y^2)$ 在点 $(1,4)$ 处的偏导数.

解: 先求偏导函数

$$f_x(x,y)=\frac{2x}{x^2+y^2}, \quad f_y(x,y)=\frac{2y}{x^2+y^2},$$

于是在点 $(1,4)$ 处的偏导数为

$$f_x(1,4)=\frac{2\times 1}{1^2+4^2}=\frac{2}{17}, \quad f_y(1,4)=\frac{2\times 4}{1^2+4^2}=\frac{8}{17}.$$

7.2.2 高阶偏导数

一般情况下,二元函数 $z=f(x,y)$ 的两个偏导数$\frac{\partial z}{\partial x}$, $\frac{\partial z}{\partial y}$仍然是关于自变量 x,y 的函数. 如果$\frac{\partial z}{\partial x}$, $\frac{\partial z}{\partial y}$的偏导数存在,则称这两个偏导数的偏导数为 $z=f(x,y)$ 的二阶偏导数,这样的偏导数共有四个,分别表示为

$$\frac{\partial}{\partial x}\left(\frac{\partial z}{\partial x}\right)=\frac{\partial^2 z}{\partial x^2}, \text{ 或记为}\frac{\partial^2 f}{\partial x^2}, z_{xx}, f_{xx}(x,y),$$

$$\frac{\partial}{\partial y}\left(\frac{\partial z}{\partial x}\right)=\frac{\partial^2 z}{\partial x\,\partial y}, \text{ 或记为}\frac{\partial^2 f}{\partial x\,\partial y}, z_{xy}, f_{xy}(x,y),$$

$$\frac{\partial}{\partial x}\left(\frac{\partial z}{\partial y}\right)=\frac{\partial^2 z}{\partial y\,\partial x}, \text{ 或记为}\frac{\partial^2 f}{\partial y\,\partial x}, z_{yx}, f_{yx}(x,y),$$

$$\frac{\partial}{\partial y}\left(\frac{\partial z}{\partial y}\right)=\frac{\partial^2 z}{\partial y^2}\text{，或记为}\frac{\partial^2 f}{\partial y^2}\text{，} z_{yy}\text{，}f_{yy}(x,y).$$

类似地,可以定义三阶,四阶,…,n 阶偏导数. 二阶及二阶以上的偏导数都称为高阶偏导数,其求法为:从一阶偏导数求起,然后求二阶偏导数,依次求下去.

例 7.2.4　求函数 $z=2x^2y-3xy^3$ 的二阶偏导数.

解:　函数的一阶偏导数为

$$\frac{\partial z}{\partial x}=4xy-3y^3,\quad \frac{\partial z}{\partial y}=2x^2-9xy^2.$$

二阶偏导数为

$$\frac{\partial^2 z}{\partial x^2}=(4xy-3y^3)_x=4y,$$

$$\frac{\partial^2 z}{\partial x\,\partial y}=(4xy-3y^3)_y=4x-9y^2,$$

$$\frac{\partial^2 z}{\partial y^2}=(2x^2-9xy^2)_y=-18xy,$$

$$\frac{\partial^2 z}{\partial y\,\partial x}=(2x^2-9xy^2)_x=4x-9y^2.$$

思考题 7.2

1. $\frac{\partial^2 z}{\partial x\,\partial y}$ 与 $\frac{\partial^2 z}{\partial y\,\partial x}$ 通常称为二阶混合偏导数,请问两者是否一定相等?

2. $f_x(x_0,y_0)$ 与 $f_y(x_0,y_0)$ 一定同时存在吗?

练习题 7.2A

1. 若 $z=x^8y^8$,求 $\frac{\partial z}{\partial x}$,$\frac{\partial z}{\partial y}$.

2. 若 $f(x,y)=xy$,求 $f_x(x,y)$,$f_y(x,y)$,$f_x(1,0)$,$f_y(1,0)$.

练习题 7.2B

1. 求下列函数的一阶偏导数:

(1) $z=x^2+y^2$;　　(2) $z=\mathrm{e}^{xy}$;

(3) $z=2xy-\frac{x}{y}$;　　(4) $z=x^3\ln(x^3+y^3)$.

2. 设 $z=\mathrm{e}^x\cos y$,求 $\frac{\partial^2 z}{\partial x^2}$,$\frac{\partial^2 z}{\partial y\,\partial x}$,$\left.\frac{\partial^2 z}{\partial y^2}\right|_{\substack{x=1\\ y=\frac{\pi}{6}}}$.

7.3 全微分

在一元函数 $y=f(x)$ 中,$f(x)$ 在点 x 处的改变量 $\Delta y=f(x+\Delta x)-f(x)$,可以表示为关

于 Δx 的线性函数与一个比 Δx 高阶的无穷小之和,即

$$\Delta y = f(x+\Delta x)-f(x) = A\Delta x + o(\Delta x).$$

我们称 $A\Delta x$ 为 $f(x)$ 在点 x 处的微分,并记作 $\mathrm{d}y = A\Delta x$,并且如果 $f(x)$ 可导,则有 $A = f'(x)$,从而 $\mathrm{d}y = f'(x)\mathrm{d}x$. 本节先给出二元函数全微分的定义,然后介绍其简单应用.

7.3.1 全微分的定义

定义 7.3.1

设二元函数 $z=f(x,y)$ 在点 (x,y) 处的全增量 $\Delta z = f(x+\Delta x, y+\Delta y)-f(x,y)$ 可以表示为关于 $\Delta x,\Delta y$ 的线性函数与一个比 $\rho=\sqrt{(\Delta x)^2+(\Delta y)^2}$ 高阶的无穷小之和,即

$$\Delta z = f(x+\Delta x, y+\Delta y)-f(x,y) = A\Delta x + B\Delta y + o(\rho),$$

(其中,A,B 与 $\Delta x,\Delta y$ 无关,只与 x,y 有关. $o(\rho)$ 是当 $\rho\to 0$ 时比 ρ 高阶的无穷小),则称二元函数 $z=f(x,y)$ 在点 (x,y) 处可微,并称 $A\Delta x+B\Delta y$ 是 $z=f(x,y)$ 在点 (x,y) 处的全微分,记作

$$\mathrm{d}z = A\Delta x + B\Delta y.$$

与一元函数类似,可得二元函数 $z=f(x,y)$ 的全微分为

$$\mathrm{d}z = \frac{\partial z}{\partial x}\mathrm{d}x + \frac{\partial z}{\partial y}\mathrm{d}y.$$

定理 7.3.1(可微的充分条件) 若函数 $z=f(x,y)$ 在点 (x,y) 处的两个偏导数连续,则 $f(x,y)$ 在该点一定可微.

全微分的概念可以推广到三元或更多元的函数. 例如,若三元函数 $u=f(x,y,z)$ 有连续的偏导数,则其全微分的表达式为

$$\mathrm{d}u = \frac{\partial u}{\partial x}\mathrm{d}x + \frac{\partial u}{\partial y}\mathrm{d}y + \frac{\partial u}{\partial z}\mathrm{d}z.$$

例 7.3.1 求函数 $z=\mathrm{e}^x(x+2y)$ 的全微分.

解: 因为

$$\frac{\partial z}{\partial x} = [\mathrm{e}^x(x+2y)]_x = \mathrm{e}^x(x+2y+1),$$

$$\frac{\partial z}{\partial y} = [\mathrm{e}^x(x+2y)]_y = 2\mathrm{e}^x,$$

所以

$$\begin{aligned}\mathrm{d}z &= \frac{\partial z}{\partial x}\mathrm{d}x + \frac{\partial z}{\partial y}\mathrm{d}y \\ &= \mathrm{e}^x(x+2y+1)\mathrm{d}x + 2\mathrm{e}^x\mathrm{d}y.\end{aligned}$$

例 7.3.2 求函数 $z=x^2y^2$ 在点 $(1,-2)$ 处,当 $\Delta x=0.01,\Delta y=-0.02$ 时的全增量和全微分.

解: 由定义可知,全增量为

$$\Delta z = (1+0.01)^2(-2-0.02)^2 - 1^2\times(-2)^2 = 0.162\,4.$$

因为

$$\frac{\partial z}{\partial x}=2xy^2,\quad \frac{\partial z}{\partial y}=2x^2y,$$

所以

$$\mathrm{d}z=\frac{\partial z}{\partial x}\mathrm{d}x+\frac{\partial z}{\partial y}\mathrm{d}y=2xy^2\mathrm{d}x+2x^2y\mathrm{d}y.$$

于是,在点(1, -2)处的全微分为

$$\mathrm{d}z=2\times1\times(-2)^2\times0.01+2\times1^2\times(-2)\times(-0.02)=0.16.$$

7.3.2　全微分的应用

在一元函数中我们介绍了微分在近似计算中的应用. 当函数 $y=f(x)$ 在 x_0 处的导数 $f'(x_0)\neq0$,且 $|\Delta x|$ 很小时,有近似公式

$$\Delta y=f(x_0+\Delta x)-f(x_0)\approx f'(x_0)\Delta x,$$

或

$$f(x_0+\Delta x)\approx f(x_0)+f'(x_0)\Delta x.$$

类似地,我们给出全微分近似公式. 设函数 $z=f(x,y)$ 在点 (x_0,y_0) 处可微,则函数的全增量与全微分之差是一个比 $\rho=\sqrt{(\Delta x)^2+(\Delta y)^2}$ 高阶的无穷小,因此当 $f_x(x_0,y_0)\cdot f_y(x_0,y_0)\neq0$ 时,且 $|\Delta x|$ 和 $|\Delta y|$ 都较小时,全增量可以近似地用全微分代替,即得到近似公式

$$\Delta z=f(x_0+\Delta x,y_0+\Delta y)-f(x_0,y_0)\approx f_x(x_0,y_0)\Delta x+f_y(x_0,y_0)\Delta y,$$

或

$$f(x_0+\Delta x,y_0+\Delta y)\approx f(x_0,y_0)+f_x(x_0,y_0)\Delta x+f_y(x_0,y_0)\Delta y.$$

例 7.3.3　计划用水泥建造一个无盖的圆柱形水池,要求内半径为 3 m,内高为 5 m,侧壁和底的厚度均为 0.2 m,问大约需要多少立方米的水泥?

解:　圆柱体的体积 $V=\pi r^2h$,这个水池所需的水泥的体积为

$$\Delta V=\pi(r+\Delta r)^2(h+\Delta h)-\pi r^2h.$$

因为 $r_0=3$ m, $h_0=5$ m, $\Delta r=0.2$ m, $\Delta h=0.2$ m, Δr 和 Δh 都比较小,所以可以利用全微分近似代替全增量,即

$$\Delta V\approx\mathrm{d}V=\frac{\partial V}{\partial r}\mathrm{d}r+\frac{\partial V}{\partial h}\mathrm{d}h=2\pi rh\mathrm{d}r+\pi r^2\mathrm{d}h=\pi r(2h\mathrm{d}r+r\mathrm{d}h).$$

所以满足已知条件的 $\Delta V\approx3\pi(2\times5\times0.2+3\times0.2)=7.8\pi\approx24.5(\mathrm{m}^3)$.

故建造该水池大约需要水泥 24.5 m^3.

例 7.3.4　利用全微分公式近似计算 $(0.97)^{2.01}$ 的值.

解:　设函数 $z=f(x,y)=x^y$,则 $(0.97)^{2.01}=f(0.97,2.01)$.

取 $x_0=1,y_0=2,\Delta x=-0.03,\Delta y=0.01$. 由近似公式

$$f(x_0+\Delta x,y_0+\Delta y)\approx f(x_0,y_0)+f_x(x_0,y_0)\Delta x+f_y(x_0,y_0)\Delta y$$

得

$$\begin{aligned}f(0.97,2.01)&=f(1-0.03,2+0.01)\\&\approx f(1,2)+f_x(1,2)\times(-0.03)+f_y(1,2)\times0.01.\end{aligned}$$

因为

$$f_x(x,y)=yx^{y-1},f_y(x,y)=x^y\ln x,$$

所以

$$f_x(1,2)=2\times 1^{2-1}=2, f_y(1,2)=1^2\ln 1=0.$$

又 $f(1,2)=1^2=1$，故

$$(0.97)^{2.01}\approx 1+2\times(-0.03)+0\times 0.01=0.94.$$

思考题 7.3

1. 二元函数 $z=f(x,y)$ 在点 (x_0,y_0) 处的偏导数、全微分、偏导数连续之间的关系如何?
2. 在什么条件下,全微分近似等于全增量?

练习题 7.3A

1. 若 $z=x^4y^3$，求全微分 $\mathrm{d}z$.
2. 设 $z=x^2y^2$，当 $x=2,y=1,\Delta x=0.1,\Delta y=-0.2$ 时，求 Δz 及 $\mathrm{d}z$.

练习题 7.3B

1. 设函数 $z=\dfrac{x}{y}, x_0=2, y_0=1, \Delta x=0.1, \Delta y=-0.1$，求该函数的全增量和全微分.
2. 求下列函数的全微分:

(1) $z=xy-\sin(xy)$;　　　　(2) $z=\mathrm{e}^{x+y}\ln y$.

3. 利用全微分求 $(0.98)^{2.03}$ 的近似值.
4. 一圆柱形有盖钢罐,其内半径为 5 cm,内高为 12 cm,上、下和侧壁的厚度均为 0.2 cm,制作这样的一个钢罐大约需要多少立方厘米的材料?

7.4 多元函数的极值

我们可以利用导数求得某些一元函数的极值,从而进一步求得一些实际问题中的最大值和最小值. 在多元函数中也有类似的问题,本节着重讨论二元函数的情形.

7.4.1 多元函数的极值

定义 7.4.1

设函数 $z=f(x,y)$ 在点 (x_0,y_0) 的某邻域内有定义,若对于该邻域内的任何不同于点 (x_0,y_0) 的点 (x,y)，都有 $f(x,y)<f(x_0,y_0)$ [或 $f(x,y)>f(x_0,y_0)$] 成立,则称函数 $f(x,y)$ 在点 (x_0,y_0) 取得极大值(或极小值),极大值和极小值统称为极值. 使函数取得极大值(或极小值)的点 (x_0,y_0) 称为极大值点(或极小值点),极大值点和极小值点统称为极值点.

例 7.4.1　求函数 $f(x,y)=\sqrt{1-x^2-y^2}$ 的极值.

解：　因为在点 $(0,0)$ 附近任意其他点 (x,y)，都有

$$f(x,y)=\sqrt{1-x^2-y^2}<1=f(0,0),$$

所以据极大值的定义可知该函数在点 $(0,0)$ 处取得极大值，且极大值为 $f(0,0)=1$.

对于例 7.4.1 这样的简单问题，我们能够利用定义直接判断，而对于一般的二元函数问题，可以利用下述结论.

定理 7.4.1（极值存在的必要条件）　若函数 $z=f(x,y)$ 在点 (x_0,y_0) 处取得极值，且在该点处存在一阶偏导数，则

$$f_x(x_0,y_0)=0,f_y(x_0,y_0)=0.$$

使 $f_x(x_0,y_0)=0$，$f_y(x_0,y_0)=0$ 同时成立的点 (x_0,y_0) 称为函数的驻点. 值得注意的是，与一元函数一样，驻点不一定是极值点. 但是，我们可以借此讨论可导函数的极值：先将可导函数的驻点都找出来，然后再逐一判断. 下面给出判断极值的充分条件.

定理 7.4.2（极值存在的充分条件）　若函数 $z=f(x,y)$ 在点 (x_0,y_0) 的某邻域内有二阶连续偏导数，且点 (x_0,y_0) 是函数的一个驻点，即 $f_x(x_0,y_0)=0$，$f_y(x_0,y_0)=0$. 如果记 $A=f_{xx}(x_0,y_0)$，$B=f_{xy}(x_0,y_0)$，$C=f_{yy}(x_0,y_0)$，则，

（1）当 $B^2-AC>0$ 时，点 (x_0,y_0) 不是极值点.

（2）当 $B^2-AC<0$ 时，点 (x_0,y_0) 是极值点，此时若 $A<0$，则点 (x_0,y_0) 是极大值点；若 $A>0$，则点 (x_0,y_0) 是极小值点.

（3）当 $B^2-AC=0$ 时，点 (x_0,y_0) 可能是极值点也可能不是极值点.

综合定理 7.4.1 和定理 7.4.2，对于具有二阶连续偏导数的函数 $z=f(x,y)$，求其极值的一般步骤为：

（1）求出一阶偏导数 $f_x(x,y)$，$f_y(x,y)$；

（2）解方程组

$$\begin{cases}f_x(x,y)=0,\\f_y(x,y)=0,\end{cases}$$

得其全部实数解，从而得到函数的所有驻点；

（3）求出二阶偏导数 $f_{xx}(x,y)$，$f_{xy}(x,y)$，$f_{yy}(x,y)$，并求出每一个驻点所对应的 A，B，C 的值；

（4）确定 B^2-AC 的符号，按照定理 7.4.2，判定每一个驻点是否是极值点，是极大值点还是极小值点，最后求得极值.

例 7.4.2　求函数 $z=x^3+y^3-3xy$ 的极值.

解：　设 $f(x,y)=x^3+y^3-3xy$，则一阶偏导数为

$$f_x(x,y)=3x^2-3y,f_y(x,y)=3y^2-3x.$$

解方程组

$$\begin{cases}3x^2-3y=0,\\3y^2-3x=0,\end{cases}$$

得到两个驻点分别为 $(0,0)$ 和 $(1,1)$.

函数的二阶偏导数为

$$f_{xx}(x,y)=6x,f_{xy}(x,y)=-3,f_{yy}(x,y)=6y.$$

对于驻点(0,0),由于 $A=f_{xx}(0,0)=0,B=f_{xy}(0,0)=-3,C=f_{yy}(0,0)=0$,可见 $B^2-AC=9>0$,所以驻点(0,0)不是极值点.

对于驻点(1,1),由于 $A=f_{xx}(1,1)=6,B=f_{xy}(1,1)=-3,C=f_{yy}(1,1)=6$,可见 $B^2-AC=-27<0$,所以驻点(1,1)是极值点. 又因为 $A=6>0$,所以(1,1)是极小值点,函数在此点取得极小值 $f(1,1)=1^3+1^3-3\times1\times1=-1$.

7.4.2 多元函数的最大值与最小值

在一元函数中我们讨论了闭区间上的连续函数的最大值和最小值,与之类似,对于有界闭区域上的二元函数也可以讨论其最大值和最小值问题,这里不详细介绍. 下面着重讨论实际问题中的最值问题.

对于实际问题中的最大值或最小值,如果根据问题本身能够判定它在其定义域内一定有最大值或最小值,并且函数在其定义域内有唯一的驻点,则该点的函数值就是所求的最值. 下面我们给出一般步骤:

(1)根据实际问题建立函数关系式,确定其定义域;

(2)求出驻点;

(3)结合问题的实际意义判定,并求出最大值或最小值.

例 7.4.3 用钢板做一个容积为 8 m^3 的长方体有盖容器,若不计钢板的厚度,问长、宽、高分别为多少时,才能使用料最省?

解: 设长、宽分别为 x,y,则此时高为$\dfrac{8}{xy}$,于是所用材料的面积为

$$S=2\left(xy+\frac{8}{x}+\frac{8}{y}\right)(x>0,y>0).$$

一阶偏导数为

$$S_x=2\left(y-\frac{8}{x^2}\right),S_y=2\left(x-\frac{8}{y^2}\right).$$

解方程组

$$\begin{cases}2\left(y-\dfrac{8}{x^2}\right)=0,\\2\left(x-\dfrac{8}{y^2}\right)=0,\end{cases}$$

得驻点(2,2). 由于驻点唯一,根据问题的实际意义,知在该驻点处 S 取得最小值. 此时高为$\dfrac{8}{2\times2}=2$. 故当长、宽、高都为 2 m 时,用料最省.

例 7.4.4 某企业生产甲、乙两种产品,售出的单价分别为 10 元和 9 元,甲、乙产品的产量 q_1 和 q_2(单位:个)与总成本(单位:元)的关系式为

$$C(q_1,q_2)=400+2q_1+3q_2+0.01(3q_1^2+q_1q_2+3q_2^2),$$

问 q_1 和 q_2 各为多少个时,可以获得最大利润?

解： 因为总利润 $L(q_1,q_2)=R(q_1,q_2)-C(q_1,q_2)$，所以有

$$L(q_1,q_2)=(10q_1+9q_2)-[400+2q_1+3q_2+0.01(3q_1^2+q_1q_2+3q_2^2)]$$
$$=8q_1+6q_2-0.01(3q_1^2+q_1q_2+3q_2^2)-400.$$

一阶偏导数为

$$L_{q_1}(q_1,q_2)=8-0.01(6q_1+q_2),\quad L_{q_2}(q_1,q_2)=6-0.01(q_1+6q_2).$$

解方程组

$$\begin{cases}8-0.01(6q_1+q_2)=0,\\6-0.01(q_1+6q_2)=0,\end{cases}$$

得 $q_1=120, q_2=80$，即得驻点(120,80).

由于驻点唯一，根据问题的实际意义可知，此时 $L(q_1,q_2)$ 取得最大值，即生产甲、乙产品产量分别为 120,80 个时，可以获得最大利润.

7.4.3　条件极值

在讨论极值问题的过程中，如果自变量在定义域内任意取值，未受任何条件限制，通常称为无条件极值(如例 7.4.3，例 7.4.4). 如果对自变量的取值附加一定的约束条件，则称为有条件极值，简称条件极值. 条件极值问题的约束条件有等式和不等式两类，这里仅讨论约束条件为等式的情形.

下面以二元函数为例，求函数 $z=f(x,y)$ 在约束条件 $\varphi(x,y)=0$ 下的极值，同时介绍求此类条件极值的常用方法——拉格朗日乘数法，一般步骤如下：

(1) 构造辅助函数(称为拉格朗日函数)

$$L(x,y,\lambda)=f(x,y)+\lambda\varphi(x,y),$$

其中，λ 为待定常数，称为拉格朗日乘数. 将原条件极值问题化成了求三元函数 $L(x,y,\lambda)$ 的无条件极值问题.

(2) 求 $L(x,y,\lambda)$ 的 3 个一阶偏导数，解方程组

$$\begin{cases}L_x(x,y,\lambda)=0,\\L_y(x,y,\lambda)=0,\\L_\lambda(x,y,\lambda)=0,\end{cases}$$

得出可能的极值点 (x,y) 和乘数 λ.

(3) 判别求出的 (x,y) 是否为极值点，通常根据问题的实际意义来判定.

例 7.4.5　某公司为促销一种新产品，计划在电视台和报纸上做广告. 设报纸和电视上的广告费用分别为 x 百万元和 y 百万元，根据统计资料，销售收入 R(单位：百万元)与 x,y 之间有下面关系

$$R(x,y)=15+14x+32y-8xy-2x^2-10y^2.$$

该公司决定投入 150 万元做广告，则应该怎样分配两种方式的广告费用，才能获最大利润(即求相应的最优广告策略)？

解： 根据题意可知这是一个条件极值问题：求在约束条件 $x+y=1.5$ 下利润函数 $L(x,y)$ 的最大值. 由

$$L(x,y)=(15+14x+32y-8xy-2x^2-10y^2)-(x+y)$$
$$=15+13x+31y-8xy-2x^2-10y^2,$$

构造拉格朗日函数

$$L(x,y,\lambda)=15+13x+31y-8xy-2x^2-10y^2+\lambda(x+y-1.5).$$

解方程组

$$\begin{cases}L_x=-4x-8y+13+\lambda=0,\\ L_y=-8x-20y+31+\lambda=0,\\ L_\lambda=x+y-1.5=0,\end{cases}$$

得驻点(0 , 1.5). 由于驻点唯一,根据问题的实际意义可知(0 , 1.5)是极大值点,也是最大值点. 即将150万元的广告费用都用于电视广告,可获最大利润.

思考题 7.4

1. 试证定理7.4.1中多元函数极值存在的必要条件.
2. 例7.4.5中如果不限制总的广告投入,结论如何?

练习题 7.4A

1. 求二元函数 $z=2-x^2-y^2$ 的驻点.
2. 求二元函数 $z=2-x^2-y^2$ 的极值.

练习题 7.4B

1. 求函数 $z=x^2-xy+y^2-2x+y$ 的极值.
2. 某工厂生产甲、乙两种产品的日产量分别为 x_1 和 x_2(单位:只),总成本(单位:元)函数 $C(x_1,x_2)=8x_1^2-x_1x_2+12x_2^2$,商品的限额为 $x_1+x_2=42$,求日产甲、乙产品分别为多少只时成本最小?

7.5 偏导数在经济学中的应用

本节介绍多元函数偏导数的经济意义,重点介绍边际和偏弹性的概念以及它们在经济分析中的应用.

7.5.1 边际经济量

对多元经济函数,当某一个变量变化,而其余变量在某水平上保持不变时,经济函数的变化率,称为变量的"边际"经济量. 一般地,多元成本函数的偏导数称为边际成本,多元收入函数的偏导数称为边际收入,多元利润函数的偏导数称为边际利润.

例 7.5.1　某工厂生产甲、乙两种不同的商品，产量分别为 m 和 n 时的总成本为

$$C(m,n)=1\ 000+\frac{3}{2}m^2+mn+\frac{1}{2}n^2,$$

(1) 分别求甲、乙两种产品产量的边际成本；

(2) 当甲、乙两种产品的售价分别为 50 元/件和 80 元/件时，求每种产品产量的边际利润.

解：（1）边际成本：

因为成本函数 $C(m,n)=1\ 000+\frac{3}{2}m^2+mn+\frac{1}{2}n^2$，所以，

成本函数对甲产品产量的边际成本为

$$\frac{\partial C}{\partial m}=3m+n,$$

成本函数对乙产品产量的边际成本为

$$\frac{\partial C}{\partial n}=m+n.$$

(2) 边际利润：

甲、乙两种产品分别按 50 元/件和 80 元/件全部售出时，所得总收入为

$$R(m,n)=50m+80n.$$

由于总利润等于总收入减去总成本，所以利润函数

$$L(m,n)=R(m,n)-C(m,n)=(50m+80n)-\left(1\ 000+\frac{3}{2}m^2+mn+\frac{1}{2}n^2\right).$$

因此总利润函数对甲产品产量的边际利润为

$$\frac{\partial L}{\partial m}=50-3m-n.$$

总利润函数对乙产品产量的边际利润为

$$\frac{\partial L}{\partial n}=80-m-n.$$

例 7.5.2　某工厂的生产函数 $Q=3\ 000L^{\frac{1}{3}}K^{\frac{1}{2}}$，其中 Q 是产量（单位：件），L 是劳力投入（单位：百工时），K 是资本投入（单位：万元）．当 $L=27$，$K=16$ 时，分别求总产量 Q，对劳力投入的边际产量，对资本投入的边际产量，并解释两个边际产量的经济意义.

解：（1）生产函数 $Q=3\ 000L^{\frac{1}{3}}K^{\frac{1}{2}}$ 对劳力投入的边际产量为

$$\frac{\partial Q}{\partial L}=3\ 000\times\frac{1}{3}\times\frac{K^{\frac{1}{2}}}{L^{\frac{2}{3}}}=\frac{1}{3}\,\frac{Q}{L}.$$

(2) 生产函数 $Q=3\ 000L^{\frac{1}{3}}K^{\frac{1}{2}}$ 对资本投入的边际产量为

$$\frac{\partial Q}{\partial K}=3\ 000\times\frac{1}{2}\times\frac{L^{\frac{1}{3}}}{K^{\frac{1}{2}}}=\frac{1}{2}\,\frac{Q}{K}.$$

(3) 当 $L=27$，$K=16$ 时，总产量为

$$Q\Big|_{\substack{L=27\\K=16}}=3\ 000\times3\times4=36\ 000.$$

(4)当 $L=27,K=16$ 时,对劳力投入的边际产量为

$$\left.\frac{\partial Q}{\partial L}\right|_{\substack{L=27\\K=16}}=\frac{1}{3}\times\frac{36\ 000}{27}=\frac{4\ 000}{9}.$$

(5)当 $L=27,K=16$ 时,对资本投入的边际产量为

$$\left.\frac{\partial Q}{\partial K}\right|_{\substack{L=27\\K=16}}=\frac{1}{2}\times\frac{36\ 000}{16}=1\ 125.$$

$\left.\frac{\partial Q}{\partial L}\right|_{\substack{L=27\\K=16}}$和$\left.\frac{\partial Q}{\partial K}\right|_{\substack{L=27\\K=16}}$的经济意义可解释为,当劳力投入27个百工时和资本投入16万元时产量是36 000件. 若资本投入保持不变,每增加一个单位(百工时)的劳力投入,产量将增加$\frac{4\ 000}{9}$件;若劳力投入保持不变,每增加一个单位的资本投入,产量将增加1 125件.

7.5.2 偏弹性

参照用导数定义一元函数弹性的概念,对于多元函数,我们利用偏导数来定义偏弹性的概念.

定义 7.5.1

对函数 $u=f(x,y)$,当 y 保持不变时,u 对 x 的相对变化率记为

$$\frac{\mathrm{E}u}{\mathrm{E}x}=\frac{x}{u}\cdot\frac{\partial u}{\partial x},$$

我们称之为 $u=f(x,y)$ 对 x 的偏弹性.

类似地,$u=f(x,y)$ 对 y 的偏弹性是当 x 保持不变时,u 对 y 的相对变化率,记为

$$\frac{\mathrm{E}u}{\mathrm{E}y}=\frac{y}{u}\cdot\frac{\partial u}{\partial y}.$$

例如,经济学中经常用到的需求价格弹性,我们可以如下定义.

定义 7.5.2

设两种相关的商品 A 和 B 的需求函数分别为

$$Q_{\mathrm{A}}=f(p_{\mathrm{A}},p_{\mathrm{B}}),Q_{\mathrm{B}}=g(p_{\mathrm{A}},p_{\mathrm{B}}),$$

其中,$p_{\mathrm{A}},p_{\mathrm{B}}$ 分别为商品 A,B 的单位价格,$Q_{\mathrm{A}},Q_{\mathrm{B}}$ 分别是对商品 A 和 B 的需求量,则有

(1)需求函数 Q_{A} 对商品 A 的自身价格弹性为

$$\frac{\mathrm{E}Q_{\mathrm{A}}}{\mathrm{E}p_{\mathrm{A}}}=\frac{p_{\mathrm{A}}}{Q_{\mathrm{A}}}\cdot\frac{\partial Q_{\mathrm{A}}}{\partial p_{\mathrm{A}}}.$$

(2)需求函数 Q_{B} 对商品 B 的自身价格弹性为

$$\frac{\mathrm{E}Q_{\mathrm{B}}}{\mathrm{E}p_{\mathrm{B}}}=\frac{p_{\mathrm{B}}}{Q_{\mathrm{B}}}\cdot\frac{\partial Q_{\mathrm{B}}}{\partial p_{\mathrm{B}}}.$$

(3)需求函数 Q_{A} 对商品 B 的交叉价格弹性为

$$\frac{\mathrm{E}Q_{\mathrm{A}}}{\mathrm{E}p_{\mathrm{B}}}=\frac{p_{\mathrm{B}}}{Q_{\mathrm{A}}}\cdot\frac{\partial Q_{\mathrm{A}}}{\partial p_{\mathrm{B}}}.$$

(4)需求函数 Q_B 对商品 A 的交叉价格弹性为

$$\frac{EQ_B}{Ep_A}=\frac{p_A}{Q_B}\cdot\frac{\partial Q_B}{\partial p_A}.$$

关于定义 7.5.2 中自身价格弹性和交叉价格弹性说明如下：

(1)$\frac{EQ_A}{Ep_A}$表示当商品 B 的价格 p_B 保持不变时，商品 A 的价格 p_A 增加百分之一时，对商品 A 的需求量 Q_A 增加百分之几；$\frac{EQ_B}{Ep_B}$表示当商品 A 的价格 p_A 保持不变时，商品 B 的价格 p_B 增加百分之一时，对商品 B 的需求量 Q_B 增加百分之几.

(2)根据两种商品的交叉价格弹性，可以分析两种商品是相互竞争还是相互补充的关系.

若商品 A 的需求量 Q_A 对商品 B 的交叉价格弹性是正数，即$\frac{EQ_A}{Ep_B}>0$，则表示当商品 A 的价格不变时，商品 A 的需求量 Q_A 随商品 B 的价格上升而相应地增加，这时称商品 A 与商品 B 是相互竞争的关系.

若商品 A 的需求量 Q_A 对商品 B 的交叉价格弹性是负数，即$\frac{EQ_A}{Ep_B}<0$，则表示当商品 A 的价格不变，而商品 B 的价格上升时，商品 A 的需求量 Q_A 将相应地减少，这时称商品 A 和商品 B 之间是相互补充的关系.

如牛肉和羊肉这两种商品的关系就是相互竞争的，用交叉价格弹性来刻画，就有$\frac{EQ_A}{Ep_B}>0$(或$\frac{EQ_B}{Ep_A}>0$).

汽车和汽油这两种商品就是相互补充的关系，用交叉价格弹性来刻画，就有$\frac{EQ_A}{Ep_B}<0$(或$\frac{EQ_B}{Ep_A}<0$).

例 7.5.3　某商品 A 的单位价格为 p_A，与其相关联的商品 B 的单位价格为 p_B，已知商品 A 的需求函数为

$$Q_A=p_Ap_B^2,$$

求商品 A 的自身价格弹性、交叉价格弹性，并说明商品 A 和 B 是相互竞争还是相互补充的关系.

解：　因为 $Q_A=p_Ap_B^2$，所以

$$\frac{\partial Q_A}{\partial p_A}=p_B^2,\frac{\partial Q_A}{\partial p_B}=2p_Ap_B.$$

因此，商品 A 的自身价格弹性为

$$\frac{EQ_A}{Ep_A}=\frac{p_A}{Q_A}\cdot\frac{\partial Q_A}{\partial p_A}=\frac{p_A}{p_Ap_B^2}\cdot p_B^2=1,$$

交叉价格弹性为

$$\frac{EQ_A}{Ep_B}=\frac{p_B}{Q_A}\cdot\frac{\partial Q_A}{\partial p_B}=\frac{p_B}{p_Ap_B^2}\cdot 2p_Ap_B=2.$$

因为$\frac{EQ_A}{Ep_B}=2>0$,所以商品A和B是相互竞争的.

思考题7.5

1. 调查市场中,哪些商品是相互竞争的?哪些商品是相互补充的?
2. 可以定义收入价格弹性吗?如何定义?

练习题7.5A

1. 某工厂生产x件甲种产品和y件乙种产品的总成本为$Q(x,y)=500+6x^2+3xy+y^2$,分别求出甲、乙两种产品的边际成本.

2. 当甲、乙两种产品的单价分别为100元/件和200元/件时,求每种产品的边际利润.

练习题7.5B

1. 某工厂生产甲、乙两种不同的商品,产量分别为x和y时的总成本为

$$C(x,y)=1\,000+3x^2+7x+1.5xy+6y+2y^2.$$

(1)分别求甲、乙两种产品产量的边际成本函数;

(2)当$x=5,y=3$时,分别求甲、乙两种产品产量的边际成本;

(3)当甲、乙两种产品的售价分别为30元/件和20元/件时,求每种产品产量的边际利润.

2. 某工厂的生产函数是$Q=2\,000L^{\frac{1}{2}}K^{\frac{1}{3}}$,其中$Q$是产量(单位:件),$L$是劳力投入(单位:千工时),$K$是资本投入(单位:万元).当$L=49,K=64$时,分别求总产量$Q$,对劳力投入的边际产量,对资本投入的边际产量,并解释两个边际产量的经济意义.

3. 已知某商品A的需求函数为$Q_A=1\,000p_A^{-\frac{1}{2}}\cdot p_B^{\frac{1}{5}}$,其中$p_A$表示A的单位价格,$p_B$表示与A相关联的商品B的单位价格,当$p_A=4,p_B=32$时,求商品A的自身价格弹性、交叉价格弹性,并说明商品A和B是相互竞争还是相互补充的关系.

7.6 用数学软件进行多元函数微分运算

7.6.1 用数学软件Mathematica进行多元函数微分运算

在Mathematica系统中,求多元函数f的偏导数仍用求导算子D完成,其调用格式如下:

D[f,x]给出f关于x的偏导数;

D[f,{x,n}]给出f关于x的n阶偏导数;

D[f,x1,x2,...]给出高阶混合偏导数.

例7.6.1　求函数$z=\sin x+x\cos y$的两个一阶偏导数和四个二阶偏导数.

解:

```
In[1]:=Clear[x,y]
In[2]:=f[x_,y_]:  =Sin[x]+x*Cos[y]
In[3]:=D[f[x,y],x]
In[4]:=D[f[x,y],y]
In[5]:=D[f[x,y],{x,2}]
In[6]:=D[f[x,y],{y,2}]
In[7]:=D[f[x,y],x,y]
In[8]:=D[f[x,y],y,x]
Out[3]=Cos[x]  +Cos[y]
Out[4]=  -x Sin[y]
Out[5]=  -Sin[x]
Out[6]=  -x Cos[y]
Out[7]=  -Sin[y]
Out[8]=  -Sin[y]
```

例7.6.2　求函数$z=x^3+y^3-3xy$的极值.

解:

```
In[1]:=Clear[f,x,y,p,a,b,jie,p1,p2,A,B,C1]
f[x_,y_]:=x^3+y^3-3*x*y
a=D[f[x,y],x];
b=D[f[x,y],y];
A[x_,y_]=D[f[x,y],{x,2}];
B[x_,y_]=D[f[x,y],x,y];
C1[x_,y_]=D[f[x,y],{y,2}];
p[x_,y_]:=B[x,y]^2-A[x,y]*C1[x,y]
jie=Solve[{a= =0,b= =0},{x,y}];
p1=p[x,y]/.jie[[1]];
p2=p[x,y]/.jie[[2]];
Which[p1>0,Print["(0,0)不是极值点"], p1<0&&A[0,0]<0,
Print["f[0,0]=",f[0,0],"是极大值"],p1<0&&A[0,0]>0,
Print["f[0,0]=",f[0,0],"是极小值"],p1=0,Print["失效"]]
Which[p2>0,Print["(1,1)不是极值点"],p2<0&&A[1,1]<0,
Print["f[1,1]=",f[1,1],"是极大值"],p2<0&&A[1,1]>0,
Print["f[1,1]=",f[1,1],"是极小值"],p2=0,Print["失效"]]
Out[12]= (0,0)不是极值点
```

Out[13] = f[1,1] = -1 是极小值

7.6.2 用数学软件 MATLAB 进行多元函数微分运算

例 7.6.3 求函数 $z=\sin x+x\cos y$ 的两个一阶偏导数和四个二阶偏导数.

解:

(1)先在编辑器中定义函数 $z=\sin x+x\cos y$,将其存为文件名为 hou2,如图 7.6.1 所示.

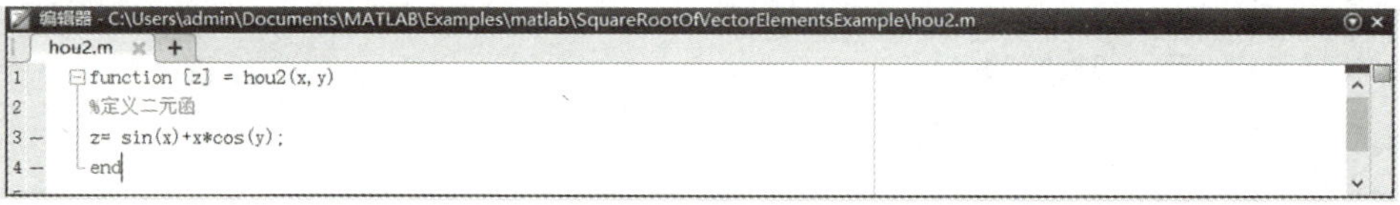

图 7.6.1

(2)在命令窗口中,利用求导函数 diff,通过调用 hou2,依次求出函数 $z=\sin x+x\cos y$ 的 6 个偏导数:$\frac{\partial z}{\partial x},\frac{\partial z}{\partial y},\frac{\partial^2 z}{\partial x^2},\frac{\partial^2 z}{\partial y^2},\frac{\partial^2 z}{\partial x\,\partial y},\frac{\partial^2 z}{\partial y\,\partial x}$,即:

```
>> clear
syms x y
diff(hou2(x,y),x),diff(hou2(x,y),y),diff(hou2(x,y),x,2),diff(hou2(x,y),y,2),
diff(diff(hou2(x,y),x),y),
diff(diff(hou2(x,y),y),x)
ans = cos(x) + cos(y)
ans = -x*sin(y)
ans = -sin(x)
ans = -x*cos(y)
ans = -sin(y)
ans = -sin(y)
```

例 7.6.4 求函数 $z=x^3+y^3-3xy$ 的极值.

解:

(1)求驻点.

```
>> clear
syms x y real %把 x,y 定义为取值为实数的变量.
f=@(x,y)x^3+y^3-3*x*y;%定义函数 f(x,y) = x^3 + y^3 - 3xy
fx= diff(f(x,y),x); %求 f(x,y)对 x 的一阶偏导数
fy= diff(f(x,y),y); %求 f(x,y)对 y 的一阶偏导数
[solx,soly]=solve([fx==0,fy==0],[x,y]) ;%求驻点
solutions=[solx,soly]
solutions =
[0, 0]
```

```
[ 1, 1]
```

(2)求 3 个二阶偏导数.

打开 m 文件编辑器,以 pds2 为函数名定义 $z = x^3 + y^3 - 3xy$ 的 3 个二阶偏导数,并保存为文件名为 pds2 的 m 文件.

```
function [A,B,C] = pds2(x,y)
A = diff(x^3 + y^3 - 3 * x * + y,x,2) ; % 求 f(x,y)对 x 的二阶偏导数
B = diff(diff(x^3 + y^3 - 3 * x * + y,x),y) ; % 求 f(x,y)对 x,y 的二阶混合偏导数
C = diff(x^3 + y^3 - 3 * x * + y,y,2) ; % 求 f(x,y)对 y 的二阶偏导数
End
```

在命令窗口,通过调用 pds2,依次计算出 $f(x,y)$ 对 x 的二阶偏导数 A,对 x 和 y 的二阶混合偏导数 B,对 y 的二阶偏导数 C.

```
>> clear
syms x y A B C
[A,B,C] = pds2(x,y)
A =6 * x
B = -3
C =6 * y
```

(3)判别驻点(0,0),(1,1)是否为极值点.

```
>> clear
syms x y A B C
A = @ (x,y) 6 * x;
B = -3;
C = @ (x,y) 6 * y;
D = @ (x,y)B^2 -4 * A(x,y) * C(x,y);
if D(0,0) = =0
disp('方法失效')
else
  if D(0,0) >0
  disp('(0,0)不是极值点')
elseif D(0,0) <0&&A(0,0) <0
  disp('(0,0)是极大值点')
else
  disp('(0,0)是极小值点')
end
if D(1,1) >0
  disp('(1,1)不是极值点')
elseif D(1,1) <0&&A(0,0) <0
  disp('(1,1)是极大值点')
```

```
else
   disp('(1,1)是极小值点')
end
end
(0,0)不是极值点
(1,1)是极小值点
```

7.7 学习任务 7 解答 两种产品的产量各为多少时总利润最大?

解: 因为总收入函数

$$R(x,y)=p_{\mathrm{A}}\cdot x+p_{\mathrm{B}}\cdot y=100x+200y,$$

总成本函数

$$C(x,y)=1\,000+2x^2-xy+2y^2,$$

从而利润函数

$$L(x,y)=R(x,y)-C(x,y)=100x+200y-2x^2+xy-2y^2-1\,000.$$

由

$$\begin{cases}L_x(x,y)=100-4x+y=0,\\L_y(x,y)=200+x-4y=0,\end{cases}$$

解得驻点(40,60),又因为

$$A=L_{xx}(x,y)=-4,B=L_{xy}(x,y)=1,C=L_{yy}(x,y)=-4,B^2-AC=1^2-16<0,$$

因此,$L(40,60)=7\,000$ 最大值.

故生产 40 件产品 A,60 件产品 B 时,利润最大,最大利润为 7 000 元.

复习题 7

A 级

1. 求下列函数的定义域:

(1)$z=\ln(y^2-2x)$;

(2)$z=\sqrt{9-x^2}\sqrt{9-y^2}$;

(3)$z=\sqrt{x-\sqrt{y}}$;

(4)$z=\dfrac{\sqrt{x-y^2}}{\ln(1-x^2-y^2)}$.

2. 求下列函数的偏导数:

(1)$z=x^4y+xy^4$;

(2)$z=x\ln(x-y)$;

(3)$z=y\sin(xy)$;

(4)$z=\cos(x-y)e^{xy}$;

(5)$z=\dfrac{x}{\sqrt{x^2+y^2}}$;

(6)$z=(1+xy)^y$.

3. 求下列函数的全微分:

(1) $z=e^{xy}$;　　　　(2) $z=\ln(x^2-y^2)$.

4. 计算下列函数在给定条件下的全微分:

(1) $z=\sqrt{\dfrac{x}{y}}$, $x=1$, $y=1$, $\Delta x=0.2$, $\Delta y=0.1$;

(2) $z=\ln\left(1+\dfrac{x}{y}\right)$, $x=1$, $y=1$, $\Delta x=0.15$, $\Delta y=-0.25$.

5. 利用全微分求 $2.02^{0.96}$ 的近似值.

6. 求下列函数的二阶偏导数:

(1) $z=x\ln(xy)$;　　　　(2) $z=x+e^{xy}$.

B 级

7. 一个无盖圆柱形容器的半径为 4 cm,底和侧壁的厚度均为 0.1 cm,内高为 20 cm,求该容器的外壳体积的近似值.

8. 求下列函数的极值:

(1) $z=-3x^2-2y^2+2xy$;　　　　(2) $z=e^{2x}(x+2y+y^2)$.

9. 将周长为 $2l$ 的矩形绕其一边旋转而构成一个圆柱体,问矩形长和宽分别为多少时,可使圆柱体的体积最大?

10. 某公司在两个不同的市场上销售同一种商品,售价分别为 p_1, p_2,销售量分别为 q_1, q_2,且两个市场上的需求函数分别为 $q_1=24-0.2p_1$, $q_2=10-0.05p_2$,又知总成本函数 $C(q_1,q_2)=35+40(q_1+q_2)$,问如何确定两个市场的商品售价,可使该公司获最大利润?

第8章

行列式与矩阵

8.0 学习任务8　加密矩阵的解密

甲、乙二企业为保证其重要经济信息在传输过程中不被其他企业破译，双方事先约定对原始信息矩阵 A 右乘以加密矩阵 M 进行加密后再发送给对方，甲企业收到乙企业发送的加过密的信息矩阵 B 后再解密. 请完成下列学习任务：

1. 解释如何由加密矩阵 M 及收到的加过密的信息矩阵 B 求出原始信息矩阵 A；

2. 已知加密矩阵 $M=\begin{bmatrix}1 & 2 & 1\\ 2 & 3 & 5\\ 3 & 6 & 4\end{bmatrix}$，收到的加过密的信息矩阵 $B=\begin{bmatrix}3 & -2 & 0\\ 2 & 3 & 1\\ 0 & 1 & 2\end{bmatrix}$，求出原始信息矩阵 A.

完成如上任务，需要用到逆矩阵知识.

行列式和矩阵是线性代数中很重要的两个概念，它们在自然科学、工程技术和经济管理中有着广泛的应用. 本章主要介绍行列式和矩阵的概念、性质、计算方法以及它们的应用等.

8.1 行列式

本节主要介绍二阶、三阶行列式的概念及计算.

8.1.1　二元线性方程组与二阶行列式

行列式的概念是从解线性方程组的问题引入的，我们把未知量的最高次数是一次的方程组称为线性方程组. 在初等代数中，已经会求解二元一次方程组

$$\begin{cases}a_{11}x_1+a_{12}x_2=b_1,\\ a_{21}x_1+a_{22}x_2=b_2,\end{cases}\qquad(8.1.1)$$

这里 x_1,x_2 是未知量；a_{11},a_{21} 和 a_{12},a_{22} 分别是 x_1,x_2 的系数.

用加减消元法可以得到方程组的解为

$$\begin{cases} x_1=\dfrac{b_1a_{22}-a_{12}b_2}{a_{11}a_{22}-a_{12}a_{21}}, \\ x_2=\dfrac{b_2a_{11}-a_{21}b_1}{a_{11}a_{22}-a_{12}a_{21}}, \end{cases} \tag{8.1.2}$$

其中，$a_{11}a_{22}-a_{12}a_{21}\neq 0$.

方程组(8.1.2)就是方程组(8.1.1)的求解公式. 为便于表示，我们引进二阶行列式的概念.

定义 8.1.1

由四个数 $a_{11},a_{12},a_{21},a_{22}$ 排列成两行两列，两边各加上一条竖直线段，构成一个运算表达式 $\begin{vmatrix} a_{11} & a_{12} \\ a_{21} & a_{22} \end{vmatrix}$，并且定义该表达式的计算法则如下

$$\begin{vmatrix} a_{11} & a_{12} \\ a_{21} & a_{22} \end{vmatrix}=a_{11}a_{22}-a_{12}a_{21}, \tag{8.1.3}$$

称表达式 $\begin{vmatrix} a_{11} & a_{12} \\ a_{21} & a_{22} \end{vmatrix}$ 为由元素 $a_{11},a_{12},a_{21},a_{22}$ 所构成的二阶行列式，其中 $a_{ij}(i,j=1,2)$ 为这个行列式的元素，a_{ij} 的下标 i,j 表示该元素所处位置在该行列式的第 i 行第 j 列. 从左上角元素到右下角元素的对角线称为行列式的主对角线，从右上角元素到左下角元素的对角线称为行列式的次对角线.

二阶行列式的计算方法是：主对角线上两元素的乘积减去次对角线上两元素的乘积，即 $a_{11}a_{22}-a_{12}a_{21}$，通常称这个算法为二阶行列式的对角线法则.

对于线性方程组(8.1.1)，记 $D=\begin{vmatrix} a_{11} & a_{12} \\ a_{21} & a_{22} \end{vmatrix}$，称其为系数行列式，记为

$$D_1=\begin{vmatrix} b_1 & a_{12} \\ b_2 & a_{22} \end{vmatrix}=b_1a_{22}-a_{12}b_2,\quad D_2=\begin{vmatrix} a_{11} & b_1 \\ a_{21} & b_2 \end{vmatrix}=a_{11}b_2-b_1a_{21}.$$

若系数行列式 $D\neq 0$，则解(8.1.2)可简洁地写成

$$x_1=\frac{D_1}{D},\qquad x_2=\frac{D_2}{D}. \tag{8.1.4}$$

可见，D_1,D_2 是由方程组(8.1.1)的右端常数列分别取代 D 的第 1 列、第 2 列而得到的两个二阶行列式. 一般地，称 D_1 为方程组(8.1.1)的第一未知元行列式，称 D_2 为方程组 D_2 的第二未知元行列式.

例 8.1.1　解二元线性方程组 $\begin{cases} 2x-3y=12, \\ 3x+7y=-5. \end{cases}$

解：　由于 $D=\begin{vmatrix} 2 & -3 \\ 3 & 7 \end{vmatrix}=23$，$D_1=\begin{vmatrix} 12 & -3 \\ -5 & 7 \end{vmatrix}=69$，$D_2=\begin{vmatrix} 2 & 12 \\ 3 & -5 \end{vmatrix}=-46$，

所以

$$x=\frac{D_1}{D}=3,\qquad y=\frac{D_2}{D}=-2.$$

8.1.2 n 阶行列式的定义

定义 8.1.2

由 n^2 个数 $a_{ij}(i,j=1,2,\cdots,n)$ 排成 n 行 n 列，两边各加上一条竖直线段构成一个算式，即

$$\begin{vmatrix} a_{11} & a_{12} & \cdots & a_{1n} \\ a_{21} & a_{22} & \cdots & a_{2n} \\ \vdots & \vdots & & \vdots \\ a_{n1} & a_{n2} & \cdots & a_{nn} \end{vmatrix}, \tag{8.1.5}$$

称为 n 阶行列式，常用字母 D 表示(取自 determinant 第一个字母)，其中数 a_{ij}称为行列式的第 i 行第 j 列元素. 划去元素 a_{ij}所在的第 i 行和第 j 列后，剩下 $(n-1)^2$ 个元素按原来顺序组成的 $n-1$ 阶行列式称为 a_{ij}的余子式，记为 M_{ij}；在它的前面冠以符号因子 $(-1)^{i+j}$后，有

$$A_{ij}=(-1)^{i+j}M_{ij},$$

称为元素 a_{ij}的代数余子式.

按如下规定计算 n 阶行列式的值：

(1) 当 $n=1$ 时，规定

$$D=|a_{11}|=a_{11},$$

即一阶行列式的值是数 a_{11}本身. 注意：一阶行列式 $|a_{11}|=a_{11}$不要与绝对值符号混淆.

(2) 设 $n-1$ 阶行列式已经定义，则 n 阶行列式

$$D=a_{11}A_{11}+a_{12}A_{12}+\cdots+a_{1n}A_{1n}=\sum_{j=1}^{n}a_{ij}A_{ij}, \tag{8.1.6}$$

即 n 阶行列式 D 等于它的第一行元素与它们各自的代数余子式乘积的代数和.

例如，当 $n=2$ 时

$$D=\begin{vmatrix} a_{11} & a_{12} \\ a_{21} & a_{22} \end{vmatrix}=a_{11}A_{11}+a_{12}A_{12}=a_{11}a_{22}-a_{12}a_{21},$$

与按照二阶行列式的对角线法则所得结果完全一致.

例 8.1.2 写出行列式 $\begin{vmatrix} 1 & 0 & -3 & 2 \\ -4 & -1 & 0 & -5 \\ 2 & 3 & -1 & -6 \\ 3 & 3 & -4 & 1 \end{vmatrix}$ 中元素 a_{34}的余子式和代数余子式.

解： 元素 a_{34}的余子式为划去第 3 行和第 4 列后，剩下元素按原来顺序组成的三阶行列式，而元素 a_{34}的代数余子式为余子式前面乘以 $(-1)^{3+4}$，即

$$M_{34}=\begin{vmatrix} 1 & 0 & -3 \\ -4 & -1 & 0 \\ 3 & 3 & -4 \end{vmatrix},$$

$$A_{34}=(-1)^{3+4}M_{34}=-M_{34}=-\begin{vmatrix}1 & 0 & -3\\ -4 & -1 & 0\\ 3 & 3 & -4\end{vmatrix}.$$

式(8.1.6)称为 n 阶行列式 D 按第一行展开式，事实上有如下定理：

定理 8.1.1　n 阶行列式(8.1.5)等于它的任意一行上的元素与它们各自的代数余子式乘积之和，即

$$D=a_{i1}A_{i1}+a_{i2}A_{i2}+\cdots+a_{in}A_{in}=\sum_{j=1}^{n}a_{ij}A_{ij},\tag{8.1.7}$$

其中，$i=1,2,\cdots,n$. 式(8.1.7)称为 n 阶行列式的按行展开式. 证明从略.

如果行列式的元素 $a_{ij}=0$，则称 a_{ij} 为零元素. 定理 8.1.1 告诉我们，如果行列式第 i 行零元素最多，则按第 i 行展开将使计算简便. 特别地，若行列式有一行元素全为零，则行列式等于零.

例 8.1.3　证明四阶上三角行列式(主对角线左下方元素均为零)

$$\begin{vmatrix}a_{11} & a_{12} & a_{13} & a_{14}\\ 0 & a_{22} & a_{23} & a_{24}\\ 0 & 0 & a_{33} & a_{34}\\ 0 & 0 & 0 & a_{44}\end{vmatrix}=a_{11}a_{22}a_{33}a_{44}.$$

证明：　由定理 8.1.1，每次都按最后一行展开，余子式前面的符号均为正号，逐步计算有

$$D=a_{44}A_{44}=a_{44}a_{33}A_{33}=a_{44}a_{33}a_{22}A_{22}=a_{44}a_{33}a_{22}a_{11}=a_{11}a_{22}a_{33}a_{44}.$$

同理，n 阶下三角行列式也有类同的结果

$$\begin{vmatrix}a_{11} & 0 & \cdots & 0\\ a_{12} & a_{22} & \cdots & 0\\ \vdots & \vdots & & \vdots\\ a_{1n} & a_{2n} & \cdots & a_{nn}\end{vmatrix}=a_{11}a_{22}\cdots a_{nn}.$$

可见，上(下)三角行列式是最容易计算的，这是一个非常有用的结果.

例 8.1.4　计算行列式 $D=\begin{vmatrix}0 & a & 0 & 0\\ 0 & 0 & 0 & b\\ c & 0 & 0 & 0\\ 0 & 0 & d & 0\end{vmatrix}$.

解：　两次按第一行展开，有

$$D=a\cdot(-1)^{1+2}\begin{vmatrix}0 & 0 & b\\ c & 0 & 0\\ 0 & d & 0\end{vmatrix}=-ab\cdot(-1)^{1+3}\begin{vmatrix}c & 0\\ 0 & d\end{vmatrix}=-abcd.$$

8.1.3　行列式的性质

为了简化行列式的计算，下面我们不加证明地给出一般 n 阶行列式的性质.

首先,给出行列式转置的定义.

定义 8.1.3

设 D 表示 n 阶行列式(8.1.5),则称

$$D^{\mathrm{T}}=\begin{vmatrix} a_{11} & a_{21} & \cdots & a_{n1} \\ a_{12} & a_{22} & \cdots & a_{n2} \\ \vdots & \vdots & & \vdots \\ a_{1n} & a_{2n} & \cdots & a_{nn} \end{vmatrix}$$

为 D 的转置行列式(简称 D 的转置),它是把 D 的第 i 行改为第 i 列,$i=1,2,\cdots,n$(即行列互换)所得到的 n 阶行列式.

性质 1 行列式 D 与它的转置行列式 D^{T} 相等,即 $D=D^{\mathrm{T}}$.

由性质 1 知,行列式中的行与列具有同等的地位,也就是说,凡是对行成立的行列式的性质对列也同样成立,反之亦然. 因此,有如下关于行列式按列展开定理.

推论 1 n 阶行列式(8.1.5)等于它的任意一列上的元素与它们各自的代数余子式乘积之和,即

$$D=a_{1j}A_{1j}+a_{2j}A_{2j}+\cdots+a_{nj}A_{nj}=\sum_{i=1}^{n}a_{ij}A_{ij},$$

其中,$j=1,2,\cdots,n$.

性质 2 互换行列式两行(列)的位置得到的行列式与原行列式的值反号,即

$$\begin{vmatrix} a_{11} & a_{12} & \cdots & a_{1n} \\ \vdots & \vdots & & \vdots \\ a_{s1} & a_{s2} & \cdots & a_{sn} \\ \vdots & \vdots & & \vdots \\ a_{t1} & a_{t2} & \cdots & a_{tn} \\ \vdots & \vdots & & \vdots \\ a_{n1} & a_{n2} & \cdots & a_{nn} \end{vmatrix}=-\begin{vmatrix} a_{11} & a_{12} & \cdots & a_{1n} \\ \vdots & \vdots & & \vdots \\ a_{t1} & a_{t2} & \cdots & a_{tn} \\ \vdots & \vdots & & \vdots \\ a_{s1} & a_{s2} & \cdots & a_{sn} \\ \vdots & \vdots & & \vdots \\ a_{n1} & a_{n2} & \cdots & a_{nn} \end{vmatrix}.$$

推论 2 如果行列式有两行(列)的元素完全相同,则此行列式的值等于零.

性质 3 数 k 乘行列式,等于用数 k 乘行列式某一行(列)的每一个元素,即

$$k\begin{vmatrix} a_{11} & a_{12} & \cdots & a_{1n} \\ \vdots & \vdots & & \vdots \\ a_{i1} & a_{i2} & \cdots & a_{in} \\ \vdots & \vdots & & \vdots \\ a_{n1} & a_{n2} & \cdots & a_{nn} \end{vmatrix}=\begin{vmatrix} a_{11} & a_{12} & \cdots & a_{1n} \\ \vdots & \vdots & & \vdots \\ ka_{i1} & ka_{i2} & \cdots & ka_{in} \\ \vdots & \vdots & & \vdots \\ a_{n1} & a_{n2} & \cdots & a_{nn} \end{vmatrix}.$$

推论 3 如果行列式中有两行(列)元素成比例,则行列式的值等于零.

性质 4 如果行列式的某一行(列)的元素都是两数之和,例如

$$D=\begin{vmatrix} a_{11} & a_{12} & \cdots & a_{1n} \\ \vdots & \vdots & & \vdots \\ a_{i1}+b_{i1} & a_{i2}+b_{i2} & \cdots & a_{in}+b_{in} \\ \vdots & \vdots & & \vdots \\ a_{n1} & a_{n2} & \cdots & a_{nn} \end{vmatrix},$$

则行列式 D 可以写为两个行列式之和,即

$$D=\begin{vmatrix} a_{11} & a_{12} & \cdots & a_{1n} \\ \vdots & \vdots & & \vdots \\ a_{i1} & a_{i2} & \cdots & a_{in} \\ \vdots & \vdots & & \vdots \\ a_{n1} & a_{n2} & \cdots & a_{nn} \end{vmatrix}+\begin{vmatrix} a_{11} & a_{12} & \cdots & a_{1n} \\ \vdots & \vdots & & \vdots \\ b_{i1} & b_{i2} & \cdots & b_{in} \\ \vdots & \vdots & & \vdots \\ a_{n1} & a_{n2} & \cdots & a_{nn} \end{vmatrix}.$$

性质 5　把行列式某一行(列)各元素乘以同一数 k 后加到另外一行(列)对应元素上,行列式值不变,即

$$\begin{vmatrix} a_{11} & a_{12} & \cdots & a_{1n} \\ \vdots & \vdots & & \vdots \\ a_{s1} & a_{s2} & \cdots & a_{sn} \\ \vdots & \vdots & & \vdots \\ a_{t1} & a_{t2} & \cdots & a_{tn} \\ \vdots & \vdots & & \vdots \\ a_{n1} & a_{n2} & \cdots & a_{nn} \end{vmatrix}=\begin{vmatrix} a_{11} & a_{12} & \cdots & a_{1n} \\ \vdots & \vdots & & \vdots \\ a_{s1} & a_{s2} & \cdots & a_{sn} \\ \vdots & \vdots & & \vdots \\ ka_{s1}+a_{t1} & ka_{s2}+a_{t2} & \cdots & ka_{sn}+a_{tn} \\ \vdots & \vdots & & \vdots \\ a_{n1} & a_{n2} & \cdots & a_{nn} \end{vmatrix}.$$

下面通过例题说明如何利用行列式的性质来简化行列式的计算.

例 8.1.5　计算行列式 $D=\begin{vmatrix} 3 & 2 & 0 & 1 \\ 2 & 4 & 1 & 9 \\ -1 & 3 & 0 & 2 \\ 0 & 0 & 0 & 5 \end{vmatrix}$.

解:　第 4 行的零元素最多,考虑按第 4 行展开,得

$$D=(-1)^{4+4}\times 5\begin{vmatrix} 3 & 2 & 0 \\ 2 & 4 & 1 \\ -1 & 3 & 0 \end{vmatrix}=5\times(-1)^{2+3}\begin{vmatrix} 3 & 2 \\ -1 & 3 \end{vmatrix}=-5(9+2)=-55.$$

例 8.1.6　计算行列式 $D=\begin{vmatrix} 2 & 3 & -4 & 7 \\ 1 & 2 & -3 & 4 \\ -1 & -2 & 5 & -8 \\ 1 & 3 & -5 & 10 \end{vmatrix}$.

解:　先将 1,2 行互换,再连续利用性质 5,把 D 化成上三角行列式

$$D=-\begin{vmatrix} 1 & 2 & -3 & 4 \\ 2 & 3 & -4 & 7 \\ -1 & -2 & 5 & -8 \\ 1 & 3 & -5 & 10 \end{vmatrix}=-\begin{vmatrix} 1 & 2 & -3 & 4 \\ 0 & -1 & 2 & -1 \\ 0 & 0 & 2 & -4 \\ 0 & 1 & -2 & 6 \end{vmatrix}$$

$$=-\begin{vmatrix}1&2&-3&4\\0&-1&2&-1\\0&0&2&-4\\0&0&0&5\end{vmatrix}$$

$$=-1\times(-1)\times2\times5=10.$$

这里化成上三角行列式的做法是:

(1)将 a_{11} 变换为1(可以将第一行与其他行交换,也可以对第一行提取 a_{11});

(2)把第一行分别乘以 $-a_{21}$, $-a_{31}$, $\cdots$, $-a_{n1}$,加到第 2,3,$\cdots$,n 行的对应元素上,将 a_{11} 以下的元素全部化为零;

(3)用类似的方法将 a_{22}, a_{33}, $\cdots$, $a_{n-1\,n-1}$ 以下的元素全部化为零,即可得到上三角形行列式.

在计算行列式特别是高阶行列式时,常常把它化成上三角行列式,这是计算行列式的基本方法之一.

本节我们给出了二元线性方程组的求解公式,这一结果可以推广到由 n 个方程构成的 n 元线性方程组,这就是克莱姆法则.

定理 8.1.2(克莱姆法则) 设含有 n 个未知量 n 个方程的线性方程组

$$\begin{cases}a_{11}x_1+a_{12}x_2+\cdots+a_{1n}x_n=b_1,\\a_{21}x_1+a_{22}x_2+\cdots+a_{2n}x_n=b_2,\\\qquad\cdots\\a_{n1}x_1+a_{n2}x_2+\cdots+a_{nn}x_n=b_n.\end{cases}\tag{8.1.8}$$

如果由它的系数组成的行列式

$$D=\begin{vmatrix}a_{11}&a_{12}&\cdots&a_{1n}\\a_{21}&a_{22}&\cdots&a_{2n}\\\vdots&\vdots&&\vdots\\a_{n1}&a_{n2}&\cdots&a_{nn}\end{vmatrix}\neq0,$$

则方程组(8.1.8)有唯一的一组解

$$x_1=\frac{D_1}{D},x_2=\frac{D_2}{D},\cdots,x_n=\frac{D_n}{D},\tag{8.1.9}$$

其中,$D_j(j=1,2,\cdots,n)$是用方程组右端常数列$[b_1,b_2,\cdots,b_n]^{\mathrm T}$分别替代系数行列式 D 中第 j 列后得到的 n 阶行列式,即

$$D_j=\begin{vmatrix}a_{11}&\cdots&a_{1\,j-1}&b_1&a_{1\,j+1}&\cdots&a_{1n}\\a_{21}&\cdots&a_{2\,j-1}&b_2&a_{2\,j+1}&\cdots&a_{2n}\\\vdots&&\vdots&\vdots&\vdots&&\vdots\\a_{n1}&\cdots&a_{n\,j-1}&b_n&a_{n\,j+1}&\cdots&a_{nn}\end{vmatrix}\quad(j=1,2,\cdots,n).$$

推论 4 方程组(8.1.8)中,如果 $b_1=b_2=\cdots=b_n=0$,且方程组系数行列式 $D\neq0$,则该方程组只有唯一的零解($x_1=x_2=\cdots=x_n=0$).

上述推论还可以叙述为:如果方程组(8.1.8)中 $b_1=b_2=\cdots=b_n=0$,且方程组有非零解,则系数行列式 $D=0$.

我们注意到，用克莱姆法则解线性方程组的局限性在于，当方程的数目与变量数目不相等时，或系数行列式 $D=0$ 时，则得不到结论. 这些问题将在第 9 章中解决.

思考题 8.1

1. 任意两个行列式都能比较大小吗?
2. 非零元素只出现在主对角线上的行列式称为对角形行列式，计算 n 阶对角形行列式:

$$\begin{vmatrix} d_1 & 0 & \cdots & 0 \\ 0 & d_2 & \cdots & 0 \\ \vdots & \vdots & \vdots & \vdots \\ 0 & 0 & \cdots & d_n \end{vmatrix}.$$

练习题 8.1A

1. 计算下列行列式:

(1) $\begin{vmatrix} 2 & -1 \\ 4 & 3 \end{vmatrix}$;　　(2) $\begin{vmatrix} 1 & 2 & 3 \\ 2 & 1 & 1 \\ 3 & 0 & 1 \end{vmatrix}$;

(3) $\begin{vmatrix} -1 & 0 & 0 \\ 0 & 3 & 0 \\ 0 & 0 & 5 \end{vmatrix}$;　　(4) $\begin{vmatrix} 1 & 0 & 0 \\ 2 & 3 & 0 \\ 4 & 5 & 6 \end{vmatrix}$.

2. 写出行列式 $D_4=\begin{vmatrix} 3 & 1 & -1 & 2 \\ -5 & 1 & 3 & -4 \\ 2 & 0 & 1 & -1 \\ 1 & -5 & 3 & -3 \end{vmatrix}$ 中元素 a_{14} 和 a_{42} 的代数余子式.

3. 利用二阶行列式解二元一次方程组 $\begin{cases} 2x_1+5x_2=9, \\ 5x_1+3x_2=13. \end{cases}$

练习题 8.1B

1. 计算下列行列式:

(1) $\begin{vmatrix} 10 & 8 & 2 \\ 15 & 12 & 3 \\ 20 & 32 & 12 \end{vmatrix}$;　　(2) $\begin{vmatrix} -ab & ac & ae \\ bd & -cd & de \\ bf & cf & -ef \end{vmatrix}$;

(3) $\begin{vmatrix} a & b & c \\ 0 & d & e \\ 0 & 0 & f \end{vmatrix}$;　　(4) $\begin{vmatrix} e & 0 & 0 \\ 0 & a & b \\ 0 & c & d \end{vmatrix}$;

(5) $\begin{vmatrix} 1 & -1 & 0 \\ 4 & -5 & -3 \\ 2 & 3 & 6 \end{vmatrix}$;　　(6) $\begin{vmatrix} 2 & -3 & 7 \\ -1 & 1 & -2 \\ 9 & -2 & 3 \end{vmatrix}$;

(7) $\begin{vmatrix} 4 & 2 & 3 \\ 390 & 206 & 296 \\ 5 & -3 & 2 \end{vmatrix}$;　　(8) $\begin{vmatrix} 3 & 1 & 4 & -1 \\ 3 & -1 & 2 & -1 \\ 1 & 2 & 3 & -2 \\ 5 & 0 & 6 & -2 \end{vmatrix}$.

2. 写出行列式 $D=\begin{vmatrix} -1 & 3 & 2 \\ 7 & 0 & 6 \\ 11 & 9 & -4 \end{vmatrix}$ 中 a_{21},a_{23}的代数余子式,并求行列式的值.

3. 试用行列式的定义证明性质 3、性质 4.

4. 证明:

(1) $\begin{vmatrix} a_1+ka_2 & a_2+ma_3 & a_3 \\ b_1+kb_2 & b_2+mb_3 & b_3 \\ c_1+kc_2 & c_2+mc_3 & c_3 \end{vmatrix}=\begin{vmatrix} a_1 & a_2 & a_3 \\ b_1 & b_2 & b_3 \\ c_1 & c_2 & c_3 \end{vmatrix}$;

(2) $\begin{vmatrix} a^2 & (a+1)^2 & (a+2)^2 & (a+3)^2 \\ b^2 & (b+1)^2 & (b+2)^2 & (b+3)^2 \\ c^2 & (c+1)^2 & (c+2)^2 & (c+3)^2 \\ d^2 & (d+1)^2 & (d+2)^2 & (d+3)^2 \end{vmatrix}=0$.

5. 解下列方程组:

(1) $\begin{cases} x+y+z=5, \\ 2x+y-z+w=1, \\ x+2y-z+w=2, \\ y+2z+3w=3; \end{cases}$　　(2) $\begin{cases} x+y+z=1, \\ x+2y+z-w=8, \\ 2x-y-3w=3, \\ 3x+3y+5z-6w=5. \end{cases}$

6. 在实数范围内求解方程 $\begin{vmatrix} 0 & 1 & x \\ 1 & x & 0 \\ x & 0 & 1 \end{vmatrix}=0$.

8.2 矩阵的概念

在经济活动和企业管理中,许多实际问题的描述和计算都常常用到一些数(或函数)的矩形表,如商品价目表、从产地到销地的商品运输方案、投入产出表等. 数学上把“数或函数的矩形表”称为矩阵. 本节我们将给大家介绍矩阵的概念及运算.

8.2.1 引例

例 8.2.1 某公司的 3 家商店出售 4 种食品,单位售价(单位:元)见表 8.2.1.

表 8.2.1

商店	食品			
	F1	F2	F3	F4
S1	17	17	16	20
S2	15	15	16	17
S3	18	19	20	20

表的第一行表示，在商店 S1，4 种食品 F1，F2，F3，F4 的单位售价分别为 17 元，17 元，16 元，20 元，依此类推，把表中数据取出并且不改变数据的相对位置，得到价格矩阵为

$$\begin{bmatrix} 17 & 17 & 16 & 20 \\ 15 & 15 & 16 & 17 \\ 18 & 19 & 20 & 20 \end{bmatrix}.$$

例 8.2.2　某运输公司把商品从产地 A 和 B 运送到销地甲、乙、丙、丁、戊的运输量(单位：t)见表 8.2.2.

表 8.2.2

产地	销地				
	甲	乙	丙	丁	戊
A	1	2	5	4	3
B	2	3	2	0	4

其运输量矩阵为

$$\begin{bmatrix} 1 & 2 & 5 & 4 & 3 \\ 2 & 3 & 2 & 0 & 4 \end{bmatrix}.$$

定义 8.2.1

$m \times n$ 个数 $a_{ij}(i=1,2,\cdots,m;j=1,2,\cdots,n)$ 排成 m 行 n 列的矩形表

$$\begin{bmatrix} a_{11} & a_{12} & \cdots & a_{1n} \\ a_{21} & a_{22} & \cdots & a_{2n} \\ \vdots & \vdots & & \vdots \\ a_{m1} & a_{m2} & \cdots & a_{mn} \end{bmatrix},$$

称为 m 行 n 列矩阵，简称 $m \times n$ 矩阵. 其中，a_{ij} 称为矩阵的第 i 行第 j 列元素. 矩阵通常用大写字母 $A,B,C,\cdots$ 表示，例如符号

$$A=(a_{ij})_{m\times n}, A_{m\times n}, A$$

都表示矩阵 A.

特别地，当 $m=n$ 时，称其为 n 阶方阵. 方阵 A 中从左上角元素到右下角元素这条对角线称为主对角线，从右上角元素到左下角元素这条对角线称为次对角线.

当 $m=1$ 时，矩阵只有一行，如

$$[1,3,5],[1,0,0,0],[a_1,a_2,\cdots,a_n],$$

称此类矩阵为行矩阵或行向量.

当 $n=1$ 时,矩阵只有一列,如

$$\begin{bmatrix}1\\3\\5\end{bmatrix},\quad \begin{bmatrix}1\\0\\0\\0\end{bmatrix},\quad \begin{bmatrix}a_1\\a_2\\\vdots\\a_n\end{bmatrix},$$

称此类矩阵为列矩阵或列向量.

矩阵 $A=(a_{ij})_{m\times n}$ 的所有元素前面都添上负号(即 a_{ij} 的相反数)得到的矩阵,称为 A 的负矩阵,记作 $-A=(-a_{ij})_{m\times n}$. 例如

$$A=\begin{bmatrix}1&-2\\2&3\\-1&0\end{bmatrix},\quad -A=\begin{bmatrix}-1&2\\-2&-3\\1&0\end{bmatrix}.$$

矩阵 $A=(a_{ij})_{m\times n}$ 的行与列互换,并且不改变原来行、列中各元素的顺序得到的矩阵称为矩阵 A 的转置矩阵,记作 A^{T}. 矩阵的转置也是一种运算,按定义有 $A^{\mathrm{T}}=(a_{ij})_{n\times m}$,$A^{\mathrm{T}}$ 的第 i 行是 A 的第 i 列,A^{T} 的第 j 列是 A 的第 j 行($i=1,2,\cdots,m$;$j=1,2,\cdots,n$). 例如

$$A=\begin{bmatrix}1&1&1&1\\2&2&2&2\end{bmatrix},\quad A^{\mathrm{T}}=\begin{bmatrix}1&2\\1&2\\1&2\\1&2\end{bmatrix}.$$

8.2.2 几种特殊的矩阵

下面介绍几种特殊的矩阵,它们都是以后会经常碰到的.

1. 零矩阵

一个矩阵的所有元素都为零时,称为零矩阵,记作 O 或 $O_{m\times n}$.

例如 2×3 阶零矩阵

$$O=\begin{bmatrix}0&0&0\\0&0&0\end{bmatrix}.$$

2. 上(下)三角矩阵

主对角线以下的元素全是零的方阵称为上三角矩阵;主对角线以上的元素全是零的方阵称为下三角矩阵,即

$$\begin{bmatrix}a_{11}&a_{12}&\cdots&a_{1n}\\0&a_{22}&\cdots&a_{2n}\\\vdots&\vdots&&\vdots\\0&0&\cdots&a_{nn}\end{bmatrix},\quad \begin{bmatrix}b_{11}&0&\cdots&0\\b_{21}&b_{22}&\cdots&0\\\vdots&\vdots&&\vdots\\b_{n1}&b_{n2}&\cdots&b_{nn}\end{bmatrix},$$

分别是上三角矩阵和下三角矩阵.

3. 对角矩阵

主对角线以外的元素全是零的方阵称为对角矩阵.

4. 单位矩阵

主对角线上元素都等于1，其余元素全为零的方阵称为单位矩阵，用字母 E 表示，如三阶单位矩阵

$$E_3=\begin{bmatrix}1&0&0\\0&1&0\\0&0&1\end{bmatrix}.$$

5. 行阶梯形矩阵

一个矩阵 $A=(a_{ij})_{m\times n}$ 称为行阶梯形矩阵，它满足：

(1) 矩阵的零行（如果存在的话）在矩阵的非零行下方；

(2) 首非零元素（即非零行左起第一个不为零的元素）的列标随着行标的递增而严格增大.

6. 简化行阶梯形矩阵

首非零元素等于1，并且首非零元素1所在列的其他元素全为零的阶梯形矩阵称为简化行阶梯形矩阵.

例如

$$\begin{bmatrix}-1&0&1\\0&2&1\\0&0&3\end{bmatrix},\quad\begin{bmatrix}1&-2&3&4\\0&0&1&3\\0&0&0&0\end{bmatrix}$$

都是行阶梯形矩阵；而

$$\begin{bmatrix}2&4&-1&0\\0&3&1&-1\\0&-1&0&4\end{bmatrix},\quad\begin{bmatrix}1&-1&2&-2\\0&0&0&0\\0&0&2&5\end{bmatrix}$$

均为非行阶梯形矩阵. 如下矩阵

$$\begin{bmatrix}1&0&0&2\\0&1&0&3\\0&0&1&4\end{bmatrix},\quad\begin{bmatrix}1&-1&0&3&6\\0&0&1&5&7\\0&0&0&0&0\end{bmatrix}$$

均为简化行阶梯形矩阵.

行阶梯形矩阵、简化行阶梯形矩阵在线性方程组理论中都有应用.

思考题 8.2

1. 矩阵与行列式是完全不同的两个概念，两者有本质的差异，请说说它们之间的不同.
2. 如果一个行阶梯形矩阵的第一行为零行，则该矩阵为零矩阵. 这个说法正确吗？

练习题 8.2A

1. 指出下列矩阵的行数与列数：

(1) $A=[-1\quad 2\quad 3]$;

(2) $B=\begin{bmatrix}1&2&3\\4&5&6\\5&7&9\end{bmatrix}$;

(3) $C=\begin{bmatrix}0&0\\0&1\end{bmatrix}$;

(4) $D=\begin{bmatrix}0&1\\1&0\\2&3\end{bmatrix}$.

2. 写出下列矩阵的转置矩阵:

(1) $A=[-1\quad 2\quad 3]$;

(2) $B=\begin{bmatrix}1&2&3\\4&5&6\\5&7&9\end{bmatrix}$;

(3) $C=\begin{bmatrix}0&0\\0&1\end{bmatrix}$;

(4) $D=\begin{bmatrix}0&1\\1&0\\2&3\end{bmatrix}$.

练习题 8.2B

一个工资数据库文件 gz. dbf 包含 6 个字段(工资号、姓名、基本工资、奖金、扣所得税、应发工资)和 3 条记录,如下所示:

001	李建	3 000	1 800	39	4 761
002	王民	2 800	1 700	30	4 470
003	安泉	3 200	1 800	45	4 955

试写出工资矩阵.

8.3 矩阵的运算

我们经常需要把几个矩阵联系起来,讨论它们是否相等,对它们可以进行何种操作以及进行操作所需的条件,这就是矩阵的运算. 本节主要介绍矩阵的线性运算和矩阵的乘法运算.

8.3.1 矩阵的线性运算

矩阵的基本运算是线性运算,矩阵的线性运算指矩阵的加法(减法)和数乘矩阵.

定义 8.3.1

设 $A=(a_{ij})_{m\times n}$, $B=(b_{ij})_{m\times n}$, 而且 $a_{ij}=b_{ij}(i=1,2,\cdots,m;j=1,2,\cdots,n)$, 则称矩阵 A 与矩阵 B 相等,记作 $A=B$.

就是说,两个行数与列数对应相同且对应位置元素相等的矩阵是相等的. 例如,若

$A=\begin{bmatrix}2 & a_{12} & a_{13}\\ a_{21} & 0 & a_{23}\end{bmatrix}$与$B=\begin{bmatrix}a_{11} & 0 & -1\\ -3 & a_{22} & 5\end{bmatrix}$相等,则有

$$a_{11}=2,a_{12}=0,a_{13}=-1,a_{21}=-3,a_{22}=0,a_{23}=5.$$

定义 8.3.2

设 k 是一个实数,$A=(a_{ij})_{m\times n}$,则 kA 是实数 k 乘以矩阵 A 的每一个元素而形成的矩阵,称为数与矩阵的乘法,简称数乘矩阵,记为 kA,即

$$kA=\begin{bmatrix}ka_{11} & ka_{12} & \cdots & ka_{1n}\\ ka_{21} & ka_{22} & \cdots & ka_{2n}\\ \vdots & \vdots & & \vdots\\ ka_{m1} & ka_{m2} & \cdots & ka_{mn}\end{bmatrix}.$$

特别地,$(-1)A=-A$ 为 A 的负矩阵.

例 8.3.1 已知矩阵 $A=\begin{bmatrix}4 & 0 & -2\\ -6 & 4 & 2\end{bmatrix}$,$B=\begin{bmatrix}1\\0\\2\end{bmatrix}$,计算$\frac{1}{2}A$,$kB$,$-A$.

解:

$$\frac{1}{2}A=\begin{bmatrix}\frac{1}{2}\times 4 & \frac{1}{2}\times 0 & \frac{1}{2}\times(-2)\\ \frac{1}{2}\times(-6) & \frac{1}{2}\times 4 & \frac{1}{2}\times 2\end{bmatrix}=\begin{bmatrix}2 & 0 & -1\\ -3 & 2 & 1\end{bmatrix},$$

$$kB=\begin{bmatrix}k\\0\\2k\end{bmatrix},\ -A=\begin{bmatrix}-4 & 0 & 2\\ 6 & -4 & -2\end{bmatrix}.$$

很明显,数乘矩阵与数乘行列式不同.

定义 8.3.3

设 $A=(a_{ij})_{m\times n}$,$B=(b_{ij})_{m\times n}$,则

$$A+B=(a_{ij}+b_{ij})_{m\times n}=\begin{bmatrix}a_{11}+b_{11} & a_{12}+b_{12} & \cdots & a_{1n}+b_{1n}\\ a_{21}+b_{21} & a_{22}+b_{22} & \cdots & a_{2n}+b_{2n}\\ \vdots & \vdots & & \vdots\\ a_{m1}+b_{m1} & a_{m2}+b_{m2} & \cdots & a_{mn}+b_{mn}\end{bmatrix}$$

为矩阵 A 与 B 的和.

该定义蕴含了只有行数和列数分别相等的两个矩阵(称这样的矩阵为同型矩阵)才能相加的条件,所以在"$A+B$"有意义时,已承认了 A 和 B 的行数和列数都相同的事实,例如

$$A=\begin{bmatrix}1 & 2 & -1\\ -2 & 3 & 0\end{bmatrix},\quad B=\begin{bmatrix}-2 & 0 & 1\\ 1 & 3 & -1\end{bmatrix},$$

则

$$A+B=\begin{bmatrix}1+(-2) & 2+0 & -1+1\\ -2+1 & 3+3 & 0+(-1)\end{bmatrix}=\begin{bmatrix}-1 & 2 & 0\\ -1 & 6 & -1\end{bmatrix}.$$

定义 8.3.4

把矩阵 A 减矩阵 B 记为 $A-B$,定义成 $A-B=A+(-1)B$,式中是先进行 $(-1)B$ 运算,所以

$$A-B=A+(-1)B=\begin{bmatrix}1 & 2 & -1\\ -2 & 3 & 0\end{bmatrix}+\begin{bmatrix}-1(-2) & -1\times 0 & -1\times 1\\ -1\times 1 & -1\times 3 & -1(-1)\end{bmatrix}$$

$$=\begin{bmatrix}3 & 2 & -2\\ -3 & 0 & 1\end{bmatrix}.$$

不难发现,两同型矩阵相减就是其对应元素相减.

矩阵的线性运算,满足以下运算规律:

(1)加法交换律:$A+B=B+A$;

(2)加法结合律:$(A+B)+C=A+(B+C)$;

(3)零矩阵:对任意矩阵 A 都有 $A+O=A$;

(4)负矩阵:对任意 A 都有 $-A$,使 $A+(-A)=O$;

(5)数对矩阵分配律:$k(A+B)=kA+kB$,其中 k 为实常数;

(6)矩阵对数分配律:$(k+m)A=kA+mA$,其中 k,m 为实常数.

证明: 只证明(6),其余留给读者自行证明.

$$\begin{aligned}kA+mA&=(ka_{ij})_{m\times n}+(ma_{ij})_{m\times n}\\ &=(ka_{ij}+ma_{ij})_{m\times n}\\ &=[(k+m)a_{ij}]_{m\times n}=(k+m)A.\end{aligned}$$

例 8.3.2 设 $A=\begin{bmatrix}1 & -3\\ 0 & 2\\ 3 & 0\end{bmatrix}, B=\begin{bmatrix}0 & 1\\ 1 & 2\\ -3 & 3\end{bmatrix}$.

(1)求 $3A-2B$;(2)求 X,使 $X+A=B$.

解: (1)$3A-2B=3\begin{bmatrix}1 & -3\\ 0 & 2\\ 3 & 0\end{bmatrix}+(-2)\begin{bmatrix}0 & 1\\ 1 & 2\\ -3 & 3\end{bmatrix}=\begin{bmatrix}3 & -9\\ 0 & 6\\ 9 & 0\end{bmatrix}+\begin{bmatrix}0 & -2\\ -2 & -4\\ 6 & -6\end{bmatrix}$

$$=\begin{bmatrix}3 & -11\\ -2 & 2\\ 15 & -6\end{bmatrix}.$$

(2)因为 $X+A=B$,故 $X+A+(-A)=B+(-A)$,即

$$X=B+(-A)=\begin{bmatrix}0 & 1\\ 1 & 2\\ -3 & 3\end{bmatrix}+\begin{bmatrix}-1 & 3\\ 0 & -2\\ -3 & 0\end{bmatrix}=\begin{bmatrix}-1 & 4\\ 1 & 0\\ -6 & 3\end{bmatrix}.$$

例 8.3.3 在例 8.2.2 中,运输公司 9 月份和 10 月份从两产地 A 和 B 分别运送商品到销地甲、乙、丙、丁、戊的数量(单位:t)见表 8.3.1.

表 8.3.1

月份	产地	销地				
		甲	乙	丙	丁	戊
9 月	A	3	3	5	5	4
	B	2	2	0	0	1
10 月	A	4	4	5	5	5
	B	2	2	1	1	0

那么,运输公司两个月从产地 A 和 B 分别运送商品到销地甲、乙、丙、丁、戊的运输量合计各多少吨?

解: 可用矩阵表示为

$$\begin{bmatrix} 3 & 3 & 5 & 5 & 4 \\ 2 & 2 & 0 & 0 & 1 \end{bmatrix} + \begin{bmatrix} 4 & 4 & 5 & 5 & 5 \\ 2 & 2 & 1 & 1 & 0 \end{bmatrix} = \begin{bmatrix} 7 & 7 & 10 & 10 & 9 \\ 4 & 4 & 1 & 1 & 1 \end{bmatrix},$$

即运输公司两个月从产地 A 和 B 运送商品到甲、乙、丙、丁、戊的运输量分别为 7 t,7 t,10 t,10 t,9 t 和 4 t,4 t,1 t,1 t,1 t.

8.3.2　矩阵的乘法运算

定义 8.3.5

设矩阵 A 的列数等于矩阵 B 的行数,$A=(a_{ij})_{m\times s}$,$B=(b_{ij})_{s\times n}$,定义矩阵 $C=(c_{ij})_{m\times n}$ 为 A 左乘 B 的积,记作 $C=AB$,C 的元素 c_{ij} 按如下运算法则形成

$$c_{ij} = a_{i1}b_{1j} + a_{i2}b_{2j} + \cdots + a_{is}b_{sj} = \sum_{k=1}^{s} a_{ik}b_{kj}, \tag{8.3.1}$$

即 c_{ij} 为 A 的第 i 行元素与 B 的第 j 列对应位置元素乘积之和,其中,$i=1,2,\cdots,m$;$j=1,2,\cdots,n$.

从上述定义可知,当且仅当矩阵 A 的列数与矩阵 B 的行数相等时,乘法 AB 才有意义.

例 8.3.4　用矩阵表示线性方程组(8.1.8).

解: 将矩阵

$$A = \begin{bmatrix} a_{11} & a_{12} & \cdots & a_{1n} \\ a_{21} & a_{22} & \cdots & a_{2n} \\ \vdots & \vdots & & \vdots \\ a_{n1} & a_{n2} & \cdots & a_{nn} \end{bmatrix}, \quad X = \begin{bmatrix} x_1 \\ x_2 \\ \vdots \\ x_n \end{bmatrix}, \quad B = \begin{bmatrix} b_1 \\ b_2 \\ \vdots \\ b_n \end{bmatrix}$$

分别称为线性方程组(8.1.8)的系数矩阵、未知量列矩阵、常数列矩阵,则线性方程组(8.1.8)表示成

$$AX=B.$$

例 8.3.5　设 $A=\begin{bmatrix} 1 & 2 & 3 \\ 2 & 0 & 1 \end{bmatrix}$,$B=\begin{bmatrix} -2 & 1 \\ 1 & 0 \\ 0 & -2 \end{bmatrix}$,求 AB,BA.

解:

$$AB=\begin{bmatrix}1&2&3\\2&0&1\end{bmatrix}\begin{bmatrix}-2&1\\1&0\\0&-2\end{bmatrix}$$

$$=\begin{bmatrix}1(-2)+2\times1+3\times0&1\times1+2\times0+3(-2)\\2(-2)+0\times1+1\times0&2\times1+0\times0+1(-2)\end{bmatrix}=\begin{bmatrix}0&-5\\-4&0\end{bmatrix},$$

$$BA=\begin{bmatrix}-2&1\\1&0\\0&-2\end{bmatrix}\begin{bmatrix}1&2&3\\2&0&1\end{bmatrix}$$

$$=\begin{bmatrix}-2\times1+1\times2&-2\times2+1\times0&-2\times3+1\times1\\1\times1+0\times2&1\times2+0\times0&1\times3+0\times1\\0\times1+(-2)\times2&0\times2+(-2)\times0&0\times3+(-2)\times1\end{bmatrix}$$

$$=\begin{bmatrix}0&-4&-5\\1&2&3\\-4&0&-2\end{bmatrix}.$$

例 8.3.6 设 $A=\begin{bmatrix}1&1\\0&0\end{bmatrix}$, $B=\begin{bmatrix}1&0\\-1&0\end{bmatrix}$,求 AB.

解: $AB=\begin{bmatrix}1&1\\0&0\end{bmatrix}\begin{bmatrix}1&0\\-1&0\end{bmatrix}=\begin{bmatrix}1\times1+1(-1)&1\times0+1\times0\\0\times1+0(-1)&0\times0+0\times0\end{bmatrix}=\begin{bmatrix}0&0\\0&0\end{bmatrix}.$

从以上两例看出,矩阵乘法与数的乘法有明显的差异:

首先,矩阵相乘一般不满足交换律,即 $AB\neq BA$. 如例 8.3.5 中,AB 是二阶方阵,BA 是三阶方阵,因此,矩阵相乘必须注意顺序,AB 称为 A 左乘 B,BA 称为 A 右乘 B,一般情况下两者不相等. 对于某些特殊矩阵,可能有 $AB=BA$.

如果有两个矩阵 A,B 满足

$$AB=BA,$$

则称 A,B 是可交换的.

其次,矩阵相乘一般不适合消去律,也就是说,如果 3 个矩阵 A,B,C 相乘满足 $AC=BC$ 且 $C\neq0$,那么一般不能从两边消去 C 而得到 $A=B$.

由例 8.3.6 可知,两个非零矩阵相乘,乘积可能是零矩阵.

例 8.3.7 设 E_2 为二阶单位阵,$A=\begin{bmatrix}a&b\\c&d\end{bmatrix}$,计算 AE_2,E_2A.

解: $AE_2=\begin{bmatrix}a&b\\c&d\end{bmatrix}\begin{bmatrix}1&0\\0&1\end{bmatrix}=\begin{bmatrix}a&b\\c&d\end{bmatrix}$, $E_2A=\begin{bmatrix}1&0\\0&1\end{bmatrix}\begin{bmatrix}a&b\\c&d\end{bmatrix}=\begin{bmatrix}a&b\\c&d\end{bmatrix}.$

可见,$AE_2=E_2A=A$. 一般地,如果 A 为 n 阶方阵,E_n 为 n 阶单位矩阵,则 $AE_n=E_nA=A$. 即单位矩阵 E_n 具有与实数 1 类似的性质.

读者可以直接验证,矩阵乘法满足如下运算规律:

(1)结合律 $(AB)C=A(BC)$;

(2)分配律 $A(B+C)=AB+AC$, $(B+C)A=BA+CA$;

(3)数乘矩阵结合律　$k(AB)=(kA)B=A(kB)$,其中 k 为实常数;

(4)设 A,B 同为 n 阶方阵,k 为实常数,$|A|,|B|$分别为方阵 A,B 的行列式(由方阵 A 的所有元素在保持原位置不变的情况下所形成的同阶行列式称为方阵 A 的行列式,记为 $|A|$),则:

1) $(A^{\mathrm{T}})^{\mathrm{T}}=A,(A+B)^{\mathrm{T}}=A^{\mathrm{T}}+B^{\mathrm{T}},(kA)^{\mathrm{T}}=kA^{\mathrm{T}},(AB)^{\mathrm{T}}=B^{\mathrm{T}}A^{\mathrm{T}}$;

2) $|A^{\mathrm{T}}|=|A|,|kA|=k^n|A|,|AB|=|A||B|$;

3) k 个 A 连乘 $AA\cdots A=A^k$,称 A^k 为 A 的 k 次方或 A 的 k 次幂.

思考题 8.3

1. 设 E,G 分别为 n 阶单位矩阵和 n 阶对角矩阵,A 为 n 阶方阵,计算 EA,GA,AE,AG,并思考由此可以得到什么结论.

2. 设 n 阶方阵 A 的行列式为 $|A|$,实数 $k\neq0$,$|kA|$与 $k|A|$有什么不同?

练习题 8.3A

1. 设 $A=[-1\quad 2\quad 3]$,$B=[x_1\quad x_2\quad x_3]$,若 $3A=2B$,求 x_1,x_2,x_3.

2. 设 $A=[4\quad 2\quad 0\quad -7]$,$B=[-3\quad 6\quad -9\quad 5]$,(1)若 $A+X=B$,求 X;(2)若 $3A-2X=BX$,求 X.

3. 设 $A=\begin{bmatrix}3&-1\\1&3\\-1&2\end{bmatrix}$,$B=\begin{bmatrix}1&0\\1&1\end{bmatrix}$,求 AB.

4. 设 $A=\begin{bmatrix}1&2\\3&4\end{bmatrix}$,$B=\begin{bmatrix}1&0\\1&1\end{bmatrix}$,(1)计算 $A+B$;(2)写出 A^{T};(3)验证:$(A+B)^{\mathrm{T}}=A^{\mathrm{T}}+B^{\mathrm{T}}$;(4)验证:$(AB)^{\mathrm{T}}=B^{\mathrm{T}}A^{\mathrm{T}}$.

练习题 8.3B

1. 计算以下各题:

(1) $\begin{bmatrix}d_1&0&0\\0&d_2&0\\0&0&d_3\end{bmatrix}\begin{bmatrix}a_1&a_2&a_3\\b_1&b_2&b_3\\c_1&c_2&c_3\end{bmatrix}$;

(2) $\begin{bmatrix}a_1&a_2&a_3\\b_1&b_2&b_3\\c_1&c_2&c_3\end{bmatrix}\begin{bmatrix}d_1&0&0\\0&d_2&0\\0&0&d_3\end{bmatrix}$;

(3) $[4\quad 7\quad 9]\begin{bmatrix}1\\1\\1\end{bmatrix}$;

(4) $\begin{bmatrix}1\\1\\1\end{bmatrix}[4\quad 7\quad 9]$;

(5) $\begin{bmatrix}a_{11}&a_{12}&a_{13}\\a_{21}&a_{22}&a_{23}\\a_{31}&a_{32}&a_{33}\end{bmatrix}\begin{bmatrix}x_1\\x_2\\x_3\end{bmatrix}$;

(6) $x_1\begin{bmatrix}a_{11}\\a_{21}\\a_{31}\end{bmatrix}+x_2\begin{bmatrix}a_{12}\\a_{22}\\a_{32}\end{bmatrix}+x_3\begin{bmatrix}a_{13}\\a_{23}\\a_{33}\end{bmatrix}$.

2. 计算 ABC,设 $A=\begin{bmatrix}3&0&5\\-2&4&1\end{bmatrix}$,$B=\begin{bmatrix}-1&1&4&0\\3&-2&5&-3\\2&0&-6&4\end{bmatrix}$,$C=\begin{bmatrix}1\\1\\1\\1\end{bmatrix}$.

3. 设 $A=\begin{bmatrix}1&2\\0&1\end{bmatrix}$,$B=\begin{bmatrix}\lambda&1\\0&\lambda\end{bmatrix}$,求 A^3,B^3.

4. 设 $A=\begin{bmatrix}4&-1\\0&2\\-3&2\end{bmatrix}$,$B=\begin{bmatrix}2&1\\3&4\end{bmatrix}$,验证 $(AB)^{\mathrm{T}}=B^{\mathrm{T}}A^{\mathrm{T}}$.

5. 设 $A=\begin{bmatrix}1&1\\0&2\end{bmatrix}$,$B=\begin{bmatrix}0&1\\1&0\end{bmatrix}$,验证 $|AB|=|A||B|$.

6. 4 个工厂 A、B、C、D 均能生产 3 种产品甲、乙、丙,其单位成本见表 8.3.2.

表 8.3.2

工厂	产品成本		
	甲	乙	丙
A	3	5	6
B	2	4	8
C	4	5	5
D	4	3	7

现要生产产品甲 600 件,乙 500 件,丙 200 件,问由哪个工厂生产成本最低?

8.4 矩阵的初等变换与矩阵的秩

本节主要介绍初等矩阵、矩阵的初等变换和矩阵的秩.

定义 8.4.1

矩阵的下列变换称为初等行(列)变换:

(1)交换矩阵的第 i 行(列)与第 j 行(列)的位置,用符号 (i,j) 表示;

(2)用一个非零常数 k 乘矩阵的第 i 行(列),用符号 $k(i)$ 表示;

(3)把矩阵第 i 行(列)的 k 倍加到第 j 行(列)的对应元素上,用符号 $k(i)+(j)$ 表示,其中 $i\neq j$.

矩阵的初等行变换和初等列变换统称为矩阵的初等变换. 这里着重讨论初等行变换.

矩阵 A 经过初等变换后变为矩阵 B,称矩阵 B 与 A 等价,记为 $A\to B$.

定义 8.4.2

对单位矩阵 E 进行一次初等变换后，得到的矩阵称为初等矩阵，三类初等矩阵分别记作 $E_n(i,j)$，$E_n(k(i))$，$E_n(k(i)+(j))$.

例如，三阶单位矩阵 E_3：

(1) 交换 E_3 的第一、二行

$$\begin{bmatrix}1&0&0\\0&1&0\\0&0&1\end{bmatrix}\xrightarrow{(1,2)}\begin{bmatrix}0&1&0\\1&0&0\\0&0&1\end{bmatrix}=E_3(1,2);$$

(2) 用非零常数 k 乘以 E_3 的第三行

$$\begin{bmatrix}1&0&0\\0&1&0\\0&0&1\end{bmatrix}\xrightarrow{k(3)}\begin{bmatrix}1&0&0\\0&1&0\\0&0&k\end{bmatrix}=E_3(k(3));$$

(3) 把常数 k 乘以 E_3 的第一行各元素加到第二行对应元素上

$$\begin{bmatrix}1&0&0\\0&1&0\\0&0&1\end{bmatrix}\xrightarrow{k(1)+(2)}\begin{bmatrix}1&0&0\\k&1&0\\0&0&1\end{bmatrix}=E_3(k(1)+(2)).$$

下面的定理说明，对矩阵 A 进行一次初等行变换，相当于用初等矩阵分别对 A 进行一次矩阵乘法运算.

定理 8.4.1　对 $A_{m\times n}$ 进行一次初等行（列）变换相当于用相应的 m 阶（n 阶）初等矩阵左（右）乘 $A_{m\times n}$（证明略）.

矩阵的初等变换在线性代数中有诸多重要的应用. 例如，求矩阵的秩、求可逆矩阵的逆矩阵、求解线性方程组等.

定理 8.4.2　任意一个矩阵 $A_{m\times n}$，总可以经过有限次初等行变换化为阶梯形矩阵，进而化为简化阶梯形矩阵（证明略）.

例 8.4.1　把矩阵 A 化为阶梯形矩阵和简化阶梯形矩阵：

$$A=\begin{bmatrix}1&3&-7&-8\\2&5&4&4\\-3&-7&-2&-3\\1&4&-12&-15\end{bmatrix}.$$

解：

$$A\xrightarrow{-2(1)+(2),3(1)+(3),(-1)+(4)}\begin{bmatrix}1&3&-7&-8\\0&-1&18&20\\0&2&-23&-27\\0&1&-5&-7\end{bmatrix}\xrightarrow{2(2)+(3),(2)+(4)}$$

$$\begin{bmatrix}1&3&-7&-8\\0&-1&18&20\\0&0&13&13\\0&0&13&13\end{bmatrix}\xrightarrow{-(3)+(4),\frac{1}{13}(3)}\begin{bmatrix}1&3&-7&-8\\0&-1&18&20\\0&0&1&1\\0&0&0&0\end{bmatrix}=B\rightarrow$$

$$\xrightarrow{-18(3)+(2),7(3)+(1)}\begin{bmatrix}1&3&0&-1\\0&-1&0&2\\0&0&1&1\\0&0&0&0\end{bmatrix}\xrightarrow{3(2)+(1)}$$

$$\begin{bmatrix}1&0&0&5\\0&-1&0&2\\0&0&1&1\\0&0&0&0\end{bmatrix}\xrightarrow{-(2)}\begin{bmatrix}1&0&0&5\\0&1&0&-2\\0&0&1&1\\0&0&0&0\end{bmatrix}=C.$$

式中,B 为 A 的行阶梯形矩阵,C 为 A 的简化行阶梯形矩阵.

定义 8.4.3

矩阵 A 的行阶梯形矩阵中非零行的数目称为矩阵 A 的秩,记为 $r(A)$.

矩阵的秩是矩阵的本质属性之一. 可以证明,矩阵经初等变换后不改变它的秩,因此,可以通过施行初等行变换的方法求矩阵的秩.

例如,例 8.4.1 的矩阵 A 通过初等行变换化为行阶梯形矩阵 B,而 B 的非零行数目为 3,所以 $r(A)=3$.

定义 8.4.4

对 n 阶方阵 A,若 $r(A)=n$,则称 A 为满秩矩阵,或非奇异矩阵.

例如

$$\begin{bmatrix}1&2&2\\0&3&1\\0&0&5\end{bmatrix},\quad\begin{bmatrix}1&0&0&0\\1&1&0&0\\1&1&1&0\\1&1&1&1\end{bmatrix},\quad\begin{bmatrix}1&0&\cdots&0\\0&1&\cdots&0\\\vdots&\vdots&&\vdots\\0&0&\cdots&1\end{bmatrix}$$

都是满秩矩阵.

定理 8.4.3 任何一个满秩矩阵都能通过初等行变换化成单位矩阵(证明略).

定理 8.4.4 n 阶矩阵 A 为满秩矩阵的充分必要条件是:A 可以表示成一系列初等矩阵的乘积.

思考题 8.4

1. 矩阵的初等变换与初等矩阵有什么关系?
2. 求矩阵的秩可以使用矩阵的初等列变换吗?

练习题 8.4A

1. 求下列矩阵的秩:

(1) $A=\begin{bmatrix}2&1&6\\0&0&0\\0&0&0\end{bmatrix}$;　　(2) $B=\begin{bmatrix}2&0&0\\0&8&0\\0&0&1\end{bmatrix}$;

(3) $C=\begin{bmatrix}2&1&6\\0&3&5\\0&0&0\end{bmatrix}$；　　(4) $D=\begin{bmatrix}2&0&0\\4&0&0\\-6&0&1\end{bmatrix}$.

2. 求下列矩阵的秩：

(1) $A=\begin{bmatrix}1&1&1\\2&2&2\\5&5&5\end{bmatrix}$；　　(2) $B=\begin{bmatrix}2&3&1\\-2&1&0\\0&4&1\end{bmatrix}$；

(3) $C=\begin{bmatrix}1&1&2&2&2&4\\0&1&0&1&1&1\\1&2&2&3&3&5\end{bmatrix}$.

练习题 8.4B

1. 求下列矩阵的行阶梯形矩阵和简化行阶梯形矩阵：

(1) $A=\begin{bmatrix}1&2&2\\2&4&-1\\0&3&1\end{bmatrix}$；　(2) $B=\begin{bmatrix}0&2&-1\\1&1&2\\-1&-1&-1\end{bmatrix}$；　(3) $C=\begin{bmatrix}1&-1&2\\2&-3&5\\3&-2&4\end{bmatrix}$.

2. 求下列矩阵的秩：

(1) $\begin{bmatrix}1&3&7\\2&5&4\\3&7&2\\1&4&12\end{bmatrix}$；　　(2) $\begin{bmatrix}1&-1&1&2\\2&-1&4&0\\3&2&1&1\\1&2&-1&2\end{bmatrix}$.

8.5 逆矩阵

我们知道，对非零实数 a，存在唯一实数 a^{-1}，使得 $a^{-1}a=aa^{-1}=1$. 那么矩阵有没有类似的运算呢？也就是说，对非零矩阵 A，是否存在矩阵 B，它起着"除数"的作用，使得 $BA=AB=E$？逆矩阵的概念可以回答这个问题.

8.5.1　逆矩阵的定义

定义 8.5.1

对于 n 阶方阵 A，如果存在 n 阶方阵 B，满足

$$AB=BA=E, \tag{8.5.1}$$

则称矩阵 A 为可逆矩阵，简称 A 可逆. 这时称 B 为 A 的逆矩阵，记为 A^{-1}，且 $A^{-1}=B$，于是

$$AA^{-1}=A^{-1}A=E.$$

因为式(8.5.1)中,A 与 B 的地位是同等的,所以也称 A 是 B 的逆矩阵,且 $B^{-1}=A$,所以通常称 A,B 互为逆矩阵,或 A,B 互逆. 必须注意,A^{-1}表示 A 的逆,它不是 A 的倒数.

例 8.5.1 因为 $EE=EE=E$,所以 E 可逆,且 $E^{-1}=E$,即单位矩阵的逆矩阵是其本身.

例 8.5.2 因为任何方阵 B,都有 $BO=OB=O$,所以 O 矩阵不可逆.

可逆矩阵具有如下性质:

(1)可逆矩阵的逆矩阵是唯一的;

(2)可逆矩阵 A 的逆矩阵 A^{-1}也可逆,并且$(A^{-1})^{-1}=A$;

(3)若 n 阶方阵 A,B 均可逆,则 AB 也可逆,并且$(AB)^{-1}=B^{-1}A^{-1}$;

(4)可逆矩阵 A 的转置矩阵 A^{T} 也可逆,并且$(A^{\mathrm{T}})^{-1}=(A^{-1})^{\mathrm{T}}$;

(5)非零常数 k 与可逆矩阵 A 的乘积 kA 也可逆,并且$(kA)^{-1}=\dfrac{1}{k}A^{-1}$;

(6)可逆矩阵 A 的逆矩阵 A^{-1}的行列式$|A^{-1}|=|A|^{-1}$.

证明: 这里只证(1),(2),(3),其余留作练习.

(1)若 B,C 都是 A 的逆矩阵,则有 $AB=BA=E,AC=CA=E$,于是

$$B=EB=(CA)B=C(AB)=CE=C,$$

所以,$B=C$,故 A 的逆矩阵是唯一的.

(2)因为 A 可逆,A^{-1} 存在,且 $A^{-1}A=AA^{-1}=E$,由逆矩阵定义知,A^{-1} 可逆,且$(A^{-1})^{-1}=A$.

(3)$(AB)(B^{-1}A^{-1})=A(BB^{-1})A^{-1}=AEA^{-1}=AA^{-1}=E$,

$(B^{-1}A^{-1})(AB)=B^{-1}(A^{-1}A)B=B^{-1}EB=B^{-1}B=E$,

所以,由逆矩阵定义可知,$(AB)^{-1}=B^{-1}A^{-1}$.

以上定义了逆矩阵并且讨论了逆矩阵的一些基本性质,现在要进一步问:对于任给的 n 阶方阵 A,在什么条件下可逆? 如果 A 可逆,如何求它的逆矩阵 A^{-1}?

定理 8.5.1 n 阶方阵 A 可逆的充分必要条件是$|A|\neq 0$.

当$|A|\neq 0$ 时,称 A 为非奇异矩阵. 因此,上述定理也可以叙述为:n 阶方阵 A 可逆的充分必要条件是 A 为非奇异矩阵.

下面介绍求逆矩阵的方法.

8.5.2 用初等变换求逆矩阵

用初等变换求逆矩阵具体做法如下:在方阵 A 的右端接一个同阶单位矩阵 E,构成 $n\times 2n$ 矩阵$[AE]$. 对$[AE]$施以初等行变换,如果能将 A 化成单位矩阵,则 A 可逆并且 E 就化成了 A 的逆矩阵 A^{-1};如果 A 不能通过初等行变换化成单位矩阵,则 A 不可逆. 当 A 可逆时,这个过程即

$$[AE]_{n\times 2n}\xrightarrow{\text{初等行变换}}[EA^{-1}]_{n\times 2n}.$$

例 8.5.3 用初等行变换求 $A=\begin{bmatrix}1&2&3\\1&3&4\\2&1&2\end{bmatrix}$的逆矩阵 A^{-1}.

解：

$$[AE]=\begin{bmatrix}1&2&3&1&0&0\\1&3&4&0&1&0\\2&1&2&0&0&1\end{bmatrix}\to\begin{bmatrix}1&2&3&1&0&0\\0&1&1&-1&1&0\\0&-3&-4&-2&0&1\end{bmatrix}\to\begin{bmatrix}1&2&3&1&0&0\\0&1&1&-1&1&0\\0&0&-1&-5&3&1\end{bmatrix}$$

$$\to\begin{bmatrix}1&2&0&-14&9&3\\0&1&0&-6&4&1\\0&0&-1&-5&3&1\end{bmatrix}\to\begin{bmatrix}1&0&0&-2&1&1\\0&1&0&-6&4&1\\0&0&1&5&-3&-1\end{bmatrix}.$$

所以

$$A^{-1}=\begin{bmatrix}-2&1&1\\-6&4&1\\5&-3&-1\end{bmatrix}.$$

前面讲过，一般情况下，由 $AB=AC$ 不能得到 $B=C$，但是当 A 可逆时，可得 $B=C$. 这个结果可用于解特殊的线性方程组和特殊的矩阵方程. 例如，对于线性方程组

$$AX=B,$$

若 A^{-1} 存在，则对方程组两边左乘 A^{-1}，有

$$X=A^{-1}B.$$

例 8.5.4　解线性方程组 $\begin{cases}x_1+2x_2+3x_3=1,\\x_1+3x_2+4x_3=1,\\2x_1+x_2+2x_3=1.\end{cases}$

解：　这个线性方程组可以写成矩阵相乘的形式 $AX=B$. 其中

$$A=\begin{bmatrix}1&2&3\\1&3&4\\2&1&2\end{bmatrix},\qquad X=\begin{bmatrix}x_1\\x_2\\x_3\end{bmatrix},\qquad B=\begin{bmatrix}1\\1\\1\end{bmatrix}.$$

由例 8.5.3 可知

$$A^{-1}=\begin{bmatrix}-2&1&1\\-6&4&1\\5&-3&-1\end{bmatrix}.$$

于是方程组的解为

$$X=A^{-1}B=\begin{bmatrix}-2&1&1\\-6&4&1\\5&-3&-1\end{bmatrix}\begin{bmatrix}1\\1\\1\end{bmatrix}=\begin{bmatrix}0\\-1\\1\end{bmatrix},$$

即 $x_1=0, x_2=-1, x_3=1$.

思考题 8.5

如何判断 n 阶方阵 A 是否可逆？

练习题 8.5A

1. 求下列矩阵的逆矩阵:

(1) $A=\begin{bmatrix}1 & 2\\0 & 3\end{bmatrix}$; (2) $B=\begin{bmatrix}2 & 0 & 0\\0 & 8 & 0\\0 & 0 & 1\end{bmatrix}$.

2. 求下列矩阵的秩:

(1) $C=\begin{bmatrix}2 & 1 & 6\\0 & 3 & 5\\0 & 0 & 5\end{bmatrix}$; (2) $A=\begin{bmatrix}2 & 0 & 0\\4 & 1 & 0\\-6 & 0 & 1\end{bmatrix}$.

练习题 8.5B

1. 说明下列矩阵是否可逆,若可逆则求其逆矩阵:

(1) $A=\begin{bmatrix}1 & 1 & -1\\1 & 2 & -3\\0 & 1 & 1\end{bmatrix}$; (2) $B=\begin{bmatrix}1 & -1 & 2\\2 & -3 & 5\\3 & -2 & 4\end{bmatrix}$;

(3) $C=\begin{bmatrix}1 & 1 & -1\\2 & 1 & 0\\1 & -1 & 0\end{bmatrix}$; (4) $D=\begin{bmatrix}-2 & -1 & 6\\4 & 0 & 5\\-6 & -1 & 1\end{bmatrix}$.

2. 求下列矩阵的逆矩阵,其中实数 $k\neq 0$:

(1) $E_3(1,2)=\begin{bmatrix}0 & 1 & 0\\1 & 0 & 0\\0 & 0 & 1\end{bmatrix}$; (2) $E_3(k(3))=\begin{bmatrix}1 & 0 & 0\\0 & 1 & 0\\0 & 0 & k\end{bmatrix}$;

(3) $E_3(k(1)+(2))=\begin{bmatrix}1 & 0 & 0\\k & 1 & 0\\0 & 0 & 1\end{bmatrix}$.

3. 用求逆矩阵方法解方程组:

$$\begin{cases}x_1+2x_2+3x_3=2,\\x_2+2x_3=0,\\x_3=1.\end{cases}$$

4. 解下列矩阵方程:

(1) $\begin{bmatrix}2 & 5\\1 & 2\end{bmatrix}X=\begin{bmatrix}4 & -6\\2 & 1\end{bmatrix}$; (2) $X\begin{bmatrix}1 & 0 & 0\\0 & 2 & 0\\0 & 0 & 3\end{bmatrix}=\begin{bmatrix}0 & 3 & 6\\2 & 4 & 6\end{bmatrix}$.

8.6 用数学软件进行行列式与矩阵运算

8.6.1 用数学软件 Mathematica 进行行列式与矩阵运算

1. 用数学软件 Mathematica 进行行列式运算

在 Mathematica 系统中，用函数 Det[b] 求行列式 D 的值，其中“b”是由所给行列式 D 的元素所构成的二维数表，“b”的一维子表顺次由行列式 D 中每行（或列）上的元素构成.

例 8.6.1　计算 $D_4 = \begin{vmatrix} 3 & 2 & 0 & 1 \\ 2 & 4 & 1 & 9 \\ -1 & 3 & 0 & 2 \\ 0 & 0 & 0 & 5 \end{vmatrix}$.

解：

```
In[1]:= Clear[b]
b = {{3,2,0,1},{2,4,1,9},{ -1,3,0,2},{0,0,0,5}};
Det[b]
Out[3] = -55
```

2. 用数学软件 Mathematica 进行矩阵运算

在 Mathematica 系统中，矩阵 A 与 B 的加、减、乘运算分别用“ + ”（加号），“ - ”（减号），“ · ”（乘号）表示；数与矩阵的乘法用 * 表示，也可省略. 在二维数表的表达式后输入//MatrixForm 可输出矩阵形式的表达式. 函数 RowReduce[A]将矩阵 A 化为简化行阶梯形矩阵. 函数 MatrixRank[A]给出矩阵 A 的秩. 求矩阵 A 的逆矩阵用函数 Inverse [A].

例 8.6.2　设 $A = \begin{bmatrix} 1 & -3 \\ 0 & 2 \\ 3 & 0 \end{bmatrix}, B = \begin{bmatrix} 0 & 1 \\ 1 & 2 \\ -3 & 3 \end{bmatrix}$，(1)求 $3A-2B$；(2)求 X，使 $X+A=B$.

解：

```
In[1]:=Clear[a,b]
a = {{1, -3},{0,2},{3,0}};
b = {{0,1},{1,2},{ -3,3}};
3a -2b//MatrixForm
b - a//MatrixForm
Out[4]//matrixForm =
```

$$\begin{bmatrix} 3 & -11 \\ -2 & 2 \\ 15 & -6 \end{bmatrix}$$

```
Out[5]//matrixForm =
```

$$\begin{bmatrix} -1 & 4 \\ 1 & 0 \\ -6 & 3 \end{bmatrix}$$

例 8.6.3 设 $A=\begin{bmatrix} 1 & 2 & 3 \\ 2 & 0 & 1 \end{bmatrix}$,$B=\begin{bmatrix} -2 & 1 \\ 1 & 0 \\ 0 & -2 \end{bmatrix}$,求 AB,BA.

解:

```
In[6]:= Clear[a,b]
a = {{1,2,3},{2,0,1}};
b = {{ -2,1},{1,0},{0, -2}};
a. b//MatrixForm
b. a//MatrixForm
Out[9]//matrixForm =
```

$$\begin{bmatrix} 0 & -5 \\ -4 & 0 \end{bmatrix}$$

```
Out[10]//matrixForm =
```

$$\begin{bmatrix} 0 & -4 & -5 \\ 1 & 2 & 3 \\ -4 & 0 & -2 \end{bmatrix}$$

例 8.6.4 求矩阵 $A=\begin{bmatrix} 1 & 3 & -7 & -8 \\ 2 & 5 & 4 & 4 \\ -3 & -7 & -2 & -3 \\ 1 & 4 & -12 & -15 \end{bmatrix}$ 的秩.

解 1:

```
In[1]:= Clear[a]
a = {{1,3, -7, -8},{2,5,4,4},{ -3, -7, -2, -3},{1,4, -12, -15}};
RowReduce[a]//MatrixForm
Out[3]//matrixForm =
```

$$\begin{bmatrix} 1 & 0 & 0 & 5 \\ 0 & 1 & 0 & -2 \\ 0 & 0 & 1 & 1 \\ 0 & 0 & 0 & 0 \end{bmatrix}$$

由于矩阵的简化行阶梯形矩阵有 3 个非零行,因此,矩阵 A 的秩为 3.

解 2:

```
In[1]:= Clear[a]
a = {{1,3, -7, -8},{2,5,4,4},{ -3, -7, -2, -3},{1,4, -12, -15}};
MatrixRank[a]
Out[3] =3
```

例 8.6.5　求矩阵 $B=\begin{bmatrix}1&2&3\\1&3&4\\2&1&2\end{bmatrix}$ 的逆矩阵.

解:

```
In[1]:=Clear[a]
a={{1,2,3},{1,3,4},{2,1,2}};
Inverse[a]//MatrixForm
Out[3]//matrixForm=
```

$$\begin{bmatrix}-2&1&1\\-6&4&1\\5&-3&-1\end{bmatrix}$$

8.6.2　用数学软件 MATLAB 进行行列式与矩阵运算

1. 用数学软件 MATLAB 进行行列式运算

在 MATLAB 系统中,用函数 det(A)求行列式 A 的值,其中 A 是方阵,可由方括号括起来的从第一行到第 n 行依次排列的 n^2 个元素构成,其中不同元素用逗号或空格分开,不同行间用分号隔开.

例 8.6.6　计算 $D_4=\begin{vmatrix}3&2&0&1\\2&4&1&9\\-1&3&0&2\\0&0&0&5\end{vmatrix}$.

解:

```
>> clear A
A=[3,2,0,1;2,4,1,9;-1,3,0,2;0,0,0,5];
det(A)
ans = -55
```

2. 用数学软件 MATLAB 进行矩阵运算

在 MATLAB 系统中,矩阵 A 与 B 的加、减、乘运算分别用 +、-、* 表示,数与矩阵的乘法也用 * 表示. 计算矩阵 A 的秩用函数 rank(A). 用函数 rref(A)将矩阵 A 化为简化的行阶梯形矩阵. 求矩阵 A 的逆矩阵用函数 inv(A).

例 8.6.7　设 $A=\begin{bmatrix}1&-3\\0&2\\3&0\end{bmatrix}$, $B=\begin{bmatrix}0&1\\1&2\\-3&3\end{bmatrix}$, (1)求 $3A-2B$;(2)求 X,使 $X+A=B$.

解:

```
>> clear A B
A=[1,-3;0,2;3,0];
```

```
B=[0,1;1,2;-3,3];
3*A-2*B
B-A
ans =
      3   -11
     -2     2
     15    -6
ans =
     -1     4
      1     0
     -6     3
```

例 8.6.8 设 $A=\begin{bmatrix}1 & 2 & 3\\ 2 & 0 & 1\end{bmatrix}$, $B=\begin{bmatrix}-2 & 1\\ 1 & 0\\ 0 & -2\end{bmatrix}$,求 AB,BA.

解:

```
>> clear a b
a=[1,2,3;2,0,1];
b=[-2,1;1,0;0,-2];
a*b
b*a
ans =
     0    -5
    -4     0
ans =
     0    -4    -5
     1     2     3
    -4     0    -2
```

例 8.6.9 求矩阵 $A=\begin{bmatrix}1 & 3 & -7 & -8\\ 2 & 5 & 4 & 4\\ -3 & -7 & -2 & -3\\ 1 & 4 & -12 & -15\end{bmatrix}$ 的秩.

解 1:

```
>> clear A
A =[1,3,-7,-8;2,5,4,4;-3,-7,-2,-3;1,4,-12,-15];
rank(A)
ans =     3
```

解 2:

```
>> clear A
```

```
A =[1,3,-7,-8;2,5,4,4;-3,-7,-2,-3;1,4,-12,-15];
rref(A)
ans =
     1     0     0     5
     0     1     0    -2
     0     0     1     1
     0     0     0     0
```

由于矩阵的简化行阶梯形矩阵有 3 个非零行,因此,矩阵 A 的秩为 3.

例 8.6.10　求矩阵 $B=\begin{bmatrix}1&2&3\\1&3&4\\2&1&2\end{bmatrix}$ 的逆矩阵.

解:

```
>> clear A
A =[1,2,3;1,3,4;2,1,2];
inv(A)
ans =
   -2.0000    1.0000    1.0000
   -6.0000    4.0000    1.0000
    5.0000   -3.0000   -1.0000
```

8.7 学习任务 8 解答　加密矩阵的解密

解:

1. 因为双方事先约定对原始信息矩阵 A 右乘以加密矩阵 M 后得到加密后信息矩阵 B,即 $B=AM$,对该式两边右乘以 M^{-1} 得 $BM^{-1}=AMM^{-1}=AE=A$,因此,将收到的加密后信息矩阵 B 右乘以加密矩阵 M 的逆矩阵 M^{-1} 即可求出原始信息矩阵 A,即 $A=BM^{-1}$.

2. 因为加密矩阵 $M=\begin{bmatrix}1&2&1\\2&3&5\\3&6&4\end{bmatrix}$,收到的加密后信息矩阵 $B=\begin{bmatrix}3&-2&0\\2&3&1\\0&1&2\end{bmatrix}$,由于

$$\left[\begin{array}{ccc|ccc}1&2&1&1&0&0\\2&3&5&0&1&0\\3&6&4&0&0&1\end{array}\right]\xrightarrow[-3(1)+(3)]{-2(1)+(2)}\left[\begin{array}{ccc|ccc}1&2&1&1&0&0\\0&-1&3&-2&1&0\\0&0&1&-3&0&1\end{array}\right]\xrightarrow[-3(3)+(2)]{-1(3)+(1)}\left[\begin{array}{ccc|ccc}1&2&0&4&0&-1\\0&-1&0&7&1&-3\\0&0&1&-3&0&1\end{array}\right]$$

$$\xrightarrow{-1(2)}\left[\begin{array}{ccc|ccc}1&2&0&4&0&-1\\0&1&0&-7&-1&3\\0&0&1&-3&0&1\end{array}\right]\xrightarrow{-2(2)+(1)}\left[\begin{array}{ccc|ccc}1&0&0&18&2&-7\\0&1&0&-7&-1&3\\0&0&1&-3&0&1\end{array}\right],所以$$

$$M^{-1}=\begin{bmatrix}18&2&-7\\-7&-1&3\\-3&0&1\end{bmatrix},$$

因此 $A=BM^{-1}=\begin{bmatrix}3&-2&0\\2&3&1\\0&1&2\end{bmatrix}\begin{bmatrix}18&2&-7\\-7&-1&3\\-3&0&1\end{bmatrix}=\begin{bmatrix}68&8&-27\\12&1&-4\\-13&-1&5\end{bmatrix}$,

即 $A=\begin{bmatrix}68&8&-27\\12&1&-4\\-13&-1&5\end{bmatrix}$ 为所求的原始信息矩阵.

复习题 8

A 级

1. 利用行列式的性质计算下列行列式:

(1) $\begin{vmatrix}a&a^2\\b&b^2\end{vmatrix}$; (2) $\begin{vmatrix}a+b&c&c\\a&b+c&a\\b&b&c+a\end{vmatrix}$; (3) $\begin{vmatrix}3&1&1&1\\1&3&1&1\\1&1&3&1\\1&1&1&3\end{vmatrix}$.

2. 设矩阵 A,B 如下,试求 $A+2B$:

$A=\begin{bmatrix}0&1&2&3\\1&3&1&4\\2&0&3&1\end{bmatrix}$; $B=\begin{bmatrix}3&2&1&0\\2&-1&-1&1\\0&-1&3&2\end{bmatrix}$.

B 级

3. 设矩阵 A,B 如下,如果 $A+2X=B$,试求 X:

$A=\begin{bmatrix}3&-1&2&0\\1&5&7&9\\2&4&6&8\end{bmatrix}$; $B=\begin{bmatrix}7&5&-2&4\\5&1&9&7\\3&2&-1&6\end{bmatrix}$.

4. 计算下列矩阵:

(1) $\begin{bmatrix}1&2\\3&4\end{bmatrix}\begin{bmatrix}1&-1\\1&2\end{bmatrix}$; (2) $\begin{bmatrix}7&-1\\-2&5\\3&-4\end{bmatrix}\begin{bmatrix}1&4\\-5&2\end{bmatrix}$;

(3) $[-1,3,2,5]\begin{bmatrix}4\\0\\7\\-3\end{bmatrix}$; (4) $\begin{bmatrix}4\\0\\7\\-3\end{bmatrix}[-1,3,2,5]$.

5. 求下列矩阵的秩：

(1) $A=\begin{bmatrix}1 & 2 & 1\\ 2 & 1 & 2\\ 3 & 3 & 3\end{bmatrix}$；　　(2) $B=\begin{bmatrix}1 & 0 & 1 & 0\\ 2 & 0 & 2 & 0\end{bmatrix}$.

6. 判断下列矩阵是否可逆,若可逆,求它的逆矩阵：

(1) $\begin{bmatrix}5 & 7\\ 8 & 11\end{bmatrix}$；　　(2) $\begin{bmatrix}1 & -2 & -1\\ -3 & 4 & 5\\ 2 & 0 & 3\end{bmatrix}$.

7. 解矩阵方程 $\begin{bmatrix}1 & -5\\ -1 & 4\end{bmatrix}X=\begin{bmatrix}3 & 2\\ 1 & 4\end{bmatrix}$.

第9章

线性方程组

9.0 学习任务9 哪种商品利润率最高?

某公司经营4种商品,其5个月的销售额及利润(单位:万元)见表9.0.1.试求出每种商品的利润率.

表9.0.1

月次	销售额				利润
	A	B	C	D	
1	100	200	300	400	88
2	500	300	400	300	144
3	250	350	380	500	135
4	350	560	200	480	151
5	600	910	580	980	286

利用线性方程组可解决该问题.

线性方程组是线性代数中最重要的内容之一,它在数学的许多分支(如计算方法、概率统计、微分方程)以及自然科学和社会科学(如物理学、力学、经济学、管理科学)中有着广泛的应用.另外,实际问题中所提出的线性方程组,一般来说,未知量的个数和方程的个数是不相等的,因而用第8章所介绍的克莱姆法则无法解决这些问题.那么,对一般的线性方程组,应当怎样求解呢?这是本章需要解决的问题.在这一章里,我们先介绍 n 维向量的有关概念,然后讨论线性方程组解的结构以及如何求解线性方程组.

9.1 向量组的线性相关性

为了深入讨论线性方程组的问题,本节介绍 n 维向量的有关概念及其相关性.

9.1.1　n 维向量

平面上一点的坐标是二元有序数组 (x,y)，空间中一点的坐标是三元有序数组 (x,y,z).

定义 9.1.1

n 个实数组成的有序数组

$$[a_1,a_2,\cdots,a_n],\qquad \begin{bmatrix} x_1 \\ x_2 \\ \vdots \\ x_n \end{bmatrix}$$

分别称为 n 维行向量和 n 维列向量. 其中，元素 a_i 和 x_i 称为向量的第 i 个分量 $(i=1,2,\cdots,n)$. n 维向量一般用粗体字母 $\boldsymbol{\alpha},\boldsymbol{\beta},\boldsymbol{\gamma},\boldsymbol{a},\boldsymbol{o},\boldsymbol{x},\boldsymbol{y}$ 等表示.

要把行(列)向量写成列(行)向量，可用转置记号，例如

$$若\ \boldsymbol{x}=[x_1,x_2,\cdots,x_n]，则\ \boldsymbol{x}^{\mathrm{T}}=\begin{bmatrix} x_1 \\ x_2 \\ \vdots \\ x_n \end{bmatrix}.$$

结合矩阵知识可知，行向量即为只有一行的矩阵，列向量即为只有一列的矩阵.

定义 9.1.2

两个 n 维向量当且仅当它们对应分量都相等时才是相等的. 设

$$\boldsymbol{\alpha}=[a_1,a_2,\cdots,a_n],\quad \boldsymbol{\beta}=[b_1,b_2,\cdots,b_n],$$

当且仅当 $a_i=b_i(i=1,2,\cdots,n)$ 时 $\boldsymbol{\alpha}=\boldsymbol{\beta}$.

需要注意的是：一个 n 维行向量与一个 n 维列向量即使对应分量都相等，也不能认为是同一个向量，这一点从矩阵的角度是容易理解的. 例如 $\boldsymbol{\alpha}=[3\quad 2\quad 1]$ 与 $\boldsymbol{\beta}=\begin{bmatrix} 3 \\ 2 \\ 1 \end{bmatrix}$ 不是同一个向量.

所有分量均为零的向量称为零向量，记为

$$\mathbf{0}=[0,0,\cdots,0].$$

设 n 维向量 $\boldsymbol{\alpha}=[a_1,a_2,\cdots,a_n]$，$\boldsymbol{\beta}=[b_1,b_2,\cdots,b_n]$，$k$ 为实常数，那么数乘向量、向量加法、向量减法分别是这样定义的：

(1) **数乘向量**：$k\boldsymbol{\alpha}=[ka_1,ka_2,\cdots,ka_n]$. 特别地，$(-1)\boldsymbol{\alpha}=[-a_1,-a_2,\cdots,-a_n]$ 称为 $\boldsymbol{\alpha}$ 的负向量，记为 $-\boldsymbol{\alpha}$，即 $-\boldsymbol{\alpha}=[-a_1,-a_2,\cdots,-a_n]$.

(2) **向量加法**：$\boldsymbol{\alpha}+\boldsymbol{\beta}=[a_1+b_1,a_2+b_2,\cdots,a_n+b_n]$.

(3) **向量减法**：
$$\begin{aligned}\boldsymbol{\alpha}-\boldsymbol{\beta}&=\boldsymbol{\alpha}+(-\boldsymbol{\beta})=[a_1,a_2,\cdots,a_n]+[-b_1,-b_2,\cdots,-b_n]\\&=[a_1-b_1,a_2-b_2,\cdots,a_n-b_n].\end{aligned}$$

数乘向量和向量加法运算统称为向量的线性运算. 线性运算满足以下运算规律(设 $\boldsymbol{\alpha},\boldsymbol{\beta},\boldsymbol{\gamma}$ 表示向量;λ,μ 为实数):

(1)$\boldsymbol{\alpha}+\boldsymbol{\beta}=\boldsymbol{\beta}+\boldsymbol{\alpha}$;　(2)$(\boldsymbol{\alpha}+\boldsymbol{\beta})+\boldsymbol{\gamma}=\boldsymbol{\alpha}+(\boldsymbol{\beta}+\boldsymbol{\gamma})$;

(3) $\boldsymbol{\alpha}+\boldsymbol{0}=\boldsymbol{\alpha}$;　(4)$\boldsymbol{\alpha}+(-\boldsymbol{\alpha})=\boldsymbol{0}$;

(5)$1\boldsymbol{\alpha}=\boldsymbol{\alpha}$;　(6)$\lambda(\mu\boldsymbol{\alpha})=(\lambda\mu)\boldsymbol{\alpha}$;

(7)$\lambda(\boldsymbol{\alpha}+\boldsymbol{\beta})=\lambda\boldsymbol{\alpha}+\lambda\boldsymbol{\beta}$;　(8)$(\lambda+\mu)\boldsymbol{\alpha}=\lambda\boldsymbol{\alpha}+\mu\boldsymbol{\alpha}$.

有了向量的加法和数乘运算,我们就可以用向量来表示线性方程组

$$\begin{cases} a_{11}x_1+a_{12}x_2+\cdots+a_{1n}x_n=b_1, \\ a_{21}x_1+a_{22}x_2+\cdots+a_{2n}x_n=b_2, \\ \qquad\cdots \\ a_{m1}x_1+a_{m2}x_2+\cdots+a_{mn}x_n=b_m. \end{cases}$$

若令

$$\boldsymbol{\alpha}_1=\begin{bmatrix} a_{11} \\ a_{21} \\ \vdots \\ a_{m1} \end{bmatrix},\cdots,\boldsymbol{\alpha}_n=\begin{bmatrix} a_{1n} \\ a_{2n} \\ \vdots \\ a_{mn} \end{bmatrix},\boldsymbol{\beta}=\begin{bmatrix} b_1 \\ b_2 \\ \vdots \\ b_m \end{bmatrix},$$

则有该线性方程组的向量形式

$$x_1\boldsymbol{\alpha}_1+x_2\boldsymbol{\alpha}_2+\cdots+x_n\boldsymbol{\alpha}_n=\boldsymbol{\beta}. \tag{9.1.1}$$

当 $\boldsymbol{\beta}=\boldsymbol{0}$ 时,有

$$x_1\boldsymbol{\alpha}_1+x_2\boldsymbol{\alpha}_2+\cdots+x_n\boldsymbol{\alpha}_n=\boldsymbol{0}. \tag{9.1.2}$$

9.1.2 向量组的线性相关性

定义 9.1.3

设有向量 $\boldsymbol{\beta},\boldsymbol{\alpha}_1,\boldsymbol{\alpha}_2,\cdots,\boldsymbol{\alpha}_s$,如果存在一组数 $k_1,k_2,\cdots,k_s$,使得关系式

$$\boldsymbol{\beta}=k_1\boldsymbol{\alpha}_1+k_2\boldsymbol{\alpha}_2+\cdots+k_s\boldsymbol{\alpha}_s \tag{9.1.3}$$

成立,则称向量 $\boldsymbol{\beta}$ 是向量组 $\boldsymbol{\alpha}_1,\boldsymbol{\alpha}_2,\cdots,\boldsymbol{\alpha}_s$ 的线性组合,或称向量 $\boldsymbol{\beta}$ 可由向量组 $\boldsymbol{\alpha}_1,\boldsymbol{\alpha}_2,\cdots,\boldsymbol{\alpha}_s$ 线性表示.

例 9.1.1 设 $\boldsymbol{\alpha}=[1,2]$,$\boldsymbol{\beta}=[0,-3]$,$\boldsymbol{\gamma}=[1,-4]$,容易证明,$\boldsymbol{\gamma}=\boldsymbol{\alpha}+2\boldsymbol{\beta}$,即向量 $\boldsymbol{\gamma}$ 是向量 $\boldsymbol{\alpha}$ 与 $\boldsymbol{\beta}$ 的线性组合.

根据定义(9.1.3),可以得到以下几个结论:

(1)任何一个 n 维向量 $\boldsymbol{\beta}=[k_1,k_2,\cdots,k_n]$总可由 n 维向量组

$$\boldsymbol{e}_1=[1,0,\cdots,0],\boldsymbol{e}_2=[0,1,\cdots,0],\cdots,\boldsymbol{e}_n=[0,0,\cdots,1]$$

线性表示. 事实上

$$\boldsymbol{\beta}=k_1\boldsymbol{e}_1+k_2\boldsymbol{e}_2+\cdots+k_n\boldsymbol{e}_n.$$

通常称 $\boldsymbol{e}_1,\boldsymbol{e}_2,\cdots,\boldsymbol{e}_n$ 为 n 维单位向量组.

(2)n 维零向量是任一 n 维向量组 $\boldsymbol{\alpha}_1,\boldsymbol{\alpha}_2,\cdots,\boldsymbol{\alpha}_s$ 的线性组合,这是因为

$$\boldsymbol{0}=0\boldsymbol{\alpha}_1+0\boldsymbol{\alpha}_2+\cdots+0\boldsymbol{\alpha}_s.$$

(3) 向量组 $\boldsymbol{\alpha}_1,\boldsymbol{\alpha}_2,\cdots,\boldsymbol{\alpha}_s$ 中任一向量 $\boldsymbol{\alpha}_j(1\leqslant j\leqslant s)$ 总可以由该向量组 $\boldsymbol{\alpha}_1,\boldsymbol{\alpha}_2,\cdots,\boldsymbol{\alpha}_s$ 线性表示.

事实上，对任意 $j(1\leqslant j\leqslant s)$，$\boldsymbol{\alpha}_j=0\boldsymbol{\alpha}_1+\cdots+1\boldsymbol{\alpha}_j+\cdots+0\boldsymbol{\alpha}_s$.

(4) 向量 $\boldsymbol{\beta}$ 可由向量组 $\boldsymbol{\alpha}_1,\boldsymbol{\alpha}_2,\cdots,\boldsymbol{\alpha}_n$ 线性表示的充分必要条件是线性方程组(9.1.1)有解.

(5) 向量 $\boldsymbol{\beta}$ 可由向量组 $\boldsymbol{\alpha}_1,\boldsymbol{\alpha}_2,\cdots,\boldsymbol{\alpha}_n$ 线性表示的充分必要条件是以 $\boldsymbol{\alpha}_1,\boldsymbol{\alpha}_2,\cdots,\boldsymbol{\alpha}_n$ 为列向量的矩阵 A 和以 $\boldsymbol{\alpha}_1,\boldsymbol{\alpha}_2,\cdots,\boldsymbol{\alpha}_n,\boldsymbol{\beta}$ 为列向量的矩阵 $\overline{A}$ 有相同的秩.

根据以上结论(4)和(5)可知，若要判断某一向量是否为向量组 $\boldsymbol{\alpha}_1,\boldsymbol{\alpha}_2,\cdots,\boldsymbol{\alpha}_n$ 的线性组合，可以判断方程组是否有解，或者判断 $r(A)$ 与 $r(\overline{A})$ 是否相等. 这说明了线性方程组的解与向量的线性表示之间的紧密联系.

例 9.1.2　设向量 $\boldsymbol{\alpha}_1=[1,1,2]^{\mathrm{T}},\boldsymbol{\alpha}_2=[-1,1,3]^{\mathrm{T}},\boldsymbol{\alpha}_3=[2,1,-1]^{\mathrm{T}},\boldsymbol{\beta}=[13,10,1]^{\mathrm{T}}$，证明 $\boldsymbol{\beta}$ 可以由向量组 $\boldsymbol{\alpha}_1,\boldsymbol{\alpha}_2,\boldsymbol{\alpha}_3$ 线性表示，并写出具体的表示式.

证明：　设 $\boldsymbol{\beta}=k_1\boldsymbol{\alpha}_1+k_2\boldsymbol{\alpha}_2+k_3\boldsymbol{\alpha}_3$，其中 k_1,k_2,k_3 为待定常数，则

$$\begin{bmatrix}13\\10\\1\end{bmatrix}=k_1\begin{bmatrix}1\\1\\2\end{bmatrix}+k_2\begin{bmatrix}-1\\1\\3\end{bmatrix}+k_3\begin{bmatrix}2\\1\\-1\end{bmatrix}=\begin{bmatrix}k_1-k_2+2k_3\\k_1+k_2+k_3\\2k_1+3k_2-k_3\end{bmatrix}.$$

所以

$$\begin{cases}k_1-k_2+2k_3=13,\\k_1+k_2+k_3=10,\\2k_1+3k_2-k_3=1.\end{cases}$$

解这个方程组得到 $k_1=1,k_2=2,k_3=7$，即向量 $\boldsymbol{\beta}$ 可由向量组 $\boldsymbol{\alpha}_1,\boldsymbol{\alpha}_2,\boldsymbol{\alpha}_3$ 线性表示，且

$$\boldsymbol{\beta}=\boldsymbol{\alpha}_1+2\boldsymbol{\alpha}_2+7\boldsymbol{\alpha}_3$$

定义 9.1.4

设 $\boldsymbol{\alpha}_1,\boldsymbol{\alpha}_2,\cdots,\boldsymbol{\alpha}_s$ 是 s 个 n 维向量，如果存在一组不全为零的数 $k_1,k_2,\cdots,k_s$ 使得

$$k_1\boldsymbol{\alpha}_1+k_2\boldsymbol{\alpha}_2+\cdots+k_s\boldsymbol{\alpha}_s=\boldsymbol{0},\tag{9.1.4}$$

则称向量组 $\boldsymbol{\alpha}_1,\boldsymbol{\alpha}_2,\cdots,\boldsymbol{\alpha}_s$ 线性相关；否则，称向量组 $\boldsymbol{\alpha}_1,\boldsymbol{\alpha}_2,\cdots,\boldsymbol{\alpha}_s$ 线性无关.

例 9.1.3　证明：n 维单位向量组 $\boldsymbol{e}_1,\boldsymbol{e}_2,\cdots,\boldsymbol{e}_n$ 线性无关.

证明：　令 $k_1\boldsymbol{e}_1+k_2\boldsymbol{e}_2+\cdots+k_n\boldsymbol{e}_n=\boldsymbol{0}$，有

$$[k_1,k_2,\cdots,k_n]=[0,0,\cdots,0],$$

即 $k_1=k_2=\cdots=k_n=0$，从而 $\boldsymbol{e}_1,\boldsymbol{e}_2,\cdots,\boldsymbol{e}_n$ 线性无关.

从定义 9.1.4 可知，如果向量组 $\boldsymbol{\alpha}_1,\boldsymbol{\alpha}_2,\cdots,\boldsymbol{\alpha}_s$ 不线性相关，则一定线性无关，此时仅当 $k_1=k_2=\cdots=k_s=0$ 时，式(9.1.4)成立，容易得到以下定理：

定理 9.1.1　向量组 $\boldsymbol{\alpha}_1,\boldsymbol{\alpha}_2,\cdots,\boldsymbol{\alpha}_n$ 线性无关的充分必要条件是线性方程组(9.1.2)只有零解.

推论　向量组 $\boldsymbol{\alpha}_1,\boldsymbol{\alpha}_2,\cdots,\boldsymbol{\alpha}_n$ 线性相关的充分必要条件是线性方程组(9.1.2)有非零解.

例 9.1.4 判定向量组

$$\boldsymbol{\alpha}_1=\begin{bmatrix}1\\2\\1\end{bmatrix},\quad \boldsymbol{\alpha}_2=\begin{bmatrix}1\\1\\1\end{bmatrix},\quad \boldsymbol{\alpha}_3=\begin{bmatrix}2\\0\\3\end{bmatrix}$$

的线性相关性.

解: 设有一组数 k_1,k_2,k_3 使得

$$k_1\boldsymbol{\alpha}_1+k_2\boldsymbol{\alpha}_2+k_3\boldsymbol{\alpha}_3=\mathbf{0},$$

则

$$k_1\begin{bmatrix}1\\2\\1\end{bmatrix}+k_2\begin{bmatrix}1\\1\\1\end{bmatrix}+k_3\begin{bmatrix}2\\0\\3\end{bmatrix}=\begin{bmatrix}0\\0\\0\end{bmatrix},$$

即

$$\begin{cases}k_1+k_2+2k_3=0,\\2k_1+k_2=0,\\k_1+k_2+3k_3=0.\end{cases}$$

由于该线性方程组的系数行列式

$$D=\begin{vmatrix}1&1&2\\2&1&0\\1&1&3\end{vmatrix}=-1\neq 0,$$

由克莱姆法则可知该方程组只有零解:$k_1=0,k_2=0,k_3=0$,所以 $\boldsymbol{\alpha}_1,\boldsymbol{\alpha}_2,\boldsymbol{\alpha}_3$ 线性无关.

根据线性组合和向量组的线性相关与线性无关的定义,可以证明线性组合与线性相关性之间具有下面的关系:

定理 9.1.2 向量组 $\boldsymbol{\alpha}_1,\boldsymbol{\alpha}_2,\cdots,\boldsymbol{\alpha}_s(s\geqslant 2)$ 线性相关的充分必要条件是向量组中至少有一个向量是其余向量的线性组合.

推论 1 向量组 $\boldsymbol{\alpha}_1,\boldsymbol{\alpha}_2,\cdots,\boldsymbol{\alpha}_s(s\geqslant 2)$ 线性无关的充分必要条件是该向量组的每一个向量都不能用其余向量线性表示.

推论 2 一个向量 $\boldsymbol{\alpha}$ 线性相关的充分必要条件是 $\boldsymbol{\alpha}=0$;两个向量 $\boldsymbol{\alpha},\boldsymbol{\beta}$ 线性相关的充分必要条件是 $\boldsymbol{\alpha}$ 与 $\boldsymbol{\beta}$ 对应分量成比例.

推论 3 含有零向量的向量组一定线性相关.

推论 4 如果向量组 $\boldsymbol{\alpha}_1,\boldsymbol{\alpha}_2,\cdots,\boldsymbol{\alpha}_s$ 线性无关,则由该向量组的一部分向量所构成的向量组也线性无关,简称"全体无关,部分无关".

推论 5 如果向量组 $\boldsymbol{\alpha}_1,\boldsymbol{\alpha}_2,\cdots,\boldsymbol{\alpha}_s$ 中的一部分向量构成的向量组线性相关,则 $\boldsymbol{\alpha}_1,\boldsymbol{\alpha}_2,\cdots,\boldsymbol{\alpha}_s$ 线性相关,简称"部分相关,全体相关".

定理 9.1.3 如果向量组 $\boldsymbol{\alpha}_1,\boldsymbol{\alpha}_2,\cdots,\boldsymbol{\alpha}_n,\boldsymbol{\beta}$ 线性相关,而 $\boldsymbol{\alpha}_1,\boldsymbol{\alpha}_2,\cdots,\boldsymbol{\alpha}_n$ 线性无关,则向量 $\boldsymbol{\beta}$ 可由向量组 $\boldsymbol{\alpha}_1,\boldsymbol{\alpha}_2,\cdots,\boldsymbol{\alpha}_n$ 线性表示.

证明: 因为 $\boldsymbol{\alpha}_1,\boldsymbol{\alpha}_2,\cdots,\boldsymbol{\alpha}_n,\boldsymbol{\beta}$ 线性相关,所以存在不全为零的数 $k_1,k_2,\cdots,k_n,k$,使得

$$k_1\boldsymbol{\alpha}_1+k_2\boldsymbol{\alpha}_2+\cdots+k_n\boldsymbol{\alpha}_n+k\boldsymbol{\beta}=\mathbf{0}.$$

若 $k=0$,$k_1,k_2,\cdots,k_n$ 不全为零,则上式可化成为

$$k_1\boldsymbol{\alpha}_1+k_2\boldsymbol{\alpha}_2+\cdots+k_n\boldsymbol{\alpha}_n=\mathbf{0}.$$

有 $\boldsymbol{\alpha}_1,\boldsymbol{\alpha}_2,\cdots,\boldsymbol{\alpha}_n$ 线性相关，与条件矛盾，因此 $k\neq0$，于是

$$\boldsymbol{\beta}=-\frac{k_1}{k}\boldsymbol{\alpha}_1-\frac{k_2}{k}\boldsymbol{\alpha}_2-\cdots-\frac{k_n}{k}\boldsymbol{\alpha}_n,$$

则 $\boldsymbol{\beta}$ 可以由 $\boldsymbol{\alpha}_1,\boldsymbol{\alpha}_2,\cdots,\boldsymbol{\alpha}_n$ 线性表示.

9.1.3　向量组的秩

定义 9.1.5

若向量组 $\boldsymbol{\alpha}_1,\boldsymbol{\alpha}_2,\cdots,\boldsymbol{\alpha}_s$ 中的部分向量所构成的部分向量组 $\boldsymbol{\alpha}_1,\boldsymbol{\alpha}_2,\cdots,\boldsymbol{\alpha}_r(r\leqslant s)$ 满足：

(1) $\boldsymbol{\alpha}_1,\boldsymbol{\alpha}_2,\cdots,\boldsymbol{\alpha}_r$ 线性无关；

(2) 向量组 $\boldsymbol{\alpha}_1,\boldsymbol{\alpha}_2,\cdots,\boldsymbol{\alpha}_s$ 中任一向量都可以由部分向量组 $\boldsymbol{\alpha}_1,\boldsymbol{\alpha}_2,\cdots,\boldsymbol{\alpha}_r$ 线性表示；则称部分向量组 $\boldsymbol{\alpha}_1,\boldsymbol{\alpha}_2,\cdots,\boldsymbol{\alpha}_r$ 为向量组 $\boldsymbol{\alpha}_1,\boldsymbol{\alpha}_2,\cdots,\boldsymbol{\alpha}_s$ 的一个极大无关组.

例 9.1.5　求向量组 $\boldsymbol{\alpha}_1=[1,2,-1],\boldsymbol{\alpha}_2=[0,2,2],\boldsymbol{\alpha}_3=[2,6,0]$ 的一个极大无关组.

解：　因为 $\boldsymbol{\alpha}_1,\boldsymbol{\alpha}_2$ 线性无关，而 $\boldsymbol{\alpha}_3=2\boldsymbol{\alpha}_1+\boldsymbol{\alpha}_2$，所以向量组 $\boldsymbol{\alpha}_1,\boldsymbol{\alpha}_2$ 是向量组 $\boldsymbol{\alpha}_1,\boldsymbol{\alpha}_2,\boldsymbol{\alpha}_3$ 的一个极大无关组.

注：向量组的极大无关组不唯一. 在本例中，向量组 $\boldsymbol{\alpha}_2,\boldsymbol{\alpha}_3$ 和向量组 $\boldsymbol{\alpha}_3,\boldsymbol{\alpha}_1$ 也都是向量组 $\boldsymbol{\alpha}_1,\boldsymbol{\alpha}_2,\boldsymbol{\alpha}_3$ 的极大无关组. 但是，不同的极大无关组所含向量数目是确定的，都是 2，这个确定的数 2 是向量组 $\boldsymbol{\alpha}_1,\boldsymbol{\alpha}_2,\boldsymbol{\alpha}_3$ 的秩. 一般定义如下：

定义 9.1.6

向量组 $\boldsymbol{\alpha}_1,\boldsymbol{\alpha}_2,\cdots,\boldsymbol{\alpha}_s$ 的极大无关组中所含向量的数目称为这个向量组的秩，记为 $r(\boldsymbol{\alpha}_1,\boldsymbol{\alpha}_2,\cdots,\boldsymbol{\alpha}_s)$.

对线性无关组 $\boldsymbol{\alpha}_1,\boldsymbol{\alpha}_2,\cdots,\boldsymbol{\alpha}_r$，它的极大无关组就是 $\boldsymbol{\alpha}_1,\boldsymbol{\alpha}_2,\cdots,\boldsymbol{\alpha}_r$ 本身，所以 $r(\boldsymbol{\alpha}_1,\boldsymbol{\alpha}_2,\cdots,\boldsymbol{\alpha}_r)=r$；反之，如果 $r(\boldsymbol{\alpha}_1,\boldsymbol{\alpha}_2,\cdots,\boldsymbol{\alpha}_r)=r$，则极大无关组含有 r 个向量，即 $\boldsymbol{\alpha}_1,\boldsymbol{\alpha}_2,\cdots,\boldsymbol{\alpha}_r$ 线性无关，从而有以下的定理：

定理 9.1.4　含 s 个向量的向量组 $\boldsymbol{\alpha}_1,\boldsymbol{\alpha}_2,\cdots,\boldsymbol{\alpha}_s$ 线性无关的充分必要条件是

$$r(\boldsymbol{\alpha}_1,\boldsymbol{\alpha}_2,\cdots,\boldsymbol{\alpha}_s)=s.$$

定理 9.1.5　如果向量组 $\boldsymbol{\alpha}_1,\boldsymbol{\alpha}_2,\cdots,\boldsymbol{\alpha}_s$ 的秩为 r，则向量组中任意 r 个线性无关的向量都是该向量组的极大无关组.

思考题 9.1

1. 由 n 个 n 维向量构成的线性相关向量组与线性无关向量组的本质区别是什么？请从以下两个方面刻画：(1) 线性组合；(2) 行列式.

2. 一个向量构成的向量组线性相关还是线性无关？

练习题 9.1A

1. 设向量 $\boldsymbol{\alpha}_1=[0,1,1],\boldsymbol{\alpha}_2=[1,1,1]$，计算 $\boldsymbol{\alpha}_1+2\boldsymbol{\alpha}_2$.

2. 将向量$\boldsymbol{\beta}=[1,1,1]$表示为向量组$\boldsymbol{\alpha}_1=[1,0,0]$，$\boldsymbol{\alpha}_2=[0,1,0]$，$\boldsymbol{\alpha}_3=[0,0,1]$的线性组合.

3. 试判断下列向量组的线性相关性，并求向量组的一个极大无关组：

(1)$\boldsymbol{\alpha}_1=[1,0,0]$，$\boldsymbol{\alpha}_2=[0,1,0]$，$\boldsymbol{\alpha}_3=[0,0,1]$；

(2)$\boldsymbol{\alpha}_1=[1,0,0]$，$\boldsymbol{\alpha}_2=[0,1,0]$，$\boldsymbol{\alpha}_3=[0,0,1]$，$\boldsymbol{\alpha}_4=[1,0,1]$.

4. 求向量组$\boldsymbol{\alpha}_1=[1,0,0]$，$\boldsymbol{\alpha}_2=[0,1,0]$，$\boldsymbol{\alpha}_3=[0,0,1]$，$\boldsymbol{\alpha}_4=[1,0,1]$的秩.

练习题 9.1B

1. 已知$\boldsymbol{\alpha}_1=[2,5,1,3]$，$\boldsymbol{\alpha}_2=[10,1,5,10]$，$\boldsymbol{\alpha}_3=[10,1,-1,1]$，求：

(1)$-3\boldsymbol{\alpha}_1+2\boldsymbol{\alpha}_2-\boldsymbol{\alpha}_3$；　　(2)$5\boldsymbol{\alpha}_1-\boldsymbol{\alpha}_2+\boldsymbol{\alpha}_3$；

(3)若$3(\boldsymbol{\alpha}_1-\boldsymbol{\alpha})+2(\boldsymbol{\alpha}_2+\boldsymbol{\alpha})=5(\boldsymbol{\alpha}_3+\boldsymbol{\alpha})$，求$\boldsymbol{\alpha}$.

2. 判断下列结论是否正确：

(1)若当数$k_1=k_2=\cdots=k_n=0$时，有$k_1\boldsymbol{\alpha}_1+k_2\boldsymbol{\alpha}_2+\cdots+k_n\boldsymbol{\alpha}_n=0$成立，则向量组$\boldsymbol{\alpha}_1,\boldsymbol{\alpha}_2,\cdots,\boldsymbol{\alpha}_n$线性无关；

(2)若有不全为零的数$k_1,k_2,\cdots,k_n$，使得$k_1\boldsymbol{\alpha}_1+k_2\boldsymbol{\alpha}_2+\cdots+k_n\boldsymbol{\alpha}_n\neq 0$，则向量组$\boldsymbol{\alpha}_1,\boldsymbol{\alpha}_2,\cdots,\boldsymbol{\alpha}_n$线性无关；

(3)若向量组$\boldsymbol{\alpha}_1,\boldsymbol{\alpha}_2,\cdots,\boldsymbol{\alpha}_n$线性相关，则其中每一个向量都可由其余向量线性表示.

3. 判断下列向量组的线性相关性，如果相关，找出其中一个向量，使其可由其余向量线性表示：

(1)$\boldsymbol{\alpha}_1=[-1,1,3]$，$\boldsymbol{\alpha}_2=[2,0,1]$，$\boldsymbol{\alpha}_3=[-2,4,0]$；

(2)$\boldsymbol{\alpha}_1=[1,1,3,1]$，$\boldsymbol{\alpha}_2=[2,2,7,-1]$，$\boldsymbol{\alpha}_3=[3,-1,2,4]$.

4. 证明向量组$\mathbf{0},\boldsymbol{\alpha}_1,\boldsymbol{\alpha}_2,\boldsymbol{\alpha}_3$线性相关.

5. 证明：如果向量组$\boldsymbol{\alpha}_1,\boldsymbol{\alpha}_2,\boldsymbol{\alpha}_3$线性无关，则向量组$\boldsymbol{\alpha}_1+\boldsymbol{\alpha}_2,\boldsymbol{\alpha}_2+\boldsymbol{\alpha}_3,\boldsymbol{\alpha}_3+\boldsymbol{\alpha}_1$也线性无关.

9.2 齐次线性方程组

定义 9.2.1

n元线性方程组

$$\begin{cases} a_{11}x_1+a_{12}x_2+\cdots+a_{1n}x_n=b_1, \\ a_{21}x_1+a_{22}x_2+\cdots+a_{2n}x_n=b_2, \\ \cdots \\ a_{m1}x_1+a_{m2}x_2+\cdots+a_{mn}x_n=b_m, \end{cases} \tag{9.2.1}$$

它的矩阵形式为

$$AX = B.$$

当 $B\neq \mathbf{0}$ 时称为非齐次线性方程组,当 $B=\mathbf{0}$ 时称为齐次线性方程组,即

$$AX = \mathbf{0}. \tag{9.2.2}$$

$$A = \begin{bmatrix} a_{11} & a_{12} & \cdots & a_{1n} \\ a_{21} & a_{22} & \cdots & a_{2n} \\ \vdots & \vdots & & \vdots \\ a_{m1} & a_{m2} & \cdots & a_{mn} \end{bmatrix},\quad X = \begin{bmatrix} x_1 \\ x_2 \\ \vdots \\ x_n \end{bmatrix},\quad B = \begin{bmatrix} b_1 \\ b_2 \\ \vdots \\ b_m \end{bmatrix}.$$

9.2.1　齐次线性方程组解的性质

性质1　若 X_1,X_2 是方程组(9.2.2)的解,则 X_1+X_2 也是方程组(9.2.2)的解.

这是因为,由 $AX_1=\mathbf{0},AX_2=\mathbf{0}$,可得

$$A(X_1+X_2) = AX_1+AX_2 = \mathbf{0},$$

即 X_1+X_2 也是方程组(9.2.2)的解.

性质2　若 X_1 是方程组(9.2.2)的解,k 是实常数,则 kX_1 也是方程组(9.2.2)的解.

这是因为,由 $AX_1=\mathbf{0}$,可得

$$A(kX_1) = k(AX_1) = \mathbf{0},$$

则 kX_1 也是方程组(9.2.2)的解.

综合性质1、性质2可以得到,若 $X_1,X_2,\cdots,X_n$ 都是方程组(9.2.2)的解,则线性组合

$$k_1X_1+k_2X_2+\cdots+k_nX_n$$

仍然是方程组(9.2.2)的解,其中 $k_1,k_2,\cdots,k_n$ 是任意实常数.

由此可知,若方程组(9.2.2)有非零解,则它必有无穷多解. 如果我们能够找到方程组(9.2.2)的有限个线性无关的解 $X_1,X_2,\cdots,X_n$,使得方程组(9.2.2)的每个解都能由它们线性表示,那么

$$k_1X_1+k_2X_2+\cdots+k_nX_n$$

表示了方程组(9.2.2)的全部解,其中 $k_1,k_2,\cdots,k_n$ 是任意实常数.

9.2.2　齐次线性方程组的基础解系

定义 9.2.2

若向量组 $\boldsymbol{\eta}_1,\boldsymbol{\eta}_2,\cdots,\boldsymbol{\eta}_s$ 是方程组(9.2.2)的 s 个解,如果满足:

(1) $\boldsymbol{\eta}_1,\boldsymbol{\eta}_2,\cdots,\boldsymbol{\eta}_s$ 线性无关;

(2) 方程组(9.2.2)每个解都能由 $\boldsymbol{\eta}_1,\boldsymbol{\eta}_2,\cdots,\boldsymbol{\eta}_s$ 线性表示;

则称 $\boldsymbol{\eta}_1,\boldsymbol{\eta}_2,\cdots,\boldsymbol{\eta}_s$ 为方程组(9.2.2)的一个基础解系.

定义 9.2.3

方程组(9.2.2)的基础解系 $\boldsymbol{\eta}_1,\boldsymbol{\eta}_2,\cdots,\boldsymbol{\eta}_s$ 的线性组合

$$X = k_1\boldsymbol{\eta}_1 + k_2\boldsymbol{\eta}_2 + \cdots + k_s\boldsymbol{\eta}_s$$

称为该方程组的通解或全部解,其中 $k_1,k_2,\cdots,k_s$ 为任意实常数.

由定义可知,方程组(9.2.2)的基础解系是该方程组全部解向量的一个极大无关组,所以当方程组(9.2.2)的基础解系存在时,基础解系不是唯一的. 但是,不同基础解系所含解向量的数目是相等的.

例 9.2.1 求下列齐次线性方程组的基础解系和全部解.

$$\begin{cases} x_1 - 3x_2 + 5x_3 - 2x_4 = 0, \\ -2x_1 + x_2 - 3x_3 + x_4 = 0, \\ -x_1 - 7x_2 + 9x_3 - 4x_4 = 0. \end{cases}$$

解: 对系数矩阵施以初等行变换,将其化为简化阶梯形矩阵

$$\begin{bmatrix} 1 & -3 & 5 & -2 \\ -2 & 1 & -3 & 1 \\ -1 & -7 & 9 & -4 \end{bmatrix} \to \begin{bmatrix} 1 & -3 & 5 & -2 \\ 0 & -5 & 7 & -3 \\ 0 & -10 & 14 & -6 \end{bmatrix} \to \begin{bmatrix} 1 & -3 & 5 & -2 \\ 0 & -5 & 7 & -3 \\ 0 & 0 & 0 & 0 \end{bmatrix}$$

$$\to \begin{bmatrix} 1 & 0 & \frac{4}{5} & -\frac{1}{5} \\ 0 & 1 & -\frac{7}{5} & \frac{3}{5} \\ 0 & 0 & 0 & 0 \end{bmatrix} = B.$$

由简化行阶梯形矩阵 B 得到与原方程组同解的方程组

$$\begin{cases} x_1 = -\frac{4}{5}x_3 + \frac{1}{5}x_4, \\ x_2 = \frac{7}{5}x_3 - \frac{3}{5}x_4, \end{cases}$$

其中,x_3,x_4 为自由未知量,令

$$\begin{bmatrix} x_3 \\ x_4 \end{bmatrix} = \begin{bmatrix} 5 \\ 0 \end{bmatrix},\begin{bmatrix} 0 \\ 5 \end{bmatrix},$$

因此,原方程组的一个基础解系为

$$\boldsymbol{\eta}_1 = \begin{bmatrix} -4 \\ 7 \\ 5 \\ 0 \end{bmatrix}, \quad \boldsymbol{\eta}_2 = \begin{bmatrix} 1 \\ -3 \\ 0 \\ 5 \end{bmatrix}.$$

所以,原方程组的全部解为

$$X = k_1\boldsymbol{\eta}_1 + k_2\boldsymbol{\eta}_2 = k_1\begin{bmatrix} -4 \\ 7 \\ 5 \\ 0 \end{bmatrix} + k_2\begin{bmatrix} 1 \\ -3 \\ 0 \\ 5 \end{bmatrix},$$

其中，k_1,k_2 为任意实常数.

由例 9.2.1 归纳出求解齐次线性方程组(9.2.2)的一般步骤：

(1)用初等行变换把系数矩阵 A 化为简化行阶梯形矩阵；

(2)写出简化行阶梯形矩阵对应的同解方程组，右端项是自由未知量的组合；

(3)令第 k 个自由未知量为 1(或其他非零常数)，其余全为 0，求出 $n-r$ 个线性无关的解向量 $\boldsymbol{\eta}_1,\boldsymbol{\eta}_2,\cdots,\boldsymbol{\eta}_{n-r}$，即基础解系；

(4)写出原方程组的一般解(全部解)

$$X = k_1\boldsymbol{\eta}_1 + k_2\boldsymbol{\eta}_2 + \cdots + k_{n-r}\boldsymbol{\eta}_{n-r},$$

其中，$k_1,k_2,\cdots,k_{n-r}$ 为任意实常数.

思考题 9.2

在求解齐次线性方程组的步骤中，把步骤(3)改为"令第 k 个自由未知量为某一非零常数，其余全为 0，求出 $n-r$ 个线性无关的解向量，即基础解系"也是对的，请说明理由.

练习题 9.2A

1. 求下列齐次线性方程组的一个基础解系：

(1) $x_1+x_2+x_3-2x_4=0$；

(2) $\begin{cases} x_1+x_2+x_3-2x_4=0, \\ x_1+2x_2+2x_3-x_4=0. \end{cases}$

2. 求下列齐次线性方程组的通解：

(1) $x_1+x_2+x_3=0$；

(2) $\begin{cases} x_1+x_2+x_3=0, \\ x_1+2x_2+2x_3=0. \end{cases}$

练习题 9.2B

1. 求下列齐次线性方程组的基础解系：

(1) $\begin{cases} x_1-x_2+5x_3-x_4=0, \\ x_1+x_2-2x_3+3x_4=0, \\ 3x_1-x_2+8x_3+x_4=0, \\ x_1+3x_2-9x_3+7x_4=0; \end{cases}$

(2) $\begin{cases} 2x_1+x_2+3x_3+5x_4-5x_5=0, \\ x_1+x_2+x_3+4x_4-3x_5=0, \\ 3x_1+x_2+5x_3+6x_4-7x_5=0; \end{cases}$

(3) $\begin{cases} x_1+x_2+x_3+x_4+x_5=0, \\ 3x_1+2x_2+x_3+x_4-3x_5=0, \\ x_2+3x_3+2x_4+6x_5=0, \\ 5x_1+4x_2+3x_3+3x_4-x_5=0. \end{cases}$

2. 用基础解系表示下列方程组的全部解:

(1) $\begin{cases} x_1 - x_2 + 5x_3 - x_4 = 0, \\ x_1 + x_2 - 2x_3 + 3x_4 = 0, \\ 3x_1 - x_2 + 8x_3 + x_4 = 0; \end{cases}$

(2) $\begin{cases} x_1 + 3x_2 - x_3 + 2x_4 = 0, \\ 3x_1 - x_2 + 2x_3 + x_4 = 0, \\ -2x_1 + 5x_2 + x_3 - x_4 = 0, \\ 3x_1 + 10x_2 + x_3 + 4x_4 = 0, \\ -2x_1 + 15x_2 - 4x_3 + 4x_4 = 0; \end{cases}$

(3) $\begin{cases} x_1 + 2x_2 + 4x_3 + x_4 = 0, \\ 2x_1 + 4x_2 + 8x_3 + 2x_4 = 0, \\ 3x_1 + 6x_2 + 2x_3 = 0. \end{cases}$

9.3 非齐次线性方程组

本节将讨论关于非齐次线性方程组(9.2.1)求解的两个问题:

(1)是否有解,在什么条件下有解(解的存在性);

(2)如果有解,如何求解.

9.3.1 有解的判定

由方程组中未知量的系数(不改变其位置)构成的矩阵称为方程组的系数矩阵,将常数项列加到系数矩阵的最后一列构成的矩阵称为方程组的增广矩阵.

例 9.3.1 讨论线性方程组 $\begin{cases} x_1 + x_2 - 2x_3 = 1, \\ 2x_1 + 4x_2 + 5x_3 = -3, \\ -2x_1 - 2x_2 + 4x_3 = 0 \end{cases}$ 解的情况.

解: 对增广矩阵进行初等行变换(易知该变换不改变方程组的解)使之成为简化阶梯形矩阵

$$\overline{A} = \begin{bmatrix} 1 & 1 & -2 & 1 \\ 2 & 4 & 5 & -3 \\ -2 & -2 & 4 & 0 \end{bmatrix} \to \begin{bmatrix} 1 & 1 & -2 & 1 \\ 2 & 4 & 5 & -3 \\ 0 & 0 & 0 & 2 \end{bmatrix}.$$

其所对应的同解方程组为

$$\begin{cases} x_1 + x_2 - 2x_3 = 1, \\ 2x_1 + 4x_2 + 5x_3 = -3, \\ 0 = 2. \end{cases}$$

方程组中出现了矛盾方程 $0 = 2$,所以方程组无解.

由上面例题可以看出,如果对方程组的增广矩阵进行初等行变换,变成的阶梯形矩阵其对应的方程组中有矛盾方程(此时,方程组的系数矩阵 A 与增广矩阵 $\overline{A}$ 的秩不相等),则方程组无解;否则,方程组有解. 一般地,有下述定理:

定理 9.3.1 对于 n 元非齐次线性方程组(9.2.1),

(1)当系数矩阵 A 与增广矩阵 $\overline{A}$ 的秩不相等时,无解;

(2)当系数矩阵 A 与增广矩阵 $\overline{A}$ 的秩相等时,有解;

(3)当系数矩阵 A 与增广矩阵 $\overline{A}$ 的秩相等,且小于未知元的个数 n 时,有无穷多组解;

(4)当系数矩阵 A 与增广矩阵 $\overline{A}$ 的秩相等,且等于未知元的个数 n 时,有唯一一组解.

为了求出方程组的解应将增广矩阵化成简化阶梯形矩阵.

9.3.2 非齐次线性方程组的求解

例 9.3.2 求解线性方程组

$$\begin{cases} x_1+3x_2-x_3+2x_4-x_5=-4, \\ -3x_1+x_2+2x_3-5x_4-4x_5=-1, \\ 2x_1-3x_2-x_3-x_4+x_5=4, \\ -4x_1+16x_2+x_3+3x_4-9x_5=-21. \end{cases} \tag{9.3.1}$$

解: 化 $\overline{A}$ 为简化阶梯形矩阵

$$\overline{A}=\begin{bmatrix} 1 & 3 & -1 & 2 & -1 & -4 \\ -3 & 1 & 2 & -5 & -4 & -1 \\ 2 & -3 & -1 & -1 & 1 & 4 \\ -4 & 16 & 1 & 3 & -9 & -21 \end{bmatrix} \to \begin{bmatrix} 1 & 3 & -1 & 2 & -1 & -4 \\ 0 & 10 & -1 & 1 & -7 & -13 \\ 0 & -9 & 1 & -5 & 3 & 12 \\ 0 & 28 & -3 & 11 & -13 & -37 \end{bmatrix}$$

$$\to \begin{bmatrix} 1 & 3 & -1 & 2 & -1 & -4 \\ 0 & 1 & 0 & -4 & -4 & -1 \\ 0 & -9 & 1 & -5 & 3 & 12 \\ 0 & 1 & 0 & -4 & -4 & -1 \end{bmatrix} \to \begin{bmatrix} 1 & 0 & -1 & +14 & 11 & -1 \\ 0 & 1 & 0 & -4 & -4 & -1 \\ 0 & 0 & 1 & -41 & -33 & 3 \\ 0 & 0 & 0 & 0 & 0 & 0 \end{bmatrix}$$

$$\to \begin{bmatrix} 1 & 0 & 0 & -27 & -22 & 2 \\ 0 & 1 & 0 & -4 & -4 & -1 \\ 0 & 0 & 1 & -41 & -33 & 3 \\ 0 & 0 & 0 & 0 & 0 & 0 \end{bmatrix}.$$

简化行阶梯形矩阵的秩小于未知量的个数,所以方程组有无穷多组解. 简化行阶梯形矩阵其所对应的方程组(9.3.1)的同解方程组为

$$\begin{cases} x_1=27x_4+22x_5+2, \\ x_2=4x_4+4x_5-1, \\ x_3=41x_4+33x_5+3, \end{cases}$$

其中,x_4,x_5 为自由未知量. 令 $x_4=k_1,x_5=k_2$,于是方程组的解为

$$\begin{cases} x_1=27k_1+22k_2+2, \\ x_2=4k_1+4k_2-1, \\ x_3=41k_1+33k_2+3, \\ x_4=k_1, \\ x_5=k_2, \end{cases}$$

其中,k_1,k_2 为任意实常数. 通常,我们把线性方程组含任意常数的解称为通解,或一般解.

根据上述例题的求解方法,可归纳出求解方程组(9.2.1)的具体步骤为:

(1)写出增广矩阵 $\overline{A}$ 并施以初等行变换,将其化成阶梯形矩阵;

(2)根据对应方程组是否有矛盾方程,判断方程组是否有解;在有解的情况下,继续用初等行变换将阶梯形矩阵化成简化阶梯形矩阵,并写出同解方程组,最后写出原方程组的一般解.

例 9.3.3 a 为何值时,如下线性方程组有解?当有解时,求出它的解.

$$\begin{cases}3x_1+x_2-x_3-2x_4=2,\\ x_1-5x_2+2x_3+x_4=-1,\\ 2x_1+6x_2-3x_3-3x_4=a+1,\\ -x_1-11x_2+5x_3+4x_4=-4.\end{cases}$$

解: 化 $\overline{A}$ 为阶梯形矩阵

$$\begin{bmatrix}3&1&-1&-2&2\\1&-5&2&1&-1\\2&6&-3&-3&a+1\\-1&-11&5&4&-4\end{bmatrix}\to\begin{bmatrix}1&-5&2&1&-1\\0&16&-7&-5&5\\0&16&-7&-5&a+3\\0&-16&7&5&-5\end{bmatrix}$$

$$\to\begin{bmatrix}1&-5&2&1&-1\\0&16&-7&-5&5\\0&0&0&0&a-2\\0&0&0&0&0\end{bmatrix}.$$

当 $a-2=0$,即 $a=2$,原线性方程组有解. 用初等行变换将其进一步化为简化阶梯形矩阵

$$\begin{bmatrix}1&-5&2&1&-1\\0&16&-7&-5&5\\0&0&0&0&0\\0&0&0&0&0\end{bmatrix}\to\begin{bmatrix}1&0&-\frac{3}{16}&-\frac{9}{16}&\frac{9}{16}\\0&1&-\frac{7}{16}&-\frac{5}{16}&\frac{5}{16}\\0&0&0&0&0\\0&0&0&0&0\end{bmatrix},$$

其对应的同解方程组为

$$\begin{cases}x_1=\frac{3}{16}x_3+\frac{9}{16}x_4+\frac{9}{16},\\ x_2=\frac{7}{16}x_3+\frac{5}{16}x_4+\frac{5}{16}.\end{cases}$$

令 $x_3=16k_1$, $x_4=16k_2$ 得原方程的一般解为

$$\begin{cases}x_1=3k_1+9k_2+\frac{9}{16},\\ x_2=7k_1+5k_2+\frac{5}{16},\\ x_3=16k_1,\\ x_4=16k_2.\end{cases}$$

其中,k_1,k_2 为任意常数.

思考题 9.3

1. 非齐次线性方程组 $Ax=b$ 的通解结构是什么?

2. 通过什么样的变换，可将线性方程组变为同解方程组？

3. 非齐次线性方程组 $AX=b$ 与齐次线性方程组 $AX=0$ 的解之间有何关系？

练习题 9.3A

1. 判断下列非齐次线性方程组是否有解？若有解，求其通解.

(1) $x_1+x_2+x_3=20$;

(2) $\begin{cases}x_1+x_2+x_3=8,\\x_1+2x_2+2x_3=12.\end{cases}$

2. 当 a,b 各为何值时，线性方程组 $\begin{cases}x_1+x_2=8,\\x_1+ax_2=b\end{cases}$ 有唯一解、无解、有无穷多解？并在有无穷多解时求出其通解.

练习题 9.3B

1. 求线性方程组 $\begin{cases}x_1+x_2+x_3+x_4=0,\\x_2+2x_3+2x_4=1,\\-x_2+x_3-2x_4=1,\\x_1+2x_2+4x_3+x_4=2\end{cases}$ 的全部解(或通解).

2. 求当 a,b 各为何值时，线性方程组 $\begin{cases}x_1+x_2+x_3+x_4=0,\\x_2+2x_3+2x_4=1,\\-x_2+(a-3)x_3-2x_4=b,\\3x_1+2x_2+x_3+ax_4=-1\end{cases}$ 无解；有唯一解；有无穷多个解？并求出有无穷多个解时的全部解(或通解).

9.4 用数学软件解线性方程组

9.4.1 用 Mathematica 解线性方程组

在 Mathematica 系统中，有 Solve，LinearSolve 等多个解方程组的函数，其使用方法如下：

(1)用 Solve[expr，vars]求解以 vars 为变量的方程组 expr，其中方程组 expr 为由若干个方程构成的表{fc1 = = a1，fc2 = = a2，…，fck = = ak}，变量 vars 为由若干个变量构成的表{x1，x2，…，xn}. 另外，用 Solve 不但可以解线性方程组，而且还可以解非线性方程组.

(2)用 LinearSolve[m，v]解线性方程组 mx = v，其中 m 为该方程组的系数矩阵，v 为该方程组的常数列向量.

例 9.4.1 解方程组 $\begin{cases}2x-3y=12,\\3x+7y=-5.\end{cases}$

解 1: In[1]:= Clear[x,y]

Solve[{2x-3y==12,3x+7y==-5},{x,y}]

Out[2] = {{x -> 3, y -> -2}}

解 2: 所给方程组的系数矩阵和常数列向量分别为

$$m=\begin{bmatrix}2&-3\\3&7\end{bmatrix},v=\begin{bmatrix}12\\-5\end{bmatrix}.$$

In[1]:= Clear[m,v]

m = {{2,-3},{3,7}};

v = {12,-5};

LinearSolve[m,v]

Out[4] = {3, -2}

例 9.4.2 求齐次线性方程组 $\begin{cases}x_1-3x_2+5x_3-2x_4=0,\\-2x_1+x_2-3x_3+x_4=0,\\-x_1-7x_2+9x_3-4x_4=0\end{cases}$ 的全部解.

解: In[1]:= Clear[a,m]

a = {{1,-3,5,-2},{-2,1,-3,1},{-1,-7,9,-4}};

m = {x_1,x_2,x_3,x_4};

4 - MatrixRank[a];(*判断齐次线性方程组 a . m = =0 自由变量的个数*)

Solve[a . m ==0,{x1,x2}]

Out[5] = $\left\{\left\{x_1\to\frac{1}{5}(-4x_3+x_4),x_2\to\frac{1}{5}(7x_3-3x_4)\right\}\right\}$

例 9.4.3 求线性方程组 $\begin{cases}x_1+3x_2-x_3+2x_4-x_5=-4,\\-3x_1+x_2+2x_3-5x_4-4x_5=-1,\\2x_1-3x_2-x_3-x_4+x_5=4,\\-4x_1+16x_2+x_3+3x_4-9x_5=-21\end{cases}$ 的全部解.

解:

In[1]:= Clear[a,b,m]

a = {{1,3,-1,2,-1},{-3,1,2,-5,-4},{2,-3,-1,-1,1},{-4,16,1,3,-9}};

b = {{1,3,-1,2,-1,-4},{-3,1,2,-5,-4,-1},{2,-3,-1,-1,1,4},{-4,16,1,3,-9,-21}};

MatrixRank[a] == MatrixRank[b];(*判断非齐次线性方程组是否有解*)

5 - MatrixRank[a];(*判断非齐次线性方程组自由变量的个数*)

m = {x1,x2,x3,k4,k5};

Solve[a. m == {-4,-1,4,-21},{x1,x2,x3}]

Out[7] = {{x1→2+27k4+22k5,x2→-1+4k4+4k5,x3→3+41k4+33k5}}

9.4.2　用 MATLAB 解线性方程组

在 MATLAB 系统中，函数 linsolve(A,B)和 mldivide(A,B)(或 A\B)都可用来求解线性方程组 $AX = BX$.

(1)对于齐次线性方程组 $AX=0$,用 null(A)求其基础解系矩阵 X,即 X = null(A),再对其列向量(解向量)进行线性组合得到齐次线性方程组 $AX=0$ 的通解.

(2)对于非齐次线性方程组 $AX=b$,先根据系数矩阵 A 的秩 rank(A)、增广矩阵$[A,b]$的秩 rank([A,b])、未知元个数 n 三者之间的关系,给出其唯一解、通解以及解不存在的结论:

①唯一解:当 $m=n$ 而且 rank(A) = rank(A,B) = n 时,方程组 $AX=b$ 的唯一解(解向量)X = inv(A) * b;

②当 rank(A) = rank(A,B) < n 时,分如下 3 步:

第 1 步:先用 null(A)求 $AX=0$ 的基础解系矩阵 XC,再对其列向量(解向量)进行线性组合得到齐次线性方程组 $AX=0$ 的通解“XC”.

第 2 步:用 pinv(A) * b 求非齐次线性方程组 $AX=b$ 的特解“X0”.

第 3 步:将齐次线性方程组 $AX=0$ 的通解“XC”与非齐次线性方程组 $AX=b$ 的特解“X0”相加得所求通解“X”,即“X = XC + X0”.

(3)对于线性方程组 $AX=b$,其增广矩阵 $C=[A,b]$,先利用函数 rref(C)将增广矩阵化为简化行阶梯形矩阵,进而得到 $AX=b$ 的解.

例 9.4.4　求方程组 $\begin{cases}2x-3y=12,\\3x+7y=-5\end{cases}$ 的解.

解 1:

```
>> clear A b X
A=[2,-3;3,7];
b=[12;-5];
X=A\b
X =
     3.0000
    -2.0000
```

解 2:

```
>> clear A b X
A=[2,-3;3,7];
b=[12;-5];
X = linsolve(A,b)
X =
     3.0000
    -2.0000
```

例 9.4.5 求齐次线性方程组 $\begin{cases} x_1 - 3x_2 + 5x_3 - 2x_4 = 0, \\ -2x_1 + x_2 - 3x_3 + x_4 = 0, \\ -x_1 - 7x_2 + 9x_3 - 4x_4 = 0 \end{cases}$ 的全部解.

解:

```
clear A Z X k1 k2
A=[1,-3,5,-2;-2,1,-3,1;-1,-7,9,-4];
format rat% 用有理分式显示结果
Z=null(A,'r'); % 齐次线性方程的基础解系
syms k1 k2% 定义通解中的任意常数
X=k1 * Z(:,1)+k2 * Z(:,2) %通解
X =
     k2/5 - (4 * k1)/5
(7 * k1)/5 - (3 * k2)/5
                      k1
                      k2
```

例 9.4.6 求线性方程组 $\begin{cases} x_1 + 3x_2 - x_3 + 2x_4 - x_5 = -4, \\ -3x_1 + x_2 + 2x_3 - 5x_4 - 4x_5 = -1, \\ 2x_1 - 3x_2 - x_3 - x_4 + x_5 = 4, \\ -4x_1 + 16x_2 + x_3 + 3x_4 - 9x_5 = -21 \end{cases}$ 的全部解.

解 1:

```
>> clear A b B RA RB n X Z Z1 X0 X k1 k2
A=[1,3,-1,2,-1;-3,1,2,-5,-4;2,-3,-1,-1,1;-4,16,1,3,-9]; %系数矩阵 A
b=[-4,-1,4,-21]'; %常数列 b
format rat% 用有理分式显示结果
B=[A,b]; %增广矩阵 B
RA=rank(A); %矩阵 A 的秩
RB=rank(B); %增广矩阵 B 的秩
n=5;
if RA==RB && RA==n
    X=A\b
elseif RA==RB && RA<n
Z=null(A,'r') ;%齐次方程的基础解系
syms k1 k2% 定义通解中的任意常数
Z1=k1 * Z(:,1)+k2 * Z(:,2) ;%对应齐次方程的通解
A(:,4)=0;%将矩阵 A 的第 4 列的所有元素赋以 0
A(:,5)=0;%将矩阵 A 的第 5 列的所有元素赋以 0
X0=A\b;%当 x4=x5=0 时,求非齐次线性方程组的一个特解 X0
```

```
X = X0 + Z1% 所求非齐次方程的任意解(解向量)
else
'无解'
end
警告: 秩亏,秩 = 3,tol = 1.841097e-14.
X =
27*k1 + 22*k2 + 2
  4*k1 + 4*k2 - 1
41*k1 + 33*k2 + 3
                 k1
                 k2
```

解2:

```
>> clear A b B XB k1 k2
A=[1,3,-1,2,-1;-3,1,2,-5,-4;2,-3,-1,-1,1;-4,16,1,3,-9]; %系数矩阵A
b=[-4,-1,4,-21]'; %常数列b
format rat%用有理分式显示结果
B=[A b];%增广矩阵B
XB=rref(B);%求B的行最简行矩阵
syms k1 k2%定义通解中的任意常数
k1*XB(:,4)+k2*XB(:,5)+XB(:,6)
ans =
2-22*k2-27*k1
-4*k1-4*k2-1
3-33*k2-41*k1
             0
```

9.5 学习任务9解答　哪种商品利润率最高?

解:

1. 设A,B,C,D这4种商品的利润率分别为 x_1,x_2,x_3,x_4,根据表9.0.1给出的这4种商品每个月的销售额及利润,列出如下方程组

$$\begin{cases}100x_1+200x_2+300x_3+400x_4=88,\\500x_1+300x_2+400x_3+300x_4=144,\\250x_1+350x_2+380x_3+500x_4=135,\\350x_1+560x_2+200x_3+480x_4=151,\\600x_1+910x_2+580x_3+980x_4=286.\end{cases}$$

其增广矩阵 $A=\begin{bmatrix}100&200&300&400&88\\500&300&400&300&144\\250&350&380&500&135\\350&560&200&480&151\\600&910&580&980&286\end{bmatrix}$, (1)

对其增广矩阵施以初等行变换 $A\to\begin{bmatrix}1&0&0&0&0.1\\0&1&0&0&0.12\\0&0&1&0&0.1\\0&0&0&1&0.06\\0&0&0&0&0\end{bmatrix}$,

故得方程组(1)的同解方程组为

$$\begin{cases}x_1=0.1,\\x_2=0.12,\\x_3=0.1,\\x_4=0.06.\end{cases}$$

因此,A,B,C,D 这 4 种商品的利润率分别为 $\frac{10}{100},\frac{12}{100},\frac{10}{100},\frac{6}{100}$.

复习题 9

A 级

1. 设 $\boldsymbol{\alpha}_1=[1,-1,1]$,$\boldsymbol{\alpha}_2=[-1,0,1]$,$\boldsymbol{\alpha}_3=[1,3,-2]$,$\boldsymbol{\beta}=[0,-5,5]$:

(1)证明向量组 $\boldsymbol{\alpha}_1,\boldsymbol{\alpha}_2,\boldsymbol{\alpha}_3$ 线性无关;

(2)把向量 $\boldsymbol{\beta}$ 表示成向量组 $\boldsymbol{\alpha}_1,\boldsymbol{\alpha}_2,\boldsymbol{\alpha}_3$ 的线性组合.

2. 解下列方程组:

(1) $\begin{cases}x_1-3x_2-2x_3-x_4=-5,\\x_1-8x_2+x_3+5x_4=-1,\\2x_1-x_2+4x_3-x_4=4,\\x_1-4x_2+x_3+3x_4=1;\end{cases}$

(2) $\begin{cases}3x_1-5x_2+x_3-2x_4=0,\\2x_1+3x_2-5x_3+x_4=0,\\x_1-7x_2+4x_3-3x_4=0,\\4x_1+15x_2-7x_3+9x_4=0;\end{cases}$

(3) $\begin{cases}x_1+3x_2-7x_3=-8,\\2x_1+5x_2+4x_3=4,\\3x_1+7x_2+2x_3=3,\\x_1+4x_2-12x_3=-15;\end{cases}$

(4) $\begin{cases}2x_1-3x_2+x_3+5x_4=6,\\-3x_1+x_2+2x_3-4x_4=5,\\x_1+2x_2-3x_3-x_4=2.\end{cases}$

B 级

3. 当 λ 取什么值时，如下线性方程组有解：

$$\begin{cases}(\lambda+3)x_1+x_2+2x_3=\lambda,\\ \lambda x_1+(\lambda-1)x_2+x_3=2\lambda,\\ 3(\lambda+1)x_1+\lambda x_2+(\lambda+3)x_3=3.\end{cases}$$

（提示：行列式 $|A|\neq 0$）.

第10章

概率论

10.0 学习任务10 超市该进多少货?

已知某超市经销的某种商品每销售 1 kg 可获利 7 元,若供大于求,则降价处理,每处理 1 kg 该商品亏损 2 元;若供不应求,可从其他超市调拨,此时 1 kg 商品可获利 5 元. 该商品每周只在周五进货一次,周六开始销售. 从以往的销售记录中得知,该商品每周的销售量在 1 000 ~ 1 500 kg 范围内. 若该商品可以在 1 000 ~ 2 000 kg 范围内随意进货,请完成如下学习任务:

1. 测算进货量多少时,超市可获得最大利润?
2. 求出最大利润的期望值.

利用概率论知识可以解答上述问题.

概率论是研究随机现象规律的重要工具. 本章重点研究随机变量及其分布、随机事件的概率及其性质.

10.1 随机事件与概率

本节介绍随机试验、随机事件以及概率的统计定义等基本概念,并通过例题介绍如何利用古典概型计算事件的概率.

10.1.1 随机事件

大自然和人类社会气象万千,在自然界与人类经济领域内存在着本质上不相同的两类现象:确定性现象与随机现象.

在一定条件下一定发生或一定不发生的现象称为确定性现象. 例如,一个标准大气压下 100℃ 的水必然沸腾,两个带有同性电荷的小球必然相斥等都是确定性现象.

在一定条件下可能发生也可能不发生的现象称为随机现象. 例如,掷一枚均匀的硬币落地后正面朝上(可能出现正面,也可能出现反面),从一批产品中任意抽出一件为正品(可能是正品,也可能是次品),向某目标射击(可能击中,也可能击不中)等都是随机现象.

随机现象都带有不确定性,但这仅仅是随机现象的一个方面. 随机现象还有规律性的一面,如在相同条件下,对随机现象进行大量观测,其可能结果就会出现某种规律性等.

在概率论中,做事情称为试验,具有以下两个特点的试验称为随机试验:

(1)在相同条件下可以重复进行,且每次试验的可能结果不止一个;

(2)不能准确预言每次试验所出现的结果,但可以知道可能出现的全部结果.

随机试验简称为试验,每次试验的一个可能结果称为基本事件(也称为样本点,记作$\omega_1,\omega_2,\cdots$),全部基本事件的集合称为基本事件空间(也称为样本空间),记作

$$\Omega=\{w_1,w_1,\cdots\},$$

任何一次试验的结果一定是基本事件空间中的一个基本事件.

试验的一般结果称为随机事件,简称为事件,常用大写的英文字母表示,如 A,B 等. 事件是由若干基本事件组成的集合,所以事件是基本事件空间的子集. 在每次试验中,一定发生的事件称为必然事件,显然它是全部基本事件的集合,记作 Ω. 在每次试验中,一定不发生的事件称为不可能事件,记作 $\varnothing$. 必然事件与不可能事件虽然不是随机事件,但为了讨论问题方便,把它们作为随机事件的极端情况处理.

例 10.1.1　掷一颗质地均匀的骰子一次,那么:

(1)这个试验在相同条件下可以重复进行,且每次试验的可能结果为 6 个:出现 1 点,2 点,3 点,4 点,5 点或 6 点. 我们不能准确预言每次试验所出现的点数,但知道可能出现的全部点数. 由于具有以上两个特点,因此这个试验是随机试验.

(2)这个试验共有 6 个基本事件:设 $w_i(i=1,2,3,4,5,6)$ 表示出现 i 点,于是基本事件空间 $\Omega=\{w_1,w_2,w_3,w_4,w_5,w_6\}$.

(3)设事件 A 表示出现偶数点,它是基本事件 w_2,w_4,w_6 的集合,于是

$$A=\{w_2,w_4,w_6\}.$$

若试验的结果是 w_4,则事件 A 发生;若试验的结果是 w_1,则事件 A 不发生.

(4)设事件 B 表示出现点数大于 4,它是基本事件 w_5,w_6 的集合,于是

$$B=\{w_5,w_6\}.$$

若试验的结果是 w_5,则事件 B 发生;若试验的结果是 w_4,则事件 B 不发生.

(5)在每次试验中,由于出现点数一定小于 7,因此出现点数小于 7 这个事件一定发生,它是必然事件.

(6)在每次试验中,由于出现点数不可能大于 6,因此出现点数大于 6 这个事件一定不发生,它是不可能事件.

例 10.1.2　将一枚质地均匀的硬币抛掷两次,用(H,T)表示第一次抛掷出现正面、第二次抛掷出现反面,可类推(H,H),(T,H),(T,T)的意义,这个试验的基本事件空间为

$$\Omega=\{(H,H),(H,T),(T,H),(T,T)\}.$$

下面我们讨论事件之间的关系及运算. 注意到基本事件是基本事件空间的元素,而随机事件是基本事件空间的子集. 因此,事件之间的关系及运算本质上就是集合之间的关系

与运算.

1. 事件的包含与相等

若事件 A 发生必然导致事件 B 发生,则称事件 B 包含事件 A,记为 $B\supseteq A$ 或 $A\subseteq B$,如图 10.1.1 所示.

若 $A\subseteq B$ 且 $B\subseteq A$,则称事件 A 和 B 相等,记为 $A=B$.

2. 事件的和

“事件 A 与事件 B 至少有一个发生”的事件称为事件 A 与事件 B 的和,记为 $A\cup B$ 或 $A+B$,如图 10.1.2 阴影部分所示.

类似地,称“n 个事件 $A_1,A_2,\cdots,A_n$ 中至少有一个发生”的事件为 n 个事件 $A_1,A_2,\cdots,A_n$ 的和,记为 $A_1\cup A_2\cup A_3\cup\cdots\cup A_n$ 或 $\bigcup\limits_{i=1}^{n}A_i$.

3. 事件的积

“事件 A 与事件 B 同时发生”的事件称为事件 A 与事件 B 的积(或事件 A 与事件 B 的交),记为 $A\cap B$ 或 AB,如图 10.1.3 阴影部分所示.

类似地,称“n 个事件 $A_1,A_2,\cdots,A_n$ 同时发生”的事件为 n 个事件 $A_1,A_2,\cdots,A_n$ 的积(或 n 个事件 $A_1,A_2,\cdots,A_n$ 的交),记为 $A_1\cap A_2\cdots\cap A_n$ 或 $\bigcap\limits_{i=1}^{n}A_i$.

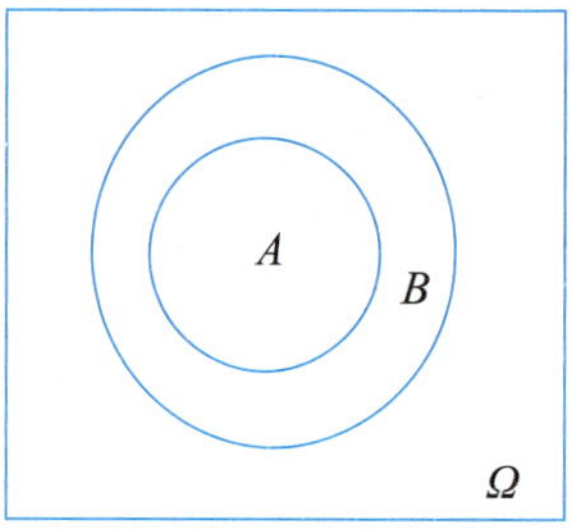

图 10.1.1

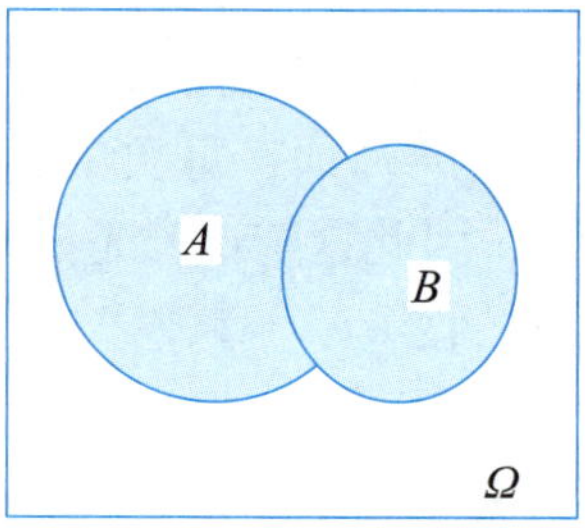

图 10.1.2

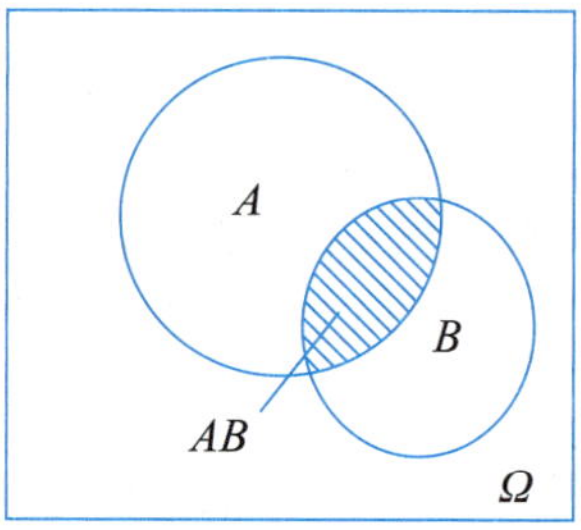

图 10.1.3

4. 事件的差

“事件 A 发生而事件 B 不发生”的事件称为事件 A 与事件 B 的差,记为 $A-B$,如图 10.1.4 阴影部分所示.

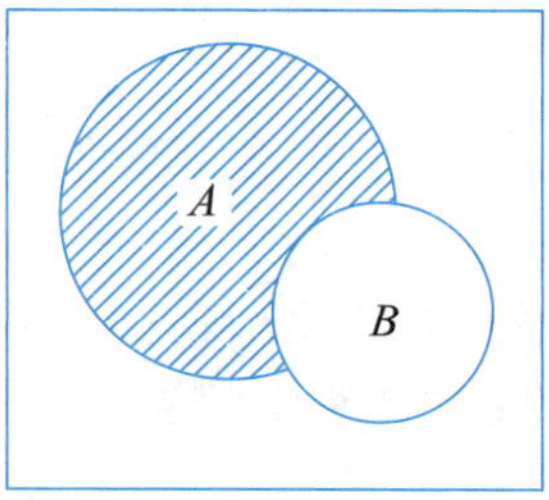

(a)

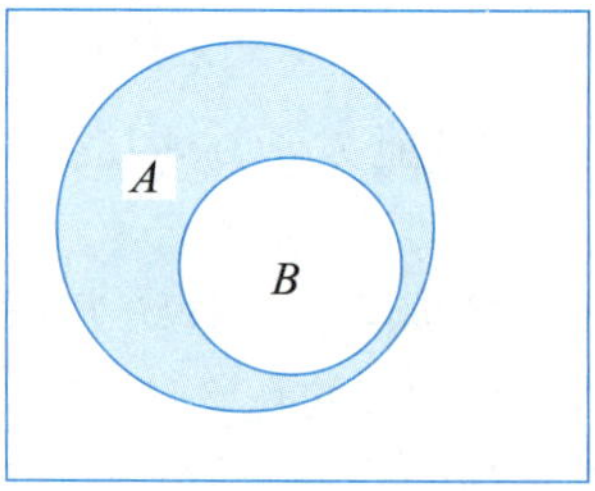

(b)

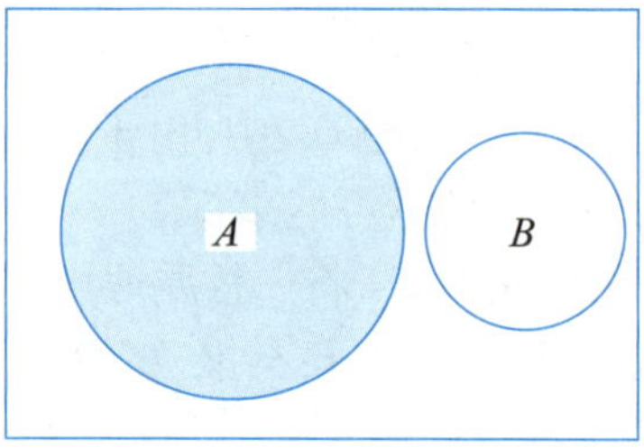

(c)

图 10.1.4

5. 互不相容(或互斥)事件

若事件 A 与事件 B 不可能同时发生,即 $AB=\varnothing$,则称事件 A 与事件 B 互不相容. 对于 n 个事件 $A_1,A_2,\cdots,A_n$,若事件中任意两两互不相容,即 $A_iA_j=\varnothing(i\neq j)$,则称 $A_1,A_2,\cdots,A_n$ 为两两互不相容(或两两互斥),如图 10.1.5 所示.

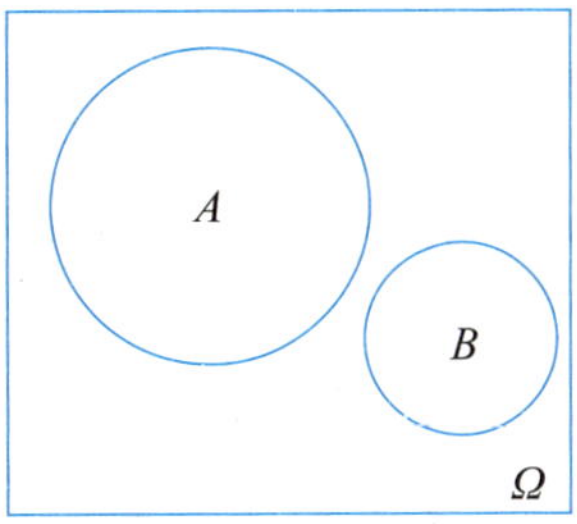

图 10.1.5

6. 对立事件

在一次试验中,若事件 A 与事件 B 必有一个发生,且仅有一个发生,即 A 与 B 同时满足

$$AB=\varnothing \text{ 和 } A\cup B=\Omega,$$

则称事件 A 与事件 B 互为对立事件,记作 $B=\overline{A}$ 或 $A=\overline{B}$,如图 10.1.6 所示. 常记 A 的对立事件为 $\overline{A}$.

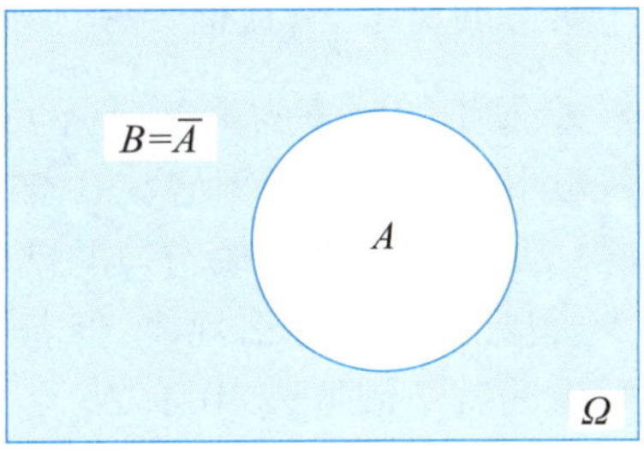

图 10.1.6

由事件差的定义可知:$\overline{A}=\Omega-A$.

由对立事件和事件积的运算定义可知:$A-B=A\overline{B}$.

由集合的运算律可知事件的运算满足以下规律:

(1)交换律:$A\cup B=B\cup A,A\cap B=B\cap A$;

(2)结合律:$(A\cup B)\cup C=A\cup(B\cup C),(AB)C=A(BC)$;

(3)分配律:$(A\cup B)C=AC\cup BC$;

(4)摩根律:$\overline{A\cup B}=\overline{A}\,\overline{B},\overline{AB}=\overline{A}\cup\overline{B}$.

将事件与集合的概念和运算列表对照,见表 10.1.1.

表 10.1.1

概率论		集合论
基本事件空间	Ω	全集
必然事件	随机试验的所有基本结果	
基本事件	随机试验的基本结果	Ω 的元素
样本点	w	
事件	A	Ω 的子集
对立事件	$\overline{A}$(A 不发生)	A 的补集
不可能事件	$\varnothing$	空集
事件的和	$A\cup B$ 或 $A+B$(A、B 至少有一个发生)	A 与 B 的并
事件的积	$A\cap B$ 或 AB(A、B 同时发生)	A 与 B 的交
事件的差	$A-B$(A 发生而 B 不发生)	A 差 B
互不相容	$A\cap B=\varnothing$(A、B 不同时发生)	A 与 B 互不相交
包含	$A\subseteq B$(A 发生必导致 B 发生)	B 包含 A

例 10.1.3　设 A,B,C 为 3 个事件,试用 A,B,C 表示下列事件:

(1)A_1:A 发生而 B,C 不发生;　　(2)A_2:A,B,C 都不发生;

(3) A_3: A,B,C 都发生;　　(4) A_4: A,B,C 不都发生.

解: (1) $A_1 = A\bar{B}\bar{C}$;　　(2) $A_2 = \bar{A}\bar{B}\bar{C}$;

(3) $A_3 = ABC$;　　(4) $A_4 = \overline{ABC}$.

10.1.2 随机事件的概率

随机事件在一次试验中是否发生是不确定的,说明随机现象具有不确定性,但这仅仅是一个方面;另一方面是随机现象具有规律性,可以通过大量重复试验揭示随机事件发生的规律.

在 n 次重复试验中,已知事件 A 发生了 m 次($0 \leqslant m \leqslant n$),但仅知道事件 A 发生的次数不足以描述事件 A 发生的可能性的大小,还应该考虑事件 A 发生的次数在试验总次数 n 中所占的比重 $\frac{m}{n}$,比值 $\frac{m}{n}$ 称为事件 A 发生的频率. 对于必然事件 Ω,有 $m = n$,从而必然事件 Ω 发生的频率为 1;对于不可能事件 $\varnothing$,有 $m = 0$,从而不可能事件 $\varnothing$ 发生的频率为 0;而一般事件发生的频率必在 0 与 1 之间.

做投掷一枚质地均匀的硬币试验,观察出现正面这个事件发生的频率. 若试验次数较少,很难找到有什么规律,但若试验次数增多,就可以找到它的规律. 前人投掷均匀质地的硬币试验结果见表 10.1.2.

表 10.1.2

试验者	投掷次数 n	出现正面次数 m	频率 $\frac{m}{n}$
蒲丰	4 040	2 048	0.506 9
皮尔逊	12 000	6 019	0.501 6
比尔	24 000	12 012	0.500 5
维尼	30 000	14 994	0.499 8

从表 10.1.2 中容易看出,当投掷次数 n 很大时,出现正面的频率总在 0.5 附近摆动,并且随着投掷次数的增加,这种摆动的幅度是很微小的,说明出现正面的频率具有稳定性,确定的常数 0.5 就是出现正面的频率的稳定值,可以用它描述出现正面这个事件发生的可能性大小,揭示出现正面这个事件发生的规律.

这样的例子是很多的,概括起来,就得到概率的定义:

定义 10.1.1

在多次重复试验中,若事件 A 发生的频率在确定常数 p 附近摆动,且随着试验次数的增加,这种摆动的幅度很微小,则称确定常数 p 为事件 A 发生的概率,记作

$$P(A) = p.$$

由概率和频率的关系,可知概率的基本性质:

性质 1 $0 \leqslant P(A) \leqslant 1$.

性质 2 $P(\Omega) = 1$.

性质 3 $P(\varnothing) = 0$.

尽管概率是通过大量重复试验中频率的稳定性定义的,但不能认为概率取决于试验. 一个事件发生的概率完全由事件本身决定,是客观存在的,可以通过试验把它揭示出来.

在许多实际问题中，无法根据概率定义得到事件发生的概率，往往采用在大量重复试验中事件发生的频率作为概率近似值. 但是，也有一类简单而又常见的实际问题，可以通过逻辑思维直接计算概率，而不必利用频率，这种概率问题的类型是概率论最早研究的内容，称为古典概型.

定义 10.1.2

如果某随机现象具有如下两个特点：

(1)基本事件的总数为有限个；

(2)每个基本事件发生的可能性是等同的.

则称该随机现象的数学模型为古典概型.

定义 10.1.3

设古典概型的一个试验共有 n 个基本事件，而事件 A 包含 m 个基本事件，则事件 A 发生的概率

$$P(A)=\frac{A\text{所包含的基本事件个数}}{\text{基本事件总数}}=\frac{m}{n}. \tag{10.1.1}$$

称式(10.1.1)为概率的古典定义.

例 10.1.4 一批产品共 100 个，其中有 4 个废品，从中任取一个产品，求它是废品的概率.

解： 设 A =“任取一个产品是废品”.

基本事件的总数 $n=C_{100}^1=100$①，事件 A 包含基本事件的个数 $m=C_4^1=4$.
根据古典概型计算公式，有

$$P(A)=\frac{m}{n}=\frac{4}{100}=\frac{1}{25},$$

所以任取一件产品是废品的概率为$\frac{1}{25}$.

例 10.1.5 投掷两枚均匀硬币，求出现两个正面的概率.

解： 设 A =“出现两个正面”. 设 H =“出现正面”，T =“出现反面”，则基本事件空间

$$\Omega=\{HH,HT,TH,TT\}.$$

基本事件总数 $n=4$，事件 A 包含基本事件的个数 $m=1$.
根据古典概型计算公式，有

$$P(A)=\frac{m}{n}=\frac{1}{4},$$

所以出现两个正面的概率为$\frac{1}{4}$.

10.1.3 概率的加法公式

1. 互不相容事件的加法公式

如果事件 A,B 互不相容，那么

---

① 从 m 个不同元素中，每次取出 n 个元素，不管以怎样的顺序并成一组，均称为一个组合，所有不同“组合的种数”用符号 C_m^n 表示，并有公式 $C_m^n=m(m-1)\cdots(m-n+1)/n!$

$$P(A \cup B) = P(A) + P(B). \tag{10.1.2}$$

推论 1 若 $A_1, A_2, \cdots, A_n$ 两两互不相容,则

$$P(A_1 \cup A_2 \cup \cdots \cup A_n) = P(A_1) + P(A_2) + \cdots + P(A_n). \tag{10.1.3}$$

式(10.1.3)表明了概率的有限可加性.

推论 2

$$P(A) = 1 - P(\overline{A}). \tag{10.1.4}$$

式(10.1.4)表明了对立事件的概率关系.

例 10.1.6 盒中有 3 个白球,2 个红球,从中任取两个球,试求至少有一个白球的概率.

解法 1: 设 A_1 =“两个球中有一个白球”,A_2 =“两个球都是白球”,A =“两个球中至少有一个白球”,则有 $A = A_1 \cup A_2$,而

$$P(A_1) = \frac{C_3^1 C_2^1}{C_5^2} = \frac{6}{10} = \frac{3}{5},\ P(A_2) = \frac{C_3^2 C_2^0}{C_5^2} = \frac{3}{10}.$$

因为事件 A_1 与 A_2 互不相容,所以

$$P(A) = P(A_1 \cup A_2) = P(A_1) + P(A_2) = \frac{3}{5} + \frac{3}{10} = \frac{9}{10}.$$

解法 2: 由于 A 的对立事件为 $\overline{A}$ =“任取两球都是红球”,有

$$P(\overline{A}) = \frac{C_2^2}{C_5^2} = \frac{1}{10},$$

所以

$$P(A) = 1 - P(\overline{A}) = 1 - \frac{1}{10} = \frac{9}{10}.$$

2. 任意两事件的加法公式

对于任意两个事件 A, B,有

$$P(A \cup B) = P(A) + P(B) - P(AB). \tag{10.1.5}$$

例 10.1.7 一贸易公司与甲、乙两厂签订某物资长期供货关系,根据以往的统计,甲厂能按时供货的概率为 0.85,乙厂能按时供货的概率为 0.78,两厂都能按时供货的概率为 0.65,求至少有一厂能按时供货的概率.

解: 设事件 A =“甲厂按时供货”,B =“乙厂按时供货”,则

AB =“甲、乙两厂都能按时供货”,$A \cup B$ =“至少有一厂能按时供货”.

$P(A \cup B) = P(A) + P(B) - P(AB) = 0.85 + 0.78 - 0.65 = 0.98.$

所以至少有一厂能按时供货的概率是 0.98.

思考题 10.1

1. 设 A, B 为两个事件,若 $A \supset B$,则 $\overline{A}$ 与 B 有何关系?
2. 投掷两颗质地均匀的骰子,出现点数之和等于 6 的概率是多少?

练习题 10.1A

1. 设 A,B 为两个事件,且已知 $P(A)=0.2$,$P(B)=0.3$,$P(A\cup B)=0.4$,求$P(AB)$.

2. 设 A,B 为两个事件,且已知 $P(\overline{A}\,\overline{B})=0.3$,求 $P(A\cup B)$.

练习题 10.1B

1. 甲、乙、丙三门炮各向同一目标发射一发炮弹,设 A 表示甲击中,B 表示乙击中,C 表示丙击中,问:

(1) $A\cup B\cup C$ 表示什么事件?　　(2) $\overline{A}\,\overline{B}\,\overline{C}$ 表示什么事件?

(3) $\overline{A}\cup\overline{B}\cup\overline{C}$ 表示什么事件?　　(4)恰好有一门炮击中目标应该如何表示?

(5)三门炮都击中目标应如何表示?

2. 盒子里装有20件产品,其中有4件次品,从中任取3件,求:

(1)其中恰好有2件次品的概率;　　(2)其中至多有1个次品的概率.

3. 9把钥匙中有3把能打开门,任取两把钥匙,求能打开门的概率.

4. 一批产品有50件,其中45件合格、5件不合格. 从这批产品中任取3件,求其中至少有一件不合格的概率.

5. 某产品分一、二等品及废品三种等级,若一、二等品率分别为0.63及0.35,求产品的合格率与废品率.

6. 若某地区订日报的占60%,订晚报的占30%,两种报都不订的占25%,试求两种报纸都订的概率.

10.2 事件的独立性

事件 A 和 B 中任何一个发生对另一个发生的可能性大小的影响,就是事件的独立性问题.

10.2.1　条件概率

实际中,人们经常需要探讨"在事件 A 发生的条件下,事件 B 发生的概率".

例如,100件产品中有95件正品,5件次品,正品中有80件一等品,15件二等品,现从中任取一件,求:

(1)取出的是一等品的概率;(2)如果已知取出的是正品,它是一等品的概率.

设 A ="取到的产品是正品",B ="取到的产品是一等品",那么本题中的第一问是在原有的确定条件下,求事件 B 发生的概率;而第二问是在原有的确定条件中附加"已知取到的是正品"这个限制条件后,求事件 B 发生的概率,即在已知事件 A 发生的条件后,求事件 B 发生的概率,这类问题称为条件概率问题.

定义 10.2.1

如果事件 A,B 是同一试验下的两个随机事件,那么在事件 A 发生的条件下,事件 B 发生的概率称为条件概率,记作 $P(B|A)$.

在上例中,按古典概型的概率计算不难求出

$$P(A)=\frac{95}{100},\quad P(B)=\frac{80}{100},\quad P(B|A)=\frac{80}{95}.$$

注意到取出的既是正品又是一等品的概率 $P(AB)=\dfrac{80}{100}$,由此不难发现

$$P(B|A)=\frac{80}{95}=\frac{80/100}{95/100}=\frac{P(AB)}{P(A)}.$$

一般地,可以验证条件概率有如下计算公式

$$P(B|A)=\frac{P(AB)}{P(A)}\quad [P(A)>0],\tag{10.2.1}$$

$$P(A|B)=\frac{P(AB)}{P(B)}\quad [P(B)>0].\tag{10.2.2}$$

例 10.2.1 全班 50 名学生中,有男生 31 人,女生 19 人,男生中有 11 人是本地人,20 人是外地人,女生中有 12 人是本地人,7 人是外地人. 设 A 表示男生,B 表示本地人,求:

(1)$P(B)$,$P(B|A)$;　　(2)$P(A)$,$P(A|B)$.

解: (1)全班 50 名学生中,有 $11+12=23$ 人是本地人,所以无条件概率

$$P(B)=\frac{23}{50}.$$

在事件 A 已经发生的条件下,事件 B 发生的概率意味着在男生范围内本地人所占的比重. 由于男生 31 人中,有 11 人是本地人,所以条件概率

$$P(B|A)=\frac{11}{31}.$$

(2)全班 50 名学生中,有男生 31 人,所以无条件概率

$$P(A)=\frac{31}{50}.$$

在事件 B 已经发生的条件下,事件 A 发生的概率意味着在本地人范围内男生所占的比重. 由于本地人的 23 人中,有 11 人是男生,所以条件概率

$$P(A|B)=\frac{11}{23}.$$

10.2.2 乘法公式

由条件概率的计算公式,可得出概率的乘法公式:若 A,B 为任意的两事件,则有

$$P(AB)=P(A)P(B|A)\text{ 或 }P(AB)=P(B)P(A|B).\tag{10.2.3}$$

例 10.2.2 某单位同时装有两种报警系统 A 与 B,当报警系统 A 单独使用时,其有效的概率为 0.92;当报警系统 B 单独使用时,其有效的概率为 0.90;在报警系统 B 有效的条件下,报警系统 A 有效的概率为 0.93,若发生意外时,求:

(1)这两种报警系统中至少有一种有效的概率;(2)这两种报警系统都失灵的概率.

解: 设 A 表示报警系统 A 有效,B 表示报警系统 B 有效,由题意得到

$P(A)=0.92$,　　$P(B)=0.90$,　　$P(A|B)=0.93$.

(1)这两种报警系统中至少有一种有效,意味着报警系统 A 有效或报警系统 B 有效,或者两者均有效,即事件 A 发生或事件 B 发生或二者同时发生,可用和事件 $A\cup B$ 表示,根据加法公式与乘法公式,有

$$\begin{aligned} P(A\cup B) &= P(A)+P(B)-P(AB)=P(A)+P(B)-P(B)P(A|B) \\ &= 0.92+0.90-0.90\times 0.93=0.983. \end{aligned}$$

所以,这两种报警系统中至少有一种有效的概率为 0.983.

(2)这两种报警系统都失灵,意味着报警系统 A 失灵且报警系统 B 失灵,即事件 A 不发生且事件 B 不发生,可用事件 $\bar{A}\bar{B}$ 表示,它的对立事件是这两种报警系统中至少有一种有效,即和事件 $A\cup B$,根据加法公式的特殊情况有

$$P(\bar{A}\bar{B})=P(\overline{A\cup B})=1-P(A\cup B)=1-0.983=0.017.$$

所以,这两种报警系统都失灵的概率为 0.017.

10.2.3　事件的独立性

一般情况下,条件概率 $P(A|B)$ 不等于 $P(A)$,也就是说事件 B 已发生会影响事件 A 的发生,但在有些问题中,两个事件的发生并不相互影响. 例如,在有放回抽样的情况下,每次抽到什么样的产品相互没有影响,就是事件的独立性.

定义 10.2.2

如果事件 A 的发生不影响事件 B 发生的概率,即

$$P(B|A)=P(B),$$

则称事件 B 对事件 A 是独立的,否则就是不独立的.

容易证明,若事件 B 对事件 A 是独立的,则事件 A 对事件 B 也是独立的,称事件 A 与事件 B 相互独立.

关于两个事件独立的概念,可以推广到有限事件的情形,如果事件 $A_1,A_2,\cdots,A_n$ 中任一事件 $A_i(i=1,2,\cdots,n)$ 发生的概率不受其他事件发生与否影响,则称事件 $A_1,A_2,\cdots,A_n$ 相互独立.

关于事件独立有如下几个结论:

(1)事件 A 与 B 相互独立的充分必要条件是 $P(AB)=P(A)P(B)$;

(2)若事件 A 与 B 独立,则 A 与 $\bar{B}$,$\bar{A}$ 与 B,$\bar{A}$ 与 $\bar{B}$ 中的每一对事件都相互独立;

(3)若事件 $A_1,A_2,\cdots,A_n$ 相互独立,则有 $P(A_1A_2\cdots A_n)=P(A_1)P(A_2)\cdots P(A_n)$.

在实际问题中,两事件是否独立,并不总是需要通过公式的计算来证明,而可以根据具体情况来分析、判断,只要事件之间没有明显的联系或者联系甚微,我们就可以认为它们是相互独立的.

例 10.2.3　某工人看管 3 台独立工作的自动机床,在 1 h 内机床不需要工人看管的概率依次为 0.9,0.8,0.85,求在 1 h 内,

(1)3 台机床都不需要看管的概率;(2)至少有 1 台机床要看管的概率.

解: 设事件 A_i ="第 i 台机床在 1 h 内不需要看管"($i=1,2,3$).
则 $A_1A_2A_3$ ="3 台机床都不需要看管",$\overline{A_1A_2A_3}$ ="至少有 1 台机床需要看管".

(1)因为事件 A_1, A_2, A_3 是相互独立的,所以

$$P(A_1A_2A_3) = P(A_1)P(A_2)P(A_3) = 0.9 \times 0.8 \times 0.85 = 0.612,$$

所以 3 台机床都不需要看管的概率是 0.612.

(2)因为 $$P(\overline{A_1A_2A_3}) = 1 - P(A_1A_2A_3) = 1 - 0.612 = 0.388,$$

所以至少有一台机床需要看管的概率为 0.388.

10.2.4 全概率公式

当计算一些比较复杂的事件的概率时,经常把一个复杂事件分解成若干个互不相容的简单事件,再利用概率的乘法公式和加法公式得出最终结果.

例 10.2.4 某工厂有 3 个车间,生产同一种产品,每个车间的产量分别占全厂的 25%,35%,40%,各车间产品的次品率分别为 5%,4%,2%,求从总产品中任意抽取 1 件产品是次品的概率.

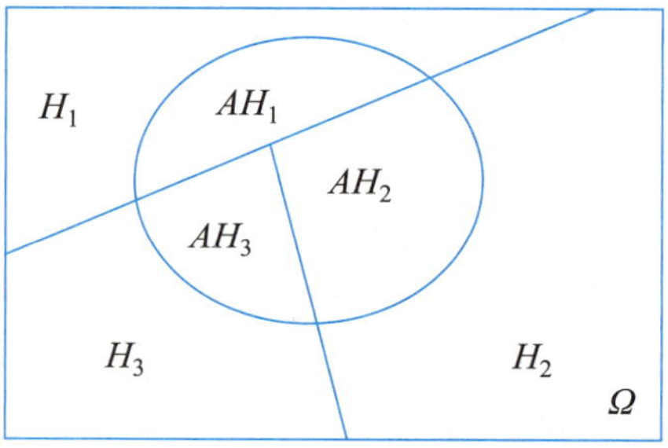

图 10.2.1

解: 设事件 H_i ="任取 1 件是第 i 车间的产品"($i=1,2,3$),A ="任取 1 件是次品",则 H_1,H_2,H_3 互不相容,且 $H_1 \cup H_2 \cup H_3 = \Omega$. 由图 10.2.1 知,$A = AH_1 \cup AH_2 \cup AH_3$,其中 AH_1,AH_2,AH_3,两两互不相容,因此

$$\begin{aligned} P(A) &= P(AH_1) + P(AH_2) + P(AH_3) \\ &= P(H_1)P(A|H_1) + P(H_2)P(A|H_2) + P(H_3)P(A|H_3) \\ &= \frac{25}{100} \cdot \frac{5}{100} + \frac{35}{100} \cdot \frac{4}{100} + \frac{40}{100} \cdot \frac{2}{100} \\ &= 3.45\%. \end{aligned}$$

将这个例子的解题方法推广到一般情况,就得到在概率计算中非常重要的全概率公式:

定理 10.2.1 一般地,若事件 $H_1,H_2,\cdots,H_n$ 满足:

(1)$H_1,H_2,\cdots,H_n$ 两两互不相容,且 $P(H_i)>0(i=1,2,\cdots,n)$;

(2)$H_1 \cup H_2 \cup \cdots \cup H_n = \Omega$.

则对任何事件 A,有

$$P(A) = \sum_{i=1}^{n} P(H_i)P(A|H_i). \tag{10.2.4}$$

式(10.2.4)称为全概率公式,并称满足定理条件(1)和条件(2)的事件组 $H_1,H_2,\cdots,H_n$ 为完备事件组.

例 10.2.5 100 张彩票中有 7 张有奖彩票,甲先乙后各购买 1 张彩票,问甲、乙中奖的概率是否相同?

解: 设 A 表示甲中奖,从而 $\overline{A}$ 表示甲不中奖,再设 B 表示乙中奖,根据古典概型计算

概率的公式，有 $P(A)=\frac{7}{100}$.

由于事件 $A,\bar{A}$ 构成最简单的完备事件组，从而对于事件 B，有 $B=AB\cup\bar{A}B$.

根据全概率公式的特殊情况，有

$$\begin{aligned}P(B)&=P(AB\cup\bar{A}B)=P(AB)+P(\bar{A}B)\\&=P(A)P(B|A)+P(\bar{A})P(B|\bar{A})\\&=\frac{7}{100}\times\frac{6}{99}+\frac{93}{100}\times\frac{7}{99}=\frac{7}{100},\end{aligned}$$

所以甲、乙中奖的概率是相同的，皆为$\frac{7}{100}$.

在例 10.2.5 中，经过进一步的计算可以得到：第 3 ~ 第 100 个购买彩票的人中奖的概率都等于$\frac{7}{100}$，与购买彩票的先后顺序无关，这可以作为一般抽签或抓阄问题的结论.

例 10.2.6　已知市场上供应的某种商品是由甲厂与乙厂生产的，甲厂占 80%，乙厂占 20%，甲厂的次品率为 4%，乙厂的次品率为 9%，求：

(1) 从市场上任买 1 件这种商品是次品的概率；

(2) 从市场上买到的 1 件次品是乙厂生产的概率.

解：　设 H 表示甲厂产品，从而 $\bar{H}$ 表示乙厂产品，再设 A 表示次品，由题意得

$$P(H)=80\%,P(\bar{H})=20\%,P(A|H)=4\%,P(A|\bar{H})=9\%.$$

(1) 由于事件 $H,\bar{H}$ 构成最简单的完备事件组，从而对于事件 A，有 $A=HA+\bar{H}A$. 所以

$$\begin{aligned}P(A)&=P(HA+\bar{H}A)=P(HA)+P(\bar{H}A)\\&=P(H)P(A|H)+P(\bar{H})P(A|\bar{H})\\&=80\%\times4\%+20\%\times9\%=5\%.\end{aligned}$$

所以从市场上买 1 件这种商品是次品的概率为 5%.

(2) 注意到所求概率为条件概率 $P(\bar{H}|A)$，有

$$P(\bar{H}|A)=\frac{P(\bar{H}A)}{P(A)}=\frac{P(\bar{H})P(A|\bar{H})}{P(A)}=\frac{20\%\times9\%}{5\%}=36\%,$$

所以从市场上买到的 1 件次品是乙厂生产的概率为 36%.

思考题 10.2

1. 条件概率与无条件概率有何区别？
2. 事件的相互独立与互不相容有何区别？是否有必然的联系？

练习题 10.2A

1. 一批零件共 100 件，其中次品 10 件，每次从中任取 1 件，不放回地连续抽两次，求在第 1 次抽得正品的条件下，第 2 次也抽得正品的概率.

2. 某种类型的电灯泡用满 5 000 h 未坏的概率是$\frac{3}{4}$，用满 10 000 h 未坏的概率为$\frac{1}{2}$，

现有 1 个该种灯泡,已经用过 5 000 h,求能使用到 10 000 h 不坏的概率.

3. 1 个盒子里装有 4 只坏零件和 6 只好零件,在其中取两次,每次任取 1 只,不放回,求,

(1)"当发现第 1 只零件是好的,第 2 只零件也是好的"的概率;

(2)"两只零件都是好的"的概率;

(3)"两只零件都是坏的"的概率.

4. 100 只灯泡,其中有 90 只合格品,10 只不合格品,不放回抽取 3 次,每次抽取 1 只,求第 3 次才取得合格品的概率.

练习题 10. 2B

1. 加工某零件要经过 3 道工序,已知 3 道工序的废品率分别是 2%,3%,5%,设各道工序之间没有影响,求加工出来的零件是正品的概率.

2. 甲、乙两人同时向同一目标射击,甲击中目标的概率是 0.9,乙击中目标的概率是 0.8,求目标被击中的概率.

3. 某人来参加会议,他坐火车、坐船、坐汽车、坐飞机来的概率分别是 0.3,0.2,0.1,0.4. 如果他坐火车来迟到的概率是 0.25,坐船来迟到的概率是 0.3,坐汽车来迟到的概率是 0.1,坐飞机来则不会迟到(即迟到的概率为 0),求他迟到的概率.

10.3 随机变量及其分布

本节引进概率论中另一个重要概念——随机变量. 随机变量的引入,使随机试验的结果数量化. 因此,可以用微积分等数学工具对随机现象进行全面的研究.

10.3.1 随机变量

在 10.1 与 10.2 节中,讨论了随机事件及其概率,可以看到,许多随机试验的结果与实数之间存在着联系.

例 10.3.1 20 件同类产品中有 4 件次品,任抽 2 件,观察其中的次品数. 这一试验的所有可能的结果是"抽到 0 件次品""抽到 1 件次品""抽到 2 件次品". 如果用变量 X 来表示抽到的次品数,则事件

"抽到 0 件次品" 可简记为 $(X=0)$,

"抽到 1 件次品" 可简记为 $(X=1)$,

"抽到 2 件次品" 可简记为 $(X=2)$.

这样使随机试验的结果和实数对应起来,并且不同的结果对应不同的实数,此例说明可以用一个变量来描述随机试验的结果.

一般地,把表示随机试验各种结果的变量称为随机变量,通常用大写英文字母表示. 例如,电话用户在某一段时间内对电话站的呼唤次数;车床加工的零件尺寸与规定尺寸的偏差;射击时击中点与目标中心的偏差都是随机变量.

引入随机变量以后,任何一个随机事件都可以用随机变量来表示,随机变量满足某一等式或不等式时,即构成一个事件. 如在例10.3.1中,事件

“抽到2件次品”记为$(X=2)$,

“至少抽到1件次品”记为$(X\geqslant 1)=(X=1)\cup(X=2)$,

“最多抽到1件次品”记为$(X\leqslant 1)=(X=0)\cup(X=1)$.

在实际工作中,经常见到两类随机变量——离散型随机变量和连续型随机变量.

1. 离散型随机变量及其概率分布

定义10.3.1

如果随机变量X的所有可能取值可以一一列举,即所有可能取值为有限个或无限可列个,则称X为离散型随机变量.

在例10.3.1中,抽到的次品数X是离散型随机变量,X的可能取值是0,1,2,且

$$P(X=0)=\frac{C_4^0C_{16}^2}{C_{20}^2}\approx 0.631\,6,$$

$$P(X=1)=\frac{C_4^1C_{16}^1}{C_{20}^2}\approx 0.336\,8,$$

$$P(X=2)=\frac{C_4^2C_{16}^0}{C_{20}^2}\approx 0.031\,6.$$

描述离散型随机变量有两个要素,一个要素是它的所有可能取值,另一个要素是取这些值的概率. 这两个要素构成了离散型随机变量的概率分布.

定义10.3.2

设离散型随机变量X的所有可能取值为$x_1,x_2,\cdots$,并且取这些值的概率分别为$p_1,p_2,\cdots$,则称其为离散型随机变量X的概率分布,简称分布.

概率分布的表示方法有两种:

(1)公式法:$P(X=x_i)=p_i(i=1,2,\cdots)$;

(2)列表法:见表10.3.1.

表10.3.1

X	x_1	x_2	$\cdots$
P	p_1	p_2	$\cdots$

由概率的性质可以知道,离散型随机变量的概率分布具有以下基本性质:

性质1　$p_i\geqslant 0(i=1,2,\cdots)$.

性质2　$p_1+p_2+\cdots=1$.

离散型随机变量X在某一范围内取值的概率,等于它在这个范围内一切可能取值对应的概率之和.

当离散型随机变量的概率分布被确定后,不仅可以知道它取各个可能值的概率,而且还可以求出它在某范围内取值的概率,所以离散型随机变量的概率分布描述了相应的随

机试验.

例 10.3.2 产品有一、二、三等品及废品 4 种. 一批产品中,一、二、三等品率及废品率分别为 60%,10%,20%,10%,任取 1 个产品检验其质量,试用随机变量描述检验结果并写出它的分布.

解: 令“$X=k$”表示取到的产品是 k 等品($k=1,2,3$),“$X=0$”表示取到的产品是废品,则 X 是一个随机变量,它可取 0,1,2,3 这 4 个可能值,依题意 X 的概率分布为

$$P(X=0)=0.1,\qquad P(X=1)=0.6,$$
$$P(X=2)=0.1,\qquad P(X=3)=0.2.$$

其概率分布见表 10.3.2.

表 10.3.2

X	0	1	2	3
P	0.1	0.6	0.1	0.2

2. 连续型随机变量及其概率分布

定义 10.3.3

若随机变量 X 的取值范围为某一区间,则称 X 为连续型随机变量.

例如,物体的测量误差是一个随机变量,它的可能取值是某个区间内的一切实数;灯泡寿命也是一个随机变量,它的可能取值范围为大于零的实数. 这些都是连续型随机变量. 由于连续型随机变量的取值不是集中在有限个或可列个点上,因此只有确知它取值于任意区间 (a,b) 内的概率 $P(a<X<b)$,才能掌握其取值的概率分布.

定义 10.3.4

对于连续型随机变量 X,如果存在一个定义在 $(-\infty,+\infty)$ 上的非负可积函数 $f(x)$,使得对任意实数 $a,b(a\leqslant b)$ 有

$$P(a\leqslant X<b)=\int_a^b f(x)\,\mathrm{d}x, \tag{10.3.1}$$

则称 $f(x)$ 为连续型随机变量 X 的概率密度函数(或概率密度),简称密度函数,其图形为密度曲线.

根据定积分的几何意义,概率 $P(a\leqslant X<b)$ 就是区间 $[a,b)$ 上密度曲线下的曲边梯形的面积,如图 10.3.1 所示. 当区间缩为一点时,就得 $P(X=a)=0$,即连续型随机变量取个别值的概率等于零. 于是对于连续型随机变量,下列等式成立

$$P(a\leqslant X<b)=P(a<X\leqslant b)=P(a\leqslant X\leqslant b)=P(a<X<b)=\int_a^b f(x)\,\mathrm{d}x.$$

由定义知,连续型随机变量的密度函数 $f(x)$ 具有下列基本性质:

性质 1 $f(x)\geqslant 0\quad(-\infty<x<+\infty)$.

性质 2 $\int_{-\infty}^{+\infty} f(x)\,\mathrm{d}x=1$.

满足以上性质的函数必定是某个连续型随机变量的概率密度函数.

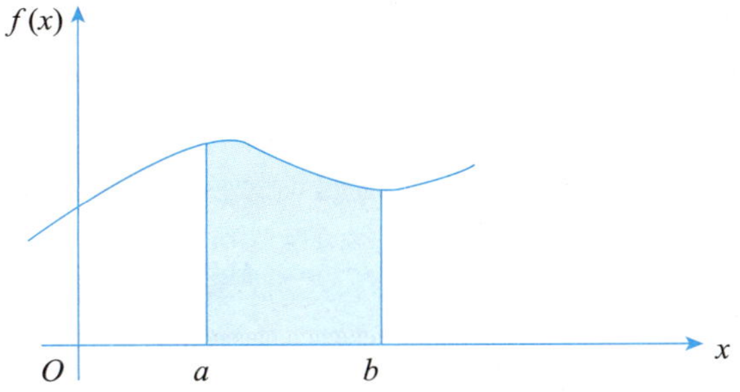

图 10.3.1

例 10.3.3 设 X 的密度函数为

$$f(x)=\begin{cases}Ax^2, & 0<x<1,\\ 0, & x\leqslant 0 \text{ 或 } x\geqslant 1,\end{cases}$$

(1)试确定常数 A;(2)绘出密度曲线;(3)求 $P(-1<X<0.5)$.

解: (1)由密度函数的性质 $\int_{-\infty}^{+\infty} f(x)\,\mathrm{d}x=1$,得

$$\int_0^1 Ax^2\,\mathrm{d}x=1, \text{即 } A\left.\frac{x^3}{3}\right|_0^1=1,$$

解得

$$A=3.$$

(2)密度函数为

$$f(x)=\begin{cases}3x^2, & 0<x<1,\\ 0, & x\leqslant 0 \text{ 或 } x\geqslant 1.\end{cases}$$

密度曲线如图 10.3.2 所示.

(3) $P(-1<X<0.5)=\int_{-1}^{0.5} f(x)\,\mathrm{d}x=$

$$\int_0^{0.5} 3x^2\,\mathrm{d}x=x^3\Big|_0^{0.5}=0.125.$$

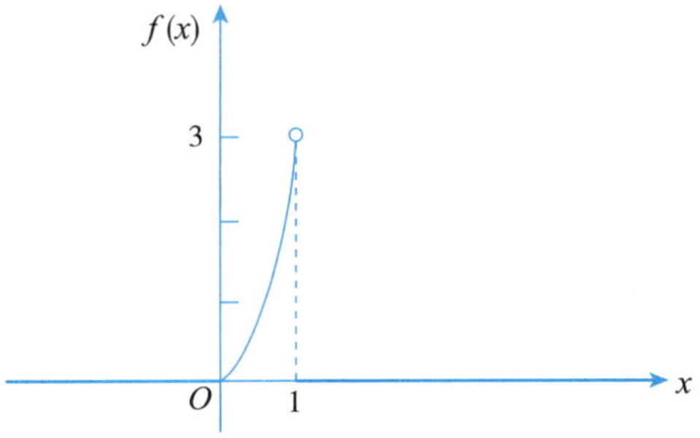

图 10.3.2

10.3.2 分布函数

1. 分布函数的定义

对离散型随机变量和连续型随机变量可分别用分布律和概率密度来描述. 下面介绍一种描述各类随机变量概率分布的统一方式,即随机变量的函数分布.

定义 10.3.5

设 X 是一个随机变量,x 为任意实数,称函数 $F(x)=P(X\leqslant x)$ 为随机变量 X 的分布函数.

对于任意两个实数 $x_1,x_2(x_1<x_2)$,随机变量 X 取值于区间$(x_1,x_2]$的概率为

$$P(x_1<X\leqslant x_2)=P(X\leqslant x_2)-P(X\leqslant x_1)=F(x_2)-F(x_1).$$

这表明,随机变量 X 在区间$(x_1,x_2]$上取值的概率等于 X 的分布函数在该区间的增量. 因此,分布函数从另一个角度刻画了随机变量的概率分布,它不仅适用于连续型随机

变量,也适用于离散型随机变量,用分布函数更便于理论上的研究.

分布函数具有下列性质:

性质 1 $0\leqslant F(x)\leqslant 1$.

性质 2 $F(x)$是 x 的非减函数,即对于任何 $x_1<x_2$,必有 $F(x_1)<F(x_2)$.

性质 3 $F(-\infty)=\lim\limits_{x\to-\infty}F(x)=0, f(+\infty)=\lim\limits_{x\to+\infty}F(x)=1$.

2. 离散型随机变量的分布函数

离散型随机变量 X 的分布函数为

$$F(x)=P(X\leqslant x)=\sum_{x_k\leqslant x}P(X=x_k)=\sum_{x_k\leqslant x}p_k, \tag{10.3.2}$$

其中,$P(X=x_k)=p_k(k=1,2,\cdots)$是 X 的概率分布.

3. 连续型随机变量的分布函数

连续型随机变量 X 的分布函数为

$$F(x)=P(X\leqslant x)=\int_{-\infty}^{x}f(t)\mathrm{d}t, \tag{10.3.3}$$

其中,$f(x)$为 X 的密度函数,由微积分知,$f(x)$是 x 的连续函数,且在 $F(x)$的连续点上,有 $F'(x)=f(x)$.

例 10.3.4 已知连续型随机变量 X 的概率密度为

$$f(x)=\begin{cases}kx+1, & 0<x<2,\\ 0, & x\leqslant 0, x\geqslant 2,\end{cases}$$

(1)求系数 k;(2)求分布函数 $F(x)$;(3)计算 $P(1.5<X<2.5)$.

解: (1)由性质 7 有

$$\int_{-\infty}^{+\infty}f(x)\mathrm{d}x=\int_{0}^{2}(kx+1)\mathrm{d}x=1,$$

即$\left[\frac{k}{2}x^2+x\right]_0^2=1$,所以

$$k=-\frac{1}{2},$$

故密度函数为

$$f(x)=\begin{cases}-\frac{1}{2}x+1, & 0<x<2,\\ 0, & x\leqslant 0, x\geqslant 2.\end{cases}$$

(2) 当 $x<0$ 时,有

$$F(x)=\int_{-\infty}^{x}f(t)\mathrm{d}t=\int_{-\infty}^{x}0\mathrm{d}t=0.$$

当$0\leqslant x<2$ 时,有

$$F(x)=\int_{-\infty}^{x}f(t)\mathrm{d}t=\int_{-\infty}^{0}0\mathrm{d}t+\int_{0}^{x}\left(-\frac{1}{2}t+1\right)\mathrm{d}t=-\frac{1}{4}x^2+x.$$

当 $x\geqslant 2$ 时,有

$$F(x)=\int_{-\infty}^{x}f(t)\mathrm{d}t=\int_{-\infty}^{0}0\mathrm{d}t+\int_{0}^{2}\left(-\frac{1}{2}t+1\right)\mathrm{d}t+\int_{2}^{x}0\mathrm{d}t=1.$$

所以

$$F(x)=\begin{cases}0, & x<0,\\ -\dfrac{1}{4}x^2+x, & 0\leqslant x<2,\\ 1, & x\geqslant 2.\end{cases}$$

(3) $P(1.5<X<2.5)=F(2.5)-F(1.5)=1-\left[-\dfrac{1}{4}(1.5)^2+1.5\right]=0.0625.$

10.3.3　几种常见随机变量的分布

1. 二点分布

如果随机变量 X 的分布为

$$P(X=1)=p,P(X=0)=q=1-p\ (0<p<1), \tag{10.3.4}$$

则称 X 服从二点分布(p 为参数),记为 $X\sim(0-1)$.

二点分布虽然简单,却用途广泛,当一次试验只可能出现两种结果时,就可利用服从二点分布的随机变量来描述.例如,检验产品的质量是否合格、新生婴儿的性别登记、考察某种产品是否畅销等都可用二点分布来描述.

例 10.3.5　一批产品的废品率为 5%,从中任取一个进行检验,试用随机变量 X 来描述该试验,并写出 X 的概率分布.

解:　设抽出的废品个数为 X,显然随机变量 X 只能取 0 和 1 两个值,

于是,有 $(X=0)$ =“产品为合格品”,　$(X=1)$ =“产品为废品”.

依题意有

$$P(X=0)=0.95,\qquad P(X=1)=0.05.$$

X 的概率分布见表 10.3.3.

表 10.3.3

X	0	1
P	0.95	0.05

2. 二项分布

某一试验只有两个可能结果,事件 A 发生或不发生,将这一试验在相同条件下重复 n 次,如果各次试验的结果相互独立,每一次试验中,事件 A 的概率保持不变,则称这一系列试验为独立试验序列概型或 n 重伯努利(Bernoulli)试验概型.

n 重伯努利试验概型是一种得到广泛应用的数学模型.例如在产品的质量检查中,假定产品只有合格品和不合格品两种,在生产稳定的情况下,每件产品是合格品或不合格品的概率都是不变的,那么每次抽 1 件,有放回地连续抽查 n 次,就是一个 n 重伯努利试验概型.又如,一个射手进行 n 次射击,如果每次射击的条件都相同,而且每次射击都只考察中靶或不中靶两个可能结果,那么这也是一个 n 重伯努利试验概型.

在 n 重伯努利试验中,事件 A 发生的次数 X 是一个离散型随机变量,它的所有可能取值为 $0,1,2,\cdots,n$,共有 $n+1$ 个值.在一次试验中,设事件 A 发生的概率为 $p(0<p<1)$,从而事件 A 不发生的概率为 $q=1-p$,显然 n 次试验的全部可能结果共有 2^n 类情况.当然,

这 2^n 类情况中每类情况发生的可能性并不完全是等同的. 事件 $X=i(i=0,1,2,\cdots,n)$ 表示事件 A 在 n 次试验中恰好有 i 次发生,包括 C_n^i 类情况,它所包括的每类情况都是事件 A 在 i 次试验中发生且在另外 $n-i$ 次试验中不发生的,根据乘法公式特殊情况的推广,其发生的概率皆为 p^iq^{n-i}. 由于事件 $X=i$ 所包含的各类情况两两互不相容,根据加法公式特殊情况的推广,所以

$$P(X=i)=C_n^ip^iq^{n-i}\quad(0<p<1,p+q=1)\quad(i=0,1,2,\cdots,n).$$

如果随机变量 X 的分布为

$$P(X=i)=C_n^ip^iq^{n-i}\quad(0<p<1,p+q=1)\quad(i=0,1,2,\cdots,n),\tag{10.3.5}$$

则称 X 服从参数为 n,p 的二项分布,记作 $X\sim B(n,p)$.

由于 $C_n^ip^iq^{n-i}$ 恰好是二项式 $(p+q)^n$ 的展开式的通项,所以把这样的分布称为二项分布.

例 10.3.6 10 个产品中有 2 个次品,每次抽取 1 个,有放回地连抽 3 次,求其中次品数 X 的分布列.

解: 设 $X=i(i=0,1,2,3)$ 为 3 次抽样中抽得的次品个数,因为抽出的产品可以放回,每次抽到次品的概率为 $p=\frac{2}{10}=\frac{1}{5}$,连抽 3 次可以看作进行 3 次独立试验,所以 $X\sim B(3,\frac{1}{5})$. 依题意

$$P(X=0)=C_3^0\left(\frac{1}{5}\right)^0\left(\frac{4}{5}\right)^3=0.512,\qquad P(X=1)=C_3^1\left(\frac{1}{5}\right)^1\left(\frac{4}{5}\right)^2=0.384,$$

$$P(X=2)=C_3^2\left(\frac{1}{5}\right)^2\left(\frac{4}{5}\right)^1=0.096,\qquad P(X=3)=C_3^3\left(\frac{1}{5}\right)^3\left(\frac{4}{5}\right)^0=0.008.$$

所以 X 的分布见表 10.3.4.

表 10.3.4

X	0	1	2	3
P	0.512	0.384	0.096	0.008

在二项分布中,当 n 很大,p 很小时,计算 $C_n^ip^iq^{n-i}$ 比较麻烦. 法国数学家泊松用它的极限来做近似计算,当 $p=\frac{\lambda}{n}$ (λ 为常数)时,泊松证明了

$$\lim_{n\to\infty}C_n^ip^iq^{n-i}=\frac{\lambda^i}{i!}e^{-\lambda}.$$

用 $\frac{\lambda^i}{i!}e^{-\lambda}$ 近似代替 $C_n^ip^iq^{n-i}$,要求 $n>20$ 且 $p<0.1$ 或 $q>0.9$(其中 $\lambda=np$),此时误差较小.

3. 泊松分布

如果随机变量 X 的分布为

$$P(X=i)=\frac{\lambda^i}{i!}e^{-\lambda}\qquad(\lambda>0,i=0,1,2,\cdots),\tag{10.3.6}$$

则称 X 服从参数为 $\lambda(\lambda>0)$ 的泊松(Poisson)分布,记作 $X\sim P(\lambda)$.

泊松分布有着广泛的实际应用. 例如,一匹布上疵点的个数;一本书中一页上印刷错误的个数;在一天中进入某商店的人数;某段时间内候车室里旅客的人数;某段时间内电

话交换台收到呼唤的次数等.

例 10.3.7　某企业有同类型的设备 300 台,各台设备工作是相互独立的,发生故障的概率都是 0.01,求,

(1) 同时发生故障的设备至少有 2 台的概率;

(2) 同时发生故障的设备恰好有 2 台的概率.

解:　设随机变量 $X=k(k=0,1,2,\cdots,300)$ 表示同时发生故障的设备台数,则 $X\sim B(300,0.01)$. 由于 $n=300$ 很大,$p=0.01$ 很小,此二项分布可用 $\lambda=300\times0.01=3$ 的泊松分布来近似计算,由于"$X\geqslant2$"表示同时发生故障的设备至少有 2 台;$X=2$ 表示同时发生故障的设备恰好有 2 台,查附录 D 泊松分布表可得所求概率为:

(1) $P(X\geqslant2)\approx0.8009$;

(2) $P(X=2)=P(X\geqslant2)-P(X\geqslant3)\approx0.8009-0.5768=0.2241$.

以上 3 种是离散型随机变量的分布,下面再介绍 3 种连续型随机变量的分布.

4. 均匀分布

如果随机变量 X 具有概率密度函数

$$f(x)=\begin{cases}\dfrac{1}{b-a}, & a\leqslant x\leqslant b,\\ 0, & x<a \text{ 或 } x>b,\end{cases}\tag{10.3.7}$$

则称 X 在区间 $[a,b]$ 上服从均匀分布,记作 $X\sim U[a,b]$. 显然,$f(x)$ 满足概率密度函数的两条性质.

若 $X\sim U[a,b]$,则 $P(c<X<d)=\int_c^d\dfrac{1}{b-a}\mathrm{d}x=\dfrac{d-c}{b-a}$ $(a\leqslant c<d\leqslant b)$.

均匀分布的概率密度曲线如图 10.3.3 所示.

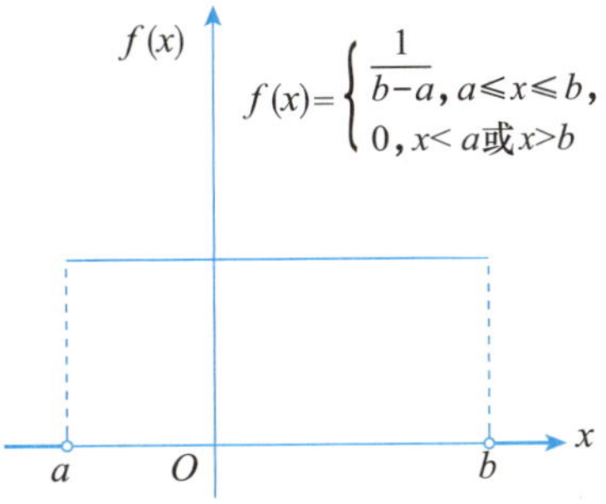

图 10.3.3

在实际问题中,服从均匀分布的连续型随机变量很多,如在数值计算时由四舍五入所造成的误差、在公共汽车始发站等间隔发车时乘客候车的时间等.

例 10.3.8　某公共汽车站每隔 15 min 有一辆汽车通过,乘客到达汽车站的任一时刻的可能性是相等的,求乘客候车的时间不超过 9 min 的概率(假设公共汽车一到站,乘客必能上车).

解:　设乘客候车时间为 X min,依题意可知 X 在区间 $[0,15]$ 上服从均匀分布,即 $X\sim U[0,15]$,其密度函数为

$$f(x)=\begin{cases}\dfrac{1}{15}, & 0\leqslant x\leqslant 15,\\ 0, & x<0 \text{ 或 } x>15.\end{cases}$$

而"候车时间不超过 9 min"可表示为 $0\leqslant X\leqslant9$,所以

$$P(0\leqslant X\leqslant9)=\int_0^9\frac{1}{15}\mathrm{d}x=\frac{1}{15}x\Big|_0^9=\frac{9}{15}=0.6,$$

即乘客候车时间不超过 9 min 的概率为 0.6.

5. 指数分布

若连续型随机变量 X 的概率密度为

$$f(x)=\begin{cases}\lambda e^{-\lambda x}, & x>0,\\ 0, & x\leqslant 0,\end{cases} \tag{10.3.8}$$

则称 X 服从参数为 $\lambda(\lambda>0)$ 的指数分布,记作 $X\sim E(\lambda)$.

指数分布的概率密度曲线如图 10.3.4 所示.

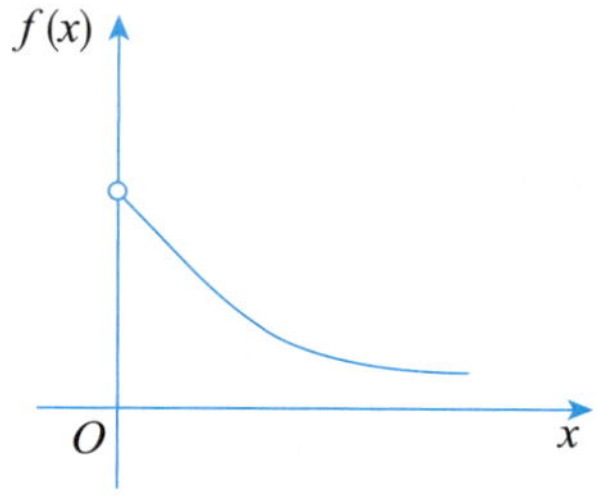

图 10.3.4

在实际问题中,服从指数分布的连续型随机变量很多,如动植物的寿命、某些电子元件的寿命、随机服务系统中的服务时间等.

例 10.3.9 某种型号电子元件的使用寿命 X(h)服从参数 $\lambda=\frac{1}{1\ 000}$的指数分布,求任取一个电子元件使用寿命能超过 1 000 h 的概率.

解: 由于电子元件的使用寿命 X 服从参数 $\lambda=\frac{1}{1\ 000}$的指数分布,因而它的概率密度为

$$f(x)=\begin{cases}\frac{1}{1\ 000}e^{-\frac{x}{1\ 000}}, & x>0,\\ 0, & x\leqslant 0.\end{cases}$$

事件 $X>1\ 000$ 表示任取一个电子元件使用寿命能超过 1 000 h,其概率为

$$\begin{aligned}P(X>1\ 000)&=\int_{1\ 000}^{+\infty}f(x)\mathrm{d}x=\int_{1\ 000}^{+\infty}\frac{1}{1\ 000}e^{-\frac{x}{1\ 000}}\mathrm{d}x\\&=-\int_{1\ 000}^{+\infty}e^{-\frac{x}{1\ 000}}\mathrm{d}\left(-\frac{x}{1\ 000}\right)=-e^{-\frac{x}{1\ 000}}\Big|_{1\ 000}^{+\infty}\\&=-(0-e^{-1})=\frac{1}{e}\approx 0.367\ 9,\end{aligned}$$

所以任取一个电子元件使用寿命能超过 1 000 h 的概率为$\frac{1}{e}\approx 0.367\ 9$.

6. 正态分布

如果随机变量 X 的密度函数为

$$f(x)=\frac{1}{\sqrt{2\pi}\,\sigma}e^{-\frac{(x-\mu)^2}{2\sigma^2}}\quad(-\infty<x<+\infty), \tag{10.3.9}$$

其中,μ,σ 都是常数($-\infty<\mu<+\infty,\sigma>0$),则称 X 服从以 μ,σ 为参数的正态分布,记作$X\sim N(\mu,\sigma^2)$;当 $\mu=0,\sigma=1$ 时,称 x 服从标准正态分布,记作 $X\sim N(0,1)$,其密度函数为

$$f(x)=\frac{1}{\sqrt{2\pi}}e^{-\frac{x^2}{2}}\quad(-\infty<x<+\infty). \tag{10.3.10}$$

正态分布在理论上和应用中都占有特殊的重要地位,相当广泛的一类随机现象可以用正态分布或近似地用正态分布来刻画. 理论上可以证明,如果某个随机变量是由大量相

互独立的随机因素的综合影响所形成，且每一个因素所起的作用都很小，那么这种随机变量就服从或近似服从正态分布. 例如，一群成年男子的体重、一批零件的长度、一个地区的年降雨量、一家商店的日销售收入、一袋面粉的测量误差等，都服从正态分布.

正态分布密度函数$f(x)$的图形称为正态曲线，如图 10. 3. 5 所示，整条曲线呈现“中间高，两边低”的形状，它具有如下性质：

(1) 曲线关于直线 $x=\mu$ 对称，并以 x 轴为水平渐近线；

(2) 当 $x=\mu$ 时，曲线处于最高点，即函数$f(x)$取得最大值$f(\mu)=\dfrac{1}{\sqrt{2\pi}\,\sigma}$；在 $x=\mu\pm\sigma$ 处，曲线有拐点.

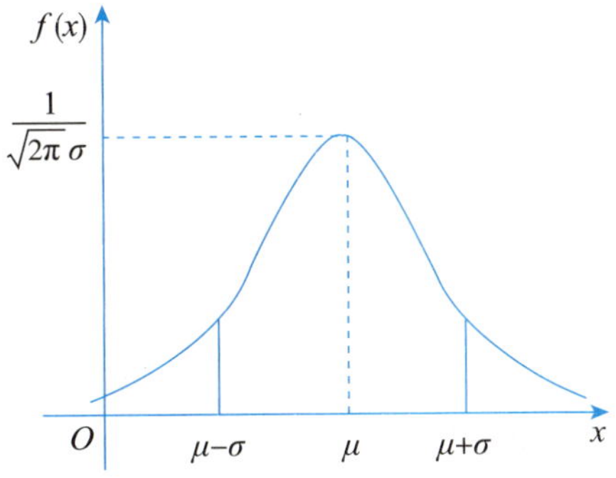

图 10. 3. 5

正态分布的概率计算，设

$$\Phi(x)=P(X\leqslant x)=\int_{-\infty}^{x}\frac{1}{\sqrt{2\pi}}\mathrm{e}^{-\frac{t^2}{2}}\mathrm{d}t,$$

$\Phi(x)$ 的值可以通过查附录 A 标准正态分布表得到.

如果 $X\sim N(0,1)$，则

$$P(x_1<X<x_2)=\int_{x_1}^{x_2}\frac{1}{\sqrt{2\pi}}\mathrm{e}^{-\frac{t^2}{2}}\mathrm{d}t=\int_{-\infty}^{x_2}\frac{1}{\sqrt{2\pi}}\mathrm{e}^{-\frac{t^2}{2}}\mathrm{d}t-\int_{-\infty}^{x_1}\frac{1}{\sqrt{2\pi}}\mathrm{e}^{-\frac{t^2}{2}}\mathrm{d}t$$
$$=\Phi(x_2)-\Phi(x_1),$$

即

$$P(x_1<X<x_2)=\Phi(x_2)-\Phi(x_1). \qquad (10.3.11)$$

根据标准正态曲线关于直线 $x=0$ 的对称性，以及 $\int_{+\infty}^{-\infty}\frac{1}{\sqrt{2\pi}}\mathrm{e}^{-\frac{t^2}{2}}\mathrm{d}t=1$，参见图 10. 3. 6 便得

$$\Phi(-x)=1-\Phi(x) \qquad (10.3.12)$$

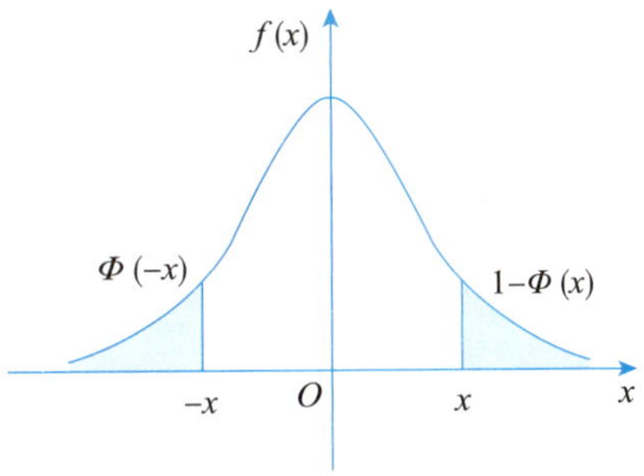

图 10. 3. 6

例 10. 3. 10　设 $X\sim N(0,1)$，查附录 A 标准正态分布表求：

(1) $P(X<0.3)$；(2) $P(0.2<X<0.5)$；

(3) $P(X>1.5)$；(4) $P(X<-1.2)$；

(5) $P(|X|<0.34)$.

解： (1) $P(X<0.3)=\Phi(0.3)=0.617\,9$；

(2) $P(0.2<X<0.5)=\Phi(0.5)-\Phi(0.2)=0.691\,5-0.579\,3=0.112\,2$；

(3) $P(X>1.5)=1-P(X\leqslant 1.5)=1-\Phi(1.5)=1-0.933\,2=0.066\,8$；

(4) $P(X<-1.2)=\Phi(-1.2)=1-\Phi(1.2)=1-0.884\,9=0.115\,1$；

(5) $P(|X|<0.34)=P(-0.34<X<0.34)=\Phi(0.34)-\Phi(-0.34)$
$=\Phi(0.34)-[1-\Phi(0.34)]=2\Phi(0.34)-1$
$=2\times 0.633\,1-1=0.266\,2.$

如果 $X \sim N(\mu,\sigma^2)$,则

$$P(x_1 < X < x_2) = \int_{x_1}^{x_2} \frac{1}{\sqrt{2\pi}\sigma} e^{-\frac{(x-\mu)^2}{2\sigma^2}} dx \quad \left(令\frac{x-\mu}{\sigma}=t\right)$$
$$= \int_{\frac{x_1-\mu}{\sigma}}^{\frac{x_2-\mu}{\sigma}} \frac{1}{\sqrt{2\pi}} e^{-\frac{t^2}{2}} dt$$
$$= \Phi\left(\frac{x_2-\mu}{\sigma}\right) - \Phi\left(\frac{x_1-\mu}{\sigma}\right),$$

即

$$P(x_1 < X < x_2) = \Phi\left(\frac{x_2-\mu}{\sigma}\right) - \Phi\left(\frac{x_1-\mu}{\sigma}\right). \quad (10.3.13)$$

类似地,有 $P(X<x)=\Phi\left(\frac{x-\mu}{\sigma}\right)$,$P(X>x)=1-\Phi\left(\frac{x-\mu}{\sigma}\right)$.

例 10.3.11 设 $X \sim N(1,2^2)$,求,(1)$P(X<1)$;(2)$P(-2<X<2)$.

解: 因为 $X\sim N(1,2^2)$,所以 $\mu=1,\sigma=2$,于是

(1)$P(X<1)=\Phi\left(\frac{1-1}{2}\right)=\Phi(0)=0.5$;

(2)$P(-2<X<2)=\Phi\left(\frac{2-1}{2}\right)-\Phi\left(\frac{-2-1}{2}\right)=\Phi(0.5)-\Phi(-1.5)=\Phi(0.5)-[1-\Phi(1.5)]$

$$=\Phi(0.5)+\Phi(1.5)-1=0.6915+0.9332-1=0.6247.$$

例 10.3.12 某商店的日销售额 X(万元)$\sim N(100,20^2)$,求该商店日销售额在 90 万元 ~110 万元之间的概率.

解: 所求概率为

$$P(90<X<110)=\Phi\left(\frac{110-100}{20}\right)-\Phi\left(\frac{90-100}{20}\right)=\Phi(0.5)-\Phi(-0.5)$$
$$=2\Phi(0.5)-1=2\times 0.6915-1=0.3830,$$

所以,该商店日销售额在 90 万元 ~110 万元之间的概率为 0.383 0.

思考题 10.3

表 10.3.5 ~ 表 10.3.7 列出的是否为某个随机变量的分布列?为什么?

(1)

表 10.3.5

X	1	3	5
P	0.5	0.3	0.2

(2)

表 10.3.6

X	1	2	3
P	0.7	0.1	0.1

(3)

表 10.3.7

X	-1	0	1	2	3
P	0.2	0.3	0.3	0.1	0.1

练习题 10.3A

1. 判断下列函数中,哪一个不能作为连续型随机变量 X 的概率密度:

(1) $f(x)=\begin{cases}2x, & -\sqrt{3}\leqslant x\leqslant 2,\\ 0, & x<-\sqrt{3}\text{或}x>2;\end{cases}$

(2) $g(x)=\begin{cases}2x, & 1\leqslant x\leqslant\sqrt{2},\\ 0, & x<1\text{ 或 }x>\sqrt{2};\end{cases}$

(3) $h(x)=\begin{cases}\sin x, & 0\leqslant x\leqslant\dfrac{\pi}{2},\\ 0, & x<0\text{ 或 }x>\dfrac{\pi}{2};\end{cases}$

(4) $l(x)=\begin{cases}\sin x, & \dfrac{\pi}{2}\leqslant x\leqslant\pi,\\ 0, & x<\dfrac{\pi}{2}\text{或 }x>\pi.\end{cases}$

2. 设离散型随机变量 X 服从参数为 $\lambda(\lambda>0)$ 的泊松分布,且已知概率 $P(X=0)=P(X=2)$,求参数 λ.

练习题 10.3B

1. 在10个产品中有2个次品,连续取三次,每次任取一个,取后不放回,求取到次品数 X 的分布列.

2. 设随机变量 X 的密度函数为

$$f(x)=\begin{cases}A\cos x, & |x|\leqslant\dfrac{\pi}{2},\\ 0, & |x|>\dfrac{\pi}{2},\end{cases}$$

求,(1) 系数 A;(2) 作密度函数的图形;(3) X 落在 $\left[0,\dfrac{\pi}{4}\right)$ 的概率.

3. 设随机变量 X 的分布列见表 10.3.8,求 X 的分布函数,并作出分布函数的图形.

表 10.3.8

X	1	2	3
P	0.4	0.1	0.5

4. 已知连续型随机变量 X 的密度函数为

$$f(x)=\begin{cases}\frac{1}{5}, & 1\leqslant x\leqslant 6,\\ 0, & x<1 \text{ 或 } x>6,\end{cases}$$

求:(1)分布函数 $F(x)$;(2)作出 $F(x)$ 图形.

5. 已知随机变量 X 的分布函数为 $F(x)=A+B\arctan x(-\infty<x<+\infty)$,求,

(1)系数 A 及 B;

(2)随机变量 X 落在区间 $[-1,1]$ 内的概率;

(3)随机变量 X 的密度函数.

6. 某篮球运动员,每次投篮的命中率为 0.8,设 4 次投篮中投中的次数为随机变量 X.

(1)问 X 服从哪种分布? (2)求 $P(X\geqslant 1)$.

7. 一电话交换台每分钟的被呼唤次数服从参数为 4 的泊松分布,求,

(1)每分钟恰有 8 次被呼唤的概率; (2)每分钟的被呼唤次数大于 2 的概率.

8. 公共汽车站每隔 5 min 有一辆汽车通过,乘客到达汽车站的任一时刻是等可能的,求乘客候车时间不超过 3 min 的概率.

9. 设 $X\sim N(0,1)$ 查表求,

(1)$P(X<2.35)$;(2)$P(0<X<1.5)$;(3)$P(X<-1.24)$.

10. 设 $X\sim N(3.3^2)$,试求,

(1)$P(2<X<5)$;(2)$P(X>0)$;(3)$P(|X-3|>6)$.

11. 某种电池的寿命是一个随机变量 X,$X\sim N(300,35^2)$. 求这种电池寿命在 250 h 以上的概率.

10.4 期望与方差

在许多实际问题中,有时人们并不特别关心随机变量的整个概率分布,而关注的是随机变量的某些特征. 通常称表示随机变量某些概率特征的数字为随机变量的数字特征,随机变量的数字特征在理论上和实践上都具有重要意义. 本节讨论两个常用的重要数字特征:期望和方差.

10.4.1 期望

例 10.4.1 一台自动机床生产某种标准件,每天出的次品件数 X 是一个随机变量,表 10.4.1 列出了 100 天中出现次品件数的情况.

表 10.4.1

每天出现次品数/件	0	1	2	3
天数	30	30	20	20

求该机床平均每天出多少件次品?

解： 100天中出现次品总数为

$$0\times30+1\times30+2\times20+3\times20=130(\text{件}).$$

100天中平均每天出次品件数为

$$\frac{0\times30+1\times30+2\times20+3\times20}{100}$$

$$=0\times\frac{30}{100}+1\times\frac{30}{100}+2\times\frac{20}{100}+3\times\frac{20}{100}=1.3(\text{件}).$$

从计算中可看出，平均每天出次品的件数，是可能出现的次品数与它相应的频率乘积之和. 当观察天数增多时，次品数出现的频率接近于次品数出现的概率，用概率代替频率，就得到随机变量 X 的均值.

对于离散型随机变量，有以下定义：

定义 10.4.1

设离散型随机变量 X 的概率分布为 $P(X=x_i)=p_i(i=1,2,\cdots)$，如果 $\sum_{i=1}^{\infty}|x_i|p_i<\infty$，则称 $x_1p_1+x_2p_2+\cdots=\sum_{i=1}^{\infty}x_ip_i$ 为 X 的数学期望（简称期望或均值），记作 $E(X)$，即 $E(X)=\sum_{i=1}^{\infty}x_ip_i$.

对于连续型随机变量，有以下定义：

定义 10.4.2

设连续型随机变量 X 的概率密度为 $f(x)$，如果 $\int_{-\infty}^{+\infty}|x|f(x)\mathrm{d}x$ 存在，则称积分

$$\int_{-\infty}^{+\infty}x f(x)\mathrm{d}x$$

为 X 的数学期望，记为 $E(X)$，即 $E(X)=\int_{-\infty}^{+\infty}x f(x)\mathrm{d}x$.

例 10.4.2 设甲、乙两工人在一天中生产的废品数分别是随机变量 X,Y，其概率分布分别见表 10.4.2 和表 10.4.3.

表 10.4.2

X	0	1	2	3
P	0.4	0.3	0.2	0.1

表 10.4.3

Y	0	1	2
P	0.3	0.5	0.2

假定两人日产量相等，问谁的技术好？

解： 若只从分布上来看，很难得出答案，我们分别计算其数学期望，然后根据数学期望的大小来判定技术的高低，即

$$E(X)=0\times0.4+1\times0.3+2\times0.2+3\times0.1=1,$$

$$E(Y)=0\times0.3+1\times0.5+2\times0.2=0.9.$$

计算结果说明，在长期生产中，甲平均每天生产废品1件，乙平均每天生产废品0.9件，可见乙的技术较好.

例 10.4.3 试求二点分布,二项分布的期望 $E(X)$.

解: (1) X 服从二点分布,显然有 $E(X)=0\times q+1\times p=p$.

(2) $X\sim B(n,p)$,其分布律为

$$P(X=i)=C_n^i p^i q^{n-i}(i=1,2,\cdots,n).$$

则 $E(X)=\sum_{i=0}^{n} i\cdot C_n^i p^i q^{n-i}=np$,即 $E(X)=np$.

例 10.4.4 已知 X 在区间 $[a,b]$ 上服从均匀分布,求 $E(X)$.

解: 因为 $X\sim U[a,b]$,所以其密度函数为

$$f(x)=\begin{cases}\dfrac{1}{b-a}, & a\leqslant x\leqslant b,\\ 0, & x<a \text{ 或 } x>b.\end{cases}$$

根据连续型随机变量期望的计算公式,有

$$E(X)=\int_{-\infty}^{+\infty} x f(x)\mathrm{d}x=\int_a^b x\cdot\frac{1}{b-a}\mathrm{d}x$$

$$=\frac{1}{2(b-a)}\cdot x^2\Big|_a^b=\frac{b+a}{2},$$

即 $E(X)=\dfrac{a+b}{2}$.

同理可证:指数分布的期望 $E(X)=\dfrac{1}{\lambda}$,正态分布的期望 $E(X)=\mu$,即正态分布 $N(\mu,\sigma^2)$ 中的参数 μ 就是这个随机变量的期望.

容易证明期望有如下几个重要性质:

性质 1 设 X 是随机变量,c,b 为常量,则

$$E(c)=c,\ E(cX)=cE(X),\ E(cX+b)=cE(X)+b.$$

性质 2 设 X_1 和 X_2 是任意两个随机变量,则

$$E(X_1+X_2)=E(X_1)+E(X_2).$$

对任意 n 个随机变量 $X_1,X_2,\cdots,X_n$,都有

$$E\left(\sum_{i=1}^{n} X_i\right)=\sum_{i=1}^{n} E(X_i).$$

性质 3 若 X_1,X_2 是相互独立的随机变量,则

$$E(X_1X_2)=E(X_1)E(X_2).$$

例 10.4.5 设 $X_1\sim N(2,0.1)$,$X_2\sim N(1,0.1)$,求 $E(3X_1+4X_2)$.

解: 由正态分布的期望得 $E(X_1)=2$,$E(X_2)=1$,所以

$$E(3X_1+4X_2)=3E(X_1)+4E(X_2)=3\times 2+4\times 1=10.$$

定理 10.4.1 设 X 是随机变量,$Y=g(X)$,$g(x)$ 为连续函数,

(1) 若 X 是离散型随机变量,且分布列为 $P(X=x_i)=p_i\ (i=1,2,\cdots)$,如果 $\sum_{i=1}^{\infty}|g(x_i)|p_i<+\infty$,则随机变量 $Y=g(X)$ 的数学期望

$$EY=Eg(X)=\sum_{i=1}^{\infty} g(x_i)p_i. \tag{10.4.1}$$

（2）若 X 为连续型随机变量，概率密度为 $f(x)$，如果 $\int_{-\infty}^{+\infty} g(x)f(x)\mathrm{d}x < +\infty$，则随机变量 $Y=g(X)$ 的数学期望

$$EY = Eg(X) = \int_{-\infty}^{+\infty} g(x)f(x)\mathrm{d}x. \tag{10.4.2}$$

由定理 10.4.1 可知，只需知道随机变量 X 的分布密度，就可以求出随机变量函数 $Y=g(X)$ 的数学期望.

例 10.4.6　表 10.4.4 是随机变量 X 的分布列，求 X^2 的数学期望.

表 10.4.4

X	0	1	2
P	$\frac{1}{6}$	$\frac{2}{6}$	$\frac{3}{6}$

解：　由表 10.4.4 及定理 10.4.1 可得

$$EX^2 = 0^2 \cdot \frac{1}{6} + 1^2 \cdot \frac{2}{6} + 2^2 \cdot \frac{3}{6} \approx 2.33.$$

例 10.4.7　某计算机公司生产的某种笔记本电脑的寿命 X（以年计算）遵从 $\lambda = \frac{1}{100}$ 的指数分布，即 $X \sim E\left(\frac{1}{100}\right)$，公司承诺产品售出后一年内损坏可以换新. 已知售出一台该笔记本电脑公司赢利 500 元，更换一台则亏损 600 元，求该公司出售一台笔记本电脑净赢利的数学期望.

解：　设 Y 为出售一台笔记本电脑所得利润，由于售出一台该笔记本电脑赢利 500 元，更换一台则亏损 600 元，所以，可将出售一台笔记本电脑所得利润 Y 表示为

$$Y = g(X) = \begin{cases} -600, & 0<X<1, \\ 500, & X \geqslant 1. \end{cases}$$

又因为 $X \sim E\left(\frac{1}{100}\right)$，所以，笔记本电脑的寿命 X 的密度函数

$$f(x) = \begin{cases} \frac{1}{100}\mathrm{e}^{-\frac{x}{100}}, & x>0, \\ 0, & x<0, \end{cases}$$

所以 $EY = Eg(X) = \int_{-\infty}^{+\infty} g(x)f(x)\mathrm{d}x = \int_{0}^{+\infty} g(x)\frac{1}{100}\mathrm{e}^{-\frac{x}{100}}\mathrm{d}x$

$$\begin{aligned}
&= \int_0^1 (-600)\cdot\frac{1}{100}\mathrm{e}^{-\frac{x}{100}}\mathrm{d}x + \int_1^{+\infty} 500\cdot\frac{1}{100}\mathrm{e}^{-\frac{x}{100}}\mathrm{d}x \\
&= 600\,\mathrm{e}^{-\frac{x}{100}}\Big|_0^1 - 500\,\mathrm{e}^{-\frac{x}{100}}\Big|_1^{+\infty} \\
&= 600(\mathrm{e}^{-\frac{1}{100}} - \mathrm{e}^0) - 500(\lim_{b\to+\infty}\mathrm{e}^{-\frac{b}{100}} - \mathrm{e}^{-\frac{1}{100}}) \\
&= 1\,100\mathrm{e}^{-\frac{1}{100}} - 600 \approx 489(\text{元}).
\end{aligned}$$

即该公司每售出一台该笔记本电脑净得利润的数学期望是 489 元.

10.4.2 方差

随机变量的期望反映了随机变量取值的均值,不能体现随机变量取值与均值的偏差程度.下面就研究随机变量取值与均值的偏差.

引例 考察两批灯泡,每批十只,它们的寿命是随机变量 X_1,X_2(单位:h),取值见表 10.4.5.

表 10.4.5

X_1	950	958	960	972	986	997	1 034	1 043	1 050	1 050
X_2	628	654	680	900	940	1 040	1 176	1 250	1 350	1 382

容易算出 $E(X_1)=E(X_2)=1\ 000$ h,即两批灯泡的平均寿命都是 1 000 h,但不能说两批灯泡质量相同,因为从表中数据可以清楚地看到,第一批灯泡寿命集中在950 ~ 1 050 h之间,与平均寿命偏差较小,质量较稳定;第二批灯泡寿命分散在 628 ~ 1 382 h 之间,与平均寿命偏差较大,质量不够稳定.由此可见,仅靠期望不能完整地说明随机变量的分布特征,还必须研究随机变量与数学期望的偏离程度.

随机变量 X 与其期望的偏离程度可用 $X-E(X)$ 来衡量,$X-E(X)$ 称为随机变量 X 的离差,由于离差有正有负,取平均值可能互相抵消,为消除离差符号,用 $[X-E(X)]^2$ 来衡量 X 与 $E(X)$ 的偏差,下面给出方差的定义:

定义 10.4.3

设 X 是一个随机变量,它的数学期望 $E(X)$ 存在,如果 $E[X-E(X)]^2$ 存在,则称 $E[X-E(X)]^2$ 为 X 的方差,记为 $D(X)$,即 $D(X)=E[X-E(X)]^2$,而称 $\sqrt{D(X)}$ 为标准差或均方差.

(1)如果 X 是离散型随机变量,概率分布为 $P(X=x_i)=p_i$,$i=1,2,\cdots$,则

$$D(X)=\sum_{i=1}^{\infty}[x_i-E(X)]^2\cdot p_i.$$

(2)如果 X 是连续型随机变量,概率密度函数是 $f(x)$,则

$$D(X)=\int_{-\infty}^{+\infty}[x-E(X)]^2 f(x)\,\mathrm{d}x.$$

由上式可知,方差是一个非负数,利用期望的性质可得如下重要公式

$$D(X)=E(X^2)-[E(X)]^2.$$

方差有如下性质:

设 X 为随机变量,C,B 为常数,则:

性质 1 $D(C)=0$;

性质 2 $D(CX)=C^2D(X)$;

性质 3 $D(CX+B)=C^2D(X)$;

性质 4 如果 X_1 和 X_2 是相互独立的随机变量,则 $D(X_1+X_2)=D(X_1)+D(X_2)$.

为方便使用,现将几种常见分布的期望与方差列于表 10.4.6 中.

表 10.4.6

名称	二点分布 $X\sim(0-1)$	二项分布 $X\sim B(n,p)$	泊松分布 $X\sim p(\lambda)$	均匀分布 $X\sim U(a,b)$	指数分布 $X\sim E(\lambda)$	正态分布 $X\sim N(\mu,\sigma^2)$
期望	p	np	λ	$\frac{a+b}{2}$	$\frac{1}{\lambda}$	μ
方差	$p(1-p)$	$np(1-p)$	λ	$\frac{1}{12}(b-a)^2$	$\frac{1}{\lambda^2}$	σ^2

例 10.4.8　已知 $X_1\sim N(1,2)$，$X_2\sim N(2,2)$，X_1 与 X_2 相互独立，求 X_1-2X_2+3 的期望与方差.

解：　由已知条件得

$$E(X_1)=1,\quad E(X_2)=2,\quad D(X_1)=D(X_2)=2.$$

所以

$$E(X_1-2X_2+3)=E(X_1)-2E(X_2)+E(3)=1-2\times2+3=0,$$
$$D(X_1-2X_2+3)=D(X_1)+4D(X_2)+D(3)=2+4\times2+0=10.$$

思考题 10.4

1. 已知随机变量 $X\sim B(n,p)$，且 $E(X)=2.4$，$D(X)=1.44$，求 n 和 p.
2. 已知随机变量 $X\sim N(0,\sigma^2)$，求数学期望 $E(X^2)$.

练习题 10.4A

1. 已知随机变量 $X\sim B(2,p)$，若概率 $P(X\geqslant1)=\frac{5}{9}$，求：

(1) 参数 p 值；(2) 期望 $E(X)$；(3) 方差 $D(X)$.

2. 已知随机变量 X 服从参数为 $\lambda(\lambda>0)$ 的泊松分布，即 $X\sim P(\lambda)$，且已知 $P(X=1)=\frac{3}{e^3}$，求：

(1) 参数 λ 值；(2) 期望 $E(X)$，$E(3X)$；(3) 方差 $D(X)$，$D(3X)$.

3. 已知随机变量 X 服从参数为 $\lambda(\lambda>0)$ 的指数分布，即 $X\sim E(\lambda)$，且已知方差 $D(X)=\frac{1}{4}$，求：

(1) 参数 λ 值；(2) 期望 $E(4X-3)$；(3) 方差 $D(4X-3)$.

4. 已知随机变量 $X\sim N(3,4)$，求：

(1) 期望 $E(-X-5)$；(2) 方差 $D(-X-5)$.

练习题 10.4B

某厂为安排下一季度的生产计划，对某一种产品的市场销售情况进行调查，估计销路为好、较好、一般、差这4种状态的概率分别为0.1,0.4,0.3,0.2,工厂可采取生产0.5万件,1万件,2万件,4万件这4种方案,各方案在不同自然状态下的损益值见表10.4.7,试确定最佳方案.

表10.4.7

状态		好	较好	一般	差
状态概率		0.1	0.4	0.3	0.2
方案	X_1(生产0.5万件)	5	5	5	4.8
	X_2(生产1万件)	10	10	10	3.6
	X_3(生产2万件)	20	17.6	8	0.8
	X_4(生产4万件)	40	14.4	4	-2.2

注:计算 X_1,X_2,X_3,X_4 的期望,再比较.

10.5 用数学软件计算概率

10.5.1 用数学软件 Mathematica 计算概率

在数学软件 Mathematica 系统中,内置了许多有关概率计算的函数. 例如,用 NProbability[pred, x≈dist)计算服从 dist 分布的随机变量 x 所表示的事件 pred 所发生的概论值,下面结合具体例子简述如下:

例 10.5.1 10个产品中有2个次品,每次抽取1个,有放回地连抽3次,求其中次品数 X 的分布列.

解:

Table[NProbability[x == k,x≈BinomialDistribution[3, 1/5]], {k, 0, 3}] (* 给出3次抽样中恰好发生0,1,2,3次的概率 *)

Out[1] = {0.512, 0.384, 0.096, 0.008}

注意:x≈dist 表示随机变量 x 服从 dist 分布,其中符号 x≈dist 为中缀运算符,x≈dist 可以用 x\[Distributed]dist 输入,也可以用 Esc dist Esc 输入.

例 10.5.2 某企业有同类型的设备300台,各台设备工作是相互独立的,发生故障的概率都是0.01,求,

(1)同时发生故障的设备至少有2台的概率;

(2)同时发生故障的设备恰好有2台的概率.

解:

(按泊松(Poisson)分布计算 *)

In[1]:=n =.

NProbability[n >= 2, n≈PoissonDistribution[300 * 0.01]] (* 同时发生故障的设备少于2台的概率 *)

NProbability[n = = 2, n≈PoissonDistribution[300 * 0.01]] (* 同时发生故障的设备恰好有 2 台的概率 *)

Out[2] = 0.800852

Out[3] = 0.224042

例 10.5.3 某公共汽车站每隔 15 min 有一辆汽车通过，乘客到达汽车站的任一时刻的可能性是相等的，求乘客候车的时间不超过 9 min 的概率(假设公共汽车一到站，乘客必能上车).

解:

Probability[x < = 9, x≈UniformDistribution[{0, 15}]] //N(* 候车的时间不超过 9 min 的概率 *)

Out[1] =0.6

例 10.5.4 某种型号电子元件的使用寿命 X (h) 服从参数 λ = 11 000 的指数分布，求任取一个电子元件使用寿命能超过 1 000 h 的概率.

解:

Probability[x > 1000, x≈ExponentialDistribution[1/1000]] // N (* 使用寿命超过 1 000 h 的概率 *)

Out[1] = 0.367879

例 10.5.5 设 $X \sim N(0,1)$,求,

(1)$P(X<0.3)$;(2)$P(0.2<X<0.5)$;(3)$P(X>1.5)$;(4)$P(X<-1.2)$;(5)$P(|X|<0.34)$.

解:

Probability[x <0.3, x≈NormalDistribution[0, 1]] // N(* 计算 $P(X<0.3)$ *)

Probability[0.2 < x < 0.5, x≈NormalDistribution[0, 1]] // N(* 计算 $P(0.2<X<0.5)$ *)

Probability[x > 1.5, x≈NormalDistribution[0, 1]] // N(* 计算 $P(X>1.5)$ *)

Probability[x < -1.2, x≈NormalDistribution[0, 1]] // N(* 计算 $P(X<-1.2)$ *)

Probability[Abs[x] < 0.34, x≈NormalDistribution[0, 1]] // N(* 计算 $P(|X|<0.34)$ *)

Out[1] =0.617911

Out[2] =0.112203

Out[3] =0.0668072

Out[4] =0.11507

Out[6] =0.266143

例 10.5.6 设 $X \sim N(1,2^2)$,求,(1)$P(X<1)$;(2)$P(-2<X<2)$.

解:

Probability[x <1, x≈NormalDistribution[1,2]]//N(* 计算 $P(X<1)$ *)

Probability[-2 <x <2, x≈NormalDistribution[1,2]]//N(* 计算 $P(-2<X<2)$ *)

Out[1] =0.5

Out[2] =0.624655

例 10.5.7 某商店的日销售额 X(万元) ~ $N(100,20^2)$,求该商店日销售额在 90 万元 ~ 110 万元之间的概率.

解:

(* 解 1 按正态分布 $N(100,20^2)$ 计算 *)

Probability[90 < =x < =110,x≈NormalDistribution[100,20]]//N

Out[1] =0.382925

(* 解 2 按标准正态分布 $N(0,1)$ 计算 *)

Probability[-10/20 < =y < =10/20,y≈NormalDistribution[0,1]]//N

Probability[(90 -100)/20 < =y < =(110 -100)/20,y≈NormalDistribution[0,1]] // N

Out[2] =0.382925

10.5.2 用数学软件 MATLAB 计算概率

在数学软件 MATLAB 系统中,内置了许多有关概率计算的函数. 例如,用 pdf('name',x,A)计算概论密度函数 name 在点 x 处的值,用 cdf('name',x,A)计算累计分布函数 name 在点 x 处的值. 另外,对于二项分布、均匀分布、指数分布、正态分布等,MATLAB 系统还提供了专门计算概论密度及其累计分布的函数,下面结合具体例子简述如下:

(1)用 binocdf(c,N,p)计算服从 N 次试验中每次试验发生的概率为 p 的二项分布 $B(N,p)$ 的随机变量 X 在 N 次实验中发生次数小于等于 c 的概率 $P(X\leqslant c)$.

(2)用 unifcdf(c,a,b)计算服从区间$[a,b]$上的均匀分布 $U[a,b]$ 的随机变量 X 落在区间$(-\infty,c]$的概率 $P(X\leqslant c)$.

(3)用 excdf(c,u)计算服从参数为 λ 的指数分布 $E(\lambda)$ 的随机变量 X 落在区间$(-\infty,c]$的概率 $P(X\leqslant c)$,其中 $u=1/\lambda$.

(4)用 normcdf(c,μ,σ)计算服从均值为 μ,标准差为 σ 的正态分布 $N(\mu,\sigma^2)$ 的随机变量 X 落在区间$(-\infty,c]$的概率 $P(X\leqslant c)$.

例 10.5.8 10 个产品中有 2 个次品,每次抽取 1 个,有放回地连抽 3 次,求其中次品数 X 的分布列.

解:

x=[0 1 2 3];

p=pdf('Binomial',x,3,1/5) %计算恰好发生 x(x = 0,1,2,3)次的概率

p =   0.5120   0.3840   0.0960   0.0080

例 10.5.9 某企业有同类型的设备 300 台, 各台设备工作是相互独立的, 发生故障的概率都是 0.01, 求,

(1) 同时发生故障的设备至少有 2 台的概率;

(2) 同时发生故障的设备恰好有 2 台的概率.

解:

(* 解 1 按二项分布累计分布计算 *)

> > p1 =1 -cdf('Binomial',1 ,300,0.01) %同时发生故障的设备至少有 2 台的概率

p2 = cdf('Binomial',2 ,300,0.01) – cdf('Binomial',1 ,300,0.01) % 同时发生故障的设备恰好有 2 台的概率

p1 = 0.8024

p2 = 0.2244

(∗解 2 按二项分布密度函数计算∗)

```
>> A =2:1:300;
P1 = sum(pdf('Binomial',A ,300,0.01)) % 同时发生故障的设备至少有 2 台的概率
P2 = pdf('Binomial',2 ,300,0.01) % 同时发生故障的设备恰好有 2 台的概率
P1 = 0.8024
P2 = 0.2244
```

(∗解 3 按泊松分布累计分布计算∗)

```
>> P1 =1 - cdf('Poisson',1 ,300 * 0.01) % 同时发生故障的设备至少有 2 台的概率
p2 = cdf('Poisson',2 ,300 * 0.01) - cdf('Poisson',1 ,300 * 0.01) % 同时发生故障的设备恰好有 2 台的概率
P1 = 0.8009
P2 = 0.2240
```

(∗解 4 按泊松分布的密度函数计算∗)

```
>> A =2:1:300;
P1 = sum(pdf('Poisson',A ,300 * 0.01)) % 同时发生故障的设备至少有 2 台的概率
P2 = pdf('Poisson',2,300 * 0.01) % 同时发生故障的设备恰好有 2 台的概率
P1 = 0.8009
P2 = 0.2240
```

对于本例,分别按二项分布和泊松分布的累计分布函数与密度函数给出了 4 种计算结果. 读者可通过上机实验,可进一步了解 cdf 和 pdf 的用法.

例 10.5.10 某公共汽车站每隔 15 min 有一辆汽车通过, 乘客到达汽车站的任一时刻的可能性是相等的, 求乘客候车的时间不超过 9 min 的概率(假设公共汽车一到站,乘客必能上车).

解:

(∗解 1 按均匀分布的概率密度计算∗)

```
>> clear p1 x
fun = @(x)unifpdf(x, 0,15);
p1 = integral(fun, - Inf,9)
p1 = 0.6000
```

(∗解 2 按均匀分布的分布函数计算∗)

```
>> clear p2
p2 = unifcdf(9, 0,15)
p2 = 0.6000
```

例 10.5.11 某种型号电子元件的使用寿命 X (h) 服从参数 $\lambda = 1\,000$ 的指数分布,

求任取一个电子元件使用寿命能超过 1 000 h 的概率.

解:

(＊解 1 按指数分布的分布函数计算＊)

```
>> clear p1
p1 =1 - expcdf(1000,1000);
p1 = vpa(p1,5)
p1  =0.36788
```

(＊解 2 按指数分布的密度函数计算＊)

```
>> clear p2
fun  =@(x)exppdf(x,1000);
p2 = integral(fun,1000, + Inf)
p2 =      0.3679
```

例 10.5.12 设 $X \sim N(0,1)$,求,

(1)$P(X<0.3)$;(2)$P(0.2<X<0.5)$;(3)$P(X>1.5)$;(4)$P(X<-1.2)$;(5)$P(|X|<0.34)$.

解:

```
>> clear P1 P2 P3 P4 P5
P1 = normcdf(0.3,0,1)
P2 = normcdf(0.5,0,1) - normcdf(0.2,0,1)
P3 =1 - normcdf(1.5,0,1)
P4 = normcdf( -1.2,0,1)
P5 = normcdf(0.34,0,1) - normcdf( -0.34,0,1)
P1  =      0.6179
P2  =      0.1122
P3  =      0.0668
P4  =      0.1151
P5  =      0.2661
```

例 10.5.13 设 $X \sim N(1,2^2)$,求,(1)$P(X<1)$;(2)$P(-2<X<2)$.

解:

(1)

```
>> clear p1
p1 = normcdf(1,1,2)%计算 P (X  <1)
p1  =      0.5000
```

(2)

```
>> clear p2
P2 = normcdf(2,1,2) - normcdf( -2,1,2) %计算 P ( -2<X  <2)
P2  =      0.6247
```

例 10.5.14 某商店的日销售额 X(万元) $\sim N(100,20^2)$,求该商店日销售额在 90 万

元～110 万元之间的概率.

解：

```
(＊解 1 按正态分布 N (100,20^2) 分布函数计算＊)
>> clear p1
p1 = normcdf(110,100,20) - normcdf(90,100,20)
p1 =      0.3829
(＊解 2 按标准正态分布 N (0,1)计算＊)
>> clear p2
p2 = normcdf((110 - 100)/20,0,1) - normcdf((90 - 100)/20,0,1)
p2 =      0.3829
(＊解 3 按正态分布 N(100,202 )的密度函数积分计算＊)
>> clear p3
fun = @(x) normpdf(x,100,20);
p3 = integral(fun,90,110)
p3 =      0.3829
```

10.6 学习任务 10 解答　超市该进多少货?

解：

1. 设该商品每周的销售量为 x，每周的进货量为 q，每周的利润为 z，则有

$$1\,000\leqslant x\leqslant 1\,500,\ z(x)=\begin{cases}7x-2(q-x), & x\leqslant q,\\ 7q+5(x-q), & x>q,\end{cases}\quad(1\,000\leqslant q\leqslant 2\,000).$$

又因为每周销售量 $X\sim U[1\,000,1\,500]$，所以，其概率密度

$$f(x)=\begin{cases}\dfrac{1}{500}, & x\in[1\,000,1\,500],\\ 0, & x\notin[1\,000,1\,500].\end{cases}$$

(1)利润的数学期望

$$e(q)=\int_{-\infty}^{+\infty}z(x)f(x)\mathrm{d}x=\int_{1\,000}^{1\,500}z(x)\frac{1}{500}\mathrm{d}x=\int_{1\,000}^{q}z(x)\frac{1}{500}\mathrm{d}x+\int_{q}^{1\,500}z(x)\frac{1}{500}\mathrm{d}x$$

$$=\int_{1\,000}^{q}[7x-2(q-x)]\frac{1}{500}\mathrm{d}x+\int_{q}^{1\,500}[7q+5(x-q)]\frac{1}{500}\mathrm{d}x$$

$$=2\,250+10q-\frac{q^2}{250}.$$

记 $e(q)=2\,250+10q-\dfrac{q^2}{250}$，令 $e'(q)=10-\dfrac{q}{125}=0$，解之得 $q=1\,250$，又因为

$$e''(q)=-\frac{1}{125}<0,$$

即 $q=1\,250$ kg 时，利润的数学期望取得最大值.

(2) 利润的数学期望最大值

$$e(1\ 250)=\left(2\ 250+10q-\frac{q^2}{250}\right)\bigg|_{q=1\ 250}=8\ 500(元)$$

复习题 10

A 级

1. 盒子里装有 4 个一级品与 6 个二级品,任取 5 个产品,求,

(1)其中恰好有 2 个一级品的概率;

(2)其中至少有 1 个一级品的概率.

2. 甲、乙、丙三人相互独立向同一目标各射击一次,甲击中的概率为 0.8,乙击中的概率为 0.7,丙击中的概率为 0.6,求目标被击中的概率.

3. 两台车床加工同样的零件,第一台车床的废品率为 0.03,第二台车床的废品率是 0.02,现把加工出来的零件放在一起,其中第一台车床加工的零件占 2/3,第二台车床加工的零件占 1/3. 求从产品中任取一件是合格品的概率(提示:利用全概公式).

4. 在一批产品中有 80% 是合格品,验收这批产品时规定,先从中任取一个,若它是合格品就放回去,然后再取一个,若仍为合格品,则接收这批产品,否则拒收. 求:

(1)检验第一个产品为合格品且第二个产品为次品的概率;

(2)这批产品被拒收的概率.

5. 设离散型随机变量 X 的概率分布见下表,求:

X	0	1	6
P	$\frac{2}{C}$	$\frac{1}{C}$	$\frac{3}{C}$

(1)C 值;(2)概率 $P(0<x<2)$;(3)数学期望 $E(X)$;(4)方差 $D(X)$.

6. 某种型号电子元件的寿命 X(h)是连续型随机变量,其概率密度为

$$f(x)=\begin{cases}\dfrac{100}{x^2}, & x\geqslant 100,\\ 0, & x<100.\end{cases}$$

任取一个这种型号电子元件,求它已经使用 150 h 且不需要更换的概率.

B 级

7. 某种棉布一匹布上疵点的个数 X 服从参数为 $\lambda(\lambda>0)$ 的泊松分布,已知一匹布上有 8 个疵点与有 7 个疵点的可能性相同,问一匹布上平均有多少疵点?

8. 每分钟内电话交换台收到呼唤的次数 X 服从参数为 $\lambda(\lambda>0)$ 的泊松分布,平均每分钟内电话交换台收到 3 次呼唤,求任意一分钟的电话交换台收到呼唤次数超过 2 次的概率.

9. 在某公共电话亭，顾客打一次电话所用时间 X 服从参数为 $\lambda(\lambda>0)$ 的指数分布，且打一次电话平均所用时间为 5 min，求任打一次电话所用时间在 5 ~ 10 min 的概率.

10. 某大学男生体重 X 服从参数为 $\mu=58$ kg，$\sigma=2$ kg 的正态分布，从中任选一位男生，求这位男生体重在 55 ~ 60 kg 的概率.

第11章

数理统计

11.0 学习任务11 电子设备的使用寿命检验

设某厂生产的某种电子设备的使用寿命(单位:h) X 服从正态分布,随机抽取20台该种电子设备作为样本进行测试,测得其使用寿命如下:

1989,2002,1980,1990,2000,2006,2001,2001,1995,1998,

2002,2005,1980,1990,2000,2010,1996,2001,2012,1988.

请完成如下学习任务:

1. 计算出该样本均值;
2. 计算出该样本标准差;
3. 统计量观测值;
4. 取检验水平 $\alpha=0.05$,检验该厂生产的电子设备平均使用寿命 $\mu=2\,000\text{h}$ 是否成立?

用数理统计知识能解决上述问题。

数理统计是具有广泛应用的一个数学分支,它以概率论为基础,根据实验得到的数据进行估计和推断.

11.1 统计量及其分布

本节介绍数理统计的基本概念,其中最主要的是总体、样本、统计量与抽样分布的概念,为进一步学习数理统计打下基础.

11.1.1 总体、样本、统计量

1. 总体、样本

为了说明总体和样本的概念,先看下面几个例子.

例 11.1.1 要了解A城市居民2019年的收入情况,一般不会花费很多人力、物力去

一一调查,而是采取抽样调查的方法即抽查该城市一小部分居民的收入情况. 例如抽取 1 000个人,由此推断该城市居民的年收入状况.

例 11.1.2　测试某品牌电视机的开箱合格率,从一批产品中任意抽取 3 台开箱测试.

上面这些例子都有一个共同的特点,就是为了研究某个对象的性质,不是一一研究对象包含的所有个体,而是只研究其中的一部分. 通过对这部分个体的研究,推断对象全体的性质,这就引出了总体和样本的概念.

我们将所研究对象的全体称为总体,而组成总体的基本单位称为个体.

从总体中抽取出来的个体称为样品,若干个样品组成的集合称为样本,一个样本中所含样品的个数称为样本容量(或样本大小).

由 n 个样品组成的样本用 $x_1,x_2,\cdots,x_n$ 表示.

在例 11.1.1 中 A 城市居民 2019 年的年收入,是我们要研究的对象,就是总体;城市中某一个居民 2019 年的年收入,就是一个个体;从总体中随机抽取出来的一个城市居民的年收入,就是一个样品;所抽取出来 1 000 个城市居民的年收入,就组成一个样本,样本容量是 1 000.

由于样品所表示的是某些特性的数量指标(如某人的年收入)以及样品抽取的随机性,因此样品是一个变量,我们所看到的都是样品的取值. 如例 11.1.1,抽取样品的时候,并不知道这个人的年收入是多少,抽取出来后,知道这个人的年收入是 46 000 元(样品的取值),我们将样品的取值称为样品值,样本的取值称为样本值,也称为样本数据.

在实际问题中,总体所含个体的数目可以是有限的,也可以是无限的.

2. 统计量

样本是总体的反映,要利用样本提供的信息对总体中未知量进行推断. 然而,观察到的是样本值,即一批数据,我们希望把样本加工成较简单的量以便使用,在数理统计中,通常的做法是构造一个适当的样本函数.

定义 11.1.1

若样本 $(X_1,X_2,\cdots,X_n)$ 的函数

$$T = g(X_1,X_2,\cdots,X_n)$$

不包含任何未知参数,则称 T 为一个统计量.

注:由定义可知,统计量也是一个随机变量,如果 $x_1,x_2,\cdots,x_n$ 是一组样本值,则 $g(x_1,x_2,\cdots,x_n)$ 是统计量 $g(X_1,X_2,\cdots,X_n)$ 的一个观测值.

例 11.1.3　设总体 $X \sim N(\mu,\sigma^2)$,令 $g(X_1,X_2,\cdots,X_n) = \frac{1}{n}\sum_{i=1}^{n}(X_i-\mu)^2$.

若 μ 已知,则 g 为统计量;若 μ 未知,则 g 不是统计量.

下面介绍几个常用的统计量:

(1) 称 $v_k = \frac{1}{n}\sum_{i=1}^{n}X_i^k$ 为样本的 k 阶原点矩,特别地,称

$$\overline{X} = \frac{1}{n}\sum_{i=1}^{n}X_i$$

为样本均值,$\overline{X}$ 是 $X_1,X_2,\cdots,X_n$ 的集中位置.

(2) 称 $u_k=\dfrac{1}{n}\sum\limits_{i=1}^{n}(X_i-\overline{X})^k$ 为样本的 k 阶中心矩.

(3)称 $S^2=\dfrac{1}{n-1}\sum\limits_{i=1}^{n}(X_i-\overline{X})^2$ 为样本方差.

(4)称 $S=\sqrt{\dfrac{1}{n-1}\sum\limits_{i=1}^{n}(X_i-\overline{X})^2}$ 为样本标准差.

样本方差 S^2 与标准差 S 描述随机变量 $X_1,X_2,\cdots,X_n$ 的分散程度.

11.1.2 抽样分布

1. 抽样分布的定义

统计量是随机变量,它有概率分布,统计量的分布在数理统计的研究中起着重要的作用.

定义 11.1.2

设 $T=g(X_1,X_2,\cdots,X_n)$ 为统计量,它的概率分布称为抽样分布.

例 11.1.4 设总体 $X\sim N(\mu,\sigma^2)$,$X_1,X_2,\cdots,X_n$ 是来自总体的样本,样本均值 $\overline{X}=\dfrac{1}{n}\sum\limits_{i=1}^{n}X_i$ 为一统计量,则 $E(\overline{X})=\mu$,$D(\overline{X})=\dfrac{\sigma^2}{n}$,又由正态分布的性质可得 $\overline{X}$ 的分布为

$$N\left(\mu,\frac{\sigma^2}{n}\right).$$

在统计学中,容量较大的样本叫大样本,否则叫小样本. 在正态总体中,$\overline{X}$ 服从 $N(\mu,\dfrac{\sigma^2}{n})$ 分布;而在其他场合,只有对大样本,$\overline{X}$ 近似服从正态分布. 由此可见,要找一个统计量的抽样分布一般来说是困难的,在实际中,当样本容量 $n\geqslant 50$ 时(至少应有 $n\geqslant 30$),该样本才称为大样本.

2. 正态总体的抽样分布

下面讨论正态总体 $N(\mu,\sigma^2)$ 的抽样分布.

设 $X_1,X_2,\cdots,X_n$ 是来自这一正态总体的样本,则样本均值

$$\overline{X}\sim N(\mu,\frac{\sigma^2}{n}),$$

并有

$$u=\frac{\overline{X}-\mu}{\sigma/\sqrt{n}}=\sqrt{n}\left(\frac{\overline{X}-\mu}{\sigma}\right)\sim N(0,1).$$

例 11.1.5 设总体 $X\sim N(80,20^2)$,现从总体 X 中抽取一个容量为 100 的样本,求样本均值与总体均值之差的绝对值大于 3 的概率.

解: 已知 $X\sim N(80,20^2)$,$\mu=80$,$\sigma=20$,$n=100$,所以

$$P\{|\overline{X}-\mu|>3\}=1-P\{|\overline{X}-\mu|\leqslant 3\}=1-P\left\{\frac{|\overline{X}-\mu|}{\sigma/\sqrt{n}}\leqslant\frac{3}{\sigma/\sqrt{n}}\right\}$$

$$= 1 - P\left\{\frac{|\overline{X} - 80|}{20/\sqrt{100}} \leqslant \frac{3}{20/\sqrt{100}}\right\} = 1 - P\left\{-\frac{3}{2} \leqslant \frac{\overline{X} - 80}{2} \leqslant \frac{3}{2}\right\}$$
$$= 1 - [\Phi(1.5) - \Phi(-1.5)] = 1 - [\Phi(1.5) - 1 + \Phi(1.5)]$$
$$= 2 - 2\Phi(1.5) = 2 - 2 \times 0.933\,2 = 0.133\,6.$$

思考题 11.1

设总体 $X \sim N(\mu, \sigma^2)$，其中 μ, σ^2 是未知数，X_1, X_2 是从总体 X 中抽取的一个样本，试指出在 $\frac{1}{2}(X_1 + X_2)$，μ，$\frac{X_1}{\sigma}$，$\frac{1}{2}(X_1 + X_2 + 2)$，$X_1^2 + X_2^2$ 之中哪些是统计量？哪些不是统计量？为什么？

练习题 11.1A

设对总体 X 得到一个容量为 10 的样本，观察值为

$$4.5, 2.0, 1.0, 1.5, 3.5, 4.5, 6.5, 5.0, 3.5, 4.0,$$

求：(1) 样本均值 $\overline{X}$；(2) 样本标准差 S.

练习题 11.1B

在总体 $N(60, 20^2)$ 中随机抽取容量为 200 的样本，问样本均值与总体均值之差的绝对值大于 2 的概率是多少？

11.2 参数估计

所谓统计推断，就是由样本来推断总体，从研究的问题和内容来看，统计推断可以分为参数估计和假设检验两种主要类型. 本节介绍参数估计.

11.2.1 参数的点估计

1. 参数点估计的概念

设总体 X 的分布函数为 $F(x)$，其中含有未知参数 θ. 这时我们不妨将 X 的分布函数设为 $F(x, \theta)$，我们的问题是：从一组样本值 $x_1, x_2, \cdots, x_n$ 出发，对未知参数 θ 进行估计.

先看几个例子：

例 11.2.1　灯泡厂生产的灯泡寿命是随机变量 X. 要从总体上了解灯泡的质量，就要对它的均值 $E(X)$ 和方差 $D(X)$ 作出估计.

例 11.2.2　已知某班男生的身高服从正态分布 $N(\mu, \sigma^2)$，其中 μ, σ^2 未知. 若用参数估计方法估计 μ 和 σ^2，就能计算该班男生身高低于(或高于)某值的概率.

例 11.2.3 电视显像管寿命 X 的分布类型未知,试由样本 $X_1,X_2,\cdots,X_n$ 估计总体 X 的均值 $E(X)=\mu$ 以及方差 $D(X)=\sigma^2$.

从上面的例子可以看到,参数估计问题广泛存在. 其中一种类型是总体分布类型已知,但含有未知参数,对总体的未知参数进行估计以后,就可以近似确定总体分布;另一种类型是总体分布类型未知,而我们感兴趣的只是总体的主要数字特征,如总体均值、总体方差等,以上问题都可以归纳为参数估计问题.

现在我们引入参数点估计的概念. 设总体 X 的分布函数为 $F(x,\theta)$,其中 θ 是未知参数. 参数的可能取值范围是已知的. 设来自总体的样本为 $X_1,X_2,\cdots,X_n$. 通过某种参数估计方法,构造统计量 $\hat{\theta}=\hat{\theta}(x_1,x_2,\cdots,x_n)$,用它作为总体量未知参数 θ 的估计. 当把$(x_1,x_2,\cdots,x_n)$理解为样本时,$\hat{\theta}=\hat{\theta}(x_1,x_2,\cdots,x_n)$是随机变量,称为 θ 的点估计量;当把$(x_1,x_2,\cdots,x_n)$理解为样本值时,$\hat{\theta}=\hat{\theta}(x_1,x_2,\cdots,x_n)$是根据这一样本函数算出的一个具体的值,称为 θ 的点估计值,有 $\theta\approx\hat{\theta}=\hat{\theta}(x_1,x_2,\cdots,x_n)$.

当然,$\hat{\theta}$ 的值必须落在 θ 的可能取值范围中,点估计量或点估计值统称为点估计.

2. 参数点估计方法

参数点估计方法主要有两种:矩估计法和极大似然估计法. 本节只介绍矩估计法,对极大似然估计法不做介绍.

设总体 X 的 k 阶原点矩为 v_k,k 阶中心矩为 μ_k. 用相应的样本 k 阶原点矩 $\hat{v}_k=\frac{1}{n}\sum_{i=1}^{n}x_i^k$ 估计 v_k,用样本 k 阶中心矩 $\hat{\mu}_k=\frac{1}{n}\sum_{i=1}^{n}(x_i-\bar{x})^k$ 估计 μ_k.

例 11.2.4 设总体的分布函数为 $F(x)$,求总体的均值 μ 和方差 σ^2 的矩估计.

解: 以样本均值估计总体均值

$$\mu\approx\bar{x}=\frac{1}{n}\sum_{i=1}^{n}x_i,$$

以样本二阶中心矩估计总体二阶中心矩

$$\sigma^2\approx\hat{\sigma}^2=\frac{1}{n}\sum_{i=1}^{n}(x_i-\bar{x})^2.$$

此题中,即使不知总体分布类型,μ 与 σ^2 的矩估计也为 $\bar{x}$ 与 $\hat{\sigma}^2$.

11.2.2 参数的区间估计

1. 置信区间的概念

我们学习了参数的点估计,即由样本值求出未知参数 θ 的一个估计值

$$\theta\approx\hat{\theta}=\hat{\theta}(x_1,x_2,\cdots,x_n),$$

而区间估计则要由样本给出未知参数 θ 的一个估计范围. 我们先分析一个例子:

例 11.2.5 设某种绝缘子抗扭强度 X 服从正态分布 $N(\mu,\sigma^2)$,其中 μ 未知,σ^2 已知($\sigma=45\ \mathrm{kg\cdot m}$),试对总体均值 μ 做一区间估计.

对于区间估计,要选择一个合适的统计量,若在该总体取一个容量为 n 的样本 $x_1,x_2,\cdots,x_n$,样本均值为 $\bar{x}$,μ 的点估计即 $\bar{x}$,然而我们要给出 μ 的一个区间估计,以体现出估计的误差. 我们知道 $\bar{x}\sim N\left(\mu,\frac{\sigma^2}{n}\right)$,在区间估计问题中,要选取一个合适的估计函数,这时,可取

$$U=\frac{(\bar{x}-\mu)}{\sigma}\sqrt{n},$$

它是 $\bar{x}$ 的标准化随机变量,具备下面两个特点:

(1)U 中包含所要估计的未知参数 μ(其中 σ 已知);

(2)U 服从标准正态分布 $N(0,1)$,且与未知参数 μ 无关.

因为 $U\sim N(0,1)$,由图 11.2.1 可知

$P\{|U|>U_{\frac{\alpha}{2}}\}=\alpha(0<\alpha<1)$,

或者 $P\{|U|\leqslant U_{\frac{\alpha}{2}}\}=1-\alpha, P\{U<U_{\frac{\alpha}{2}}\}=1-\frac{\alpha}{2}$.

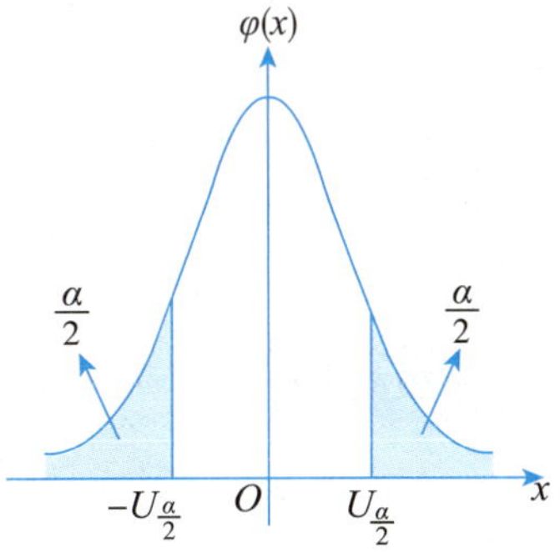

图 11.2.1

当 $\alpha=0.05$ 时,$1-\frac{\alpha}{2}=0.975$,查附录 A 标准正态分布表得,使 $P(U<U_{\frac{\alpha}{2}})=0.975$ 的 $U_{\frac{\alpha}{2}}=1.96$,将不等式 $|U|\leqslant U_{\frac{\alpha}{2}}$ 转化为 $-U_{\frac{\alpha}{2}}\leqslant U\leqslant U_{\frac{\alpha}{2}}$,亦即

$$\bar{x}-U_{\frac{\alpha}{2}}\frac{\sigma}{\sqrt{n}}\leqslant\mu\leqslant\bar{x}+U_{\frac{\alpha}{2}}\frac{\sigma}{\sqrt{n}},$$

因此有

$$P\left\{\bar{x}-U_{\frac{\alpha}{2}}\frac{\sigma}{\sqrt{n}}\leqslant\mu\leqslant\bar{x}+U_{\frac{\alpha}{2}}\frac{\sigma}{\sqrt{n}}\right\}=1-\alpha.$$

当 $\alpha=0.05$ 时

$$P\left\{\bar{x}-1.96\frac{\sigma}{\sqrt{n}}\leqslant\mu\leqslant\bar{x}+1.96\frac{\sigma}{\sqrt{n}}\right\}=0.95.$$

这说明未知参数 μ 包含在区间 $\left[\bar{x}-1.96\frac{\sigma}{\sqrt{n}}, \bar{x}+1.96\frac{\sigma}{\sqrt{n}}\right]$ 中的概率是 95%. 这里,不仅给出了 μ 的区间估计,还给出了这一区间估计的置信度(置信度可理解为可靠度). 事实上,当置信度为 $1-\alpha$ 时,区间估计为 $\left[\bar{x}-U_{\frac{\alpha}{2}}\frac{\sigma}{\sqrt{n}}, \bar{x}+U_{\frac{\alpha}{2}}\frac{\sigma}{\sqrt{n}}\right]$,当 α 变小,即 $1-\alpha$ 变大时,$U_{\frac{\alpha}{2}}$ 增大,从而区间的长度增大,这说明若置信度 $1-\alpha$ 增大,区间要变宽. 因为区间估计总是伴随置信度,所以这一区间称为置信区间,图 11.2.1 为置信区间的图形.

此例中,$\sigma=45$,当 $n=32$ 时,设 $\bar{x}=160$,则

$$\bar{x}-1.96\frac{\sigma}{\sqrt{n}}=160-1.96\frac{45}{\sqrt{32}}\approx144.4,$$

$$\bar{x}+1.96\frac{\sigma}{\sqrt{n}}=160+1.96\frac{45}{\sqrt{32}}\approx175.6.$$

说明当 $n=32, \bar{x}=160$ 时,μ 在区间 $[144.4, 175.6]$ 的置信度为 95%.

下面,给出置信区间的概念:

定义 11.2.1

设 θ 为总体的未知参数. $\hat{\theta}_1=\hat{\theta}_1(x_1,x_2,\cdots,x_n)$,$\hat{\theta}_2=\hat{\theta}_2(x_1,x_2,\cdots,x_n)$ 是由样本 $x_1, x_2,\cdots,x_n$ 定出的两个统计量,若对于给定的概率 $1-\alpha(0<\alpha<1)$,有

$$P(\hat{\theta}_1\leqslant\theta\leqslant\hat{\theta}_2)=1-\alpha,$$

则随机区间$[\hat{\theta}_1,\hat{\theta}_2]$称为参数$\theta$的置信度为$1-\alpha$的置信区间,$\hat{\theta}_1$称为置信下限,$\hat{\theta}_2$称为置信上限.

置信区间的意义可作如下解释:θ包含在随机区间$[\hat{\theta}_1,\hat{\theta}_2]$中的概率为$100(1-\alpha)\%$;或者说,随机区间$[\hat{\theta}_1,\hat{\theta}_2]$以$100(1-\alpha)\%$的概率包含$\theta$.

α常取的数值为0.05,0.01,此时置信度$1-\alpha$分别为0.95,0.99.

定义 11.2.2

对连续随机变量X,称使概率$P(X\leqslant Z_\alpha)=\alpha(0<\alpha<1)$或$P(X>Z_\alpha)=1-\alpha$成立的实数$Z_\alpha$为随机变量$X$或其概率分布的分位数(或分位点).

2. 正态总体均值的区间估计

这里,只讨论单个正态总体均值μ的区间估计.

(1)已知总体方差σ^2,求总体均值μ的区间估计.

设总体X服从正态分布$N(\mu,\sigma^2)$,其中σ^2已知;而μ未知,求μ的置信度为$1-\alpha$的置信区间.

这一问题实际上已在例11.2.5的讨论中解决.得到

$$P(U<U_{\frac{\alpha}{2}})=1-\frac{\alpha}{2},$$

$$P\left\{\bar{x}-U_{\frac{\alpha}{2}}\frac{\sigma}{\sqrt{n}}\leqslant\mu\leqslant\bar{x}+U_{\frac{\alpha}{2}}\frac{\sigma}{\sqrt{n}}\right\}=1-\alpha.$$

所以,μ的置信度为$1-\alpha$的置信区间是$\left[\bar{x}-U_{\frac{\alpha}{2}}\frac{\sigma}{\sqrt{n}},\bar{x}+U_{\frac{\alpha}{2}}\frac{\sigma}{\sqrt{n}}\right]$.其中,当$\alpha=0.05$时,$U_{\frac{\alpha}{2}}=1.96$;当$\alpha=0.01$时,查附录A标准正态分布表得,使$P(U<U_{\frac{\alpha}{2}})=0.995$的$U_{\frac{\alpha}{2}}=2.57$.

例 11.2.6 某车间生产滚珠,从长期实践中知道,滚珠直径X服从正态分布.从某天产品里随机抽取6个,测得直径(单位:mm)分别为14.6,15.1,14.9,14.8,15.2,15.1.若总体方差$\sigma^2=0.06$,求总体均值μ的置信区间($\alpha=0.05,\alpha=0.01$).

解: 由题可得$\bar{x}=14.95$.

当$\alpha=0.05$时,置信度为$1-\alpha=95\%$的置信区间为

$$\left[\bar{x}-1.96\frac{\sigma}{\sqrt{n}},\bar{x}+1.96\frac{\sigma}{\sqrt{n}}\right]=\left[14.95-1.96\frac{\sqrt{0.06}}{\sqrt{6}},14.95+1.96\frac{\sqrt{0.06}}{\sqrt{6}}\right]$$
$$\approx[14.75,15.15].$$

$\alpha=0.01$时,置信度为$1-\alpha=99\%$的置信区间为

$$\left[\bar{x}-2.57\frac{\sigma}{\sqrt{n}},\bar{x}+2.57\frac{\sigma}{\sqrt{n}}\right]=\left[14.95-2.57\frac{\sqrt{0.06}}{\sqrt{6}},14.95+2.57\frac{\sqrt{0.06}}{\sqrt{6}}\right]$$
$$\approx[14.69,15.21].$$

从此例知,当置信度$1-\alpha$较大时,置信区间较长;当置信度$1-\alpha$较小时,置信区间较短.

(2)未知总体方差σ^2,求总体均值μ的区间估计.

设总体X服从正态分布$N(\mu,\sigma^2)$,其中μ,σ^2皆未知,求μ的置信度为$1-\alpha$的置信

区间.

在已知 σ^2 时,求 μ 的置信度为 $1-\alpha$ 的置信区间时,用到

$$u=\frac{(\bar{x}-\mu)}{\sigma}\sqrt{n}.$$

现在 σ^2 未知,以样本标准差 $s=\sqrt{\frac{1}{n-1}\sum\limits_{i=1}^{n}(x_i-\bar{x})^2}$代替总体标准差 σ,得估计函数

$$t=\frac{(\bar{x}-\mu)}{s}\sqrt{n}.$$

估计函数 t 具有下列两个特点:

(1)t 中包含所要估计的未知参数 μ;

(2)t 服从 $t(n-1)$分布,它与 μ 无关.

这样,估计函数 t 可用于区间估计. 由图 11.2.2 知

$$P\{|t|\leqslant t_{\frac{\alpha}{2}}(n-1)\}=1-\alpha,$$

即

$$P\left\{\bar{x}-t_{\frac{\alpha}{2}}(n-1)\frac{s}{\sqrt{n}}\leqslant\mu\leqslant\bar{x}+t_{\frac{\alpha}{2}}(n-1)\frac{s}{\sqrt{n}}\right\}=1-\alpha.$$

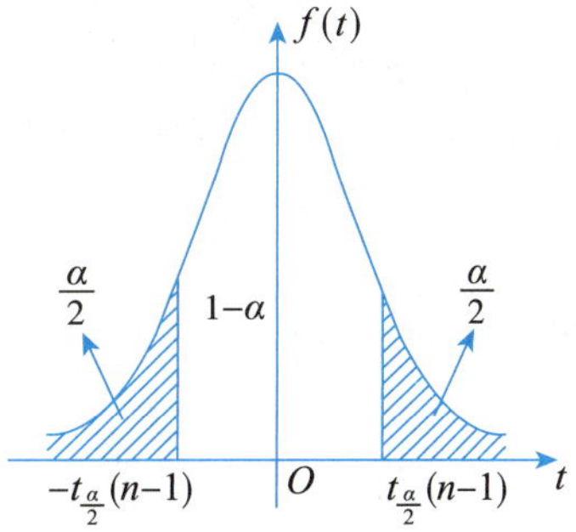

图 11.2.2

μ 的置信度为 $1-\alpha$ 的置信区间为

$$\left[\bar{x}-t_{\frac{\alpha}{2}}(n-1)\frac{s}{\sqrt{n}},\ \bar{x}+t_{\frac{\alpha}{2}}(n-1)\frac{s}{\sqrt{n}}\right].$$

置信区间的图形如图 11.2.2 所示.

例 11.2.7　用某仪器间接测量某高炉内的温度(单位:℃),重复测量 5 次,得 1 250,1 265,1 245,1 260,1 275. 求温度真值的置信度为 95% 的置信区间.

解:　这里,$n=5$,$1-\alpha=95\%$,$\alpha=0.05$,$\frac{\alpha}{2}=0.025$,计算得

$$\bar{x}=1\ 259,s\approx 11.937.$$

查 t 分布表(附录 B)得,使 $P(t(4)>t_{0.025}(47))=0.025$ 的

$$t_{\frac{\alpha}{2}}(n-1)=t_{0.025}(4)=2.776.$$

$$\bar{x}-t_{\frac{\alpha}{2}}(n-1)\frac{s}{\sqrt{n}}=1\ 259-2.776\times\frac{11.937}{\sqrt{5}}\approx 1\ 244.2,$$

$$\bar{x}+t_{\frac{\alpha}{2}}(n-1)\frac{s}{\sqrt{n}}=1\ 259+2.776\times\frac{11.937}{\sqrt{5}}\approx 1\ 273.8.$$

可知温度真值置信度为 95% 的置信区间为[1 244.2,1 273.8].

思考题 11.2

在样本容量 n 固定时,置信区间要变宽,置信度如何变化?

练习题 11.2A

1. 从正态总体 $X\sim N(\mu,\sigma^2)$(其中 σ^2 已知)中抽取一个样本,样本均值为 $\bar{x}$,试求出总

体均值μ的置信水平为$1-\alpha$的置信区间.

2. 已知某零件的长度X服从正态分布$N(\mu,0.02^2)$,今抽取样本容量为16的样本,计算得样本均值$\bar{x}=256$,求总体均值μ的置信度为$1-0.05$的置信区间.

练习题 11.2B

某商店为了解居民对某种商品的需要,调查了100家住户,得出每户每月平均需要量为10 kg,方差为9. 若此种商品供应1万户,试就居民对该种商品的平均需要量进行区间估计($\alpha=0.01$). 依此考虑至少要准备多少kg该商品才能以0.99的概率满足需要(设居民对某种商品的需要量服从正态分布).

11.3 假设检验

在实际应用中,有一类问题要求对总体参数的性质、总体分布的类型等做出结论性的判断. 例如某公司收购轴承200套,对其中5套进行了抽样检验,就在这5套中发现了次品,但按检验标准规定,次品率不要超过1%,问这批轴承能否收购? 这就需要基于上述结果对收购产品的次品率$p\leqslant 1\%$能否成立做出回答. 又如,人造纤维的长度是否服从正态分布等. 这类问题的共同处理方法是先把一些结论当作某种假设,然后选取适当的统计量,再根据实测资料对假设进行检验,判断是否可以认为假设成立. 这类问题也属统计推断的一个重要方面,称为假设检验问题.

11.3.1 假设检验的概念及步骤

1. 基本概念

(1)原假设、备择假设.

假设检验中需要检验的内容即为原假设,用H_0表示;否定原假设即为备择假设,用H_1表示,记为

$$H_0:\mu=\mu_0,\qquad H_1:\mu\neq\mu_0.$$

(2)检验统计量.

为进行假设检验,我们需要构造一个包含被检验参数的且已知分布的样本函数,即检验统计量,例如当σ^2已知时,可令检验统计量为

$$U=\frac{\bar{x}-\mu}{\sqrt{\frac{\sigma^2}{n}}}\sim N(0,1).$$

(3)接受域、拒绝域.

利用检验统计量我们可以构造一个小概率事件. 在原假设H_0成立时,小概率事件若在一次实验中没有发生,这时我们无理由拒绝H_0,应接受原假设H_0,此时统计量的取值区间称为接受域;反之,小概率事件若在一次实验中发生了,这与“小概率事件原则(小概率

事件在一次试验中不可能发生）”相矛盾，故拒绝原假设 H_0，接受备择假设 H_1，此时统计量的取值区间称为拒绝域，记为 W. 拒绝域与接受域的分界点称为临界值.

（4）显著性水平.

对给定的小概率 α，通常称为显著性水平，它是事先给定的.

（5）两类错误.

①在 H_0 本来是正确的情况下，样本值却落入了拒绝域 W，导致 H_0 被拒绝，这种错误称为第一类错误，又称为拒真错误.

②在 H_0 本来不正确的情况下，样本值未落入拒绝域 W，致使 H_0 被接受，这种错误称为第二类错误，又称为取伪错误.

关于两类错误有下列结论：

①两类错误的概率是相互关联的，当样本容量 n 固定时，一类错误概率的减少将导致另一类错误概率的增加.

②要同时降低两类错误的概率，需要增加样本容量 n.

2. 假设检验的基本步骤

（1）根据实际问题提出原假设 H_0 及备择假设 H_1，这里要求 H_0 与 H_1 有且只有一个为真；

（2）选择适当的检验统计量，并在原假设 H_0 成立的条件下确定该检验统计量的分布；

（3）按问题的具体要求，选取适当的显著性水平 α，并根据统计量的分布表，确定对应于 α 的临界值，从而得到对原假设 H_0 的拒绝域 W；

（4）根据样本值计算统计量的值，若落入拒绝域 W 内，则认为 H_0 不为真，拒绝 H_0，接受备择假设 H_1；否则，接受 H_0.

11.3.2　正态总体的假设检验

1. 已知正态总体方差 σ^2 时对均值的假设检验

设 $X_1, X_2, \cdots, X_n$ 是出自正态总体 $N(\mu, \sigma^2)$ 的样本，其中 σ^2 已知. 假设检验问题为 $H_0: \mu=\mu_0$，$H_1: \mu\neq\mu_0$.

这时，可用检验统计量 $U=\dfrac{\bar{x}-\mu_0}{\sigma}\sqrt{n}$. 当 H_0 成立时，$U\sim N(0,1)$. 由图 11.3.1 知，$P\{|U|>U_{\frac{\alpha}{2}}\}=\alpha$（一般 α 小于 0.1），取拒绝域 $W: |U|>U_{\frac{\alpha}{2}}$，也可写为 $W: U<-U_{\frac{\alpha}{2}}$ 或 $U>U_{\frac{\alpha}{2}}$.

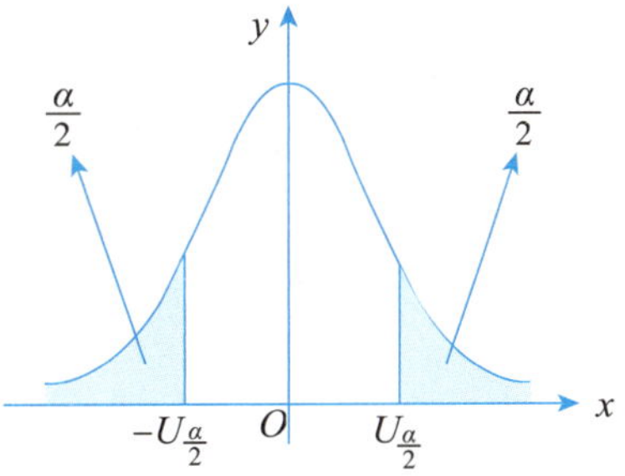

图 11.3.1

从图 11.3.1 知，对于变量 U 而言，拒绝域是区间 $[-U_{\frac{\alpha}{2}}, U_{\frac{\alpha}{2}}]$ 之外的两侧，此检验称为双侧检验.

检验法如下.

若由样本值 $x_1, x_2, \cdots, x_n$ 算得 U：

（1）当 $|U|>U_{\frac{\alpha}{2}}$，则拒绝原假设 H_0，即认为总体均值 μ 与 H_0 给定的 μ_0 之间有显著差异；

（2）当 $|U|\leqslant U_{\frac{\alpha}{2}}$，则接受原假设 H_0，即认为总体均值 μ 与 H_0 给定的 μ_0 无显著差异.

这种利用服从正态分布的检验统计量所进行的检验称为 U 检验法.

有时，我们只关心总体均值是否增大（或是否减少），此类假设检验问题属于单侧检验,在此不做介绍.

例 11.3.1 根据对过去几年考试成绩的统计,某校高等数学考试成绩分布接近于正态分布 $N(78.5, 7.6^2)$. 今年某班 40 名学生的高等数学考试成绩如下:

81	77	70	73	65	79	85	86	78	68
74	85	67	74	83	86	76	74	65	79
77	71	64	60	80	86	79	83	88	83
66	74	66	73	83	77	81	88	74	79

分析该班学生的高等数学水平.

解: 取 $\alpha=0.05$,依题意,这是方差已知时正态总体的均值检验问题. 设

$$H_0:\mu=78.5, H_1:\mu\neq 78.5.$$

$$n=40,\text{算得}$$

$$\bar{x}=76.425,$$

$$U=\frac{\bar{x}-\mu_0}{\sigma}\sqrt{n}=\frac{76.425-78.5}{7.6}\sqrt{40}=-1.727.$$

由 $P\{|U|>U_{0.025}\}=0.05$,得 $U_{0.025}=1.96$.

因为 $|U|=1.727<U_{0.025}=1.96$,所以接受 H_0,即可以认为该班学生的高等数学水平与历届学生不相上下.

假设检验与参数区间估计有着密切联系. 在区间估计中,假定参数是未知的,要用样本对它进行估计;而假设检验对参数值做了假设,认为它已知,用样本对假设做检验. 在某种意义上,假设检验是参数区间估计的反面. 另一方面,导出假设检验的检验统计量与导出参数区间估计的估计函数形式上完全相同.

2. 未知正态总体方差 σ^2 时对均值的假设检验

关于原假设 H_0 与备择假设 H_1 选择的情况同 1. 对假设检验,有

$$H_0:\mu=\mu_0, H_1:\mu\neq\mu_0.$$

因为 σ^2 未知,此时不能再取检验统计量 $U=\frac{\bar{x}-\mu_0}{\sigma}\sqrt{n}$;以样本标准差 $s=\sqrt{\frac{1}{n-1}\sum_{i=1}^{n}(x_i-\bar{x})^2}$ 代替总体标准差 σ,构造检验统计量 $t=\frac{(\bar{x}-\mu)}{s}\sqrt{n}$.

当 H_0 成立时,t 统计量服从 $t(n-1)$. 由图 11.2.2 知

$$P\{|t|>t_{\frac{\alpha}{2}}(n-1)\}=\alpha.$$

此假设为双侧检验,拒绝域 W 取为

$$|t|>t_{\frac{\alpha}{2}}(n-1).$$

检验法为:根据样本值 $x_1,x_2,\cdots,x_n$,算得 t 值. 当 $|t|>t_{\frac{\alpha}{2}}(n-1)$,拒绝 H_0;当 $|t|\leqslant t_{\frac{\alpha}{2}}(n-1)$,接受 H_0.

单侧假设可类似地推出拒绝域,这里不做介绍.

以上利用服从 t 分布的检验统计量做假设检验,称为 t 检验.

例 11.3.2 某厂生产钢筋,其标准强度为 52(单位:Pa). 今抽取 6 炉样本,测得其样

本强度分别为 48.5,49.0,53.5,49.5,56.0,52.5. 已知钢筋强度 X 服从正态分布,试判断这批产品是否合格($\alpha=0.05$).

解: 设假设检验为

$$H_0:\mu=52, H_1:\mu\neq 52.$$

根据测得的样本值,算得

$$\bar{x}=51.5, s=2.983,$$

$$t=\frac{(\bar{x}-\mu)}{s}\sqrt{n}=\frac{51.5-52}{2.983}\sqrt{6}=-0.411.$$

当 $\alpha=0.05$, $t_{\frac{\alpha}{2}}(n-1)=t_{0.025}(5)=2.5706$,由于

$$|t|=0.411<t_{0.025}=2.5706,$$

故接受 H_0,即可认为这批产品是合格产品.

3. 单个正态总体方差的假设检验

设总体 X 服从正态分布 $N(\mu,\sigma_0^2)$,其中 μ 未知,考虑关于总体方差 σ_0^2 的假设检验:

这里的假设检验问题为

$$H_0:\sigma^2=\sigma_0^2, H_1:\sigma^2\neq\sigma_0^2$$

为构造正态总体方差的检验统计量,一个直观的想法是考虑样本方差 $S^2=\frac{1}{n-1}\sum_{i=1}^{n}(x_i-\bar{x})^2$ 与总体方差 σ_0^2 之比 $\frac{S^2}{\sigma_0^2}$,这个比值不能太大,也不能太小. 若比值 $\frac{S^2}{\sigma_0^2}$ 偏大或偏小到一定程度就要拒绝 H_0. 在 H_0 成立时,

$$\chi^2=\frac{(n-1)S^2}{\sigma_0^2}\sim\chi^2(n-1).$$

因而,$\chi^2=\frac{(n-1)S^2}{\sigma_0^2}$ 可以作为检验统计量. 由图 11.3.2 知

$$P\{\chi^2<\chi^2_{1-\frac{\alpha}{2}}(n-1)\text{或}\chi^2>\chi^2_{\frac{\alpha}{2}}(n-1)\}=\alpha.$$

这是双侧检验,对显著水平 α,拒绝域 W 取为

$$\chi^2<\chi^2_{1-\frac{\alpha}{2}}(n-1)\text{ 或 }\chi^2>\chi^2_{\frac{\alpha}{2}}(n-1).$$

如图 11.3.2 所示,该种检验法称为 χ^2-检验法.

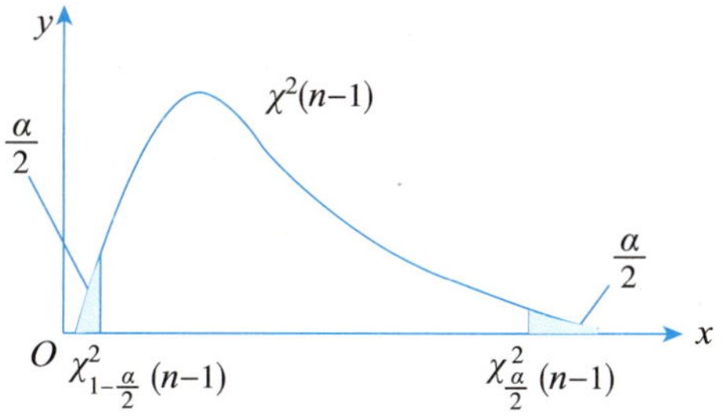

图 11.3.2

例 11.3.3 一包糖机某日包装了 12 包糖,称得重量(单位:g)分别为 506,500,495,

488,504,486,505,513,521,520,512,485.

假设包糖机正常工作时,每包糖重量服从正态分布 $N(500,10^2)$,检验总体方差有无显著变化($\alpha=0.05$).

解: 依题意,这是双侧检验问题,设

$$H_0:\sigma^2=\sigma_0^2=100,\quad H_1:\sigma^2\neq 100.$$

由样本值算得样本方差 $S^2=156.265$,所以

$$\chi^2=\frac{(n-1)S^2}{\sigma_0^2}=\frac{11\times 156.265}{100}=17.1892.$$

当 $\alpha=0.05$ 时,查附录 C χ^2 分布表得

$$\chi^2_{1-\frac{\alpha}{2}}(n-1)=\chi^2_{0.975}(11)=3.816,$$

$$\chi^2_{\frac{\alpha}{2}}(n-1)=\chi^2_{0.025}(11)=21.920,$$

因为

$$\chi^2_{0.975}(11)<\chi^2<\chi^2_{0.025}(11),$$

所以接受 H_0,即没有理由认为总体方差异于100.

思考题 11.3

1. 检验水平 α 的选择对接受或拒绝原假设 H_0 有无影响?
2. 一种药物同另一种药物的疗效是否相同,是否属于假设检验问题?

练习题 11.3A

已知某炼钢厂在生产正常的情况下,钢水的含碳量 X 服从正态分布,其中方差为0.03. 在某段时间内抽测了10炉钢水,算得钢水含碳量的样本方差为0.0375. 试问这段时间生产的钢水含碳量方差与正常情况下的方差有无显著差异($\alpha=0.05$)?

练习题 11.3B

已知某种仪器可测重量为50 g,现随机抽查市售的某一种食品4袋,测得重量如下: 45.0,49.5,50.5,46.5(单位:g). 设每袋重量服从均方差为3 g的正态分布,试在显著性水平 $\alpha=0.05$ 下检验该食品平均袋重是否合格.

11.4 用数学软件进行统计计算

11.4.1 用数学软件 Mathematica 进行统计计算

1. 用数学软件 Mathematica 计算样本容量、样本均值、样本方差、样本标准差

在 Mathematica 系统中,用函数 Length 计算样本容量;用函数 Mean 计算样本均值;用

函数 Variance 计算样本方差；用函数 StandardDeviation 计算样本标准差.

例 11.4.1 从总体 X 得到一个样本，其观察值为 4.5，2.0，1.0，1.5，3.5，4.5，6.5，5.0，3.5，4.0.

求：(1) 样本容量；(2) 样本均值；(3) 样本方差；(4) 样本标准差.

解：

Clear[b,n,ybjz,ybfc,ybbzc]

b = {4.5,2.0,1.0,1.5,3.5,4.5,6.5,5.0,3.5,4.0};

n = Length[b](＊给出表 b 中元素个数＊);

Print["样本容量 n = ",n]

ybjz = Mean[b](＊给出表 b 中元素的样本均值 $\bar{x} = \frac{1}{n}\sum_{i=1}^{n} x_i$ ＊);

Print["样本均值 ybjz = ",ybjz]

ybfc = Variance[b](＊给出表 b 中元素的样本方差 $S = \frac{1}{n-1}\sum_{i=1}^{n}(x_i - \bar{x})^2$ ＊);

Print["样本方差 ybfc = ",ybfc]

ybbzc = StandardDeviation[b];(＊给出表 b 中元素的样本标准差 $S = \sqrt{\frac{1}{n-1}\sum_{i=1}^{n}(x_i - \bar{x})^2}$ ＊)

Print["样本标准差 ybbzc = ",ybbzc]

样本容量 n = 10

样本均值 ybjz = 3.6

样本方差 ybfc = 2.87778

样本标准差 ybbzc = 1.6964

2. 用数学软件 Mathematica 计算有关样本的概率举例

例 11.4.2 设总体 $X \sim N(80,20^2)$，现从总体 X 中抽取一个容量为 100 的样本，求样本均值与总体均值之差的绝对值大于 3 的概率.

解：

(＊方法 1：因为总体 X 服从正态分布 $N(\mu,\sigma^2)$，所以，样本均值 ybjz 服从正态分布 $N(\mu,\frac{\sigma^2}{n})$. 这里，ybjz≈NormalDistribution[μ,Sqrt[σ^2/n]]表示样本均值 ybjz 服从正态分布 $N(\mu,\frac{\sigma^2}{n})$ ＊)

Clear[μ,σ,n,U,ybjz]

μ = 80(＊总体均值＊);

σ = 20(＊总体标准差＊);

n = 100(＊样本容量＊);

Probability[Abs[ybjz - μ] > 3,ybjz≈NormalDistribution[μ,Sqrt[σ^2/n]]]//N

Out[1] = 0.133614

(*方法2:因为总体 X 服从正态分布 $N(\mu,\sigma^2)$,所以,样本均值 ybjz 服从正态分布 $N(\mu,\frac{\sigma^2}{n})$),从而,统计量 $U=\frac{\overline{X}-\mu}{\sigma/\sqrt{n}}$ 服从标准正态分布 $N(0,1)$,因此,P{Abs[ybjz - μ] > 3} = P{Abs[U] > 3Sqrt[n]/σ} *)

```
Clear[μ,σ,n,U,ybjz]
μ = 80(*总体均值*);
σ = 20(*总体标准差*);
n = 100(*样本容量*);
Probability[Abs[U] > 3Sqrt[n]/σ,U≈NormalDistribution[0,1]]//N
Out[2] = 0.133614
```

3. 用数学软件 Mathematica 求置信区间

用函数 StudentTCI 求 t 分布的置信区间.

例 11.4.3 用某仪器间接测量某高炉内的温度(单位:℃),重复测量5次,得:1 250,1 265,1 245,1 260,1 275. 求温度真值的置信度为95%的置信区间.

解1:

```
Clear[b,x0,n,sigma]
b = {1250,1265,1245,1260,1275};
x0 = Mean[b]//N;
n = Length[b];
sigma = StandardDeviation[b]//N;
Needs["HypothesisTesting`"]
StudentTCI[x0,sigma/Sqrt[n],n - 1,ConfidenceLevel - >0.95]
(*StudentTCI[μ,σ,df,ConfidenceLevel≈0.95]给出温度真值的置信度为95%的置信区间*)
{1244.18, 1273.82}
```

解2:

```
Clear[b,n,x0,s,m,α,t1,t2]
b = {1250,1265,1245,1260,1275};
n = Length[b];
x0 = Mean[b]//N;
s = StandardDeviation[b]//N;
α = 0.05;
m = InverseCDF[StudentTDistribution[n - 1],1 - α/2](*求使 P(t(n)Subscript[ > t,α/2](n)) = α/2 或 P(t(n) < Subscript[t,α/2](n)) = 1 - α/2 成立的分位数*);
t1 = x0 - m * s/Sqrt[n];
t2 = x0 + m * s/Sqrt[n];
Print["温度真值的置信度为95%的置信区间为[",t1,",",t2"]"]
温度真值的置信度为95%的置信区间为[1244.18 , 1273.82].
```

4. 用数学软件 Mathematica 进行假设检验

用函数 LocationTest 对均值进行假设检验.

例 11.4.4　某厂生产钢筋,其标准强度为 52(单位:Pa). 今抽取 6 炉样本, 测得其样本强度分别为 48.5 , 49.0 , 53.5 , 49.5 , 56.0 , 52.5. 已知钢筋强度 X 服从正态分布,求:

(1) T 统计量观测值 t;

(2) T 统计量的绝对值大于 T 统计量观测值 t 的绝对值概率 $P\{|T|>|t|\}$;

(3) 试判断这批产品是否合格($\alpha=0.05$).

解 1:

```
In[1]:=Clear[α,u0,b,h,p]
b={48.5,49.0,53.5,49.5,56.0,52.5};
n=Length[b];
α=0.05;
u0=52;
b={48.5,49.0,53.5,49.5,56.0,52.5};
h=LocationTest[b,u0,"HypothesisTestData",SignificanceLevel->α];
h["TestStatistic","T"](*提取出 t 检验中统计量观测值*)
p=h["PValue","T"](*提取出 T 统计量的绝对值大于 T 统计量观测值 t 的绝对值概率 P{|T|>|t|}*)
If[p>α,Print["接受原假设,即认为这批产品是合格品."],Print["拒绝原假设,即认为这批产品是不合格品."]]
Out[8]= -0.410535
Out[9]= 0.698414
```

接受原假设, 即认为这批产品是合格品.

解 2:

```
In[1]:=Clear[u0,b,t,t1,α,m]
α=0.05;
u0=52;
b={48.5,49.0,53.5,49.5,56.0,52.5};
x1=Mean[b]//N;(*给定一个有 n 个元素 x_i 的表 b,定义其均值为 Mean[b]*)
s=StandardDeviation[b]//N;(*StandardDeviation[b]给出表 b 中元素的标准差*)
n=Length[b];
t1=(x1-u0)Sqrt[n]/s
NProbability[Abs[t]>Abs[t1],t≈StudentTDistribution[n-1]]
m=InverseCDF[StudentTDistribution[n-1],1-α/2];
```

(*求使 $P(t(n)>t_{\frac{\alpha}{2}})=\frac{\alpha}{2}$ 或 $P(t(n)<t_{\frac{\alpha}{2}})=1-\frac{\alpha}{2}$ 成立的分位数 $t_{\frac{\alpha}{2}}$ *)

```
If[Abs[t1]<m,Print["接受原假设,即认为这批产品是合格品."],Print["拒绝原假设,即认为这批产品是不合格品."]]
```

Out[8] = -0.410535

Out[9] = 0.698414

接受原假设，即认为这批产品是合格品.

11.4.2 用数学软件 MATLAB 进行统计计算

1. 用数学软件 MATLAB 计算样本容量、样本均值、样本方差、样本标准差

在 MATLAB 系统中,用函数 numel 计算样本容量;

用函数 mean 计算样本均值 $\bar{x}=\frac{1}{n}\sum_{i=1}^{n}x_i$;

用函数 var 计算样本方差 $S=\frac{1}{n-1}\sum_{i=1}^{n}(x_i-\bar{x})^2$;

用函数 std 计算样本标准差 $S=\sqrt{\frac{1}{n-1}\sum_{i=1}^{n}(x_i-\bar{x})^2}$.

例 11.4.5 从总体 X 得到一个样本,其观察值为4.5 , 2.0 , 1.0 , 1.5 , 3.5 , 4.5 , 6.5 , 5.0 , 3.5 , 4.0.

求:(1)样本容量;(2)样本均值;(3)样本方差;(4)样本标准差.

解:

```
clear b n ybjz ybfc ybbzc name1 name2 name3 name4
b=[4.5,2.0,1.0,1.5,3.5,4.5,6.5,5.0,3.5,4.0];
n=numel(b);%样本 b 中的数据的个数
name1='样本容量 n=';
fprintf('%s %.d\n',name1,n)
ybjz=mean(b);%给出样本 b 中的数据的样本均值 x̄ = 1/n ∑_{i=1}^{n} x_i
name2='样本均值 ybjz=';
fprintf('%s %.4f\n',name2,ybjz)
ybfc=var(b);%计算样本 b 中的数据的样本方差 S = 1/(n-1) ∑_{i=1}^{n} (x_i - x̄)^2
name3='样本方差 ybfc=';
fprintf('%s %.4f\n',name3, ybfc)
ybbzc=std(b); %给出样本 b 中的数据的样本标准差 S = sqrt(1/(n-1) ∑_{i=1}^{n} (x_i - x̄)^2)
name4 ='样本标准差 ybbzc =';
fprintf('%s %.4f\n',name4, ybbzc)
样本容量 n=10
样本均值 ybjz=3.6000
样本方差 ybfc=2.8778
样本标准差 ybbzc=1.6964
```

2. 用数学软件 MATLAB 计算有关样本的概率举例

例 11.4.6　设总体 $X \sim N(80, 20^2)$，现从总体 X 中抽取一个容量为 100 的样本，求样本均值与总体均值之差的绝对值大于 3 的概率.

解：

```
>>clear b n mu sigma sgm
n = 100;% 样本容量
mu = 80;% 总体均值
sigma = 20;% 总体标准差
sgm = sigma/sqrt(n);% 总体均值的方差
1 - (normcdf(3 + mu, mu, sgm) - normcdf( - 3 + mu, mu, sgm)) % 样本均值 zu ~
```

N(mu,sgm^2)，其中 normcdf(3 + mu,mu,sgm) - normcdf(- 3 + mu,mu,sgm)表示样本均值 zu 与总体均值 mu 之差的绝对值小于等于 3 的概率 P(|zu - mu|≤3)

```
ans =    0.1336
```

3. 用数学软件 MATLAB 求置信区间

在数学软件 MATLAB 系统中，可以用多种方法求置信区间：

(1)对来自正态总体的样本 b，用[muHat, sigmaHat, muCI, sigmaCI] = normfit(x, alpha)进行参数估计，其中，muHat 是样本均值，sigmaHat 是方差无偏估计的平方根，muCI 和 sigmaCI 分别为均值和标准差的置信度为 100(1 - alpha)的置信区间.

对来自泊松总体的样本 b，可用[lambdahat, lambdaci] = poissfit(data, alpha)进行参数估计.

对来自均匀总体的样本 b，可用[ahat, bhat, ACI, BCI] = unifit(data, alpha) 进行参数估计.

(2) 根据统计量所遵从的分布，对给定的置信水平，计算出相应的分位数，进而求出相应的置信区间.

例 11.4.7　用某仪器间接测量某高炉内的温度(单位：℃)，重复测量 5 次，得：1 250，1 265，1 245，1 260，1 275. 求温度真值的置信度为 95% 的置信区间.

解 1：

```
>>[muHat, sigmaHat, muCI, sigmaCI] = normfit(b, 0.05);
vpa(muCI, 5)
ans =
1244.2
1273.8
```

解 2：

```
>>clear b x0 nu s m t1 t2
b = [1250, 1265, 1245, 1260, 1275];
x0 = mean(b);
nu = numel(b);
```

```
s = std(b);
p = 1 - 0.05/2;
m = tinv(p,nu - 1); % 计算使 P{t≤m} = 1 - 0.05/2 成立的分位数 m
t1 = x0 - m * s/sqrt(nu);
t2 = x0 + m * s/sqrt(nu);
douhao = ',';
zkhao = ']';
name1 = '均值置信区间[';
fprintf('%s %.2f%s % .2f %s\n',name1, t1, douhao ,t2 , zkhao)
均值置信区间[1244.18 , 1273.82]
```

4. 用数学软件 MATLAB 进行假设检验

(1)对来自正态总体的未知总体方差 σ^2 样本 b,给定检验水平 α,用[h] = ttest(b,u0,α)对总体均值 μ 进行假设检验,如果 $h=0$ 接受原假设 $H_0:\mu=\mu_0$,如果 $h=1$ 则拒绝接受原假设.

(2) 根据统计量所遵从的分布,先计算出统计量的观测值,对给定的检验水平 α,计算出相应的分位数,进而判断是否接受原假设.

例 11.4.8 某厂生产钢筋,其标准强度为 52(单位:Pa). 今抽取 6 炉样本,测得其样本强度分别为 48.5 , 49.0 , 53.5 , 49.5 , 56.0 , 52.5. 已知钢筋强度 X 服从正态分布,试判断这批产品是否合格($\alpha=0.05$).

解 1:

```
>> clear b u0 s t
u0 = 52;
b = [48.5,49.0,53.5,49.5,56.0,52.5];
[h] = ttest(b, u0,0.05);
if (h = =1)
  disp('拒绝原假设,即认为钢筋强度与标准强度 52 有显著变化,故这批产品不合格.')
elseif (h = =0)
  disp('接受原假设, 即认为钢筋强度与标准强度 52 无显著变化,故这批产品合格.')
else
  disp('出错啦! ')
end
接受原假设, 即认为钢筋强度与标准强度 52 无显著变化,故这批产品合格.
```

解 2:

```
>>clear alfa x0 b mu x1 s t m
alfa = 0.05;
x0 = 52;
b = [48.5,49.0,53.5,49.5,56.0,52.5];
nu = numel(b);
```

```
x1 = mean(b);
s = std(b);
t = (x1 - x0) * sqrt(nu)/s;
m = tinv(1 - alfa/2,nu - 1); %计算使 P{t≤m} =1 -0.05/2 成立的分位数 m
if(abs(t) < m)
disp('接受原假设, 即认为钢筋强度与标准强度 52 无显著变化,故这批产品合格.')
else
  disp('拒绝原假设,即认为钢筋强度与标准强度 52 有显著变化,故这批产品不合格.')
end
```

接受原假设,即认为钢筋强度与标准强度 52 无显著变化,故这批产品合格.

11.5 学习任务 11 解答　电子设备的使用寿命检验

解:

因为样本

$\{x_i | i = 1,2,\cdots,20\} = \{1989,2002,1980,1990,2000,2006,2001,2001,1995,1998,2002,2005,1980,1990,2000,2010,1996,2001,2012,1988\}$,所以有

1. 样本均值　$\bar{x} = \dfrac{1}{20}\sum_{i=1}^{20} x_i = 1\ 997.3.$

2. 样本标准差　$S = \dfrac{1}{20-1}\sum_{i=1}^{20}(x_i - \bar{x}^2 = 8.826\ 4.$

3. 统计量 T 的观测值　$t = \dfrac{\bar{x} - 2\ 000}{S/\sqrt{n}} = -1.368\ 0.$

4. 待检验假设 $H_0:\mu = \mu_0 = 2\ 000$,备择假设 $H_1:\mu \neq \mu_0 = 2\ 000$.

若 $H_0:\mu = \mu_0$ 成立,则统计量 $T = \dfrac{\bar{X} - \mu_0}{S/\sqrt{n}} \sim t(n-1)$,且在显著性水平 α 下,有 $P\left\{\left|\dfrac{\bar{X}-\mu_0}{S/\sqrt{n}}\right| \geqslant t_{\frac{\alpha}{2}}(n-1)\right\} = \alpha$. 故原假设 H_0 的拒绝域为:$\overline{W} = \{|T| > t_{\frac{\alpha}{2}}(n-1)\}$,接受域为 $W = \{|T| \leqslant t_{\frac{\alpha}{2}}(n-1)\}$.

对 $\alpha = 0.05$,查附录 B 中的 t 分布表得 $t_{\frac{\alpha}{2}}(n-1) = t_{\frac{0.05}{2}}(20-1) = t_{0.025}(19) = 2.093$.

即 $|T| = |-1.368\ 0| < t_{1-\frac{\alpha}{2}} = 2.093$.

故可以接受 H_0, 即可以认为电子设备的平均使用时数 $\mu = 2\ 000$ h.

复习题 11

A 级

1. 设抽样得到的 100 个观测值见下表.

观测值 x_i	10.3	10.8	11.5	11.9	12.4	12.9
频数 M_i	9	15	25	26	16	9

求样本均值.

B 级

2. 设电子元件的寿命服从正态分布 $N(\mu,\sigma^2)$,抽样检查 10 个元件,得 $\bar{x}=1\ 500$ h, $S=14$ h,试求电子元件的平均寿命 μ 的 95% 置信区间.

3. 某零件长度服从正态分布,过去的均值为 20.0,现换了新车床,从产品中随机抽取 8 个,测得长度为

$$20.0, 20.0, 20.1, 20.0, 20.2, 20.3, 19.8, 20.2.$$

问:用新车床加工的零件平均长度是否有显著变化($\alpha=0.05$)?

主要参考文献

[1] 侯风波. 高等数学训练教程[M]. 2 版. 北京:高等教育出版社,2003.

[2] 侯风波. 高等数学练习册[M]. 北京:高等教育出版社,2003.

[3] 侯风波. 经济数学基础[M]. 北京:高等教育出版社,2004.

[4] D. 休斯·哈雷特. 托马斯微积分[M]. 10 版. 叶其孝等译. 北京:高等教育出版社,2003.

附录 A　标准正态分布表

$$\Phi(x)=\int_{-\infty}^{x}\frac{1}{\sqrt{2\pi}}e^{-\frac{u^2}{2}}du=P(Z\leqslant x)$$

x	0	1	2	3	4	5	6	7	8	9
0.0	0.500 0	0.504 0	0.508 0	0.512 0	0.516 0	0.519 9	0.523 9	0.527 9	0.531 9	0.535 9
0.1	0.539 8	0.543 8	0.547 8	0.551 7	0.555 7	0.559 6	0.563 6	0.567 5	0.571 4	0.575 3
0.2	0.579 3	0.583 2	0.587 1	0.591 0	0.594 8	0.598 7	0.602 6	0.606 4	0.610 3	0.614 1
0.3	0.617 9	0.621 7	0.625 5	0.629 3	0.633 1	0.636 8	0.640 6	0.644 3	0.648 0	0.651 7
0.4	0.655 4	0.659 1	0.662 8	0.666 4	0.670 0	0.673 6	0.677 2	0.680 8	0.684 4	0.687 9
0.5	0.691 5	0.695 0	0.698 5	0.701 9	0.705 4	0.708 8	0.712 3	0.715 7	0.719 0	0.722 4
0.6	0.725 7	0.729 1	0.732 4	0.735 7	0.738 9	0.742 2	0.745 4	0.748 6	0.751 7	0.754 9
0.7	0.758 0	0.761 1	0.764 2	0.767 3	0.770 3	0.773 4	0.776 4	0.779 4	0.782 3	0.785 2
0.8	0.788 1	0.791 0	0.793 9	0.796 7	0.799 5	0.802 3	0.805 1	0.807 8	0.810 6	0.813 3
0.9	0.815 9	0.818 6	0.821 2	0.823 8	0.826 4	0.828 9	0.831 5	0.834 0	0.836 5	0.838 9
1.0	0.841 3	0.843 8	0.846 1	0.848 5	0.850 8	0.853 1	0.855 4	0.857 7	0.859 9	0.862 1
1.1	0.864 3	0.866 5	0.868 6	0.870 8	0.872 9	0.874 9	0.877 0	0.879 0	0.881 0	0.883 0
1.2	0.884 9	0.886 9	0.888 8	0.890 7	0.892 5	0.894 4	0.896 2	0.898 0	0.899 7	0.901 5
1.3	0.903 2	0.904 9	0.906 6	0.908 2	0.909 9	0.911 5	0.913 1	0.914 7	0.916 2	0.917 7
1.4	0.919 2	0.920 7	0.922 2	0.923 6	0.925 1	0.926 5	0.927 8	0.929 2	0.930 6	0.931 9
1.5	0.933 2	0.934 5	0.935 7	0.937 0	0.938 2	0.939 4	0.940 6	0.941 8	0.943 0	0.944 1
1.6	0.945 2	0.946 3	0.947 4	0.948 4	0.949 5	0.950 5	0.951 5	0.952 5	0.953 5	0.954 5
1.7	0.955 4	0.956 4	0.957 3	0.958 2	0.959 1	0.959 9	0.960 8	0.961 6	0.962 5	0.963 3
1.8	0.964 1	0.964 8	0.965 6	0.966 4	0.967 1	0.967 8	0.968 6	0.969 3	0.970 0	0.970 6
1.9	0.971 3	0.971 9	0.972 6	0.973 2	0.973 8	0.974 4	0.975 0	0.975 6	0.976 2	0.976 7
2.0	0.977 2	0.977 8	0.978 3	0.978 8	0.979 3	0.979 8	0.980 3	0.980 8	0.981 2	0.981 7
2.1	0.982 1	0.982 6	0.983 0	0.983 4	0.983 8	0.984 2	0.984 6	0.985 0	0.985 4	0.985 7
2.2	0.986 1	0.986 4	0.986 8	0.987 1	0.987 4	0.987 8	0.988 1	0.988 4	0.988 7	0.989 0
2.3	0.989 3	0.989 6	0.989 8	0.990 1	0.990 4	0.990 6	0.990 9	0.991 1	0.991 3	0.991 6
2.4	0.991 8	0.992 0	0.992 2	0.992 5	0.992 7	0.992 9	0.993 1	0.993 2	0.993 4	0.993 6
2.5	0.993 8	0.994 0	0.994 1	0.994 3	0.994 5	0.994 6	0.994 8	0.994 9	0.995 1	0.995 2
2.6	0.995 3	0.995 5	0.995 6	0.995 7	0.995 9	0.996 0	0.996 1	0.996 2	0.996 3	0.996 4
2.7	0.996 5	0.996 6	0.996 7	0.996 8	0.996 9	0.997 0	0.997 1	0.997 2	0.997 3	0.997 4
2.8	0.997 4	0.997 5	0.997 6	0.997 7	0.997 7	0.997 8	0.997 9	0.997 9	0.998 0	0.998 1
2.9	0.998 1	0.998 2	0.998 2	0.998 3	0.998 4	0.998 4	0.998 5	0.998 5	0.998 6	0.998 6
3.0	0.998 7	0.999 0	0.999 3	0.999 5	0.999 7	0.969 8	0.999 8	0.999 9	0.999 9	1.000 0

注：表中末行系函数值 $\Phi(3.0)$，$\Phi(3.1)$，…，$\Phi(3.9)$.

附录 B　t 分布表

$$P\{t(n) > t_\alpha(n)\} = \alpha$$

n	$\alpha=0.25$	$\alpha=0.10$	$\alpha=0.05$	$\alpha=0.025$	$\alpha=0.01$	$\alpha=0.005$
1	1.000 0	3.077 7	6.313 8	12.706 2	31.820 7	63.657 4
2	0.816 5	1.885 6	2.920 0	4.302 7	6.964 6	9.924 8
3	0.764 9	1.637 7	2.353 4	3.182 4	4.540 7	5.840 9
4	0.740 7	1.533 2	2.131 8	2.776 4	3.746 9	4.604 1
5	0.726 7	1.475 9	2.015 0	2.570 6	3.364 9	4.032 2
6	0.717 6	1.439 8	1.943 2	2.446 9	3.142 7	3.707 4
7	0.711 1	1.414 9	1.894 6	2.364 6	2.998 0	3.499 5
8	0.706 4	1.396 8	1.859 5	2.306 0	2.896 5	3.355 4
9	0.702 7	1.383 0	1.833 1	2.262 2	2.821 4	3.249 8
10	0.699 8	1.372 2	1.812 5	2.228 1	2.763 8	3.169 3
11	0.697 4	1.363 4	1.795 9	2.201 0	2.718 1	3.105 8
12	0.695 5	1.356 2	1.782 3	2.178 8	2.681 0	3.054 5
13	0.693 8	1.350 2	1.770 9	2.160 4	2.650 3	3.012 3
14	0.692 4	1.345 0	1.761 3	2.144 8	2.624 5	2.976 8
15	0.691 2	1.340 6	1.753 1	2.131 5	2.602 5	2.946 7
16	0.690 1	1.336 8	1.745 9	2.119 9	2.583 5	2.920 8
17	0.689 2	1.333 4	1.739 6	2.109 8	2.566 9	2.898 2
18	0.688 4	1.330 4	1.734 1	2.100 9	2.552 4	2.878 4
19	0.687 6	1.327 7	1.729 1	2.093 0	2.539 5	2.860 9
20	0.687 0	1.325 3	1.724 7	2.086 0	2.528 0	2.845 3
21	0.686 4	1.323 2	1.720 7	2.079 6	2.517 7	2.831 4
22	0.685 8	1.321 2	1.717 1	2.073 9	2.508 3	2.818 8
23	0.685 3	1.319 5	1.713 9	2.068 7	2.499 9	2.807 3
24	0.684 8	1.317 8	1.710 9	2.063 9	2.492 2	2.796 9
25	0.684 4	1.316 3	1.708 1	2.059 5	2.485 1	2.787 4
26	0.684 0	1.315 0	1.705 6	2.055 5	2.478 6	2.778 7
27	0.683 7	1.313 7	1.703 3	2.051 8	2.472 7	2.770 7
28	0.683 4	1.312 5	1.701 1	2.048 4	2.467 1	2.763 3
29	0.683 0	1.311 4	1.699 1	2.045 2	2.462 0	2.756 4
30	0.682 8	1.310 4	1.697 3	2.042 3	2.457 3	2.750 0
31	0.682 5	1.309 5	1.695 5	2.039 5	2.452 8	2.744 0
32	0.682 2	1.308 6	1.693 9	2.036 9	2.448 7	2.738 5
33	0.682 0	1.307 7	1.692 4	2.034 5	2.444 8	2.733 3
34	0.681 8	1.307 0	1.690 9	2.032 2	2.441 1	2.728 4
35	0.681 6	1.306 2	1.689 6	2.030 1	2.437 7	2.723 8
36	0.681 4	1.305 5	1.688 3	2.028 1	2.434 5	2.719 5
37	0.681 2	1.304 9	1.687 1	2.026 2	2.431 4	2.715 4
38	0.681 0	1.304 2	1.686 0	2.024 4	2.428 6	2.711 6
39	0.680 8	1.303 6	1.684 9	2.022 7	2.425 8	2.707 9
40	0.680 7	1.303 1	1.683 9	2.021 1	2.423 3	2.704 5
41	0.680 5	1.302 5	1.682 9	2.019 5	2.420 8	2.701 2
42	0.680 4	1.302 0	1.682 0	2.018 1	2.418 5	2.698 1
43	0.680 2	1.301 6	1.681 1	2.016 7	2.416 3	2.695 1
44	0.680 1	1.301 1	1.680 2	2.015 4	2.414 1	2.692 3
45	0.680 0	1.300 6	1.679 4	2.014 1	2.412 1	2.689 6

附录 B 续表

n	$\alpha=0.25$	0.10	0.05	0.025	0.01	0.005
46	0.679 9	1.300 2	1.678 7	2.012 9	2.410 2	2.687 0
47	0.679 7	1.299 8	1.677 9	2.011 7	2.408 3	2.684 6
48	0.679 6	1.299 4	1.677 2	2.010 6	2.406 6	2.682 2
49	0.679 5	1.299 1	1.676 6	2.009 6	2.404 9	2.680 0
50	0.679 4	1.298 7	1.675 9	2.008 6	2.403 3	2.677 8
51	0.679 3	1.298 4	1.675 3	2.007 6	2.401 7	2.675 7
52	0.679 2	1.298 0	1.674 7	2.006 6	2.400 2	2.673 7
53	0.679 1	1.297 7	1.674 1	2.005 7	2.398 8	2.671 8
54	0.679 1	1.297 4	1.673 6	2.004 9	2.397 4	2.670 0
55	0.679 0	1.297 1	1.673 0	2.004 0	2.396 1	2.668 2
56	0.678 9	1.296 9	1.672 5	2.003 2	2.394 8	2.666 5
57	0.678 8	1.296 6	1.672 0	2.002 5	2.393 6	2.664 9
58	0.678 7	1.296 3	1.671 6	2.001 7	2.392 4	2.663 3
59	0.678 7	1.296 1	1.671 1	2.001 0	2.391 2	2.661 8
60	0.678 6	1.295 8	1.670 6	2.000 3	2.390 1	2.660 3
61	0.678 5	1.295 6	1.670 2	1.999 6	2.389 0	2.658 9
62	0.678 5	1.295 4	1.669 8	1.999 0	2.388 0	2.657 5
63	0.678 4	1.295 1	1.669 4	1.998 3	2.387 0	2.656 1
64	0.678 3	1.294 9	1.669 0	1.997 7	2.386 0	2.654 9
65	0.678 3	1.294 7	1.668 6	1.997 1	2.385 1	2.653 6
66	0.678 2	1.294 5	1.668 3	1.996 6	2.384 2	2.652 4
67	0.678 2	1.294 3	1.667 9	1.996 0	2.383 3	2.651 2
68	0.678 1	1.294 1	1.667 6	1.995 5	2.382 4	2.650 1
69	0.678 1	1.293 9	1.667 2	1.994 9	2.381 6	2.649 0
70	0.678 0	1.293 8	1.666 9	1.994 4	2.380 8	2.647 9
71	0.678 0	1.293 6	1.666 6	1.993 9	2.380 0	2.646 9
72	0.677 9	1.293 4	1.666 3	1.993 5	2.379 3	2.645 9
73	0.677 9	1.293 3	1.666 0	1.993 0	2.378 5	2.644 9
74	0.677 8	1.293 1	1.665 7	1.992 5	2.377 8	2.643 9
75	0.677 8	1.292 9	1.665 4	1.992 1	2.377 1	2.643 0
80	0.677 6	1.292 2	1.664 1	1.990 1	2.373 9	2.638 7
85	0.677 4	1.291 6	1.663 0	1.988 3	2.371 0	2.634 9
90	0.677 2	1.291 0	1.662 0	1.986 7	2.368 5	2.631 6
100	0.677 0	1.290 1	1.660 2	1.984 0	2.364 2	2.625 9
∞	0.674 5	1.281 6	1.644 9	1.960 0	2.326 3	2.575 8

附录 C χ^2 分布

$$P\{\chi^2(n) > \chi^2_\alpha(n)\} = \alpha$$

n	$\alpha = 0.995$	$\alpha = 0.99$	$\alpha = 0.975$	$\alpha = 0.95$	$\alpha = 0.90$	$\alpha = 0.75$
1	–	–	0.001	0.004	0.016	0.102
2	0.010	0.020	0.051	0.103	0.211	0.575
3	0.072	0.115	0.216	0.352	0.584	1.213
4	0.207	0.297	0.484	0.711	1.064	1.923
5	0.412	0.554	0.831	1.145	1.610	2.675
6	0.676	0.872	1.237	1.635	2.204	3.455
7	0.989	1.239	1.690	2.167	2.833	4.255
8	1.344	1.646	2.180	2.733	3.490	5.071
9	1.735	2.088	2.700	3.325	4.168	5.899
10	2.156	2.558	3.247	3.940	4.865	6.737
11	2.603	3.053	3.816	4.575	5.578	7.584
12	3.074	3.571	4.404	5.226	6.304	8.438
13	3.565	4.107	5.009	5.892	7.042	9.299
14	4.075	4.660	5.629	6.571	7.790	10.165
15	4.601	5.229	6.262	7.261	8.547	11.037
16	5.142	5.812	6.908	7.962	9.312	11.912
17	5.697	6.408	7.564	8.672	10.085	12.792
18	6.265	7.015	8.231	9.390	10.865	13.675
19	6.844	7.633	8.907	10.117	11.651	14.562
20	7.434	8.260	9.591	10.851	12.443	15.452
21	8.034	8.897	10.283	11.591	13.240	16.344
22	8.643	9.542	10.982	12.338	14.042	17.240
23	9.260	10.196	11.689	13.091	14.848	18.137
24	9.886	10.856	12.401	13.848	15.659	19.037
25	10.520	11.524	13.120	14.611	16.473	19.939
26	11.160	12.198	13.844	15.379	17.292	20.843
27	11.808	12.879	14.573	16.151	18.114	21.749
28	12.461	13.565	15.308	16.928	18.939	22.657
29	13.121	14.257	16.047	17.708	19.768	23.567
30	13.787	14.954	16.791	18.493	20.599	24.478
31	14.458	15.655	17.539	19.281	21.434	25.390
32	15.134	16.362	18.291	20.072	22.271	26.304
33	15.815	17.074	19.047	20.867	23.110	27.219
34	16.501	17.789	19.806	21.664	23.952	28.136
35	17.192	18.509	20.569	22.465	24.797	29.054
36	17.887	19.233	21.336	23.269	25.643	29.973
37	18.586	19.960	22.106	24.075	26.492	30.893
38	19.289	20.691	22.878	24.884	27.343	31.815
39	19.996	21.426	23.654	25.695	28.196	32.737
40	20.707	22.164	24.433	26.509	29.051	33.660
41	21.421	22.906	25.215	27.326	29.907	34.585
42	22.138	23.650	25.999	28.144	30.765	35.510
43	22.859	24.398	26.785	28.965	31.625	36.436
44	23.584	25.148	27.575	29.787	32.487	37.363
45	24.311	25.901	28.366	30.612	33.350	38.291

附录 C 续表

n	$\alpha=0.25$	0.10	0.05	0.025	0.01	0.005
1	1.323	2.706	3.841	5.024	6.635	7.879
2	2.773	4.605	5.991	7.378	9.210	10.597
3	4.108	6.251	7.815	9.348	11.345	12.838
4	5.385	7.779	9.488	11.143	13.277	14.860
5	6.626	9.236	11.071	12.833	15.086	16.750
6	7.841	10.645	12.592	14.449	16.812	18.548
7	9.037	12.017	14.067	16.013	18.475	20.278
8	10.219	13.362	15.507	17.535	20.090	21.955
9	13.389	14.684	16.919	19.023	21.666	23.589
10	12.549	15.987	18.307	20.483	23.209	25.188
11	13.701	17.275	19.675	21.920	24.725	26.757
12	14.845	18.549	21.026	23.337	26.217	28.299
13	15.984	19.812	22.362	24.736	27.688	29.819
14	17.117	21.064	23.685	26.119	29.141	31.319
15	18.245	22.307	24.996	27.488	30.578	32.801
16	19.369	23.542	26.296	28.845	32.000	34.267
17	20.489	24.769	27.587	30.191	33.409	35.718
18	21.605	25.989	28.869	31.526	34.805	37.156
19	22.718	27.204	30.144	32.852	36.191	38.582
20	23.828	28.412	31.410	34.170	37.566	39.997
21	24.935	29.615	32.671	35.479	38.932	41.401
22	26.039	30.813	33.924	36.781	40.289	42.796
23	27.141	32.007	35.172	38.076	41.638	44.181
24	28.241	33.196	36.415	39.364	42.980	45.559
25	29.339	34.382	37.652	40.646	44.314	46.928
26	30.435	35.563	38.885	41.923	45.642	48.290
27	31.528	36.741	40.113	43.194	46.963	49.645
28	32.620	37.916	41.337	44.461	48.278	50.993
29	33.711	39.087	42.557	45.722	49.588	52.336
30	34.800	40.256	43.773	46.979	50.892	53.672
31	35.887	41.422	44.985	48.232	52.191	55.003
32	36.973	42.585	46.194	49.480	53.486	56.328
33	38.058	43.745	47.400	50.725	54.776	57.648
34	39.141	44.903	48.602	51.966	56.061	58.964
35	40.223	46.059	49.802	53.203	57.342	60.275
36	41.304	47.212	50.998	54.437	58.619	61.581
37	42.383	48.363	52.192	55.668	59.892	62.883
38	43.462	49.513	53.384	56.896	61.162	64.181
39	44.539	50.660	54.572	58.120	62.428	65.476
40	45.616	51.805	55.758	59.342	63.691	66.766
41	46.692	52.949	56.942	60.561	64.950	68.053
42	47.766	54.090	58.124	61.777	66.206	69.336
43	48.840	55.230	59.304	62.990	67.459	70.616
44	49.913	56.369	60.481	64.201	68.710	71.893
45	50.985	57.505	61.656	65.410	69.957	73.166

附录 D　泊松分布表

$$P(X \geqslant x) = \sum_{r=x}^{r=\infty} \frac{e^{-\lambda}\lambda^r}{r!}$$

x	$\lambda=0.2$	$\lambda=0.3$	$\lambda=0.4$	$\lambda=0.5$	$\lambda=0.6$
0	1.000 000 0	1.000 000 0	1.000 000 0	1.000 000 0	1.000 000 0
1	0.181 269 2	0.259 181 8	0.329 680 0	0.323 469	0.451 188
2	0.017 523 1	0.036 936 3	0.061 551 9	0.090 204	0.121 901
3	0.001 148 5	0.003 599 5	0.007 926 3	0.014 388	0.023 115
4	0.000 056 8	0.000 265 8	0.000 776 3	0.001 752	0.003 358
5	0.000 002 3	0.000 015 8	0.000 051 2	0.000 172	0.000 394
6	0.000 000 1	0.000 000 8	0.000 004 0	0.000 014	0.000 039
7			0.000 000 2	0.000 001	0.000 003

x	$\lambda=0.7$	$\lambda=0.8$	$\lambda=0.9$	$\lambda=1.0$	$\lambda=1.2$
0	1.000 000 0	1.000 000 0	1.000 000 0	1.000 000 0	1.000 000 0
1	0.503 415	0.550 671	0.593 430	0.632 121	0.698 806
2	0.155 805	0.191 208	0.227 518	0.264 241	0.337 373
3	0.034 142	0.047 423	0.062 857	0.080 301	0.120 513
4	0.005 753	0.009 080	0.013 459	0.018 988	0.033 769
5	0.007 86	0.001 411	0.002 344	0.003 660	0.007 746
6	0.000 090	0.000 184	0.000 343	0.000 594	0.001 500
7	0.000 009	0.000 021	0.000 043	0.000 083	0.000 251
8	0.000 001	0.000 002	0.000 005	0.000 010	0.000 037
9				0.000 001	0.000 005
10					0.000 001

x	$\lambda=1.4$	$\lambda=1.6$	$\lambda=1.8$		
0	1.000 000	1.000 000	1.000 000		
1	0.753 403	0.798 103	0.834 701		
2	0.408 167	0.475 069	0.537 163		
3	0.166 502	0.216 642	0.269 379		
4	0.053 725	0.078 813	0.108 708		
5	0.014 253	0.023 682	0.036 407		
6	0.003 201	0.006 040	0.010 378		
7	0.000 622	0.001 336	0.002 569		
8	0.000 107	0.000 260	0.000 562		
9	0.000 016	0.000 045	0.000 110		
10	0.000 002	0.000 007	0.000 019		
11		0.000 001	0.000 003		

附录 D 续表

x	$\lambda=2.5$	$\lambda=3.0$	$\lambda=3.5$	$\lambda=4.0$	$\lambda=4.5$	$\lambda=5.0$
0	1. 000 000	1. 000 000	1. 000 000	1. 000 000	1. 000 000	1. 000 000
1	0. 917 915	0. 950 213	0. 969 803	0. 981 684	0. 988 891	0. 993 262
2	0. 712 703	0. 800 852	0. 864 112	0. 908 422	0. 938 901	0. 959 572
3	0. 456 187	0. 576 810	0. 679 153	0. 761 897	0. 826 422	0. 875 348
4	0. 242 424	0. 352 758	0. 463 367	0. 566 530	0. 657 704	0. 734 974
5	0. 108 822	0. 184 737	0. 274 555	0. 371 163	0. 467 896	0. 559 507
6	0. 042 021	0. 083 918	0. 142 386	0. 214 870	0. 297 070	0. 384 039
7	0. 014 187	0. 033 509	0. 065 288	0. 110 674	0. 168 949	0. 237 817
8	0. 004 247	0. 011 905	0. 026 739	0. 051 134	0. 086 586	0. 133 372
9	0. 001 140	0. 003 803	0. 009 874	0. 021 363	0. 040 257	0. 068 094
10	0. 000 277	0. 001 102	0. 003 315	0. 008 132	0. 017 093	0. 031 828
11	0. 000 062	0. 000 292	0. 001 019	0. 002 840	0. 006 669	0. 013 695
12	0. 000 013	0. 000 071	0. 000 289	0. 000 915	0. 002 404	0. 005 453
13	0. 000 002	0. 000 016	0. 000 076	0. 000 274	0. 000 805	0. 002 019
14		0. 000 003	0. 000 019	0. 000 076	0. 000 252	0. 000 698
15		0. 000 001	0. 000 004	0. 000 020	0. 000 074	0. 000 226
16			0. 000 001	0. 000 005	0. 000 020	0. 000 069
17				0. 000 001	0. 000 005	0. 000 020
18					0. 000 001	0. 000 005
19						0. 000 001

附录E　复习题答案

复习题1答案

1. (1) $(-4,-3)\cup(-3,3)\cup(3,+\infty)$；　(2) $(1,+\infty)$.

2. (1) $-2,-\frac{1}{2},\frac{1+a^2}{a-2}$；　(2)无意义，因$f(x)$在$x=2$时没有定义.

3. (1) $(-2,5]$；　(2) $-3,3,5,8$.

4. (1)不同，因定义域D不同；　(2)相同.

5. $\frac{1}{4}(x+1)^2,\frac{1}{4},0,1$.

6. 提示：$a^{x+y}=a^x\cdot a^y,a^{x-y}=a^x/a^y$.

7. x.

8. (1) $10^{\ln x},\ln 10^x$；　(2) $10^{\ln 100},\ln 1\ 000$.

9. (1)偶；　(2)偶.

10. (略).

11. (1) $y=a^u,u=2\sqrt{x}$；　(2) $y=\ln u,u=x+\sqrt{x^2-1}$.

12. $L=2\left(x+\frac{S}{x}\right),\{x\mid x>0\}$.

13. 设收款数R，台数x，则

$$R=\begin{cases}2\ 400x, & 0<x\leqslant 10,\\ 2\ 280x, & 10<x\leqslant 15,\\ 2\ 160x, & x>15.\end{cases}$$

14. (1) 290元；　(2) 9.6%.

15. 425万元，1 600 t.

复习题2答案

1. $\lim\limits_{x\to 0^-}f(x)=1,\lim\limits_{x\to 0^+}f(x)=-1,\lim\limits_{x\to 0}f(x)$不存在(图略).

2. 没有定义，$a=3$.

3. (1)当$x\to\infty$时为无穷小，$x\to 0$时为无穷大；

(2)当 $x\to 2$ 时为无穷小,$x\to -1$ 时为无穷大;

(3)当 $x\to 1$ 时为无穷小,$x\to 0^+$ 或 $x\to +\infty$ 时为无穷大;

(4)当 $x\to 1$ 或 $x\to -3$ 时为无穷小,$x\to\infty$ 时为无穷大.

4. (1) -5; (2)11; (3)∞; (4)$\frac{1}{4}$; (5)$\frac{1}{2\sqrt{x}}$; (6)0; (7)0.

5. (1)$\frac{a}{b}$; (2)$\frac{1}{9}$; (3)$e^{\frac{1}{2}}$; (4)e^3.

6. A_0e^{rt};人口将翻一番,$A\approx 2A_0$.

7. $A_{20}=1\ 000(1+20\times 0.06)=2\ 200$ 元;

$A_{20}=1\ 000(1+0.06)^{20}\approx 3\ 207$ 元;

$A_{20}=1\ 000e^{20\times 0.06}\approx 3\ 320$ 元.

8. 424.15 万元.

9. $k=-1$.

10. $x=1$ 为可去间断点,改变 $f(x)$ 在 $x=1$ 处的定义,规定 $f(1)=\frac{1}{2}$,可使新函数在该点连续. $x=-3$ 为无穷间断点.

复习题 3 答案

1. (1)$y'=2x-\frac{5}{2}x^{-\frac{7}{2}}-3x^{-4}$; (2)$y'=x-\frac{4}{x^3}$;

(3)$y'=xe^x(2+x)$; (4)$y'=\frac{3^x(x^3\ln 3+\ln 3-3x^2)+3x^2}{(x^3+1)^2}$.

2. (1)$y'=\frac{x-1}{\sqrt{x^2-2x+5}}$; (2)$y'=\frac{4x}{3+2x^2}\cdot\log_3 e$;

(3)$y'=(-1+2\cos 2x)\sin 2x$; (4)$y'=\frac{1}{\sin x}$;

(5)$y'=\frac{1}{\sqrt{x^2-a^2}}$; (6)$y'=5^{x\ln x}\ln 5(\ln x+1)$.

3. (1)$dy=\frac{-5x}{\sqrt{2-5x^2}}dx$; (2)$dy=-e^{\cot x}\cdot\frac{1}{\sin^2 x}dx$;

(3)$dy=-2\sin 2(2x-5)dx$.

4. -1.

5. 约 0.907 g.

6. 约 3.14 cm^2.

7. 切线方程为经 $x+y-\pi=0$.

8. (1)1 800 , 2; (2)$\frac{19}{12}$; (3)$\frac{3}{2}$,$\frac{5}{3}$.

9. 9 975 , 199.

复习题4答案

1. (1)32； (2)1.

2. $(-\infty,0]$和$[1+\infty)$是单增区间，$[0,1]$是单减区间，极大值是$f(0)=0$，极小值是$f(1)=-\frac{1}{2}$.

3. 在$(-\infty,2)$内下凹，在$(2,+\infty)$内上凹，拐点是$\left(2,\frac{5}{3}\right)$.

4. 最大值是$f(3)=11$，最小值是$f(\pm 2)=-14$.

5. 36.

复习题5答案

1. (1)x^6+C； (2)$\frac{2^x}{\ln x}+\frac{1}{2}x^{'2}+C$；

(3)$\frac{(6x-5)^6}{36}+C$； (4)$\frac{1}{3}e^{3x+2}+C$；

(5)$\frac{1}{3}\cos(3x)+C$； (6)$\frac{\sin^{10}x}{10}+C$；

(7)$\frac{e^{4x}}{4}+\frac{3}{4}x^{\frac{4}{3}}+C$； (8)$-3\cot x-5\tan x+C$.

2. (1)$-\cos x-2\ln(x-1)+\pi x+C$； (2)$\frac{x^2}{2}+\ln|\cos x|+C$；

(3)$-2\left(\sqrt{x}+\frac{1}{\sqrt{x}}\right)+C$； (4)$\frac{1}{4}\ln^4 x+C$；

(5)$2\sin(\sqrt{x}+1)+C$； (6)$\frac{1}{5}\sin^5 x-\frac{1}{7}\sin^7 x+C$；

(7)$\frac{1}{4}\sin(2x^2-1)+C$； (8)$\frac{2}{3}(x-3)^{\frac{3}{2}}+6(x-3)^{\frac{1}{2}}+C$；

(9)$2(\sqrt{x}-1)e^{\sqrt{x}}+C$； (10)$\frac{1}{3}x^3\left(\ln x-\frac{1}{3}\right)+C$；

(11)$\frac{1}{2}x\sin 2x+\frac{1}{4}\cos 2x+C$； (12)$-e^{-x}(x+1)+C$.

3. $y=x^2+1$.

4. $C(q)=0.1q^4+q^2+100$.

复习题6答案

1. (1)$\frac{2}{3}$； (2)$\frac{1}{2}\ln 5$； (3)$\frac{1}{6}$； (4)2； (5)0； (6)$2-2\ln 2$； (7)$\frac{1}{2}$.

2. (1)$\frac{4}{3}$； (2)18； (3)$\frac{3}{2}-\ln 2$.

3. (1)460 , 2 000;　(2)$C(x)=10+4x+\frac{1}{8}x^2$, $R(x)=80x-\frac{1}{2}x^2$.

复习题 7 答案

1. (1)$\{(x,y)\mid y^2>2x\}$;　(2)$\{(x,y)\mid -3\leqslant x\leqslant 3,-3\leqslant y\leqslant 3\}$;
   (3)$\{(x,y)\mid x\geqslant\sqrt{y},x\geqslant 0,y\geqslant 0\}$;　(4)$\{(x,y)\mid x^2+y^2<1,x^2+y^2\neq 0,y^2\leqslant x\}$.

2. (1)$\frac{\partial z}{\partial x}=4x^3y+y^4$, $\frac{\partial z}{\partial y}=x^4+4xy^3$;
   (2)$\frac{\partial z}{\partial x}=\ln(x-y)+\frac{x}{x-y}$, $\frac{\partial z}{\partial y}=-\frac{x}{x-y}$;
   (3)$\frac{\partial z}{\partial x}=y^2\cos(xy)$, $\frac{\partial z}{\partial y}=\sin(xy)+xy\cos(xy)$;
   (4)$\frac{\partial z}{\partial x}=e^{xy}[-\sin(x-y)+y\cos(x-y)]$, $\frac{\partial z}{\partial y}=e^{xy}[\sin(x-y)+x\cos(x-y)]$;
   (5)$\frac{\partial z}{\partial x}=-\frac{x^2}{(x^2+y^2)^{\frac{3}{2}}}+\frac{1}{\sqrt{x^2+y^2}}$, $\frac{\partial z}{\partial y}=-\frac{xy}{(x^2+y^2)^{\frac{3}{2}}}$;
   (6)$\frac{\partial z}{\partial x}=y^2(1+xy)^{y-1}$, $\frac{\partial z}{\partial y}=xy(1+xy)^{y-1}+(1+xy)^y\ln(1+xy)$.

3. (1)$dz=e^{xy}(ydx+xdy)$;　(2)$dz=\frac{2x}{x^2-y^2}dx+\frac{-2y}{x^2-y^2}dy$.

4. (1)0.05;　(2)0.2.

5. 1.965.

6. (1)$z_{xx}=\frac{1}{x}$, $z_{xy}=z_{yx}=\frac{1}{y}$, $z_{yy}=-\frac{x}{y^2}$;
   (2)$z_{xx}=y^2e^{xy}$, $z_{xy}=z_{yx}=e^{xy}(1+xy)$, $z_{yy}=x^2e^{xy}$.

7. 55.3 cm^3.

8. (1)极大值 $z(0,0)=0$;　(2)极小值 $z\left(\frac{1}{2},-1\right)=-\frac{e}{2}$.

9. 长为$\frac{2}{3}l$,宽为$\frac{1}{3}l$.

10. $p_1=80$, $p_2=120$.

复习题 8 答案

1. (1)$ab(b-a)$;　(2)$4abc$;　(3)48.

2. $\begin{bmatrix}6&5&4&3\\5&1&-1&6\\2&-2&9&5\end{bmatrix}$.

3. $\begin{bmatrix}2&3&-2&2\\2&-2&1&-1\\\frac{1}{2}&-1&-\frac{7}{2}&-1\end{bmatrix}$.

4. (1)$\begin{bmatrix}3&3\\7&5\end{bmatrix}$; (2)$\begin{bmatrix}12&26\\-27&2\\23&4\end{bmatrix}$; (3)$[-5]$;

(4)$\begin{bmatrix}-4&12&8&20\\0&0&0&0\\-7&21&14&35\\3&-9&-6&-15\end{bmatrix}$.

5. (1)$r(A)=2$; (2)$r(B)=1$.

6. (1)$\begin{bmatrix}-11&7\\8&-5\end{bmatrix}$; (2)$\begin{bmatrix}-\frac{2}{3}&-\frac{1}{3}&\frac{1}{3}\\-\frac{19}{18}&-\frac{5}{18}&\frac{1}{9}\\\frac{4}{9}&\frac{2}{9}&\frac{1}{9}\end{bmatrix}$.

7. $\begin{bmatrix}-17&-28\\-4&-6\end{bmatrix}$.

复习题 9 答案

1. (1)提示:通过 $\alpha_1,\alpha_2,\alpha_3$ 构成的行列式不为零来证明; (2)$\boldsymbol{\beta}=2\boldsymbol{\alpha}_1+\boldsymbol{\alpha}_2-\boldsymbol{\alpha}_3$.
2. (1)$[1,1,1,1]$;

   (2)$x_1=-\frac{1}{3}x_4,x_2=-\frac{2}{3}x_4,x_3=-\frac{1}{3}x_4$,其中 x_4 是自由未知量;

   (3)$x_1=5,x_2=-2,x_3=1$;

   (4)无解.
3. 当 $\lambda=0$ 或 $\lambda=1$ 时无解;当 $\lambda\neq0$ 且 $\lambda\neq1$ 时有唯一解.

复习题 10 答案

1. (1)$\frac{10}{21}$; (2)$\frac{41}{42}$.
2. 0.976.
3. 约 0.973 3.
4. (1)0.16; (2)0.36.
5. (1)$C=6$; (2)$\frac{1}{6}$; (3)$\frac{19}{6}$; (4)$\frac{293}{36}$.
6. $\frac{2}{3}$.
7. $E(X)=\lambda=8$.
8. $1-\frac{17}{2}e^{-3}\approx0.576\ 8$.

9. $\frac{1}{e}-\frac{1}{e^2}\approx 0.2325$.

10. 0.774 5.

复习题 11 答案

1. 样本均值为 $\bar{x}\approx 11.661$.
2. μ 的置信区间为[1 489.98,1 510.02].
3. 采用新车床加工的零件平均长度无显著变化.

图书在版编目(CIP)数据

经济数学/侯风波主编. --2版. --北京:中国人民大学出版社,2020.7
21世纪高职高专精品教材. 公共课系列
ISBN 978-7-300-28391-3

Ⅰ. ①经… Ⅱ. ①侯… Ⅲ. ①经济数学-高等职业教育-教材 Ⅳ. ①F224.0

中国版本图书馆CIP数据核字(2020)第127940号

"十二五"职业教育国家规划教材
经全国职业教育教材审定委员会审定
21世纪高职高专精品教材·公共课系列
经济数学(第二版)
主　编　侯风波
Jingji Shuxue

出版发行	中国人民大学出版社		
社　　址	北京中关村大街31号	**邮政编码**	100080
电　　话	010－62511242(总编室)		010－62511770(质管部)
	010－82501766(邮购部)		010－62514148(门市部)
	010－62515195(发行公司)		010－62515275(盗版举报)
网　　址	http://www.crup.com.cn		
经　　销	新华书店		
印　　刷	北京鑫丰华彩印有限公司	**版　　次**	2015年1月第1版
规　　格	185 mm×260 mm　16开本		2020年7月第2版
印　　张	18.75	**印　　次**	2020年7月第1次印刷
字　　数	434 000	**定　　价**	49.00元
